Der notwendige Andere

D1719593

Andreas Tapken

Der notwendige Andere

Eine interdisziplinäre Studie im Dialog mit Heinz Kohut und Edith Stein

Matthias-Grünewald-Verlag · Mainz

Der Matthias-Grünewald-Verlag ist Mitglied
der Verlagsgruppe engagement

Die Deutsche Bibliothek – Bibliografische Information Der Deutschen Bibliothek
Die Deutsche Bibliothek verzeichnet diese Publikation in der Deutschen National-
bibliografie; detaillierte bibliografische Daten sind im Internet über
http://dnb.ddb.de abrufbar.

© 2003 Matthias-Grünewald-Verlag, Mainz
Das Werk einschließlich aller seiner Teile ist urheberrechtlich geschützt. Jede Verwertung
außerhalb der engen Grenzen des Urheberrechtsgesetzes ist ohne Zustimmung des Verlags
unzulässig und strafbar. Das gilt insbesondere für Vervielfältigungen, Übersetzungen,
Mikroverfilmungen und die Einspeicherung und Verarbeitung in elektronischen Systemen.

Umschlag: Kirsch Kommunikationsdesign, Wiesbaden
Druck und Bindung: Drukkerij Wilco, Amersfoort

ISBN 3-7867-2429-6

Inhalt

Einleitung

Teil I

Der Andere bei Heinz Kohut und in der Selbstpsychologie

Teil II

Der Andere im Denken Edith Steins

Teil III

Der notwendige Andere
Versuch einer Integration

Danksagung

Ich bin zahlreichen Menschen zu besonderem Dank verpflichtet. Sie waren für mich während der Zeit, in der ich an der hier vorgelegten Untersuchung gearbeitet habe, in der Tat «notwendige Andere».

Diese Studie ist im Herbst 2001 von der Päpstlichen Universität Gregoriana in Rom als Dissertation angenommen worden. Ich danke vor allem ihrem Moderator, P. Timothy Healy SJ, für die Ermutigung, Geduld, Zeit und Sachkenntnis, mit der er mich in den verschiedenen Phasen ihrer Entstehung begleitet hat.

Mein Dank gilt allen Professoren des Psychologie-Instituts der Päpstlichen Universität Gregoriana, besonders aber Cáit O'Dwyer und P. Franco Imoda SJ für ihre Begleitung als Lehrtherapeutin und Supervisor während meiner psychotherapeutischen Ausbildung..

Meinem Bischof Dr. Reinhard Lettmann danke ich für die Beauftragung zum Psychologiestudium und für das Vertrauen und Interesse, mit dem er meine Arbeit unterstützt hat.

Zu besonderem Dank fühle ich mich gegenüber der Kommunität der Fokolarpriester verpflichtet, mit der ich in Rom zusammenleben und die alltäglichen Freuden und Mühen nicht nur des Studiums teilen durfte. Der Gemeinde St. Thomas the Apostle und ihrem Pfarrer Michael Foley danke ich für die Gastfreundschaft während meines einjährigen Aufenthaltes in Chicago.

Katharina Kluitmann und Herbert Rieger SJ sei für die Mühe des Korrekturlesens Dank gesagt sowie Dr. Paul Rulands vom Matthias-Grünewald-Verlag für seine aufmerksame und entgegenkommende editorische Unterstützung. Ich möchte ebenfalls Celia Brickman, Silvano Cola, Arnold Goldberg, Lallene J. Rector, Iuliana Sarosi und Heinrich Timmerevers dankend erwähnen. Sie und andere, die hier ungenannt bleiben, haben durch ihre Freundschaft und fachliche Unterstützung einen wichtigen Anteil an der Entstehung dieser Untersuchung.

Mein Dank gilt schließlich in ganz besonderer Weise meinen Eltern Hermann und Margret Tapken. Ihnen widme ich diese Arbeit.

Rom im Sommer 2002
Andreas Tapken

Abkürzungsverzeichnis

Heinz Kohut

Aufsätze I	Die Zukunft der Psychoanalyse. Aufsätze zu allgemeinen Themen und zur Psychologie des Selbst
Aufsätze II	Introspektion, Empathie und Psychoanalyse. Aufsätze zur psychoanalytischen Pädagogik und Forschung und zur Psychologie der Kunst
Correspondence	The Curve of Life: Correspondence 1923-1981
Empathy	On Empathy (1981), in : SfS IV, 525-535.
Heilung	Die Heilung des Selbst (Orig.: The Restoration of the Self)
Humanities	Self Psychology and the Humanities. Reflections on a New Psychoanalytic Approach
Lectures	The Chicago Institute Lectures
Narzißmus	Narzißmus (Orig.: The Analysis of the Self)
Psychoanalyse	Wie heilt die Psychoanalyse? (Orig.: How does Analysis cure?)
Seminare	Auf der Suche nach dem Selbst (Orig.: The Kohut Seminars on Self Psychology and Psychotherapy with Adolescents and Young Adults)
SfS I	The Search for the Self. Selected Writings of Heinz Kohut: 1950-1978, Bd. 1
SfS II	The Search for the Self. Selected Writings of Heinz Kohut: 1950-1978, Bd. 2
SfS III	The Search for the Self. Selected Writings of Heinz Kohut: 1978-1981, Bd. 3
SfS IV	The Search for the Self. Selected Writings of Heinz Kohut: 1978-1981, Bd. 4

Edith Stein

Aufbau	Der Aufbau der menschlichen Person (ESW XVI)
Beiträge	Beiträge zur philosophischen Begründung der Psychologie und der Geisteswissenschaften
Briefe I	Selbstbildnis in Briefen. Erster Teil 1916-1933 (ESW VIII)
Briefe Ingarden	Briefe an Roman Ingarden (ESGA 4)
Einfühlung	Zum Problem der Einfühlung
ESGA	Edith Stein Gesamtausgabe
ESW	Edith Steins Werke
Heidegger	Martin Heideggers Existentialphilsophie, in: ESW VI
Familie	Aus dem Leben einer jüdischen Familie (ESW VII)
Frau	Die Frau (ESGA 13)
Husserl-Thomas	Was ist Philosophie? Ein Gespräch zwischen Edmund Husserl und Thomas von Aquin, in: ESW XV
Kreuzeswissenschaft	Kreuzeswissenschaft (ESW I)
Mensch	Was ist der Mensch? Eine theologische Anthropologie (ESW XVII)
Person	Die ontische Struktur der Person und ihre erkenntnistheoretische Problematik, in: ESW VI
Phänomenologie	Die weltanschauliche Bedeutung der Phänomenologie, in: ESW VI
Philosophie	Einführung in die Philosophie (ESW XIII)
Potenz	Potenz und Akt. Studien zu einer Philosophie des Seins (ESW XVIII)
Seelenburg	Die Seelenburg, in: ESW VI
Sein	Endliches und ewiges Sein (ESW II)

EINLEITUNG

1 Zur Fragestellung

1.1 Skizzierung der Fragestellung

«*Der notwendige Andere*» – zugegebenermaßen ein sehr allgemeiner, unspezifischer, womöglich sogar unklarer Titel. Von welchem Anderen ist da überhaupt die Rede? Und in welcher Weise ist er notwendig? Ich greife auf ein cineastisches und zwei literarische Beispiele zurück, um deutlich zu machen, worum es mir in dieser Untersuchung geht.

Im Herbst 2000 kam der Film *Verschollen – Cast away* in die Kinos, in dem Tom Hanks einen jungen Amerikaner darstellt, der nach einem Flugzeugabsturz allein auf einer kleinen Insel verschollen ist. Nach einiger Zeit beginnt dieser moderne Robinson Crusoe eine besondere Beziehung zu einem angeschwemmten Fußball zu entwickeln. Er malt ihm ein Gesicht auf und gibt ihm einen Namen (Wilson). Je länger er allein ist und je schwächer die Hoffnung wird, gerettet zu werden, desto wichtiger wird Wilson für ihn. Er spricht mit ihm, entwickelt eine intensive emotionale Beziehung zu ihm und verzweifelt schließlich nahezu, als das Meer Wilson davonträgt. Der Zuschauer gewinnt den Eindruck, daß diese seltsam unrealistische affektive Beziehung zu einem Fußball den jungen Mann letztlich davor bewahrt, verrückt zu werden und sich umzubringen. Offenbart hier die Extremsituation absoluten Alleinseins auf einer Insel die Notwendigkeit eines Anderen, auf den ein Mensch angewiesen ist, um überhaupt als Mensch zu überleben?

Auf eine ganz andere Weise kommt die Sehnsucht nach dem Anderen zum Ausdruck in Franz Kafkas *Das Schloß*.[1] Herr K., der Protagonist dieses zugleich beängstigenden und grotesken Romans, versucht jenes Schloß zu erreichen, von dem der Leser nie erfährt, was es eigentlich wirklich ist und warum es so bedeutsam für ihn ist. Alle Wege führen nur scheinbar näher zum Schloß hin. Die Personen, denen Herr K. begegnet, können ihm nur scheinbar helfen, zum Schloßherren zu gelangen. Letztlich aber erreicht er das Schloß

---

1 KAFKA 1926.

nicht. Kafkas enigmatisches Buch hat die unterschiedlichsten Interpretationen gefunden: Das Schloß sei das unerreichbar Göttliche, das eigene Selbst, Kafkas Vater... Wie auch immer: Es geht um etwas Anderes bzw. einen Anderen, der ersehnt und gesucht, aber nie gefunden wird. Der Andere als der/das ewig Andere und Unerreichbare?

Oder ist die Erfahrung des Anderen doch eher so, wie sie sie D.H. Lawrence in seinem Gedicht *New Heaven and Earth* beschreibt?[2] Es hebt an mit der Beschreibung des Ekels und der Leere, die den Verfasser überkommen, weil er in allem, was er tut und erlebt, immer nur bei sich selbst ist.

«I was so weary of the world,
I was so sick of it,
everything was tainted with myself, […]
I was a lover, I kissed the woman I loved,
and God of horror, I was kissing also myself.»

Der Autor will sterben; der Tod scheint die einzige Möglichkeit, der Fäulnis der Selbstbefangenheit zu entkommen. Doch dann eines Nachts streckt er die Hand aus nach der Frau an seiner Seite.

«It was the flank of my wife
whom I married years ago
at whose side I have lain for over a thousand nights
and all that previous while, she was I, she was I.»

Und mit einem Mal ist die Frau an seiner Seite nicht mehr nur Teil seiner selbst.

«[...] starved from a life of devouring always myself,
now here was I, new-awakened, with my hand stretching out
and touching the unknown, the real unknown, the unknown unknown.»

Ist das möglich, daß plötzlich der Andere wirklich der Andere ist und ich in ihm nicht mehr mich selbst, sondern wirklich ihn meine und liebe? Und daß ich durch den Anderen dem Tod entrissen bin und sich eine neue Erde und ein neuer Himmel eröffnen?

«[…] risen not to the old world, the old, changeless I, the old life,
wakened not to the old knowledge
but to a new earth, a new I, a new knowledge, a new world of time.
Ah no, I cannot tell you what it is, the new world.
I cannot tell you the mad, astounded rapture of its discovery.»

---

2 LAWRENCE 1964, 256-261. Abgesehen von diesem Gedicht, das in der Originalsprache zitiert wird, sind alle anderen in dieser Arbeit zitierten fremdsprachlichen Texte ins Deutsche übersetzt. Falls keine veröffentlichte Übersetzung vorlag, geht die Übersetzung auf den Autor zurück.

Ich habe diese drei Beispiele angeführt, weil sie eindrücklich drei ganz unterschiedliche Weisen veranschaulichen, in denen das Ich dem Anderen begegnen kann: Angewiesensein auf die stützende Nähe eines notwendigen Anderen; ahnungsvolle, aber unerfüllte Sehnsucht nach einem Anderen; und schließlich der Durchbruch aus der Eigenwelt hinein in die Wahrnehmung des neuen und unbekannten Anderen. Die Liste der Alteritätserfahrungen ließe sich verlängern.

Aber diese wenigen Beispiele machen schon deutlich, daß ich mich mit der Frage nach der Bedeutung des Anderen in ein komplexes und weites Feld hineinbegebe. Es geht um die Rolle des Anderen und die Weise, in der er für das Ich und für die Ich-Werdung bedeutsam ist. Wie kann diese Rolle beschrieben werden? Daß der Andere überhaupt bedeutsam ist, dürfte außer Zweifel stehen. Aber *wie* ist er es? Sind die anderen Mitmenschen, auf die das Kind angewiesen ist, die anfängliche Matrix, aus der sich das Kind dann langsam herauslöst, um schließlich unabhängig und erwachsen zu werden? Oder bleibt der Andere, in der bewußten und unbewußten Erinnerung, bleibend gegenwärtig? Oder ist er gar so sehr präsent, daß nach einem berühmten Wort von Rimbaud gilt «*Ich ist ein anderer*»? Gibt es somit gar kein wirkliches Selbstsein? Ist das Ich immer nur das, zu dem die Anderen es machen? Ist das Ich seine Umwelt?

Und: Wer ist der Andere überhaupt? Die Mutter, der Vater, die Freunde? Oder die innere Vorstellung, die ich von ihnen habe? Gott? Hat das Erleben anderer Menschen zu tun mit der Weise, wie ich den Ganz-Anderen (Gott) erfahre, und umgekehrt?

In der vorliegenden Arbeit soll diese Fragen nach dem Anderen in einem interdisziplinären Gespräch untersucht werden. Die Wissenschaften, die an diesem Dialog beteiligt werden sollen, sind die Tiefenpsychologie, die phänomenologische Philosophie und die Theologie. Diese Auswahl hat, wie noch deutlich werden wird, sachliche Gründe, legt sich aber zunächst einmal dadurch nahe, daß es sich um diejenigen Wissenschaften handelt, mit denen der Autor am besten vertraut ist.

1.2 Auswahl der Autoren

Angesichts der Weite und Unüberschaubarkeit des Gegenstands dieser Studie habe ich mich entschlossen, das Feld der Untersuchung einzugrenzen, indem ich mich auf zwei Autoren beschränke: *Heinz Kohut* und *Edith Stein*. Warum gerade diese beiden Autoren?

Das wichtigste geistig-psychische Instrumentarium zur Wahrnehmung des Anderen ist die *Einfühlung* in einen anderen Menschen. Die zwei ausgewählten Autoren haben – Stein hat für den Bereich der Phänomenologie und Kohut für den der Psychoanalyse – die bis heute wohl umfassendsten und einflußreichsten Studien zum Thema der Einfühlung vorgelegt.

Der Ansatz bei Kohuts Selbstpsychologie bietet – abgesehen von dieser überraschenden Übereinstimmung mit Stein – verschiedene Vorteile: Zum einen handelt es sich um eine der derzeit bedeutendsten psychoanalytischen Theorien.[3] Zum anderen vereint sie relationale Elemente mit psychoanalytischer Interpretation. Sie fragt also nach der Bedeutung des Anderen und bleibt doch tiefenpsychologisch orientiert. Kohuts Selbstpsychologie ist mithin keine sozialpsychologische Theorie, sondern setzt tiefenpsychologisch an bei der Frage nach unbewußten Dynamiken. Das aber ist bedeutsam, da ich davon ausgehe, daß die Frage nach der Bedeutung des Anderen sich nur dann wirklich erhellen läßt, wenn auch seine unbewußte Bedeutung verstanden wird.

Edith Stein als zweite Gesprächspartnerin zu wählen legt sich aus zahlreichen Gründen nahe. Sie hat sich umfassend mit der Psychologie und vor allem ihrer wissenschaftstheoretischen Grundlegung beschäftigt – ein Problem, an dem ein interdisziplinäres Gespräch nicht vorbeigehen kann. Darüber hinaus steht die Frage nach dem Anderen, als Teil ihrer Beschäftigung mit der Konstitution der Person, während des gesamten Schaffens Steins im Zentrum ihrer Aufmerksamkeit. Schließlich ist Steins Denken insofern im Zusammenhang der hier angestrebten Integration von Psychologie, Philosophie und Theologie besonders interessant, als es sich dadurch auszeichnet, progressiv Philosophie, Religionsphilosophie und Theologie miteinander zu verbinden.

Ich muß es hier bei diesen wenigen Hinweisen belassen. Die Auswahl dieser zwei Autoren sollte um so verständlicher werden, je intensiver wir im folgenden mit ihrem Denken vertraut werden.

---

3   «Kohuts Fähigkeit, dieses Denken zu einer alternativen Theorie der Entwicklung, Pathologie und Behandlung auszubauen, hat zu einem der bedeutsamsten und umfassendsten neuen Modelle in der Psychoanalyse seit Kleins Entwurf geführt.» (SUMMERS 1994, 297)

2 Zur Struktur

2.1 Aufbau der Arbeit

Diese Arbeit gliedert sich in drei Teile, denen eine ausführliche Einleitung vorangestellt ist. Ziel der Einleitung ist es vor allem, methodologische Klärungen vorzunehmen, die sich im Zusammenhang einer interdisziplinären Arbeit ergeben (vgl. Einleitung, 3).

Die Teile I und II stellen ausführlich Kohuts und Steins Denken des Anderen dar. Ich habe mich aus zwei Gründen entschlossen, ihre Alteritätstheorie so ausführlich und im wesentlichen unabhängig voneinander zu untersuchen: (1) Es liegen bisher weder zu Kohut noch zu Stein Studien über ihre jeweiligen Alteritätstheorien vor, obwohl die Frage nach dem Anderen, wie ich aufzuzeigen hoffe, ein zentrales inhaltliches und strukturelles Element in ihrem Denken darstellt. Ich konnte also hier auf keine verläßlichen Studien zurückgreifen, sondern mußte mir die zentralen Konzepte ihrer jeweiligen Alteritätstheorien selbst erarbeiten. (2) Zudem scheint es auch wissenschaftstheoretisch geboten, Psychoanalyse und Philosophie bzw. Theologie nicht vorschnell zu vermengen, sondern zuerst einmal wissenschaftsimmanent zu vertiefen (vgl. dazu Kap. 3 dieser Einleitung).

Teil III schließlich stellt den Versuch dar, anhand des in den Teilen I und II erarbeiteten begrifflichen Instrumentariums die drei beteiligten Wissenschaften miteinander ins Gespräch zu bringen. Ich greife dabei in starkem Maß auf Stein und Kohut zurück, beschränke mich aber nicht auf sie, sondern beziehe dort, wo es von der Sache her notwendig oder möglich erscheint, weitere Autoren in das Gespräch ein.

2.2 Grenzen der Arbeit

Die hier vorgelegte Studie hat unvermeidliche Grenzen (und wahrscheinlich auch vermeidliche). Auf einige der Grenzen, derer ich mir bewußt bin, soll kurz hingewiesen werden.

Eine erste Grenze ergibt sich vom Thema selbst her: Es bieten sich zahlreiche Inhalte und Fragen an, über die ein interdisziplinäres Gespräch geführt werden kann. Die Frage nach dem Anderen ist nur eine davon, die zudem noch hier auf das begrenzt wird, was Kohut und Stein zu diesem Thema zu sagen haben. Das hier bearbeitete Feld ist also klein und in keiner Weise erschöpfend.

Mit dieser ganz offensichtlichen Grenze verbindet sich eine weitere: Ein interdisziplinäres Gespräch, wie es hier angestrebt ist, kann gar nicht wirklich von einer Person geleistet werden, sondern müßte von Fachleuten oder besser noch Fachgruppen der beteiligten Wissenschaften miteinander geführt werden. Es ist heute unmöglich, als Einzelner auch nur eine der hier beteiligten Wissenschaften zu überblicken und zu beherrschen, geschweige denn alle drei. Deswegen lassen sich gelegentlich Oberflächlichkeiten nicht ganz vermeiden. Häufig habe ich versucht, Fragen, die weiter zu vertiefen wären und den hier gesteckten Rahmen überschreiten, als solche kenntlich zu machen. Vor allem habe ich mich bemüht, mich simplifizierender Urteile zu enthalten. Man mag aber dieser Grenze auch etwas Positives abgewinnen können: Die überstarke Spezialisierung der einzelnen Fächer muß ja häufig mit einem Mangel an Zusammenschau bezahlt werden. Vielleicht hat deswegen auch dieser unzulängliche und anfanghafte Versuch einer Integration und Synthese der Fächer einen gewissen Wert.[4]

Eine weitere Grenze ist, daß es sich bei der vorliegenden Arbeit um eine theoretische und keine empirische Studie handelt. Manche Fragen, die sich vor allem im Bereich der Psychologie ergeben, beinhalten auch technische Aspekte der therapeutischen bzw. psychoanalytischen Behandlung und würden vermutlich von dorther weitere Klärung erfahren. Ebenso wäre es interessant, die Ergebnisse dieser Arbeit an den praktischen Bereich der therapeutischen Arbeit zurückzubinden. Abgesehen von gelegentlich eingestreuten Hinweisen habe ich darauf aber verzichtet, weil es mir nicht der eher theoretischen Natur dieser Untersuchung zu entsprechen schien.

Eine letzte Grenze ist sprachlicher Natur: Ich habe mich entschieden, hier die maskuline Schreibweise *der Andere* zu verwenden und darin auch *die Andere* einzuschließen, ohne sie jeweils zu nennen. Das entspricht zum einen der Weise, wie zumeist in der Literatur, auf die ich mich beziehe, von dem und der Anderen gesprochen wird und ist zum anderen vor allem durch die sprachliche Eleganz und Lesbarkeit begründet.

---

4   Vgl. KIELY 1987, 13.

3   Zur Methode

Nachdem so die Fragestellung der vorliegenden Untersuchung skizziert ist, stellt sich nun die Frage nach der konkreten Vorgehensweise, mithin die Methodenfrage. Dabei lasse ich mich von der Überzeugung leiten, daß die Fragestellung die Methode zu bestimmen hat, und nicht umgekehrt. Es handelt sich folglich darum, eine methodische Vorgehensweise zu entwickeln, die eine möglichst umfassende und präzise Klärung der vorgelegten Fragestellung ermöglicht.

Das vorliegende Kapitel zur Methode der Arbeit gliedert sich folgendermaßen:

In einem ersten Schritt wird die Hypothese vorgestellt, die dieser Untersuchung zugrunde liegt. Keine wissenschaftliche Arbeit beginnt ja von einem Nullpunkt aus. Mit der Formulierung der Fragestellung ist immer auch schon eine zumindest anfängliche, meist noch recht vage Antwort auf die Frage mitformuliert. Das ist auch hier der Fall. Es ist deswegen nur redlich und der Entwicklung einer wissenschaftlichen Methodik zuträglich, wenn die zugrundeliegende Hypothese transparent gemacht wird. Nur dann kann der Leser kontrollieren, ob die vorgeschlagene Methode dienlich ist, die Hypothese zu verifizieren und somit die Fragestellung dieser Arbeit zu beantworten oder nicht.

In einem zweiten Schritt, werden eine Reihe spezifischer Fragen behandelt, die sich im Rahmen einer interdisziplinär angelegten Untersuchung ergeben und die es vorab zu klären gilt.

Im dritten und vierten Schritt versuche ich, im Gespräch mit Bernard Lonergan und Paul Ricoeur Elemente einer Epistemologie und Hermeneutik zu erarbeiten, die eine gesicherte wissenschaftstheoretische Grundlage für die vorliegende Arbeit zu bilden vermögen.

3.1   Die Hypothese

Alle wissenschaftlichen Theorien, und in besonderer Weise alle humanwissenschaftlichen, machen anthropologische Grundannahmen darüber, was der Mensch seinem Wesen nach ist und wie er sein sollte.[5] Man darf ohne übergroße Simplifizierung feststellen, daß als leitendes anthropologisches Paradigma der Psychoanalyse Sigmund Freuds eine Vorstellung des Menschen als autonomes, unabhängiges Subjekts fungiert. Demzufolge wird der Mensch in ein Netz von entfremdenden Abhängigkeiten von Mitmenschen hineingebo-

---

5   Vgl. BROWNING 1987; KIELY 1990; JONES 1994; POHLEN – BAUTZ-HOLZHERR 1995, 17-21; BAUMANN 1996, 13-17.

ren, aus dem er sich durch komplexe Loslösungs-, Abgrenzungs- und Bewußtmachungsprozesse mühsam herauswinden muß, um schließlich seine Ich-Autonomie zu finden. Hierin kommt – von Freud auf den Bereich der Psychologie angewandt – das leitende Menschenbild des abendländischen Kulturkreises und besonders der Moderne zum Ausdruck: die Person als das Subjekt freien und vernünftigen Selbstbesitzes. Vermutlich darf hier ein zumindest impliziter Einfluß der Philosophie und Theologie der Moderne auf die Psychoanalyse vorausgesetzt werden. Es ist aber nicht zu übersehen, daß Freud dieses Menschenbild nicht nur aufgegriffen, sondern auch zu seiner Vertiefung und Verbreitung beigetragen hat: Die Psychoanalyse mit ihrem Fokus auf die einzelne Person und ihre je eigene innere Welt hat im Laufe des 20. Jahrhunderts Eingang gefunden in das kulturelle Selbstverständnis der westlichen (post-) modernen Gesellschaft – häufig unter Schlagworten wie Selbstverwirklichung, Persönlichkeitsentfaltung oder Individuation, zumeist aber in unthematischer Weise. In diesem Sinn läßt sich in umgekehrter Richtung ebenfalls ein starker Einfluß der Psychoanalyse und ihres Paradigmas auf die zeitgenössische Philosophie und Theologie feststellen.

Dieses Menschenbild nun, das Selbstverwirklichung und Ichwerdung vor allem in Termini der Abgrenzung und Loslösung vom Anderen begreift, wird in der vorliegenden Arbeit in Frage gestellt. Hingegen wird ein Modell fundamentaler und lebenslanger Bezogenheit vorgeschlagen. Relationalität wird demnach nicht durch Autonomie oder Individuation ersetzt, sondern entwickelt sich von anfänglichen archaischen Formen zu reiferen Ausgestaltungen.

Der andere Mensch wird dabei als der *notwendige Andere* gedacht. Das Ich ist in dieser Perspektive psychogenetisch und psychodynamisch auf das stützende und Identität vermittelnde Du angewiesen. Das Adjektiv *notwendig* wird dabei sowohl in seiner etymologisch ursprünglichen als auch in seiner alltäglichen Bedeutung verwendet: Der Andere ist der *Not wendende*, stützende und rettende Andere, der das Selbst davor bewahrt, innerlich zu zerbrechen. Er ist zugleich der unvermeidlich (notwendig) negativ oder positiv anwesende Andere, dessen Einfluß auf das eigene Leben sich niemand zu entziehen vermag.

Es wird aus psychologischer, phänomenologisch-philosophischer und theologischer Warte untersucht, wie der Andere als für das Selbstsein bedeutsam erfahren wird. Dabei kann unterschieden werden zwischen dem Anderen als dem Fremden im Eigenen, dem Anderen als Mitmenschen und dem Ganz-Anderen als dem göttlichen Gegenüber; diese drei Weisen, in denen der Andere erfahrungsmäßig gegeben sein kann, können in ihrem Verhältnis zueinander untersucht werden.

Schließlich sollte deutlich werden: Existieren in Bezogenheit meint nicht, daß das Ich sozusagen im Anderen existiert oder gar in ihm aufgeht, ohne daß dem Selbstsein reale Bedeutung zukäme. Selbstsein und Bezogenheit auf den Anderen werden als *gleichursprünglich* und somit in einer letztlich nicht aufhebbaren dialektischen Spannung gedacht. Es wird versucht, diese dialektische Spannung psychologisch, phänomenologisch und theologisch zu beschreiben und so zu einer möglichst umfassenden Heuristik der menschlichen Person und ihrer Beziehungen zu gelangen. Das trinitarische Denkmodell, das die christliche Theologie bereitstellt, wird als eine Möglichkeit begriffen, analogisch Selbstsein, Bezogenheit auf den Anderen und Relationalität zu konzeptualisieren und zusammenzudenken.

3.2   Anmerkungen zur Problematik der Methode

Bevor ich mich der konkreten methodischen Vorgehensweise zuwenden kann, sind vorab noch einige Klärungen vorzunehmen. Es handelt sich um Fragen, die sich notwendig aus der oben skizzierten Fragestellung, aus der formulierten Hypothese und dem darin zum Ausdruck gebrachten Anspruch dieser Arbeit ergeben.

Eine erste Frage hat mit dem interdisziplinären Charakter dieser Arbeit zu tun. Es gilt zu klären, welchen wissenschaftstheoretischen Bedingungen ein interdisziplinäres Gespräch in formaler Hinsicht unterliegt. Das soll im folgenden in Auseinandersetzung mit Lonergan und Ricoeur erfolgen (vgl. 3.3 und 3.4). Es ist aber auch zu fragen, ob sich in inhaltlicher Hinsicht ein solches Gespräch überhaupt anhand der Frage nach dem Anderen führen läßt, wie ich es hier beabsichtige. Diese Frage kann jedoch zu Beginn dieser Untersuchung nicht wirklich geklärt werden. Zwar kann, wie schon geschehen, darauf verwiesen werden, daß es sich bei der Alteritätsproblematik um ein zentrales Thema sowohl für die Psychoanalyse, für die Philosophie wie auch für die Theologie handelt. Daß aber ein solches Gespräch wirklich auf den Weg gebracht werden und daß es zu sinnvollen Ergebnissen führen kann, vermag nur das geduldige Mitgehen des Weges selbst zu erweisen.

Eine weitere wichtige Frage betrifft den Ort der Theologie in der vorliegenden Arbeit. Hier möchte ich auf einige Grundannahmen hinweisen, die dieser Untersuchung zugrunde liegen und um die der Leser wissen sollte, die aber hier nicht ausführlich begründet werden, da sie eigene umfassende Studien erfordern würden.[6]

Es stellt sich in diesem Zusammenhang beispielsweise die Frage, wie es überhaupt möglich ist, die Theologie in ein interdisziplinäres Gespräch zu integrieren. Dabei besteht in unserem Fall die Problematik nicht so sehr darin, unterschiedliche wissenschaftliche Vorgehensweisen – etwa die Denkform der Naturwissenschaften und die hermeneutische Denkform der Theologie – miteinander zu verbinden. Ich gehe davon aus (vgl. 3.4), daß es sich bei allen drei am vorliegenden Gespräch beteiligten Wissenschaften – Psychoanalyse,

---

6   Über das komplexe Verhältnis von Theologie und Psychologie, ihre mögliche Integration und die wissenschaftstheoretischen Fragen in Zusammenhang heutiger Religionspsychologie informieren sehr gut SPILKA – MCINTOSH 1997, WULFF 1997 und UTSCH 1998.

philosophische Phänomenologie und Theologie – um Wissenschaften handelt, die einer hermeneutischen Denkform verpflichtet sind und auf dieser Basis miteinander in ein Gespräch gebracht werden können. Hingegen gilt es zu verstehen, wie mit dem Selbstverständnis der Theologie als einer Wissenschaft, die eine Offenbarung zu ihrem Gegenstand hat, und mit ihrem impliziten Wahrheitsanspruch umgegangen werden soll.[7] Ich erwarte mir von Lonergans transzendentaler Methode (vgl. 3.3) eine Klärung darüber, wie Theologie mit anderen Wissenschaften in ein sinnvolles Gespräch gebracht werden kann. Es besteht ja die Gefahr, daß die Theologie sich entweder, entsprechend ihrem klassischen Selbstbewußtsein, als Herrin aufspielt und versucht, die anderen Wissenschaften als ihre *ancillae* zu dominieren, oder aber im Bewußtsein ihrer Eigenart und der Unbeschreibbarkeit ihres Gegenstandes sich ganz des interdisziplinären Dialogs enthält.[8]

In diesem Zusammenhang ist ein Hinweis auf die persönliche Überzeugung des Autors angebracht. Die Frage der Alterität ließe sich auch im Rahmen einer rein deskriptiven Religionspsychologie behandeln. Diese untersucht die Bedingungen und Wirkungen religiöser Erfahrung im Individuum oder einer Gruppe, enthält sich aber in der Regel bewußt eines Urteils über den Wahrheitsgehalt des transzendenten Objektes der religiösen Erfahrung.[9] Die vorliegende Arbeit versteht sich aber nicht in diesem Sinne als wertfrei, sondern setzt die Existenz Gottes und das Gegebensein von Offenbarung überhaupt und in besonderer Weise die Selbstmitteilung Gottes in Jesu Christus voraus. Das muß freilich nicht bedeuten, daß Theologie deswegen als der normative Gesprächspartner begriffen wird, aus dessen Erkenntnissen etwa deduktiv eine Anthropologie abgeleitet werden kann. Hingegen weiß sich das interdisziplinäre Gespräch, das hier versucht wird, der Verhältnisbestimmung von Theologie und Anthropologie verpflichtet, wie sie in der sogenannten *anthropologischen Wende* der Theologie artikuliert wird. Diesem Ansatz zufolge besteht kein wirklicher Widerspruch zwischen einem Theozentrismus und Anthropozentrismus in der Theologie. Alle Offenbarung Gottes erfolgt ja immer in die menschliche Bedingtheit und Verständnismöglichkeit hinein und ist so jeweils anthropologisch vermittelt. Der Mensch wird dabei als das Subjekt transzendentaler Offenheit begriffen: Die Frage des Menschen nach sich selbst findet nur in dem Maße eine Antwort als er sich über seinen eigenen Horizont hinaus für das ihm in Christus entgegenkommende Geheimnis Gottes zu öffnen vermag.[10] Anthropologie vollzieht sich mithin im Horizont der

---

7   Vgl. zum komplexen Verhältnis der Theologie zu den anderen Wissenschaften RAHNER 1972a, 1972b, 1972c, 1980, 1983.

8   Vgl. RAHNER 1972b; 1972c; 1980, 67.

9   Vgl. zur Übersicht über Tendenzen und unterschiedliche Ansätze in der Religionspsychologie WULFF 1997, UTSCH 1998.

10 Vgl. RAHNER 1976, 206-211.
    In diesem Sinn äußert sich auch das Zweite Vatikanische Konzil in der Pastoralen Konstitution über die Kirche in der Welt von heute: «Tatsächlich klärt sich nur im Geheimnis

Christologie. Christologie ist umgekehrt nur bedeutsam, wenn sie anthropologisch relevant und vermittelt ist. Natürlich kann von der Reflexion auf die Offenheit menschlichen Fragens der Inhalt christlicher Offenbarung nicht erschlossen werden. Ihre Bedeutung wird aber nur ersichtlich in einem streng anthropologischen Ansatzpunkt.[11]

Daraus resultiert, daß hier eine normativ-deduktive Funktion der Theologie bewußt vermieden wird. Theologie wird hingegen begriffen als ein gleichberechtigter und unerläßlicher Gesprächspartner des interdisziplinären Diskurses. Es geht ja um einen möglichst breiten Zugang zur Alteritätsproblematik und eine möglichst umfassende Heuristik. Der christliche Glaube und die theologisch reflektierte Gotteserfahrung haben wichtige Elemente zur Frage nach dem Anderen beizutragen. Ich gehe aber davon aus, daß diese in ihrer Relevanz verständlicher werden, wenn sie nicht theologisch-deduktiv, sondern eher religionsphänomenologisch-induktiv erschlossen werden.

Anthropologische Vorurteile spielen in allen Wissenschaften, aber zumal in den Humanwissenschaften eine wichtige Rolle. Schwierigkeiten in der interdisziplinären Arbeit haben häufig damit zu tun, daß anthropologische Postulate nicht genügend transparent gemacht werden, oder als solche gar nicht bewußt sind. Ich hoffe, mit den vorhergehenden Hinweisen genügend deutlich gemacht zu haben, welche anthropologischen und theologischen Grundannahmen meine Arbeit bestimmen. Je bewußter sie sind, desto leichter ist ihr Einfluß zu erkennen. Sind nämlich die Grundannahmen einmal expliziert, können sie – im Sinne einer phänomenologischen Epochè – gleichsam in Klammern gesetzt werden. Das soll auch hier versucht werden: Gerade indem ich meine Grundannahmen deutlich gemacht habe, kann es gelingen, im konkreten Vorgehen Abstand von ihnen zu gewinnen. Ich versuche sozusagen, mich meines (Vor-) Urteils zu enthalten und so einen möglichst unverstellten Blick auf die Wirklichkeit zu gewinnen. Je bewußter die Vorentscheidungen, desto leichter ist ihr verzerrender Einfluß auszuschließen.

Die soeben skizzierte Frage nach Grundannahmen, Vorentscheidungen und Überzeugungen verweist auf die Problematik, wie denn überhaupt eine gesicherte Erkenntnis zu erlangen sei. Damit rühre ich an den Wahrheits- und Objektivitätsbegriff, der der vorliegenden Arbeit zugrunde liegt. Auch hier gilt es die eigene Position kenntlich zu machen.

---

des fleischgewordenen Wortes das Geheimnis des Menschen wahrhaft auf.» (Gaudium et spes, 22)

11 Vgl. dazu RULLA 1986, 31-44.
Rulla, Imoda und Ridick haben versucht, auf den Grundlagen dieser Verhältnisbestimmung von Theologie, Christologie und Anthropologie eine *Anthropologie der christlichen Berufung* zu entwerfen, in der Erkenntnisse der Theologie, Philosophie und Psychologie einander vermittelt werden. Die vorliegende Arbeit versteht sich als spezifischer Beitrag innerhalb des von ihnen abgesteckten Horizonts (vgl. RULLA 1986, RULLA – RIDICK – IMODA 1989, RULLA 1997, IMODA 1997a).

Was überhaupt Wahrheit sei und ob und wie Objektivität zu erlangen sei, ist nicht nur in der Philosophie,[12] sondern in jüngster Zeit auch in der Psychologie und namentlich der Psychoanalyse ein intensiv diskutiertes Thema.[13] Dabei ist die Position der Psychoanalyse durch das besondere *setting* der therapeutischen Gesprächssituation geprägt. Es geht dem Patienten und dem Therapeuten normalerweise nicht darum, die historische oder sachliche korrekte Wahrheit (beispielsweise über eine als traumatisch erlebte Situation der Kindheit) zu rekonstruieren. Hingegen bemühen sie sich, die *Bedeutung* des Erlebten zu erschließen und daraus eine Sinnperspektive für die Gegenwart zu konstruieren. Wahrheit wird in diesem Zusammenhang häufig als «Sinnwahrheit»[14] oder auch als «narrative Wahrheit»[15] verstanden. Objektivität meint dann nicht überprüfbare sachliche Richtigkeit, sondern intersubjektive Übereinkunft. Man würde dieser in der Psychoanalyse vorherrschenden Position nicht gerecht, wenn man sie einfach als Beliebigkeit abtäte; sie erklärt sich am besten durch die Eigenart der therapeutischen Situation, in der es eben um existentielle Bedeutung geht und nicht um objektive Richtigkeit.

Freilich ist aber das Verständnis von Wahrheit als intersubjektive Übereinkunft auch in der Psychoanalyse nicht unumstritten und besonders in den letzten Jahren mehrfach Gegenstand der Kritik geworden. Dabei geht es zum einen um den Realitätsbezug dessen, was intersubjektiv konstruiert wird,[16] und zum anderen um die Frage, ob nicht die duale therapeutische Situation eines dritten Elementes bedarf, das die analytische Interpretation und die intersubjektive Sinnwahrheit objektiviert.[17]

Auch die Frage nach dem Wahrheits- und Objektivitätsbegriff kann hier nicht wirklich ausdiskutiert werden, da sie bei weitem den Rahmen der vorliegenden Arbeit übersteigt. Noch einmal möchte ich aber meine eigene zugrundeliegende Annahme durchsichtig machen. Ich gehe davon aus, daß die soeben als Sinnwahrheit beschriebene intersubjektive Übereinkunft nicht unversöhnlich einem traditionellen Verständnis von Wahrheit im Sinne der klassischen Korrespondenz- oder Adäquationstheorie gegenüberstehen muß, sondern im Gegenteil zuweilen deren existentielle Basis bildet. Wahrheit im Sinne von Übereinstimmung von Intellekt und Gegenstand ist ja immer durch menschliche Erkenntnis vermittelt, so daß Wahrheits- und Erkenntnistheorie

---

12 Vgl. zur Übersicht: GADAMER 1960, RICOEUR 1965, PUNTEL 1978, HABERMAS 1968 und 1973, MURA 1990.

13 Vgl. zu dieser gesamten Problematik: LOCH 1985, 181-212; WALLACE 1988; HANLY 1990 und 1999; CAVELL 1993 und 1998; POHLEN – BAUTZ-HOLZHERR 1995, 156, 252ff.; MANENTI 1996; GABBARD 1997; MARTINI 1998; RENIK 1998.

14 Vgl. LOCH 1985, 185; er spricht auch von Wahrheit als Fels und Grund, auf dem man stehen kann und von «existenztragender Wahrheit».

15 Vgl. SPENCE 1982; siehe auch die sehr gute Übersicht zur Rolle der Narration in der Psychologie bei O'DWYER 2000, 7-56.

16 Vgl. z.B. CAVELL 1993, 21-69 und 1998.

17 Vgl. etwas das/den «Analytic third» bei OGDEN 1994, und auch CAVELL 1993 und 1998, sowie THOMÄ 1999, 849-852,

aufeinander verwiesen sind und Wahrheit ontologisch immer nur im erkennenden Subjekt gegeben ist. Die hier vorausgesetzte Wahrheitstheorie hat eine metaphysische Grundlage und weiß sich einer schöpfungstheologisch begründeten Ontologie verpflichtet; zugleich ereignet sich Wahrheit aber nie am erkennenden Subjekt vorbei, sondern nur in ihm. Die Vermittlung von metaphysischem und existentiellem Wahrheitsverständnis ist zwar in dieser Studie an keiner Stelle direkt angestrebt; sie ist aber dennoch als implizite Problematik im Gang der gesamten Untersuchung präsent, insofern – wie zu zeigen sein wird – die psychoanalytische und phänomenologische Analyse der Bedeutung des Anderen eine intentional-teleologische Tiefenstruktur der Alteritätsproblematik sichtbar werden läßt, die meines Erachtens nach einer Erklärung im Horizont und in den Termini philosophischen und theologischen Seinsdenkens verlangt.

3.3   Interdisziplinäres Gespräch und transzendentale Methode

3.3.1   Zur Problematik eines interdisziplinären Ansatzes

Es ist nun schon mehrfach angeklungen, daß sich die vorliegende Untersuchung als Versuch eines interdisziplinären Gespräches versteht. Rahner hat darauf aufmerksam gemacht, wie schwierig überhaupt zu bestimmen ist, was unter einem interdisziplinären Gespräch zu verstehen sei und daß sich die Schwierigkeit dann noch mehr zuspitzt, wenn einer der Partner des Gesprächs die Theologie ist.[18] Die Theologie fragt nicht nach Aspekten der menschlichen Wirklichkeit, sondern nach ihrem Ganzen und nach ihrer transzendenten Bezogenheit auf das Geheimnis Gottes. Zugleich kann die Theologie, anders als andere Wissenschaften, ihren Gegenstand zwar benennen, nie aber präzise beschreiben. Für Rahner ist aber damit das interdisziplinäre Gespräch der Wissenschaften keineswegs unmöglich gemacht, noch die Theologie aus diesem Gespräch ausgeschlossen. Im Gegenteil:

> «Da [...] jede Wissenschaft bei der Einheit des einen Gottes, bei einer Einheit des Menschen, des *einen* Menschen in Ursprung, Wesen und Ziel unbeschadet ihrer Eigenart und spezifischen jeweiligen Methode, Fragestellung usw., je sich selbst nur (so paradox das klingen mag) adäquat finden kann durch eine Selbstüberschreitung ihres eigenen Wesens, da die einzelnen Wissenschaften sich jeweils selbst nur ganz verstehen, wenn sie mehr wissen als sich selbst, darum ist der immer neue, wenn auch immer asymptotisch bleibende Versuch

---

18   Vgl. RAHNER 1972a, 1972b, 1972c, 1980; vgl. auch die Zusammenfassung bei RULLA 1986, 44-50.

einer Integration der verschiedenen Wissenschaften einschließlich der Theologie eine dem Menschen aufgetragene Aufgabe und sittliche Verpflichtung.»[19]

Damit sind zwei sehr zentrale Gründe für die Wichtigkeit eines interdisziplinären Ansatzes angegeben: Einerseits versteht jede Wissenschaft (das gilt auch für die Theologie) sich selbst und ihren spezifischen Beitrag zum Verständnis der Wirklichkeit nur dann, wenn sie über ihren Tellerrand hinauszuschauen vermag und den spezifischen Beitrag anderer Wissenschaften wahrnimmt. Andererseits geht es darum, die eine Wirklichkeit (die eine menschliche Person) möglichst umfassend zu verstehen. Je mehr unterschiedliche Perspektiven auf den untersuchten Gegenstand miteinander ins Gespräch und die gegenseitige Ergänzung gebracht werden können, desto besser.[20]

Rahner skizziert verschiedene minimale Erfordernisse für das Gelingen eines interdisziplinären Gespräches:[21] So geht es ihm (wohl mit Habermas) darum, daß es zwischen den Wissenschaften zu einem «herrschaftsfreien» Dialog kommt. Wenngleich eine agonale Situation nicht gänzlich vermieden werden kann, müssen doch die Erkenntnisse der jeweils andere Wissenschaft möglichst unverzerrt wahrgenommen werden.[22] Es muß die Bereitschaft bestehen, voneinander zu lernen.[23] Schließlich ist eine gewisse gemeinsame philosophische Basis zu finden, auf der eine Verständigung über die gemeinsamen Kategorien stattfinden kann.[24]

3.3.2 Interdisziplinärer Ansatz und transzendentale Methode

Wie lassen sich diese Erfordernisse an das interdisziplinäre Gespräch umsetzen in eine konkrete Methodik und präzise Vorgehensweise für diese Arbeit? Zur Beantwortung dieses Frage stütze ich mich auf Bernard Lonergan.[25] 1957 hat Lonergan seine umfassende und komplexe Studie *Einsicht (Insight)* über das menschliche Erkennen vorgelegt. Sie bildet die Grundlage für das weiterführende Werk *Methode in der Theologie*. Letzteres zeichnet sich dadurch aus, daß Lonergan die in *Insight* entworfene Methode weiter expliziert und zugleich auf den Bereich theologischen Erkennens ausweitet. Darüber hinaus bemüht er sich, die Erkenntnisse der Hermeneutik Gadamers und Bettis in seine Theorie zu integrieren. Worum geht es ihm?

Lonergan geht davon aus, daß man nur dann eine Grundlage für ein interdisziplinäres Gespräch zwischen verschiedenen Wissenschaften gewinnt, wenn man zunächst von den zu untersuchenden Inhalten abstrahiert und die

---

19 RAHNER 1980, 68f; siehe auch TRACY 1987.
20 So auch POLKINGHORNE 2000, 3-51.
21 Vgl. dazu auch die Zusammenfassung bei KIELY 1987, 14f.
22 Vgl. RAHNER 1972b, 99 und 1980, 67.
23 Vgl. RAHNER 1972b, 100.
24 Vgl. RAHNER 1972a.
25 Vgl. zu Lonergans Methode CROWE 1989 und HEALY 1997.

Aufmerksamkeit auf den Prozeß des Erkennens selbst richtet. In allen Wissenschaften geht es ja immer um das Erkennen und Begreifen eines Gegenstandes. Dabei sind aber die Gesetze der Erkenntnis- und Denkprozesse für alle Wissenschaften gleich.[26] Gelingt es, diese Gesetzmäßigkeiten des Erkennens ans Licht zu heben, erreicht man eine gemeinsame Plattform, von der das interdisziplinäre Gespräch seinen Ausgang nehmen kann. Es geht mithin «nicht um das, was erkannt wird, sondern um die Struktur des Erkennens»[27] selbst, um «Einsicht in die Einsicht».[28] Sind die Gesetze menschlicher Erkenntnisprozesse einmal bekannt, läßt sich eine «vollständige heuristische Struktur» erarbeiten:

> «Eine heuristische Notion ist dann also die Notion eines unbekannten Inhaltes und sie wird bestimmt durch die Vorwegnahme des Typs des Aktes, durch den das Unbekannte erkannt werden kann. Eine heuristische Struktur ist ein geordneter Inbegriff heuristischer Notionen. Eine vollständige heuristische Struktur schließlich ist der geordnete Inbegriff aller heuristischen Normen.»[29]

Lonergan geht es mithin um eine umfassende Heuristik der Wirklichkeit. Er begreift diese Heuristik später als *transzendentale Methode*.[30] Grundlage des interdisziplinären Gespräches ist das Verständnis der allen Wissenschaften gemeinsamen Vollzüge (*operations*) des Erkennens. Lonergan unterscheidet nun vier solcher Vollzüge bzw. Ebenen der Intentionalität, die den menschlichen Lernprozeß ausmachen: *Erfahren – Verstehen – Urteilen – Entscheiden.*[31] Sie sind immer intentionaler Natur (d.h. auf ein Objekt gerichtet), aber von kategorialen Arten des Intendierens zu unterscheiden, da transzendentale Akte in ihrem Inhalt umfassend, in ihrem Umfang uneingeschränkt und kulturell invariant sind.[32]

> «Was wir als die Grundstruktur von Vollzügen beschrieben haben, ist transzendentale Methode. Sie ist eine Methode, weil sie eine normative Struktur wiederkehrender und aufeinander bezogener Vollzüge ist, die kumulative und weiterführende Ergebnisse liefert. Sie ist eine transzendentale Methode, weil die angezielten Ergebnisse nicht auf irgendein besonderes Feld oder Subjekt kategorial eingeschränkt sind, sondern jedes Ergebnis betreffen, das durch die

---

26 Vgl. LONERGAN 1957, 33ff.
27 LONERGAN 1957, 17.
28 LONERGAN 1957, 21.
29 LONERGAN 1957, 452f.
30 LONERGAN verwendet den Begriff *transzendental* sowohl im scholastischen Sinn als Gegenbegriff zu *kategorial*, als auch im kantischen Sinn, «als es die Möglichkeitsbedingung der Erkenntnis eines Gegenstandes ans Licht bringt, insofern diese Erkenntnis *a priori* ist». (LONERGAN 1971, 26)
31 Vgl. LONERGAN 1971, 21, 26, 46. Die Lonergan-Lektüre wird z.T. dadurch erschwert, daß er zahlreiche, teilweise verschiedene und teilweise sich überschneidende Klassifizierungen des Lernprozesses bietet (vgl. beispielsweise LONERGAN 1957, 322f, 434, 626ff). Ich greife hier auf die vielfach rezipiert Vierteilung zurück, die er in *Einsicht* entwirft und dann in *Methode in der Theologie* aufgreift und entfaltet.
32 Vgl. LONERGAN 1971, 23.

völlig offenen transzendentalen Notionen überhaupt intendiert werden kann. Wo andere Methoden darauf abzielen, den Erfordernissen zu entsprechen und die den Spezialgebieten eigentümlichen Möglichkeiten auszuschöpfen, geht es in der transzendentalen Methode darum, jenen Erfordernissen zu entsprechen und jene Möglichkeiten auszuschöpfen, die der menschliche Geist selbst bietet.»[33]

Erkenntnis hebt demnach an mit Erfahrungen, die man zu verstehen sucht, über die man sich ein Urteil bildet und schließlich, wenn notwendig, zu einer Entscheidung kommt.

«Das menschliche Erkennen ist zyklisch und kumulativ. Es ist zyklisch, insofern der Erkenntnisprozeß von der Erfahrung durch die Untersuchung und Reflexion zum Urteil fortschreitet, nur um sich von neuem der Erfahrung zuzuwenden und seinen Aufstieg zu einem anderen Urteil wiederzubeginnen. Es ist kumulativ, nicht nur insofern das Gedächtnis Erfahrungen speichert und der Verstand Einsichten sammelt, sondern auch weil die Urteile sich zu jenem Kontext verbinden, der Wissen oder Mentalität genannt wird.»[34]

Man versteht Erkenntnisgewinn mithin am angemessensten als einen offenen Prozeß – vergleichbar einer sich nach oben erweiternden Spirale –, in dem jede Erfahrung nach Verständnis, Urteil und Entscheidung strebt, das Urteil und die Entscheidung aber neue Erfahrungen eröffnen und mithin neue Fragen hervorrufen, die nun auf einer höheren Ebene erneut den gleichen Prozeß durchlaufen. Lonergan konzentriert den fordernden Anspruch der transzendentalen Vorschriften des Erkennens elegant in der Formel: «Sei aufmerksam, sei einsichtig, sei vernünftig, sei verantwortungsvoll.»[35]

Aus dieser kurzen Skizze der transzendentalen Methode Lonergans ergeben sich nun zwei Konsequenzen für die Vorgehensweise in der vorliegenden Arbeit.

Erstens: Die Untersuchung bemüht sich im Sinne der transzendentalen Methode, die Erkenntnisprozesse – und ich ergänze hier: die Erlebnisprozesse – als solche zu untersuchen. Ich gehe also der Frage nach: Wie wird der Andere erlebt? Wie manifestiert er sich im Erleben und Erkennen der Person? Diese Betrachtungsweise unterscheidet sich von einer soziologischen oder allgemein anthropologischen Untersuchung, in der der Andere beispielsweise in seinem gesellschaftlichen Rollenverhalten oder als Teil einer bestimmten sozialen Gruppe untersucht und in einer Außenperspektive beschrieben würde. Hier hingegen geht es um das Wahrnehmen, Erfahren und Verstehen des Anderen im Eigenen, und dies sowohl aus psychologischer (Selbstpsychologie) als auch philosophischer Perspektive (Edith Stein). Damit verbindet sich die Überzeugung, daß auf diese Weise der Andere in seiner ursprünglichen Gegebenheit und Bedeutung am besten ansichtig wird und so ein grundlegendes

---

33 LONERGAN 1971, 26.
34 LONERGAN 1957, 434.
35 LONERGAN 1971, 236.

Verständnis der Alterität ermöglicht wird, das auch soziologischen, anthropologischen oder soziokulturellen Analysen der Rolle des Anderen zugute kommen kann.[36]

Zweitens: Erkenntnisfortschritt hat nach Lonergan eine kumulative und zyklische Struktur. Das dokumentiert sich auch in der vorliegenden Untersuchung. Zwar hat sie drei klar unterschiedene Teile, die auch je für sich genommen ihre Gültigkeit haben. Dennoch ist der Gesamtduktus dieser Arbeit progressiv-kumulativ: Die Frage nach der Bedeutung des Anderen wird in immer neuen Anläufen aufgenommen, vertieft und erweitert. Jede neue Erkenntnis fördert dabei neue Fragen zutage, die durchdacht werden müssen. Die ursprüngliche Frage nach dem Anderen sollte auf diese Weise in einem immer weiteren und komplexeren Horizont zu verorten und zu untersuchen sein. In einem derart zyklischen Procedere sind Wiederholungen nicht völlig zu vermeiden, im Gegenteil: Sie sind wünschenswert, wenn sie der Schärfung des Blicks und der zunehmenden Klärung der Sache dienen. Lonergans transzendentale Methode hat in ihrer konkreten Anwendung somit auch eine heuristische und selbstkorrigierende Funktion: Das anfänglich nur vage bezeichnete intendierte Unbekannte, kann zunehmend mehr festgelegt und beschrieben werden. Die Frage präzisiert und erweitert sich zugleich und führt zu einem umfassenderen Wissen. Ich hoffe, daß der Leser ein solch geduldiges, neugieriges und der Sache treues Fragen auch in der vorliegenden Arbeit zu erkennen vermag.

3.3.3 Zur Problematik des Unbewußten im interdisziplinären Gespräch

Das interdisziplinäre Gespräch kompliziert sich noch einmal, wenn einer der Gesprächspartner die Psychoanalyse ist. Die Psychoanalyse – oder allgemeiner: die Tiefenpsychologie – versteht sich ja als Wissenschaft des Unbewußten. Sie geht davon aus, daß viele oder gar die meisten Komponenten, die das Handeln und Empfinden des Menschen determinieren, unbewußter Natur und somit der bewußten Kontrolle unzugänglich sind. Die tiefenpsychologische Arbeit dient der mühsamen und oft langwierigen Bewußtmachung dieser unbewußten Anteile der Persönlichkeit.

Eine erste Schwierigkeit ergibt sich angesichts der Frage, ob ein Unbewußtes im Sinne der Tiefenpsychologe überhaupt nachgewiesen kann. Diese Frage wird immer wieder einmal – oft seitens der Philosophie – an die Psychoanalyse herangetragen. Ich erlaube mir, hier auf diese Frage nicht näher einzugehen und einfach auf die entsprechende Literatur zu verweisen. Meines

---

36 Eine Gefahr der transzendentalen Methode besteht darin, daß sie sich in allgemeine oder abstrakte Erkenntnis verliert, die sich kaum mehr zurückbinden läßt an die konkrete Erfahrungswirklichkeit. Dieser Gefahr sollte in dieser Arbeit dadurch entgegengewirkt sein, daß die Tiefenpsychologie mit ihrem praktischen Bezug zur Therapie einer der Gesprächspartner des interdisziplinären Dialogs ist.

Erachtens beweist sie nachhaltig die Existenz und die genetische und dynamische Struktur des Unbewußten.[37]

Eine zweite Schwierigkeit ist aber in diesem Zusammenhang entscheidender: Die transzendentale Methode ist gültig und hilfreich, wenn die intentionale Struktur der menschlichen Erkenntnis nachgewiesen werden kann; Lonergan hat das für den Bereich des Bewußtseins geleistet. Gilt aber seine oben dargelegte Analyse deswegen auch schon für den Bereich der Psychoanalyse, die es mit dem Unbewußten zu tun hat? Hat auch das Unbewußte eine intentionale Struktur? Und in welchem Verhältnis steht es zum Bewußtsein?

Lonergan geht meines Erachtens auf diese Frage nur unzureichend ein. Zwar klingt bei ihm die Frage des Unbewußten gelegentlich an, namentlich dort wo er vom «Gefühl»[38] spricht. Therapie meint für ihn Aneignung der eigenen Gefühle, womit er das Unbewußte mit Emotionalität identifiziert. Diese Einschätzung ist zwar nicht zurückzuweisen, verkennt aber doch die komplexe Genese und Dynamik des Unbewußten, wie sie die Psychoanalyse begreift. Auch in seiner Analyse des Interpretationsvorgangs konzentriert sich Lonergan im Anschluß an Gadamer auf die Interpretation von Texten und Geschichte, ohne auf die Verzerrung einzugehen, die der «Text» nach tiefenpsychologischen Verständnis durch unbewußte Prozesse (Widerstand, Übertragung, usw.) erfährt. Seine Bemerkungen zum Symbol[39] sind zu kurz, um in die Tiefe zu führen. Er erkennt mit Ricoeur die teleologische Dimension des Symbols an, führt diesen Punkt aber nicht weiter aus. Meiner Meinung nach geht Lonergan auf die vielschichtige erkenntnistheoretische Problematik, die die Existenz des Unbewußten für das interdisziplinäre Gespräch mit sich bringt, nicht wirklich ein. Diese Leerstelle in Lonergans Theorie wird hingegen von Ricoeur in seiner Auseinandersetzung mit Freud ausgefüllt, auf die ich jetzt noch eingehe.

3.4 Die intentionale Struktur des Unbewußten – Ricoeurs Freud-Interpretation

Ricoeur verbindet in seiner bekannten philosophischen Freud-Interpretation zwei Anliegen und Untersuchungsstränge miteinander: Ein erster Strang ist epistemologischer Natur und erforscht den wissenschaftstheoretischen Status der Psychoanalyse Freuds; der zweite versteht sich eher als Phänomenologie der Religion und beleuchtet das Verhältnis des Unbewußten als des Anderen

---

37   Vgl. die sehr gute Zusammenfassung über die Frage der Existenz des Unbewußten und der Verdrängung bei BAUMANN 1996, 27-73 und LEVY 1996. Kritisch setzt sich mit dem Unbewußten und seiner Erkennbarkeit GRÜNBAUM 1984 und 1987 auseinander; siehe dazu u.a. MEISSNER 1990.

38   LONERGAN 1971, 41-45. Siehe auch die Anmerkungen zum therapeutischen Prozeß (mit Bezug auf Freud und Stekel) in Kap. 6 von LONERGAN 1957.

39   Vgl. LONERGAN 1971, 74-79.

im Selbst zum Heiligen als dem Ganz-Anderen. Obwohl beide Stränge eng miteinander verwoben sind, versuche ich sie dennoch möglichst auseinander-zuhalten. Hier richte ich die Aufmerksamkeit ausschließlich auf Ricoeurs Analyse der Freudschen Wissenschaftstheorie; seine Phänomenologie der Religion bzw. des Heiligen werde ich im dritten Teil dieser Arbeit wieder aufgreifen.

3.4.1 Hermeneutik der Entäußerung und Wiederaneignung

Die Inhalte des Unbewußten, wie sie z.B. im Traum greifbar werden, gehören dem Bereich der symbolischen Sprache an. Der dem Symbol innewohnende Doppelsinn, wonach hinter einem ersten Sinn ein zweiter Sinn zur Abhebung gebracht werden kann, verpflichtet zur Interpretationsarbeit. «Deshalb gibt es kein Symbol ohne einen Anfang von Interpretation.»[40] Damit stellt sich aber die Frage nach den Möglichkeitsbedingungen von Interpretation, mithin die hermeneutische Problematik allgemein. Dabei sieht Ricoeur Hermeneutik heute in einem Konflikt zwischen zwei unterschiedlichen Bedeutungen. Zum einen kann sie (wohl in Anlehnung an Heidegger) als *Wiederherstellung und Sammlung von Sinn* verstanden werden. Interpretation ist hier verstanden als der Vorgang, in dem ein Objekt aus seinen verschiedenen Bedeutungen her-ausgelöst und in seinem ursprünglichen Sinn ansichtig wird[41]. Zum anderen wird sie (im Sinne von Marx, Nietzsche und Freud) als eine *Hermeneutik des Zweifels* aufgefaßt, in der Bewußtsein als «falsches Bewußtsein» enttarnt wird. Letztere Auffassung legt für Ricoeur den Horizont frei für eine authenti-schere Sprache und eine neues Reich der Wahrheit.[42] Ricoeur erkennt beide Bedeutungen der Hermeneutik als notwendig an und findet einen Ausweg aus dem Konflikt der Interpretationen, indem er eine transzendentale Denkbewe-gung vorschlägt, in der das Denken auf sich selbst reflektiert und in diesem Vorgang im reflektiven Denken selbst die für die symbolische Logik typische irreduzible Logik des Doppelsinns findet.

Beide Deutungen von Interpretation – Wiederherstellung und Illusionsab-bau – verfolgen ein gemeinsames Ziel:

> «den Ursprung des Sinns in einen anderen Mittelpunkt zu verlegen, welcher nicht mehr das unmittelbare Subjekt der Reflexion – das „Bewußtsein" –, das wachsame, auf seine Präsenz bedachte, um sich selbst besorgte und an sich selbst gebundene Ich ist».[43]

Ricoeur fragt sich dann, ob eine solche Entäußerung des Ich, zu der die Psy-choanalyse mehr als irgendeine andere Hermeneutik aufruft, sich nicht para-

---

40 RICOEUR 1965, 31; vgl. auch RICOEUR 1969a und 1969b.
41 Vgl. RICOEUR 1965, 41-45.
42 Vgl. RICOEUR 1965, 45-47.
43 RICOEUR 1965, 68.

doxerweise mit der Grundintention einer phänomenologischen Interpretation des Heiligen trifft, insofern für beide der Brennpunkt des Sinns

«nicht das Bewußtsein, sondern Anderes als das Bewußtsein [ist]. Die eine wie die andere Hermeneutik stellen also die gleiche Vertrauensfrage: kann die Entäußerung des Bewußtseins zugunsten eines anderen Sinnbrennpunktes verstanden werden als der *Akt der Reflexion*, gar als die erste Gebärde der Wiederaneignung?»[44]

Damit hat Ricoeur die zentrale Frage seiner Untersuchung gestellt, die er anhand einer ausführlichen Analyse der Entwicklung des Freudschen Denkens zu beantworten sucht.[45] Ich hebe zwei Gesichtspunkte heraus, die das Zentrum seiner wissenschaftstheoretisch orientierten Erforschung Freuds bilden: (a) die erkenntnistheoretischen Aspekte in Freuds Denken und (b) die dialektische Verschränkung von Archäologie und Teleologie.

3.4.2 Freuds implizite Erkenntnistheorie

Ricoeur versucht den Blick auf die erkenntnistheoretischen Aspekte der Freudschen Psychoanalyse zu schärfen, indem er die Psychologie in zwei Richtungen unterscheidet: von der wissenschaftlichen Psychologie einerseits und der Phänomenologie andererseits.[46]

Der Psychoanalyse wurde, insbesondere in den angelsächsischen Ländern, vorgeworfen, sie genüge nicht den Anforderungen einer wissenschaftlichen Theorie, weil sich ihre Theorie nicht empirisch validieren lasse. Der Versuch seitens einiger Psychoanalytiker (z.b. Rapaport, Hartmann[47]), die psychoanalytische Theorie so umzuformulieren, daß sie für die wissenschaftliche Psychologie akzeptabel wird, führt für Ricoeur letztlich nur in die Nähe eines strengen behavioristischen Operationalismus, wobei aber das Proprium des psychoanalytischen Vorgehens verlorengeht, nämlich die Arbeit an den Sinnbezügen zwischen den Ersatzobjekten und den ursprünglichen und unbewußten Triebobjekten. Er plädiert dafür, die Psychoanalyse nicht als empirische Beobachtungswissenschaft, sondern als *hermeneutische Wissenschaft* aufzufassen[48]. «[...] absolut gesprochen gibt es in der Psychoanalyse keine „Tatsachen", weil hier nicht beobachtet, sondern interpretiert wird.»[49] Der Psychoanalyse geht es darum, die «Semantik des Wunsches»[50] aufzudecken; ihr Vorgehen ist deswegen nicht das der Naturwissenschaft, sondern eher vergleichbar mit dem der historischen oder exegetischen Interpretation. Man muß

---

44 RICOEUR 1965, 69.
45 Vgl. RICOEUR 1965, 73-346.
46 Vgl. RICOEUR 1965, 352-428.
47 Vgl. z.B. HARTMANN 1959.
48 Vgl. RICOEUR 1965, 366.
49 RICOEUR 1965, 374.
50 RICOEUR 1965, 372.

«die Frage nach der Gültigkeit der Behauptungen der Psychoanalyse in einem anderen Kontext sehen als in dem einer Tatsachenwissenschaft naturalistischen Typs. Die analytische Erfahrung hat weit größere Ähnlichkeit mit dem Verstehen als mit dem Erklären.»[51] Freilich kann die Psychoanalyse der Frage nach der Validierung ihrer Interpretationen nicht ausweichen; die analytische Theorie ist mithin als der Versuch zu begreifen, die «Möglichkeitsbedingungen einer Semantik des Wunsches»[52] zu formulieren. «Als solche, nicht jedoch als theoretische Begriffe einer Beobachtungswissenschaft, können und müssen sie kritisiert, verbessert, auch zurückgewiesen werden.»[53]

Nachdem Ricoeur zunächst die Psychoanalyse in der Differenzierung von der wissenschaftlichen Psychologie als hermeneutische Wissenschaft qualifiziert hat, stellt sich nun die Frage, wie sie sich in Inhalt und Vorgehensweise von der Phänomenologie unterscheidet. Diese Frage ist relevant nicht allein im Blick auf die eng umgrenzte Problematik, mit der ich mich in dieser Einführung beschäftige, sondern auch im Blick auf die Gesamtkonzeption der vorliegenden Arbeit. Sie stellt ja einen Versuch dar, Kriterien und Elemente zur Klärung der Alteritätsproblematik zu entwickeln, indem die kohutsche psychoanalytische Selbstpsychologie und die Phänomenologie Edith Steins analysiert und miteinander ins Gespräch gebracht werden. Ricoeur macht in zwei Reflexionsgängen deutlich, worin einerseits das Verbindende oder gar Identische zwischen der psychoanalytischen und der phänomenologischen Vorgehensweise besteht und worin andererseits ihre spezifische Unterschiedenheit gründet. Die phänomenologische Philosophie enthält mehrere Elemente, die sie in die Nähe der psychoanalytischen Erforschung des Unbewußten bringen:

(a) Die *Reduktion* als ureigentliche Methode des phänomenologischen Vorgehens.[54] «Die Reduktion ist gleichsam eine Analyse»,[55] insofern sie nicht das reflektierende Subjekt flieht und durch ein anderes zu ersetzen sucht, sondern sich dem Sinn des Unreflektierten stellt. Damit aber zielen Psychoanalyse und Phänomenologie auf das Gleiche ab: Eine Rückkehr zur wahren Rede.[56]

(b) Die Idee der *Intentionalität*: Als Gerichtetsein auf Anderes ist das Bewußtsein nie volle Selbstgegenwart. Im Vorgang der Reflexion kann das Reflektierte nie eingeholt werden, es bleibt vielmehr ein «Primat des Unreflektierten über das Reflektierte».[57] Auch das Gerichtetsein auf Sinn holt diesen

51 RICOEUR 1965, 383.
52 RICOEUR 1965, 385.
53 RICOEUR 1965, 385; siehe auch die ähnlichen Schlußfolgerungen, zu denen GALIMBERTI (1979, 131-136) gelangt.
54 Vgl. RICOEUR 1965, 386f. und 399.
55 RICOEUR 1965, 399.
56 Vgl. RICOEUR 1965, 399.
57 RICOEUR 1965, 388.

nie wirklich ein, so daß mit Husserl von einer «passiven Genesis»[58] des Sinns gesprochen werden kann. «[...] die passive Genesis, der Sinn, der sich ohne mich erfüllt – die Phänomenologie spricht von ihm, aber die Psychoanalyse zeigt ihn».[59]

(c) Die phänomenologische Theorie der *Intersubjektivität* weiß, daß alle Beziehungen, aller Sinn und alle «Objektivität» intersubjektiv konstituiert sind. Auch das Unbewußte bei Freud ist intersubjektiv definiert. «Die intersubjektive Konstitution des Wunsches ist die tiefe Wahrheit der Freudschen Libidotheorie.»[60] Hier scheint der Unterschied zwischen Phänomenologie und Psychoanalyse verschwindend klein. Beiden geht es um «die Konstitution des Subjekts als eines wünschenden Wesens in einer authentischen intersubjektiven Rede».[61]

Nachdem Ricoeur so das Verbindende zwischen Phänomenologie und Psychoanalyse aufgezeigt hat, muß er nun den Unterschied zwischen beiden deutlich hervorheben.

Die Phänomenologie «macht begreiflich, daß der tatsächlich gelebte Sinn eines Verhaltens die Vorstellung, die das Bewußtsein von ihm gewinnt, übersteigt»;[62] sie kann jedoch diese Bruchstelle, an der die Motivation und Kausalität des Gelebten sich ins Nichtgreifbare verliert, nicht mehr erreichen, der Psychoanalyse hingegen gelingt genau dies. Das Phänomen der Intersubjektivität stellt sich dabei für beide Ansätze unterschiedlich dar. Indem die Psychoanalyse den Zwang zur Wiederholung untersucht, wie er sich z.B. in der Übertragung manifestiert, beschäftigt sie sich mit einem anderen Anderen als die Phänomenologie; es geht um den internalisierten und unbewußten Anderen, der in der analytischen Situation wieder auftaucht.[63] Diese intersubjektive Erfahrung ist aber an die analytische Praxis gebunden und der phänomenologischen Reflexion nicht wirklich zugänglich. «Ich hoffe gezeigt zu haben, daß die Psychoanalyse als Praxis, die auf keine andere zurückführbar ist, auf das „mit dem Finger zeigt", was die Phänomenologie niemals ganz erreicht, nämlich „unsere Beziehung zu unseren Ursprüngen".»[64]

3.4.3 Die teleologisch-intentionale Struktur des Unbewußten

Ricoeur versteht die Psychoanalyse aus philosophischer Perspektive als eine «Archäologie des Subjekts».[65] Aus der Sicht des Bewußtsein läßt sich der

---

58 RICOEUR 1965, 389, mit Bezug auf Husserls Vierte Cartesianische Meditation.
59 RICOEUR 1965, 391.
60 RICOEUR 1965, 396.
61 RICOEUR 1965, 399.
62 RICOEUR 1965, 403.
63 Vgl. RICOEUR 1965, 425.
64 RICOEUR 1965, 428.
65 Vgl. RICOEUR 1965, 429-469.

analytische Prozeß in zwei Schritten beschreiben: Im ersten Schritt erfolgt eine *Dezentrierung*, eine Entäußerung des Denkens, das auf seine ihm unzugänglichen unbewußten Ursprünge verwiesen wird. Im zweiten Schritt erfolgt die «*Wiedereroberung* des Sinns in der Deutung».[66] Durch die Deutung der Zeichen des Wunsches kann der unbewußte Wunsch nun in die Reflexion aufgenommen werden.

Freilich ist das Denken durch die anfängliche Dezentrierung verunsichert. Das «*Ich denke, also bin ich*» zweifelt über die Inhalte seines Denkens und bleibt dauerhaft verwundetes Denken. Dessen ungeachtet ist aber eine philosophische Auseinandersetzung mit Freud möglich:

> «[...] im Prinzip lassen sie [die psychischen Triebrepräsentanzen] sich in Begriffe des bewußten Seelenlebens übersetzen, kurz, die Psychoanalyse ist eine mögliche Rückkehr zum Bewußtsein, weil das Unbewußte in gewisser Weise dem Bewußtsein homogen ist; es ist sein *relativ* Anderes, nicht sein *absolut* Anderes.»[67]

> «Ich verstehe also die Freudsche Metapsychologie als ein Abenteuer der Reflexion; die Entäußerung des Bewußtseins ist ihr Weg, weil das Bewußtwerden ihre Aufgabe ist.»[68]

Hier führt Ricoeur nun die zentrale These seiner Argumentation ein: Es ist ihm zu tun um die *dialektische Verschränkung von Archäologie und Teleologie*. Seine gesamte Analyse dient dazu, die Archäologie des Subjekts zu entfalten und festzustellen, daß durch die Entdeckung des Unbewußten das Bewußtsein des Subjekts seiner selbst entäußert und gewissermaßen dezentriert ist. Ricoeur argumentiert nun, daß die Archäologie notwendig mit einer Teleologie verschränkt ist.

Er entnimmt dieses Denkmotiv des dialektischen Zueinander von Archäologie und Teleologie der Philosophie Hegels,[69] in der es in umgekehrter Form auftaucht: Die Teleologie, die der Phänomenologie des Geistes zugrunde liegt, ist nicht zu denken ohne ihre innere dialektische Verschränkung mit einer Archäologie, der Phänomenologie des Lebens.

Der Bezug auf Hegel hilft Ricoeur nun, die Züge einer «impliziten Teleologie»[70] bei Freud aufzuweisen.

---

66 RICOEUR 1965, 434 (mein Kursiv, A.T.).
67 RICOEUR 1965, 440 (Kursiv vom Autor).
68 RICOEUR 1965, 449.
69 Vgl. RICOEUR 1965, 473-484.
70 RICOEUR 1965, 484.
    Man mag anfragen, ob der Hinweis auf Hegel hinreichend ist, um die Verschränkung von Archäologie und Teleologie aufzuweisen. Ricoeur gesteht selbst ein, daß das hegelsche Denkmodell als Matrix dient, anhand derer eine Struktur im Freudschen Denken sichtbar gemacht werden kann, die sonst eher übersehen wird. Sachlich scheint mir die von Ricoeur postulierte Verschränkung aber zutreffend. Freuds Versuch, Elemente des Unbewußten ins Bewußtsein zu heben, sowie die den unbewußten Inhalten innewohnen-

«Ich glaube zeigen zu können, daß diese Analyse [der Psychoanalyse] in ihrer ureigensten „regressiven" Struktur nur *verstanden* werden kann im Gegensatz zu einer Teleologie des Bewußtseins, die ihr nicht äußerlich bleibt, sondern auf die sie von sich aus verweist.»[71]

Ricoeur macht diese implizite Teleologie sichtbar, indem er die operativen Begriffe des psychoanalytischen Vorgehens – die Konzepte der Identifizierung und der Sublimierung – einer näheren Analyse unterzieht. Dabei kommt er zu dem Ergebnis, daß zwar die freudsche Topik einem solipsistischen Modell verhaftet ist, insofern sie den isolierten psychischen Apparat beschreibt, daß aber die analytische Situation auch für Freud von vornherein intersubjektiv strukturiert ist. Somit findet sich der Prozeß, den Hegel als die *Verdoppelung des Bewußtseins* (im Prozeß der Anerkennung des Selbst im Anderen) begreift, auch bei Freud: «Die gesamte analytische Beziehung kann neu interpretiert werden als Dialektik des Bewußtseins, die vom Leben zum Selbstbewußtsein, von der Wunschbefriedigung zur Anerkennung des anderen Bewußtseins fortschreitet.»[72] Die freudsche Topik beschreibt in einem intrapsychischen Raum eine dialektische Dynamik, die ursprünglich intersubjektiv konstituiert ist. Das Unbewußte (bzw. der Wunsch) als Gegenstand der archäologischen Erforschung verweist mithin über den intrapsychischen Raum hinaus auf ein *telos*, das ihm zugleich zugrunde liegt: der Andere im interpersonalen Raum. «Der Wunsch hat sein Anderes.»[73]

3.5 Zusammenfassung

Was haben die obigen Unterscheidungen, die ich vor allem im Rückgriff auf Lonergan und Ricoeur vorgenommen habe, nun ergeben? Ich will die Erträge, die mein methodisches Vorgehen bestimmen sollen, nochmals kurz zusammenfassen.

Erstens: Es handelte sich darum, eine Heuristik zu erarbeiten, die innerhalb der vorgegebenen Grenzen einer Untersuchung wie der vorliegenden, einen möglichst unverstellten und umfassenden Blick auf die Frage nach der Bedeutung des Anderen ermöglicht. Mit Lonergan und Ricoeur wurde eine solche Heuristik in der *transzendentalen Methode* erblickt. Sie auf das Thema dieser

---

de Tendenz, die Verdrängungsschranke zu durchbrechen und ins Vorbewußte zu drängen, machen in der Tat ein teleologisches Gerichtetsein des Unbewußten deutlich.

71 RICOEUR 1965, 484.
72 RICOEUR 1965, 485.
73 RICOEUR 1965, 488.
   Im Blick auf den Prozeß der Identifizierung schreibt er: «Der Wunsch aber [...] befindet sich von Anbeginn in der intersubjektiven Situation; daher ist die Identifizierung kein Vorgang, der von außen hinzukäme; sie ist die Dialektik des Wunsches selbst.» (493)

Arbeit anzuwenden heißt: Ich frage nicht in erster Linie danach, was die unterschiedlichen Wissenschaften, die hier zu Wort kommen, schon über die Alteritätsproblematik wissen, *was* sie über den Anderen auszusagen vermögen. Hingegen verlege ich die Reflexion auf eine fundamentalere Ebene, indem ich die Wahrnehmungs-, Denk- und Urteilsprozesse selbst untersuche und frage, *wie* der Andere erfahren wird. Ich versuche also, Psychoanalyse, Phänomenologie und Theologie nicht zuerst daraufhin zu befragen, was sie über den Anderen wissen, sondern *wie* die Erfahrung des Anderen sich im Eigenen manifestiert.

Zweitens: Die drei Teile der Arbeit bauen in gewisser Weise aufeinander auf und vor allem der dritte setzt die ersten beiden voraus. Dennoch ist die Vorgehens- und Argumentationsweise nicht einfach linear. Erkenntniszuwachs hat nach Lonergan eine *zyklisch-kumulative Struktur*. Das Bemühen richtet sich deswegen darauf, die Alteritätsproblematik in immer neuen Anläufen zunehmend besser zu verstehen. Dabei wirft jede Erkenntnis neue Fragen auf, so daß sich in diesem Prozeß die Fragestellung zunehmend verschärfen und sich zugleich der Antworthorizont erweitern lassen sollte.

Drittens: Die Psychoanalyse wird mit Ricoeur als *hermeneutische Wissenschaft* begriffen. Das erleichtert das interdisziplinäre Gespräch mit der Phänomenologie und Theologie, weil auch diese hermeneutische, also die Wirklichkeit interpretierende Wissenschaften sind, in denen der Beobachter bzw. Interpret immer schon als Teil der beobachteten bzw. interpretierten Realität begriffen wird. Daraus ergibt sich, daß die transzendentale Vorgehensweise noch einmal genauer zu explizieren ist: Ich habe nicht nur danach zu fragen, wie der Andere wahrgenommen und erfahren wird, sondern zugleich, wie dieser Erkenntnisprozeß immer schon ein Interpretationsprozeß ist, d.h. von expliziten oder impliziten anthropologischen Grundannahmen und Vorurteilen mitbestimmt ist.

Viertens: Es konnte die *teleologisch-intentionale Struktur* sowohl des Bewußtseins (Lonergan) wie auch das Unbewußten (Ricoeur) herausgearbeitet werden. Diese Erkenntnis wird auch diese Untersuchung prägen: Ich frage mithin nicht nur nach Faktizität, sondern auch nach *Bedeutung*. Es genügt nicht zu verstehen, wie der Andere erlebt und erkannt wird, sondern es gilt, das implizite Gerichtetsein (Intentionalität) des Erkennens, sein Woraufhin, aufzudecken. Dabei kommen freilich unvermeidlich meine eigenen anthropologischen Grundannahmen ins Spiel, die ich aber glaube, hinreichend transparent gemacht zu haben.

Nach diesen einleitenden Klärungen kann nun die Analyse der Bedeutung des Anderen in der Selbstpsychologie Heinz Kohuts in Angriff genommen werden.

Teil I

Der Andere bei Heinz Kohut und in der Selbstpsychologie

Und es ist die menschliche Empathie, die Art, wie wir
den anderen spiegeln und bestärken und wie der andere uns
spiegelt und bestärkt, die eine Enklave von menschlichem Sinn [...]
innerhalb eines Universums sinnloser Räume
und blind rasender Sterne erhält.

H. Kohut[1]

Ich definiere den heuristischen Wert und die historische
Bedeutung von Kohuts empathischer Methode als die
„wissenschaftliche Entdeckung des Anderen".

H. Kilian[2]

Die Frage nach dem Anderen ist für die Tiefenpsychologie eine unumgängliche Frage und sie ist in der Tat seit ihren Anfängen immer wieder gestellt worden. Aber dennoch hat Kohut die Frage nach dem Anderen mit einer Wirkmächtigkeit in die Mitte der psychoanalytischen Diskussion gerückt, wie kaum jemand vor oder nach ihm. Dabei hat Kohut die Alteritäts-Problematik als solche explizit nie behandelt; sie schwingt aber – was es zu zeigen gilt – in seiner Selbstpsychologie und vor allem in ihren Konzepten der Einfühlung und des Selbstobjektes immer mit. Das macht die folgende Darstellung des Denkens Kohuts zu einem Grenzgang. Einerseits soll die Frage nach dem Anderen im Vordergrund stehen; sie ist aber so eng mit dem Gesamt der Kohutschen Theorie verwoben, daß andererseits von einer zumindest elementaren Darstellung seiner Selbstpsychologie nicht abgesehen werden kann.

---

1   *Aufsätze I*, 24.
2   KILIAN 1999, 37.

41

Diese Kontextualisierung der Frage nach dem Anderen im gesamten Denken Kohuts versuchen die ersten zwei Kapitel zu leisten. Kapitel 1 gibt kurz einige biographische Hinweise zur Person Heinz Kohuts und historische Anhaltspunkte zur Entwicklung der Selbstpsychologie. Kapitel 2 versucht, Kohuts Entwicklungsweg hin zur Selbstpsychologie sowie ihre zentralen theoretischen Konzepte darzustellen.[3]

Den meisten Raum nehmen die Kapitel 3 und 4 ein. Kapitel 3 untersucht jene Aspekte im Denken Heinz Kohuts, denen ich eine besondere Relevanz für die Alteritäts-Problematik beimesse, wie die Konzepte der Einfühlung und des Selbstobjektes, sein Verständnis psychoanalytischer Heilung und sein Menschenbild. Kohut hat die Selbstpsychologie entscheidend geprägt, sie hat sich aber nach seinem Tod weiterentwickelt. Kapitel 4 untersucht deswegen die Bedeutung des Anderen in drei wichtigen Postkohutschen Strömungen der Selbstpsychologie. Kapitel 5 schließlich versucht, die Ergebnisse der vorhergehenden Darstellung zu bündeln.

---

3 Freilich geht es dabei nicht um eine umfassende Einführung in das Werk und Denken Kohuts; dazu liegen eine Reihe guter Werke vor: ORNSTEIN 1978 und 1990, WOLF 1988, SIEGEL 1996, BUTZER 1997, MILCH 2001.

1 Das Werk Heinz Kohuts und die Entwicklung der Selbstpsychologie

1.1 Leben und Werk Heinz Kohuts

Über Heinz Kohuts Privatleben war bis vor kurzem wenig bekannt. Erst die jüngst von Strozier vorgelegte erste wissenschaftliche Biographie über Kohut erlaubt genauere Einblicke und macht deutlich, daß bei ihm, ähnlich etwa wie bei Edith Stein, Leben und Werk an vielen Stellen eng ineinander greifen.[4] Es mag zur präziseren historischen und biographischen Einordnung seines Denkens hilfreich sein, hier zumindest wesentliche Stationen seines Lebens zu skizzieren.

Kohut wird im Jahr 1913 in Wien geboren. Seine Kindheit und Jugend sind vermutlich in der Krankengeschichte des Herrn Z. beschrieben; Kohuts Familie und zahlreiche Autoren nehmen an, daß sie ein verstecktes autobiographisches Fragment darstellt, Kohut also selber Herr Z. ist.[5] Nach dem Abitur studiert er Medizin und spezialisiert sich in Neurologie. Schon während des Medizinstudiums ist er an der Psychologie interessiert und beginnt eine Psychoanalyse bei August Aichhorn. Von ihm erhält er auch den Hinweis, daß Freud im Begriff ist, Wien zu verlassen und vor den Nazis nach London zu fliehen.

«Ich sah Freud an dem Tag, als er Wien endgültig verließ, im Jahr 1938 [...] Wir fanden Freud, der am Fenster seines Abteils saß, mit dem Rücken zur Fahrtrichtung. [...] Als der Zug sich zu bewegen begann, gingen wir auf Freud zu und zogen unsere Hüte. Freud blickte uns an, nahm seine Mütze ab und winkte uns zu.»[6]

1938, kurz vor der Annektierung Österreichs, erhält Kohut den Doktorgrad; dann muß auch er 1939 aufgrund seiner jüdischen Herkunft Wien verlassen.

---

4 Die langerwartete Biographie von Charles B. Strozier erschien im Frühjahr 2001 (vgl. STROZIER 2001). Darüber hinaus finden sich biographische Notizen in: BUTZER 1997, 7-20; COCKS 1994; WOLF 1998 und 2000.

5 Die Geschichte von Herrn Z. beschreibt Kohut in *Heilung*, 172-229. Daß Herr Z. mit Kohut identisch ist, legt sich nahe vor allem durch die Beschreibung der Elternfiguren und der zwei unterschiedlichen Psychoanalysen (vgl. dazu: STROZIER 2001, 308-316; BUTZER 1997, 8, 16; COCKS 1994, 4).

6 Brief vom 12. Oktober 1952, in: *Correspondence*, 64. Wolf kommentiert diese Begebenheit und deutet an, daß Kohut später in diesem ersten Abschiednehmen von Freud wohl ein Bild seines späteren inhaltlichen Abschiednehmens von Freud gesehen habe: «Als Kohut erfuhr, daß Freud Wien verließ, fuhr er zum Bahnhof, um beim Abschied dabei zu sein. Freud belohnte ihn mit einem kurzen Tippen an seinen Hut. Ich glaube, dies war das einzige Mal, daß Kohut Freud sah, aber er erzählte diese Geschichte ausgesprochen gern. Ich glaube, daß Freuds Geste für ihn wie ein symbolisches Weiterreichen der Fackel war.» (WOLF 2000, 20)

Er emigriert zunächst nach England und gelangt dann 1940 in die USA, wo er als Assistenzarzt in Chicago tätig wird. Von 1947 an hat er einen Lehrauftrag für Psychiatrie an der Universität von Chicago inne. Er arbeitet zugleich am Chicagoer Institut für Psychoanalyse und macht sich bald einen Namen als Lehranalytiker und brillianter Lehrer der psychoanalytischen Theorie.[7] Kohut entwickelt enge Freundschaften mit namhaften Psychoanalytikern wie Anna Freud, Heinz Hartmann und Marianne Kris und gehört zu den Anhängern einer in der Nachfolge Hartmanns stehenden Ichpsychologie. 1957 hält er den wichtigen Vortrag *Introspektion, Empathie und Psychoanalyse*[8] (1959 veröffentlicht), in dem er erstmals die *Einfühlung*[9] als psychoanalytische Beobachtungsmethode beschreibt. In den Jahren 1964-65 ist er Präsident der Amerikanischen Psychoanalytischen Vereinigung und genießt den Ruf, «Mr. Psychoanalysis» zu sein, mithin ein herausragender Vertreter der klassischen psychoanalytischen Theorie. Von 1965-73 ist er Vizepräsident der Internationalen Psychoanalytischen Vereinigung (IPA) und gilt als ihr designierter Präsident.

In der zweiten Hälfte der sechziger Jahre gibt Kohut eine Reihe von Beiträgen zu Fragen des Narzißmus heraus,[10] die schließlich 1971 zur Veröffentlichung des ersten monographischen Werkes *Narzißmus* führen. Darin entwickelt Kohut grundlegende Elemente einer eigenen psychoanalytischen Theorie, ist aber bemüht, diese mit der klassischen Freudschen Theorie zu versöhnen. In seinem nächsten Werk *Die Heilung des Selbst* (1977) ist allerdings der Bruch nicht mehr zu übersehen. Kohuts zunehmende Artikulierung eines eigenen Ansatzes zeitigt eine doppelte Konsequenz: Einerseits wird er unmißverständlich aus der psychoanalytischen Szene ausgegrenzt, die ihm vorwirft, er sei «antipsychoanalytisch» (Anna Freud) geworden. Andererseits sammelt sich eine beständig wachsende Schar von Schülern um ihn, die Ko-

---

7   Seine Vorlesungen am Chicago Institute of Psychoanalysis aus den 50er und 60er Jahren über Freuds psychoanalytische Theorie sind seit kurzem veröffentlicht in RUBOVITS-SEITS 1999.

8   In: *Aufsätze II*, 9-35.

9   In den deutschsprachigen Übersetzungen der Werke Kohuts findet sich für das englische *empathy* sowohl der Begriff *Empathie* als auch *Einfühlung* (vgl. auch I, 3.1.1). Obwohl sich «Empathie» als Terminus technicus inzwischen durchaus eingebürgert hat, entscheide ich mich hier für das anschauliche und erfahrungsnahe deutsche Wort *Einfühlung*. In diesem Sinne mache ich mir die Überlegung des Übersetzers des *Narzißmus*-Buches zu eigen (vgl. *Narzißmus*, 338, Fußnote), der folgenden Gedanken Freuds aus dessen Aufsatz über die Laienanalyse (1926) zitiert: «Sie werden es wahrscheinlich beanstanden, daß wir zur Bezeichnung unserer beiden seelischen Instanzen oder Provinzen einfache Fürwörter gewählt haben, anstatt vollautende griechische Namen für sie einzuführen. Allein wir lieben es in der Psychoanalyse, im Kontakt mit der populären Denkweise zu bleiben und ziehen es vor, deren Begriffe wissenschaftlich brauchbar zu machen, anstatt sie zu verwerfen. Es ist kein Verdienst daran, wir müssen so vorgehen, weil unsere Lehren von unseren Patienten verstanden werden sollen, die oft sehr intelligent sind, aber nicht immer gelehrt.»

10   Vgl. u.a. *Aufsätze I*, 140-172, 173-204.

hut für eine «Genie der Psychoanalyse»[11] hält und mit ihm zusammen das Projekt einer eigenständigen *Selbstpsychologie* vorantreibt[12]. Kohut stirbt im Oktober 1981 an einem Krebsleiden. Sein letztes Werk *Wie heilt Psychoanalyse?* wird posthum 1984 veröffentlicht.[13]

1.2   Die Weiterentwicklung der Selbstpsychologie

Kohut mußte sich, als er seine ersten Entwürfe zur Selbstpsychologie vorlegte, des Vorwurfs erwehren, nicht mehr psychoanalytisch orientiert zu sein. Diese Kritik gilt heute als haltlos. So unterscheidet man nun oftmals vier Richtungen innerhalb der Psychoanalyse: Aus der *klassischen Freudschen Triebpsychologie* sind zuerst die *Ichpsychologie* (Heinz Hartmann, David Rapaport, Anna Freud, Margret Mahler, Erik Erikson, u.a.) und die *Objektbeziehungstheorie* (Melanie Klein, Ronald Fairbain, Donald Winnicott, Otto F. Kernberg, u.a.) hervorgegangen. Als jüngste Ausdrucksform der Psychoanalyse gilt schließlich die *Selbstpsychologie.*[14] Sie hat u.a. zur Klärung der Frage beigetragen, was eigentlich heute unter Psychoanalyse verstanden werden kann: Psychoanalyse ist nicht länger definiert durch Freuds Metapsychologie, noch durch seine Symboldeutungen oder die Anerkennung des Ödipuskomplexes und der zugehörigen Neurosenlehre. Positiv hingegen ist sie bestimmbar durch (a) die Annahme von unbewußten Vorgängen, (b) dem Versuch, diese durch die Arbeit mit Widerstand und Übertragung zum Erleben zu bringen und (c) dem Ziel, eine strukturelle Änderung im Patienten zu erreichen.[15]

Die Selbstpsychologie breitete sich schon zu Kohuts Lebzeiten schnell in den USA und darüber hinaus aus. Seit 1978 finden in den Vereinigten Staaten jährlich Selbstpsychologie-Konferenzen statt. Die Selbstpsychologie ist dort heute fester Bestandteil der Ausbildungsprogramme der meisten psychoanalytischen Institute. Die Weiterentwicklung der Selbstpsychologie ist dokumen-

---

11 WOLF 1998, 161. «Ich hielt diesen Mann [Kohut] wirklich für ein Genie. Ich war der Meinung, er sei der bedeutendste Analytiker seit Freud. Das denke ich nach wie vor.» (163)

12 Zum engsten Kreis dieser Schüler und Mitarbeiter Kohuts gehören: John Gedo, Paul und Marian Tolpin, Arnold Goldberg, Michael F. Basch, Ernest S. Wolf, Paul und Anna Ornstein, David Marcus. Später stießen dazu: Bernard Brandchaft, Evelyne Schwaber, Estelle und Morton Shane, Robert Stolorow.

13 Entwicklungen im Denken Kohuts lassen sich recht gut an wichtigen Veröffentlichungen festmachen. ORNSTEIN (1978 und 1990, 4-7) unterscheidet in diesem Sinn in Kohuts theoretischer Entwicklung die folgenden vier Perioden: 1. Emerging synthesis and the thrust towards a method (1950-1959); 2. Advances in Clinical, theoretical and applied psychoanalysis (1960-1966); 3. Breakthrough on narcissism – The opening of new vistas (1966-1977); 4. Consolidation of method and theory, advances in clinical and applied psychoanalysis (1978-1981).

14 So z.B. CAPRARA – GENNARO 1999, 149-216.

15 Vgl. BARTOSCH 1999b, 7f.

tiert in den von Arnold Goldberg herausgegebenen, seit 1985 jährlich erscheinenden Bänden *Progress in Self Psychology*.[16] In Deutschland finden seit Ende der achtziger Jahre regelmäßige Selbstpsychologie-Tagungen statt. In mehreren europäischen Ländern gibt es selbstpsychologisch orientierte Gruppen und Vereinigungen. Dennoch ist die Selbstpsychologie in Europa derzeit nicht in gleichem Maß rezipiert und institutionell verankert wie in den USA.

Man kann allerdings heute kaum noch von *einer* Selbstpsychologie sprechen, sondern muß eher verschiedene selbstpsychologische Richtungen und Weiterentwicklungen unterscheiden. Ich komme darauf in Kapitel 4 dieses Teils der Arbeit noch zurück. Es scheint möglich, in der Selbstpsychologie nach dem Tode Kohuts zumindest vier Strömungen auszumachen: Enge Mitarbeiter Kohuts wie Goldberg, Anna und Paul Ornstein, Wolf und Basch bewegen sich nur wenig über den von Kohut abgesteckten Rahmen hinaus, sondern bemühen sich, die Anliegen Kohuts weiter zu entfalten und vor allem im Blick auf die psychoanalytische Theorie und Praxis hin zu vertiefen. Einen Eigenweg geht eine Gruppe von Kohut-Schülern (Stolorow, Brandchaft, sowie auch Atwood und Orange), die sich um eine ausdrücklich relationale *Intersubjektivitätstheorie* bemüht. In eine ähnliche Richtung bewegen sich auch Bacal, Newman, Galatzer-Levy, Cohler u.a. mit ihrem Versuch, eine Integration von Selbstpsychologie und Objektbeziehungstheorie zu bewerkstelligen. Wichtig für die Anerkennung der Selbstpsychologie waren schließlich die Studien zur Säuglingsforschung von Lichtenberg, Lachman, Beebe und Stern, die aus entwicklungspsychologischer Sicht zentrale Konzepte der Selbstpsychologie zu bestätigen vermochten.

---

16 Über aktuelle Diskussionen und Entwicklungen innerhalb der Selbstpsychologie informiert darüber hinaus die Internet-homepage: www.selfpsychology.org.

2 Kohuts Weg zur Selbstpsychologie

2.1 Neuinterpretation des Narzißmus

1959 legt Kohut mit *Introspektion, Empathie und Psychoanalyse*[17] erstmals eine Studie vor, in der er sich eingehend mit Fragen der psychoanalytischen Theoriebildung beschäftigt und sich in vorsichtigen Andeutungen von Positionen der klassischen Psychoanalyse distanziert, vor allem was die Rolle der Einfühlung (Empathie) betrifft. Es scheint u.a. Kohuts dort skizzierte empathische Beobachtungsmethode zu sein, die es ihm ermöglicht, im analytischen Prozeß an seinen Klienten Verhaltensweisen wahrzunehmen, die er anhand seiner bisherigen Deutungskategorien nicht einzuordnen vermochte. In den Artikeln *Formen und Umformungen des Narzißmus* (1966)[18] und *Die psychoanalytische Behandlung narzißtischer Persönlichkeitsstörungen* (1968)[19] legt Kohut dann erste Interpretationen seiner Beobachtungen vor. Sie können als Vorarbeiten für das 1971 erscheinende *Narzißmus*-Buch betrachtet werden.[20]

Kohut nimmt an seinen Patienten in psychoanalytischen Behandlung unspezifische, schwer zu bestimmende Symptome wahr: Arbeitshemmungen, Neigung zu perversen Handlungen, Gefühle der Leere, der Depression und des Abgestumpftseins, die aber immer einen vorübergehenden Charakter hatten. Vor allem stellt er «eine starke narzißtische Kränkbarkeit»[21] fest. Versuche, seine Patienten anhand der Freudschen Libidotheorie zu verstehen und zu behandeln, schlagen fehl.[22] Dieser Theorie zufolge ist der Narzißmus eine Übergangsphase zwischen der Phase des Autoerotismus und dem Zielstadium

---

17 In: *Aufsätze II*, 9-35.
18 In: *Aufsätze I*, 140-172.
19 In: *Aufsätze I*, 173-204.
20 Es ist vielfach diskutiert worden, in welchem Maß Kohut seinen theoretischen Neuansatz in *Narzißmus* eigenständig oder in Anlehnung an andere Autoren entwickelt hat. «Es ist häufig genuschelt worden, daß Kohut seine Ideen von Winnicott, Ferenczi, Fairbain, Mahler oder wem auch immer übernommen habe, oder daß er sie nie gelesen habe, es aber hätte tun sollen, da sie schon lange vor ihm seine wichtigsten Gedanken formuliert hätten.» (STROZIER 2001, 224). Vor allem die inhaltliche Nähe zu Winnicott ist in der Tat oft frappierend (vgl. SUMMERS 1994, 183). Strozier geht davon aus, daß Kohut sowohl Winnicott wie auch alle anderen bedeutsamen psychoanalytischen Theoretiker zwar gekannt habe, seine Selbstpsychologie aber doch einen eigenständigen Neuentwurf darstellt, der es ermöglicht, schon von anderen früher formulierte innovative Elemente nun in einen umfassenderen Theoriekomplex zu integrieren. Strozier schreibt über das *Narzißmus*-Buch: «Man kann diese Monographie nicht aufmerksam lesen und behaupten, ihre Ideen seien von irgend jemandem oder von einer spezifischen Schule entliehen worden.» (STROZIER 2001, 222f.)
21 *Narzißmus*, 35.
22 Vgl. den Fall des Fräulein F. in *Aufsätze I*, 196-200, und vor allem *Narzißmus*, 320-333.

der Objektliebe. Die Libido ist hier narzißtisch auf die eigene Person gerichtet und noch nicht auf ein äußeres Objekt. Erst wo sich Objektlibido entwickelt, sieht Freud die narzißtische Position überwunden. Er unterscheidet dabei nicht weiter zwischen Objektbeziehung und Objektliebe; wichtig ist ihm allein, daß die zuvor narzißtisch orientierte Libido sich nun auf ein äußeres Objekt richtet. Kohut hingegen hält die Unterscheidung von Objektliebe und Objektbeziehungen für wichtig. Narzißmus steht im Gegensatz zu Objektliebe, kann aber sehr wohl mit intensiven Objektbeziehungen einhergehen. Ihm geht es nicht um das bloße Vorhandensein von Objekten, sondern um die innere Bedeutung der Objekte für das Selbst. Er verlegt damit die Narzißmusfrage in einen ganz anderen Kontext: Sie hat mit der *Qualität* der Beziehung von Selbst und Außenwelt zu tun, die wiederum abhängig ist vom entwicklungspsychologischen Reifegrad des Selbst. Es geht Kohut «um den Übergang von einer Phase des fragmentierten Selbst oder von singulären Erfahrungen zu einer Phase eines kohäsiven, nicht fragmentierten Selbst».[23] Mit dem (in diesem Zusammenhang in der Tat nicht unmißverständlichen) Terminus Narzißmus beschreibt er die Weise, in der das Selbst, je nach Reifegrad, die Qualität und die intrapsychische Bedeutung seiner Beziehungen zu Außenobjekten erlebt. Er faßt zusammen:

«Erstens: Narzißmus muß als etwas Eigenständiges gesehen werden und darf nicht mit etwas verwechselt werden, das schlechter ist als Objektliebe. Zweitens: Narzißmus ist nicht das Gegenteil von Objektbeziehungen; er ist das Gegenteil von Objektliebe. Einige der wichtigsten Objektbeziehungen sind im Kern narzißtisch [...] Drittens: Narzißmus muß, was Entwicklung und Reife angeht, *parallel* zu Objektliebe bewertete werden. Mit anderen Worten, die Entwicklungsskala des Narzißmus reicht von frühem Narzißmus bis zu spätem Narzißmus, von primitivem bis zu ausgebildetem, von unreifem bis zu reifem.»[24]

2.1.1 Die getrennten Entwicklungslinien von Objektliebe und Narzißmus

Mit einer derart pointierten Beschreibung des Narzißmus geht Kohut zwar schon deutlich auf Distanz zur klassischen Triebtheorie; er versteht aber zu diesem Zeitpunkt das Selbst noch als einen Inhalt des psychischen Apparates und nicht, wie in den späteren Werken, als dessen umfassende und ordnende Instanz. Kohut entwickelt die ersten Ideen zu seiner Psychologie des Selbst noch ganz in den Termini der psychoanalytischen Trieb- und Ichpsychologie.[25]

---

23 *Seminare*, 38. Die erst 1987 veröffentlichten Seminare hielt Kohut 1969-70, also in der Zeit, während der er am Narzißmus-Buch arbeitete.

24 *Seminare*, 29.

25 «Kohut behandelt den Narzißmus in seinem ersten Buch auf der Grundlage der psychoanalytischen Ichpsychologie.» (BUTZER 1997, 79)

Er ist gezwungen, will er nicht Freuds Entwicklungslinie vom Autoerotismus zur Objektliebe leugnen, zwei getrennte Entwicklungslinien für Objektliebe und Narzißmus anzunehmen.

«Ich möchte aber wiederum betonen, daß meine eigenen Beobachtungen mich zu der Überzeugung gebracht haben, daß es fruchtbar ist und mit den empirischen Daten übereinstimmt, zwei getrennte und weitgehend voneinander unabhängige Entwicklungslinien zu postulieren: Die eine führt vom Autoerotismus über den Narzißmus zur Objektliebe, eine andere führt vom Autoerotismus über den Narzißmus zu höheren Formen und Umwandlungen des Narzißmus.»[26]

2.1.2 Narzißtische Übertragungen

Kohut stellt fest, daß seine Patienten an Störungen leiden, die im Bereich des Selbst liegen und zu tun haben mit jenen «archaischen, mit narzißtischer Libido besetzten Objekten (Selbst-Objekte), die noch in enger Beziehung zum archaischen Selbst stehen (das heißt Objekte, die nicht als getrennt und unabhängig vom Selbst erlebt werden)».[27] Diese Personen entwickeln besondere Formen von Übertragungen, die nicht mit den klassischen Übertragungen verglichen werden können, in denen ein libidinöses Triebobjekt aktualisiert wird. Die Untersuchung dieser narzißtischen Übertragungen bildet den zentralen Gegenstand des gesamten *Narzißmus*-Buches[28].

Sobald das ursprüngliche Gleichgewicht des primären Narzißmus zerbricht, weil das Kind die Grenzen der mütterlichen Fürsorge erfährt, wird das

---

26 *Narzißmus*, 251. Vgl. auch: *Seminare*, 33. Sehr deutlich äußert er sich auch in *Lectures*, 277: «In der Analogie [...] der kommunizierenden Röhren war es sehr klar, daß der Narzißmus zunimmt, wenn die Objektliebe abnimmt, und umgekehrt. Es besteht, mit anderen Worten, ein Kontrast und Widerspruch zwischen Narzißmus und Objektliebe. [...] Nun ist der Unterschied, mit dem wir es hier zu tun haben, ein Unterschied in der Theorie. Die Abweichung von der klassischen Theorie, die ich vorgeschlagen habe und die die heutige Entwicklungssituation korrekter beschreibt, steht im Widerspruch zu einem Verständnis des Narzißmus und der Objektliebe anhand der Analogie [...] der kommunizierenden Röhren. Hingegen schlage ich vor, daß wir zwei getrennte Entwicklungslinien verfolgen, die nebeneinander (und in einem gewissen Maß in Beziehung zueinander) bestehen und reifen. Wir können die parallele Entwicklung des Narzißmus von primitiven zu reifen Stadien und der Objektliebe von primitiven zu reifen Stadien verfolgen. Wir können untersuchen, wie das Selbst einer Person fortschreitet zu zunehmend reiferen Formen der Selbsterfahrung, so daß auch, wenn wir hohe Reifegrade erreichen, unser Selbst und die Sorge um unser Selbst, nicht verschwindet.»

27 *Narzißmus*, 19. Kohut hatte schon 1959 in *Introspektion, Empathie und Psychoanalyse* kurz jene besondere Art von Übertragung angedeutet, die er dann später narzißtische Übertragung nennen wird (vgl. *Aufsätze II*, 20-23).

28 Zahlreiche Fallbeispiele für die verschiedenen narzißtischen bzw. Selbstobjekt-Übertragungen finden sich in Kohuts Monographien, sowie besonders in WOLF 1988 und SIEGEL 1996.

archaische Selbst als zerbrechlich und bedroht erlebt. Das Kind versucht, dieser beängstigenden Situation dadurch zu entkommen, daß es die vorherige Vollkommenheit auf zweierlei Weisen ersetzt: (a) indem es ein grandios-exhibitionistisches Bild des Selbst aufbaut – das *Größen-Selbst*; (b) indem es ein bewundertes, allmächtiges Selbstobjekt[29] idealisiert – die *idealisierte Elternimago*.

> «Unter optimalen Bedingungen können Exhibitionismus und Größenwahn des archaischen Größenselbst schrittweise gezähmt werden, und die gesamte Struktur wird letztlich in die erwachsene Persönlichkeit integriert und liefert die Triebenergie für ich-syntone Erwartungen und Ziele, für die Freude an unseren Tätigkeiten und für wichtige Aspekte unserer Selbstachtung. Und unter gleichermaßen günstigen Umständen wird auch die idealisierte Elternimago in die erwachsene Persönlichkeit integriert. Als idealisiertes Über-Ich introjiziert, wird es ein wichtiger Bestandteil unserer psychologischen Struktur, die in uns den Führungsanspruch seiner Ideale vertritt.»[30]

Ist aber die Entwicklung des Kindes in irgendeiner Weise schwer gestört, bleibt es auch als Erwachsener zur Erhaltung seines narzißtischen Gleichgewichts abhängig von archaischen Selbstobjekten. Im analytischen Prozeß stellt der Analytiker dieser archaische Selbstobjekt dar. Ihm gegenüber entwickelt der Analysand deswegen zwei Formen narzißtischer Übertragungen: die *idealisierende Übertragung* als Aktualisierung der idealisierten Elternimago und die *Spiegelübertragung*, die aus der Mobilisierung des Größen-Selbst entsteht (vgl. Fig. 1).

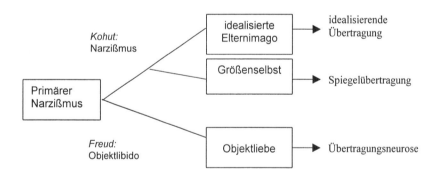

(Fig. 1: Übertragung bei Freud und Kohut)

---

29 Ich verwende hier die Schreibweise *Selbstobjekt* und nicht *Selbst-Objekt*. In den Übersetzungen der späteren Werke Kohuts wurde letztere Schreibweise aufgegeben, um Wortgebilde wie Selbst-Selbst-Objekt-Beziehungen zu vermeiden.

30 *Narzißmus*, 46.

In beiden Übertragungsformen wird der Analytiker nicht als eigenständiges Objekt, sondern als Selbstobjekt wahrgenommen; doch ist die Spiegelübertragung deutlich selbstbezogener als die idealisierende Übertragung.[31] Kohut geht deswegen auch davon aus, daß im analytischen Prozeß zuerst die Spiegelübertragung aktiviert wird, die dann der idealisierenden Übertragung Platz macht.[32]

2.1.2.1 Spiegelübertragung

«Die Spiegelübertragung und ihre Vorläufer stellen somit die therapeutische Wiederholung jenes Aspekts einer Entwicklungsphase dar, in der das Kind versucht, den ursprünglich allumfassenden Narzißmus dadurch zu erhalten, daß es Vollkommenheit und Macht in das Selbst verlegt – hier das Größen-Selbst genannt – und sich verächtlich von einer Außenwelt abwendet, der alle Unvollkommenheiten zugeschrieben werden.»[33]

Kohut unterscheidet drei Formen der Spiegelübertragung: (a) Die archaischste Form ist die *Verschmelzung durch Erweiterung des Größen-Selbst.* Hier geht die Person eine Art symbiotischer Verschmelzung mit dem Analytiker ein, der als Erweiterung des eigenen Größen-Selbst benutzt wird, aber als Objekt unwirklich und konturlos bleibt. (b) In der *Alter-Ego oder Zwillingsübertragung* wird der Analytiker als «anderes Ich» erlebt. Der Patient meint, sein Analytiker sei wie er oder ihm sehr ähnlich. (c) In der *Spiegelübertragung im engeren Sinne* – der reifsten Form des Spiegelübertragung – ist der Analytiker zwar für die Wiederbelebung bestimmter Bedürfnisse des Größen-Selbst wichtig, wird aber ansonsten kognitiv als getrenntes Objekt erfahren.[34]

---

31 Vgl. *Narzißmus*, 52f.
32 Vgl. *Narzißmus*, 202 f., 307f.
33 *Narzißmus*, 130.
34 Vgl. *Narzißmus*, 139-150.
    WOLF (1988, 100) bietet ein kurzes klinisches Fallbeispiel für eine *Spiegelübertragung*:
    «Eine junge Frau war wegen einer schweren Depression in Analyse gekommen, die begonnen hatte, nachdem sie von einer Gemeindeorganisation, der sie sich anschließen wollte, abgewiesen worden war. Während der Behandlung war es für sie sehr wichtig, mir von allen ihren sozialen Erfolgen, den Leistungen ihrer Kinder, den beruflichen Auszeichnungen ihres Mannes und ihre vielen Talenten zu berichten. Einmal erzählte sie mir stolz, wie sie eine Freundin überredet hatte, etwas sehr Schwieriges, aber Nützliches zu tun, und erwartete von mir, daß ich sowohl ihr Geschick als auch ihre Großzügigkeit anerkannte. Ich war damals mit einem anderen wichtigen Problem in ihrer Analyse beschäftigt, so daß ich fälschlicherweise die Verleugnung ihrer Trennungsängste gegenüber der Freundin deutete, statt ihren großen Wunsch, von mir anerkannt zu werden. Ihre Reaktion war eisig, und als sie in die nächste Stunde kam, berichtete sie mir, daß sie nach der letzten Stunde so wütend auf mich war, daß sie "aus Versehen" auf dem Heimweg eine rote Ampel überfahren hatte. Selbstobjektdynamik: Fragmentierung als Folge ungenügender Spiegelung.»

2.1.2.2 Idealisierende Übertragung

«Die therapeutische Aktivierung des allmächtigen Objekts (der idealisierten Elternimago), *idealisierende Übertragung* genannt, ist die Wiederbelebung eines [... Zustands], in dem die Psyche, nachdem sie eine Störung des Gleichgewichts des primären Narzißmus erleiden mußte, einen Teil des verlorenen Erlebens der umfassenden narzißtischen Vollkommenheit dadurch zu retten versucht, daß sie diese einem archaischen, rudimentären (Übergangs-) Selbst-Objekt zuschreibt, der idealisierten Elternimago. Da alle Vollkommenheit und Stärke jetzt in dem idealisierten Objekt liegen, fühlt das Kind sich leer und machtlos, wenn es von ihm getrennt ist, und es versucht deshalb, dauernd mit ihm vereint zu bleiben.»[35]

Solange nun der Patient seinen Analytiker in der idealisierenden Übertragung ungestört als Selbstobjekt in das eigene Erleben einschließen darf, fühlt er sich ganz, mächtig, sicher und gut. Wird aber die Übertragung in Frage gestellt oder irgendwie unterbrochen, reagiert er mit Wut und Verzweiflung. «Alles, was den Patienten vom idealisierten Analytiker trennt, verursacht eine Störung des Selbstwertgefühls.»[36]

2.1.2.3 Zwillings- oder Alter-Ego-Übertragung

Indem ich hier die Zwillings- oder Alter-Ego-Übertragung gesondert betrachte, greife ich in der Darstellung der theoretischen Entwicklung Kohuts etwas voraus. Während er in *Narzißmus* noch die obige Einteilung der narzißtischen Übertragungen vornimmt, modifiziert er in der Folgezeit das ein oder andere Element. Im Zusammenhang seiner Entfaltung einer eigenständigen Selbstpsychologie nennt er die narzißtischen Übertragungen nun *Selbstobjekt-Übertragungen*.[37] Im 1984 posthum veröffentlichten Werk *Wie heilt die Psychoanalyse?* ändert er auch die Klassifizierung der Selbstobjekt-Übertragungen ein wenig, indem er die Zwillings- oder Alter-Ego-Übertragung nicht mehr als eine Unterform der Spiegelübertragung, sondern als eigenständige Art der Übertragung begreift. Diese Aufteilung verbindet sich für ihn mit einem vertieften Verständnis der Hauptbestandteile des Selbst.

---

35 *Narzißmus*, 57.
36 *Narzißmus*, 115.
    Ein kurzes Fallbeispiel einer *idealisierenden Übertragung*: «Ein Mann, der bei mir in Behandlung war, wurde plötzlich wütend auf mich, als er hörte, daß ich mit einem Charterflug ins Ausland fliegen wollte. Sein Bedürfnis nach einem idealisierten Selbstobjekt war so stark, daß er mich so sehen mußte, daß ich etwas Besseres bin als Leute, die einen billigen Charterflug nehmen. Die plötzliche Enttäuschung über das idealisierte Selbstobjekt fragmentierte vorübergehend sein verletzliches Selbst, und seine gesunde Selbstsicherheit wurde zu pathologischer Wut.» (WOLF 1988, 100)
37 Vgl. *Heilung*, 11.

«Im Hinblick auf die Tatsache, daß wir jetzt das Selbst als aus drei Hauptbe-
standteilen gebildet ansehen (dem Pol der Strebungen, dem Pol der Ideale und
dem intermediären Bereich der Begabungen und Fertigkeiten), möchte ich
gleich hinzufügen, daß wir die Selbstobjekt-Übertragungen in drei Gruppen
unterteilen: (1) jene, bei denen der geschädigte Pol der Strebungen versucht,
die bestätigend-billigenden Reaktionen des Selbstobjekts hervorzurufen (Spiegelübertragung); (2) jene, bei denen der geschädigte Pol der Ideale nach einem
Selbstobjekt sucht, das seine Idealisierung annimmt (idealisierende Übertragung); und (3) jene, bei denen der geschädigte Zwischenbereich der Begabungen und Fertigkeiten ein Selbstobjekt sucht, das sich für die tröstende Erfahrung essentieller Ähnlichkeit zur Verfügung stellt (Zwillings- oder Alter-Ego-
Übertragung).»[38]

Zwillings- oder Alter-Ego-Übertragungen können für Kohut normaler oder
pathologischer Natur sein.[39] Das Kind macht Erfahrungen der Ähnlichkeit,
wenn es eine bestimmte Tätigkeit eines Erwachsenen nachahmt. Es fühlt sich
dadurch groß und in seinem Selbst gestützt. Kohut geht davon aus, daß solche
Erfahrungen der Ähnlichkeit, der Unterstützung notwendig und normal sind
und das ganze Leben durchziehen. Es gibt freilich auch pathologische Fehl-
formen: Kohut verweist auf Phantasiezwillinge, mit denen manche Patienten
sie selbst stützende Gespräche führen, oder auch auf manche Formen homo-
sexueller Beziehungen, bei denen jeder Partner das Spiegelbild, bzw. Alter
Ego des jeweils anderen ist.[40]

2.1.3 Narzißtische Persönlichkeitsstörungen

Wenn Kohut die spezielle Art der von ihm diagnostizierten Störung als narzißtische Persönlichkeitsstörung bezeichnet, hat er nicht so sehr eine bestimmte Symptomatik im Blick, durch die sie gekennzeichnet ist; er will
vielmehr einen speziellen Typus struktureller Störung skizzieren, der sich von
anderen qualitativ unterscheidet. Kohut hätte deswegen wohl auch nicht die
narzißtische Persönlichkeitsstörung neben andere (paranoide, zwanghafte,
histrionische, usw.) Persönlichkeitsstörungen gestellt, die sich jeweils durch
besondere diagnostische Kriterien unterscheiden lassen, wie es beispielsweise
im *Diagnostischen und Statistischen Manual Psychischer Störungen* (DSM)
der APA[41] geschieht. Zwar stimmen zahlreiche diagnostische Kriterien der

---

38 *Psychoanalyse*, 275. Ähnlich äußert er sich auch in einem Brief vom 6.12.1980; vgl.
    Correspondence, 414.
39 Vgl. *Psychoanalyse,* 277-287.
40 Vgl. *Psychoanalyse,* 286f.
    Ernest Wolf hat diese drei Selbstobjekt-Übertragungen in der Folgezeit durch noch drei
    weitere ergänzt, in denen er ebenfalls eine Wiederbelebung gestörter archaischer Be-
    dürfnisse sieht. Es sind dies die Verschmelzungsübertragung, die kreative Übertragung
    und die aversive Übertragung (vgl. WOLF 1988, 162-165).
41 Vgl. AMERICAN PSYCHIATRIC ASSOCIATION 1994, 711-760.

«Narzißtischen Persönlichkeitsstörung» im *DSM-IV*[42] überein mit Symptomen, die auch Kohut beschreibt; er unterstreicht aber wiederholt, daß gerade die Symptome der narzißtischen Persönlichkeitsstörung häufig unklar und vage sind.

Kohuts Ausgangspunkt für das Verständnis von narzißtischen Persönlichkeitsstörungen ist eine strukturelle Betrachtungsweise. Er ordnet die narzißtischen Persönlichkeitsstörungen ein zwischen den Psychosen bzw. Borderline-Zuständen und den strukturellen Neurosen (oder klassischen Übertragungsneurosen).[43] Die Symptome von Psychosen oder Borderline-Zuständen können denen der narzißtischen Persönlichkeitsstörung sehr ähnlich sein (Neigung zu perversen Handlungen, Arbeitshemmungen, Depressionen, Gefühle der Leere), zeichnen sich aber durch ihre Dauerhaftigkeit aus. Bei den narzißtischen Persönlichkeitsstörungen gehen die Symptome in der Regel leichter vorüber und verschwinden vor allem, sobald eine narzißtische Übertragung hergestellt ist. Darüber hinaus ist zumeist eine besondere narzißtische Verwundbarkeit zu erkennen. Auf der strukturellen Ebene ist bei den Psychosen und Borderline-Zuständen in der frühen Entwicklung kein Kernselbst gebildet worden. Man hat es deswegen mit einem «präpsychologischen Chaos»[44] zu tun, das der Einfühlung des Beobachters letztlich nicht zugänglich ist. Für Kohut sind solche Patienten deswegen nicht analysierbar.

Im Gegensatz dazu sind bei den narzißtischen Persönlichkeitsstörungen «in der frühen Entwicklung die Umrisse eines spezifischen Kernselbst hergestellt worden».[45] Die Strukturierung des Selbst ist jedoch unvollständig geblieben, weswegen das Selbst ständig auseinanderzubrechen droht und die narzißtische Übertragung das fragmentierte Selbst und sein Verhältnis zu den archaischen narzißtischen Selbstobjekten betrifft.

Bei den strukturellen Konfliktneurosen (bzw. klassischen Übertragungsneurosen) ist hingegen in der frühen Kindheit ein relativ stabiles Kernselbst hergestellt worden, weswegen in ihnen in der Übertragung die Erlebnisse der ödipalen Dreiecksituation wiederbelebt werden. Aber auch im Vergleich dieser unterschiedlichen Übertragungen meint Kohut letztlich keine klare Symptomatik erkennen zu können, da auch in Übertragungsneurosen narzißtische Züge auftreten können. Für ihn «beruht das entscheidende diagnostische Merkmal nicht auf der angebotenen Symptomatik und auch nicht der Lebensgeschichte, sondern auf dem Wesen der spontan sich entwickelnden Übertragung».[46]

«In diesen Begriffen dargestellt, ist der Unterschied zwischen den Übertragungsneurosen und den narzißtischen Persönlichkeitsstörungen klar erkennbar, jedoch nicht sehr groß: Bei den ersteren haben wir es mit einem Konflikt zwi-

---

42 Vgl. AMERICAN PSYCHIATRIC ASSOCIATION 1994, 743-747.
43 Vgl. *Narzißmus*, 24-42; *Psychoanalyse*, 26-31.
44 *Psychoanalyse*, 27.
45 *Psychoanalyse*, 28.
46 *Narzißmus*, 41. Vgl. auch *Aufsätze I*, 217.

schen psychologischen Strukturen zu tun; bei letzteren mit einem Konflikt zwischen einem archaischen Selbst und einer archaischen Umgebung – einem Vorläufer psychologischer Struktur. [...] Die wesentliche Psychopathologie bei den narzißtischen Persönlichkeitsstörungen ist bestimmt durch die Tatsache, daß das Selbst nicht sicher etabliert wurde, daß seine Kohärenz und Festigkeit von der Anwesenheit eines Selbstobjektes abhängen.»[47]

Genetisch erklärt sich für Kohut die mangelnde Festigkeit des Selbst und die daraus resultierende narzißtische Fixierung der narzißtischen Persönlichkeitsstörungen nicht durch traumatische Ereignisse in der frühen Lebensgeschichte, sondern durch ungenügend einfühlende Responsivität der Eltern auf das Kind.[48]

2.2 Die Entwicklung der zentralen Konzepte der Selbstpsychologie

Die Veröffentlichung von *Die Heilung des Selbst* im Jahr 1977 stellt eine entscheidende Etappe in der denkerischen Entwicklung Kohuts dar. Wenngleich das Konzept des Selbst schon ein zentraler Bestandteil seiner Narzißmus-Theorie gewesen war, hatte er es doch in den Gesamtrahmen der klassischen Trieb- und Ich-Psychologie eingebaut.[49] Nun hingegen entwickelt er um das Selbst-Konzept herum eine umfassende und komplexe Selbstpsychologie. Zwar habe er die klassische Theorie nicht aufgegeben, doch

«habe ich die Grenzen der Anwendbarkeit einiger grundlegender analytischer Formulierungen erkannt. Auch im Hinblick auf die klassische psychoanalytische Auffassung von der Natur des Menschen – wie kraftvoll und schön sie auch sein mag – bin ich zu der Überzeugung gekommen, daß sie einem breiten Bereich im Spektrum menschlicher Psychopathologie und einer großen Zahl anderer psychologischer Phänomene, die wir außerhalb der klinischen Situation antreffen, nicht gerecht wird.»[50]

Für Kohut sind einige zentrale Formulierungen Freuds «erfahrungsferne» Theorien und bringen eher anthropologische oder kulturelle Überzeugungen denn psychoanalytische Erkenntnisse zum Ausdruck (vgl. dazu I, 2.3). Ihnen stellt er seine eigene «erfahrungsnahe» Theorie entgegen, die sich dem Studium der aktuellen Empfindungen und Erlebnisweisen von Patienten verdankt. Im Folgenden werden kurz die zentralen Elemente der selbstpsychologischen Theorie dargelegt, die Kohut in *Heilung des Selbst* entfaltet. Zwei wesentliche Aspekte – das Konzept des Selbstobjekts und der Prozeß der Heilung des

---

47 *Heilung*, 123f.
48 Vgl. Narzißmus, 104.
49 Auch *Models of the Mind* der beiden Kohut-Schüler Gedo und Goldberg aus dem Jahr 1973 kann als ein Versuch aufgefaßt werden, die neuen Ideen Kohuts über den Narzißmus im Rahmen einer entwicklungspsychologischen Konzeption mit der klassischen freudschen Theorie zu verknüpfen.
50 *Heilung*, 14.

Selbst – werden jedoch nicht hier, sondern in Kapitel 3 behandelt, da sie wichtige Elemente seiner relationalen Psychologie darstellen.

2.2.1 Entstehung und Definition des Selbst

Die allmähliche Entwicklung Kohuts hin zu einer eigenständigen und umfassenden Selbstpsychologie läßt sich am besten nachvollziehen, wenn man die sich allmählich verändernden Definitionen des Selbst miteinander vergleicht.

In einem frühen Beschreibungsversuch versteht Kohut das Selbst als eine dauerhafte, mit Triebenergie besetzte Struktur innerhalb der Psyche. Vergleichbar den Objektrepräsentationen ist es ein Inhalt des psychischen Apparates.[51] In der Entwicklung des Selbst unterscheidet er zwei Stadien: Das Stadium des *fragmentierten Selbst* entspricht dem Stadium des Autoerotismus bei Freud. In diesem Entwicklungsstadium bestehen nebeneinander verschiedene Selbst-Kerne, die in der nächsten Phase zu einem *kohärenten (bzw. kohäsiven) Selbst* verschmelzen.[52] Nur wenige Jahre später äußert Kohut aber Zweifel an dieser Verschmelzungs-Hypothese. Es erscheint ihm nun unwahrscheinlich, daß die verschiedenen Kerne der Erfahrungen der körperlichen und seelischen Funktionen zu einer einzigen Selbst-Erfahrung verschmelzen. Hingegen entsteht die Selbst-Erfahrung des Kindes unabhängig von den einzelnen Funktionen. «Die Teile bauen nicht das Selbst auf, sie werden in es eingebaut.»[53] Damit klingt zum ersten Mal an, was Kohut wenig später in *Die Heilung des Selbst* explizieren wird: daß das Selbst der organisierende Mittelpunkt der Persönlichkeit ist.[54] Diese Position hält er dann auch in *Wie heilt die Psychoanalyse?* durch, verbindet sie dort aber mit einer noch expliziteren Kritik der Freudschen Theorie.

Kohut versteht das Selbst nun als eine psychische Struktur, die sich von Beginn des menschlichen Lebens an herausbildet und vor allem davon abhängig ist, in welchem Maß die Eltern positiv einfühlend auf die narzißtischen Bedürfnisse ihres Kindes zu reagieren vermögen.[55] Ist ein solch positives elterliches Verhalten gegeben, entwickelt sich im Lauf des zweiten Lebensjahres ein kohäsives Selbst, das heißt die kohärente Struktur eines normal und gesund funktionierenden Selbst. Können aber die Eltern ihrem Kind, aufgrund des eigenen pathologischen Selbst, nicht genügend spiegelnd und einfühlend begegnen, bleibt das entstehende Selbst des Kindes fragmentiert, d.h. geschwächt und unharmonisch.

---

51 Vgl. *Narzißmus,* 14-15.
52 Kohut deutet diesen Entwicklungsprozeß nur sehr kurz an; vgl. *Narzißmus,* 48-51, 245-247.
53 *Aufsätze I,* 263.
54 Vgl. *Heilung,* 122.
55 Vgl. dazu *Heilung,* 90-103.

«Ich glaube, mit anderen Worten, daß Defekte im Selbst hauptsächlich als Folge mangelnder Empathie der Selbstobjekte auftreten – die auf narzißtische Störungen des Selbstobjekts zurückzuführen ist; vor allem und, wie ich glaube, häufiger, als die Analytiker merken, auf die latente Psychose des Selbstobjekts – und daß selbst ernste, reale Deprivationen [...] psychologisch nicht schädlich sind, wenn die psychologische Umgebung mit einem vollen Spektrum unverzerrter empathischer Reaktionen auf das Kind antwortet. Der Mensch lebt nicht vom Brot allein.»[56]

Kohut untersucht zentrale psychische Phänomene wie Träume, Angst und Aggression und versucht an ihnen die Erklärungskraft seiner Theorie zu verdeutlichen. Angst ist für ihn im wesentlichen *Desintegrationsangst*. Eine Person mit einem fragmentierten, nicht genügend kohäsiven Selbst kann die Triebfunktionen nicht in das Selbst einbauen und folglich nicht kontrollieren. Sie lebt mit der ständigen Angst, die Kontrolle über sich selbst zu verlieren. Der Kern der Desintegrationsangst ist dabei aber eben nicht die Furcht vor dem Trieb, sondern vor dem Zerbrechen des Selbst.[57]

Die Aggression ist ein weiterer Bereich, der in einem selbstpsychologischen Ansatz anders zu interpretieren ist. Gemäß der klassischen Theorie handelt es sich bei Wut, Selbstbehauptung und Aggression um primäre, zur biologischen Grundausstattung gehörende Gegebenheiten. Für Kohut hingegen ist menschliche Destruktivität kein primäres psychologisches Phänomen, sondern ein Desintegrationsprodukt. Sie ist für ihn *narzißtische Wut* und tritt auf als Folge des Versagens der Selbstobjekt-Umgebung, die dem Bedürfnis des Kindes nach optimalen einfühlenden Reaktionen nicht entgegenkommt. «Insbesondere destruktive Wut ist immer durch eine Verletzung des Selbst motiviert.»[58]

Freilich ergibt sich aus dem Vorhergehenden kaum eine präzise Definition des Selbst. Eher handelt es sich um dynamische und funktionale Beschreibungen. Kohuts Definitionen des Selbst sind zumeist recht vage; so z.B. wenn er 1966, während seiner ersten Beschäftigung mit dem Selbst, das Selbst als eine variable Größe beschreibt, die keineswegs mit den Grenzen der Persönlichkeit übereinstimmt, sondern sich zum einen sowohl weit über die Grenzen des Individuums hinaus erstrecken, als auch zum anderen sich auf eine einzige seiner Handlungen beschränken kann.[59] Ähnlich offen bleibt schließlich auch die Definition am Ende von *Die Heilung des Selbst*:

---

56 *Heilung*, 85f.
57 Vgl. *Heilung*, 98f.
58 *Heilung*, 108. Siehe auch *Aufsätze I*, 205-251.
    Die langjährige Debatte zwischen Kohut und Otto F. Kernberg entzündete sich u.a. an der unterschiedlichen Beurteilung des Ursprungs und der Behandlung von Aggression. Für Kernberg sind Kohuts Selbst-Defekte nicht der Ursprung von Aggression, sondern umgekehrt die pathologische Konsequenz einer nicht gelungener Abwehr gegen Konflikte aggressiven Inhalts. Vgl. dazu KERNBERG 1992, GLASSMAN 1988.
59 Vgl. *Aufsätze I*, 141.

«Das Selbst ist, ob man es im Rahmen der Psychologie des Selbst im engeren Sinne als spezifische Struktur des psychischen Apparates auffaßt oder im Rahmen der Psychologie des Selbst im weiteren Sinne als Mittelpunkt des psychologischen Universums des Individuums, wie alle Realität [...] in seiner Essenz nicht erkennbar.»[60]

2.2.2 Das bipolare Selbst und das Kern-Selbst

Anders als seine Essenz sind jedoch die Bestandteile des Selbst wohl erkenn- und beschreibbar.[61] Von entscheidender Bedeutung für die Formung des Selbst sind die Erlebnisse des Kindes, in seiner eigenen Grandiosität gespiegelt zu werden und mit dem idealisierten Elternimago verschmelzen zu können. Sie sind der Beginn einer bipolaren Struktur des Selbst: So entsteht auf der einen Seite der *Pol der Strebungen*, der aus dem Erleben des gespiegelten Größen-Selbst hervorgeht; er enthält die selbstbehauptende Tendenz zur Aggression, das Streben nach Macht und die Freude am eigenen Erfolg, mithin den gesunden expansiven Narzißmus des Kindes. Verläuft die Entwicklung normal, wird aus diesem Narzißmus schließlich ein gesunder erwachsener Ehrgeiz. Auf der anderen Seite befindet sich der *Pol der Werte und Ziele*, der auf der Erfahrung des Idealisierens gründet; dieser Pol führt bei normaler Entwicklung zur Aneignung und zum Erleben von Idealen, die das Handeln der Person leiten. Kohut postuliert eine Spannung zwischen den beiden Polen. Dieser «Spannungsbogen» umschreibt eine Zwischenzone, die aus den konkreten Begabungen und Fähigkeiten der Person besteht.[62]

«Mit dem Begriff „Spannungsbogen" jedoch meine ich den dauernden Fluß tatsächlicher psychologischer Aktivität, der zwischen den beiden Polen des Selbst entsteht, d.h. die grundlegenden Ziele einer Person, zu denen ihre Strebungen sie „treiben" und ihre Ideale sie „leiten".»[63]

Kann das Kind in ausreichendem Maße die Erfahrung des Gespiegeltwerdens und des Idealisierens machen, bildet sich um das zweite Lebensjahr herum die Grundstruktur eines *Kern-Selbst*. Ist aber die Entwicklung eines Pols des bipolaren Selbst in irgendeiner Form gestört gewesen und konnten sich deshalb nicht die Anfänge eines kohäsiven Kern-Selbst entfalten, kann sie durch die

---

60 *Heilung,* 299. Es dürfte u.a. an dieser unbestimmten Offenheit der Formulierungen Kohuts liegen, daß sich bei seinen Schülern und bei anderen Vertretern der Selbstpsychologie später die unterschiedlichsten Definitionen des Selbst finden. Vgl. dazu z.B. MILCH 1995, GALATZER-LEVY – COHLER 1993, 25-28.

61 Vgl. *Heilung,* 299.

62 Es sei nur nebenbei darauf verwiesen, daß das bipolare Selbst mit den Polen der Strebungen und Ziele in mancherlei Hinsicht dem Konzept der «basic dialectic» von L.M. Rulla gleicht, mit ihren Polen des «ideal self» und des «actual self»; siehe RULLA 1986, 150-152.

63 *Heilung,* 157.

besonders starke Entwicklung des jeweils anderen Pols ausgeglichen werden. Das Kind hat demzufolge zwei Chancen, ein stabiles Kern-Selbst zu bilden. Zu pathologischen Störungen des Selbst kommt es nach Kohut nur dann, wenn beide Gelegenheiten nicht genutzt werden konnten.[64]

Das in dem oben skizzierten Prozeß entstehende Kern-Selbst

«ist die Grundlage für unser Gefühl, daß wir ein unabhängiger Mittelpunkt von Antrieb und Wahrnehmung sind, ein Gefühl, das mit unseren zentralsten Strebungen und Idealen und unserer Erfahrung integriert ist, daß unser Körper und Geist eine Einheit in Raum und ein Kontinuum in der Zeit darstellen».[65]

2.3 Abgrenzung von Freud

2.3.1 Inhaltliche Distanzierung

Kohuts inhaltliche Auseinandersetzung mit Freud und der klassischen psychoanalytischen Theorie währt lange Jahre und akzentuiert sich nur langsam in einer zunehmenden Abgrenzung.

In den 50er und 60er Jahren bewegt sich Kohut theoretisch und in seiner therapeutischen Praxis noch klar im Rahmen der klassischen Psychoanalyse. Eine erste deutliche Modifikation klassischer Theorien nimmt er in Bezug auf das Narzißmus-Konzept vor. Kohuts Postulat zweier getrennter Entwicklungslinien von Objektliebe und Narzißmus macht deutlich, daß er sich durchaus bewußt ist, wie sehr sein neues Konzept im Gegensatz zu demjenigen Freuds steht; er versteht aber seine Formulierung keineswegs als Bruch mit Freud, sondern als direkte Fortführung Freudscher Gedanken. Zu dieser Zeit faßt er das Selbst als einen Inhalt und eine Struktur innerhalb des psychischen Apparates auf, den er weiterhin in trieb- und ichpsychologischen Termini begreift.[66] Die weitgehend positive Aufnahme, die sein *Narzißmus*-Buch in psychoanalytischen Kreisen findet, scheint dieses Verständnis des Selbst zu bestätigen.

In den Folgejahren bis zur Veröffentlichung von *Die Heilung des Selbst* verändert sich Kohuts Interpretation des Selbst grundlegend. Zunehmend erkennt er, daß dem Selbst eine zentrale Rolle in der psychischen Struktur zu-

---

64 Vgl. zum Prozeß der Bildung des bipolaren Selbst *Heilung*, 150-165.
65 *Heilung*, 155. Kohut beschreibt das Konzept des Kern-Selbst meines Wissens zum ersten Mal in einem Vortrag aus dem Jahr 1972 (in *SfS* II, 659-662): «Ich möchte dieses Selbst das ‚Kernselbst' nennen. Es besteht aus den Derivaten des ‚Größenselbst' (d.h. den zentralen selbstbehauptenden Zielen und Absichten des Individuums) und den Derivaten der „idealisierten Elternimago' (d.h. den zentralen idealisierten Werten des Individuum im Über-Ich).» (660)
66 Vgl. *Narzißmus*, 14f.

kommt.[67] Die Störungen des Selbst sind nun für ihn die primären und grundlegenden Störungen, aus denen sekundär jene der Triebfixierung folgen.[68] Er verdeutlicht diese Auffassung an einer kurzen Diskussion der oralen und analen Entwicklungsphasen[69] und sodann in einer umfassenden Auseinandersetzung mit dem Ödipuskomplex,[70] den er nun in erster Linie als eine Konsolidierungschance des Selbst betrachtet.

> «Vom Standpunkt der klassischen Analyse aus gesehen ist die ödipale Phase *par excellence* der Kern der Neurose; aus der Sicht der Psychologie des Selbst im weiteren Sinne des Begriffs ist der Ödipuskomplex [...] die Matrix, in der ein wichtiger Beitrag zur Festigung des unabhängigen Selbst stattfindet, der es befähigt, seinem eigenen Programm mit größerer Sicherheit als zuvor zu folgen.»[71]

Unglücklicherweise sorgt Kohut mit solche Formulierungen und Vermittlungsversuchen eher für Verwirrung. Faktisch postuliert er in *Die Heilung des Selbst* eine Selbstpsychologie, die die klassische Trieb- bzw. Konfliktpsychologie überwindet, indem sie sie in sich aufhebt. In der theoretischen Formulierung stellt er aber die beiden Ansätze immer wieder nebeneinander und schlägt ein Prinzip der Komplementarietät vor, wonach die «tiefenpsychologische Erklärung psychologischer Phänomene in Gesundheit und Krankheit zwei komplementäre Ansätze erfordert: den einer Konfliktpsychologie und den einer Psychologie des Selbst».[72] Man darf annehmen, daß in einer solchen Formulierung die Furcht vor verurteilenden Reaktionen seitens der psychoanalytischen Gemeinschaft leitend war. Das gilt auch für defensive Kommentare wie etwa, «daß wir nicht notwendigerweise die Wahrheit der klassischen Theorie von der zentralen Stellung des Ödipuskomplexes verneinen, sondern nur die universale Anwendbarkeit dieser Theorie»[73], oder: «Es ist kein Anzeichen eines mangelnden Respekts vor der großen erklärenden Kraft der klassischen Formulierungen [...], die klassische Theorie durch Hinzufügung einer Selbst-psychologischen Dimension zu bereichern.»[74]

Noch in *Wie heilt die Psychoanalyse?* insistiert Kohut auf der Kontinuität seiner Selbstpsychologie mit der Ichpsychologie, weswegen er überzeugt ist, daß sie «in das Zentrum der analytischen Tradition gehört, daß sie sich im Hauptstrom der Entwicklung des psychoanalytischen Denkens befindet».[75] Er betont ausdrücklich, nicht von der traditionellen Theorie abgewichen zu sein.

---

67 Vgl. z.B. die Zweifel an seiner bisherigen Auffassung, die er 1975 in *Aufsätze I*, 261-253 äußert.
68 Vgl. *Heilung*, 75.
69 Vgl. *Heilung*, 76-82.
70 Vgl. *Heilung*, 230-251.
71 *Heilung*, 244; vgl. auch *Psychoanalyse*, 32-59.
72 *Heilung*, 78.
73 *Heilung*, 232.
74 *Heilung*, 235; vgl. dazu auch SIEGEL 1996, 185 und BUTZER 126f.
75 *Psychoanalyse*, 144.

Aber nur wenige Zeilen später versteht er die Triebe als «immanente Modalität» des Selbst, das damit definitiv zur ordnenden Instanz des psychischen Apparates wird[76].

Es mag dahingestellt bleiben, ob Kohut eher unfreiwillig in Abgrenzung zu Freud geraten ist, wie etwa Basch suggeriert[77], oder ob er sich selbst bewußt als Dissident und Gründer einer neuen psychoanalytischen Schule neben der Trieb-, Ich- und Objektbeziehungspsychologie verstanden wissen wollte.[78] Es ist nicht bis ins Letzte auszumachen, wie Kohut selbst seine inhaltliche Auseinandersetzung mit Freud einschätzt. Kohut betont, von niemandem so viel gelernt zu haben wie von Freud. Aber gerade weil Kohut die klassische Theorie umfassend kennt, ist es nur schwer vorstellbar, daß er nicht wahrgenommen hat, wie sehr er sich mit seiner Selbstpsychologie von der Freudschen Theorie loslöst. Eher kann man annehmen, daß er vieles «verbal zwar als Ergänzung ausgegeben, faktisch aber doch als Überbietung verstanden»[79] hat. Andernfalls hätte er im Blick auf seine Selbstpsychologie kaum von einem «neuen explanatorischen Paradigma»[80] sprechen können. Kohut nimmt mit dieser Formulierung ausdrücklich Bezug auf Kuhns Theorie wissenschaftlicher Paradigmen und wird sich deswegen bewußt gewesen sein, auf welch radikale heuristische Verschiebung er mit dem Gebrauch des Paradigma-Konzeptes anspielt.

2.3.2 Freuds Metapsychologie

Kohut schließt *Die Heilung des Selbst* mit einem ausführlichen Epilog[81], der sich inhaltlich und formal vom Rest des Buches abhebt. Es handelt sich um Reflexionen grundlegender, weltanschaulicher, teilweise fast philosophischer Art, denen – obwohl er beansprucht, weiterhin als Psychologe und Wissenschaftler zu sprechen – eine ausdrücklich persönliche Note eignet.[82] Er scheint in dieser Art «persönlicher Metapsychologie» nochmals sein Abrücken von

---

76 *Psychoanalyse,* 296f.
77 BASCH 1984, 15: «Zuerst glaubte Kohut, er gebe mit seiner Anwendung der psychoanalytischen Methode der Einfühlung und Introspektion auf die narzißtischen Persönlichkeitsstörungen nur einen klinischen Beitrag. Dann erkannte er, daß seine Erkenntnisse eine getrennte Linie der Entwicklung implizierten, und erst nach Jahren weiterer klinischer Arbeit verstand er und akzeptierte schließlich, daß seine Erkenntnisse die Postulierung einer einzigen Entwicklungstheorie notwendig machten, die um die Reifung des Selbst herum organisiert ist und Freuds Triebtheorie einschließt, aber auch überwindet.»
78 So etwa ORNSTEIN 1978, 91 und KUTTER 1995, 11f.
79 BUTZER, 173.
80 *Heilung,* 290.
81 Vgl. *Heilung,* 265-300.
82 Vgl. *Heilung,* 265.

Freuds klassischer Theorie begründen zu wollen. Einige seiner Überlegungen trägt er dann auch in *Wie heilt die Psychoanalyse?* noch einmal vor. [83]

Kohut skizziert dabei in einer sozio-psychologischen Kurzstudie eine Verschiebung in der Welt-Erfahrung der Patienten in Psychotherapie: Wuchs das Kind am Ende des letzten Jahrhunderts eher in einer engen Großfamilie auf, die es einerseits emotional überstimulierte, aber andererseits in rigide Moral- und Verhaltensmuster zwängte, so lebt der heutige moderne Patient in einer unterstimulierenden, einsamen Umgebung, in der er kaum anderen Menschen begegnet als seinen an ihrer eigenen Selbst-Pathologie leidenden Eltern. Kohut führt damit die allmähliche Abnahme struktureller Störungen und die gleichzeitige Zunahme von Störungen des Selbst auf den Einfluß sozialer Faktoren zurück. Aber nicht allein die Patienten, sondern auch die Analytiker und ihre Theorien, sind zeit- und umweltabhängig. Ebenso wie das Wien des *fin de siècle* von einer Dichotomie von positivistischer Wissenschaftsgläubigkeit einerseits und einer verborgenen Welt von sexuellen Wünschen und magischer Gläubigkeit andererseits geprägt war, «war auch Freuds Psyche dichotomisch». [84] Er sah den Mensch gespalten in das rationale Bewußte und das dunkle sexualisierte Unbewußte. Die Verdrängungsschranke zwischen Bewußtem (bzw. Vorbewußten) und Unbewußten, die Freud als eine horizontale Spaltung der Person auffaßte, beschreibt für Kohut zwar einerseits eine bleibende und universal gültige psychische Struktur, hat aber andererseits auch Anteile, die auf präzise soziale Umstände zurückzuführen sind. «Genau die Teilung, die im kulturellen und sozialen Leben von Freuds Zeit wirksam war, galt auch für die Psyche des Individuums, wie Freud sie auffaßte.» [85]

Nun ist aber die heutige Zeit nicht mehr dieser Art von soziokultureller Dichotomisierung unterworfen. Der moderne Mensch ist nicht einfach horizontal gespalten.

«Die Psyche des modernen Menschen – die von Kafka, Joyce und Proust beschriebene Psyche – ist geschwächt, multifragmentiert (vertikal gespalten) und unharmonisch [...] Der Mensch unserer Zeit ist der Mensch mit der gefährdeten Selbstkohärenz, der Mensch, der nach der Anwesenheit, dem Interesse, der Verfügbarkeit des die Selbstkohärenz zusammenhaltenden Selbstobjekts hungert.» [86]

---

83 Vgl. *Psychoanalyse,* 88-97.
84 *Psychoanalyse,* 95
85 *Psychoanalyse,* 95.
86 *Psychoanalyse,* 96-98.
     Sehr plastisch formuliert Kohut diese Überzeugung an anderer Stelle (*Aufsätze I,* 24): «Vom Anbeginn des Lebens ist es die Empathie, das psychologische Erfaßtwerden durch eine verstehende menschliche Umwelt, die das Kind vor dem Eindringen der anorganischen Welt, d.h. vor dem Tode, schützt. Und es ist menschliche Empathie, die Art, wie wir den anderen spiegeln und bestärken und wie der andere uns spiegelt und bestärkt, die eine Enklave von menschlichem Sinn – von Haß und Liebe, Sieg und Niederlage – innerhalb eines Universums sinnloser Räume und blind rasender Sterne erhält. Und mit

Kohut erklärt so die Notwendigkeit einer Selbstpsychologie mit den soziokulturellen Verschiebungen seit der Entstehung der klassischen Theorie Freuds und führt in diesem Zusammenhang zwei wichtige Konzepte ein: die *vertikale Spaltung* und die *Unterscheidung vom Schuldigen und Tragischen Menschen*.

Die Vorstellung einer *vertikalen Spaltung* hatte Kohut schon in *Narzißmus* entwickelt.[87] Er glaubt, daß der moderne westliche Mensch weniger in der Gefahr steht, nicht akzeptable Triebelemente in das Unbewußte zu verdrängen (und somit eine horizontale Spaltung zu produzieren), als vielmehr kein kohärentes Selbst zu entwickeln. Das hat zur Folge, daß sich nebeneinander stehende, vertikal voneinander gespaltene Teil-Selbste entwickeln. Die Existenz dieser Teil-Selbste kann durchaus bewußt erlebt werden und geht mit großer innerer Spannung und Fragmentierungsangst einher. Bemerkenswerterweise greift Kohut hier nicht ausschließlich auf psychologische Beobachtungen zurück, sondern ergänzt diese durch kulturelle und soziologische Reflexionen.

Ähnlich geht er vor, wenn er die Unterscheidung von *Schuldigen und Tragischen Menschen* einführt. Die klassische psychoanalytische Theorie versteht den Menschen innerhalb der Metapher des Schuldigen Menschen, der in einem ständigen, Schuldgefühle produzierenden Konflikt lebt zwischen dem kontrollierenden Über-Ich und dem Triebbefriedigung suchenden Es. Damit aber ist sie nicht wirklich in der Lage, die gebrochene, geschwächte und diskontinuierliche Existenzweise zu erhellen, die den Tragischen Menschen der Postmoderne kennzeichnet.[88]

Wie Kilian, Bartosch, Toulmin[89] und andere zu Recht feststellen, gibt Kohut hier seinen Anspruch auf Wertfreiheit der Psychoanalyse als Wissenschaft auf, verläßt das Feld der psychologischen, bzw. psychoanalytischen Forschung im strengen Sinne und stellt phänomenologische und soziokulturelle Überlegungen an, mit denen er nicht nur den spezifischen psychologischen Schwierigkeiten seiner Patienten, sondern auch einer veränderten gesellschaftlichen Situation gerecht zu werden versucht. Wir werden noch zu untersuchen haben, inwieweit sich in dieser Metapsychologie, die Kohut der Freudschen Metapsychologie entgegensetzt, Grundannahmen finden, die mit unserer Frage nach dem Anderen zu tun haben (vgl. I, 3.4).

---

unserem letzten Blick schließlich können wir, in der reflektierten Melancholie unseres Abschieds, uns ein Gefühl fortbestehenden Lebens, des Überlebens der essentiell menschlichen Identität bewahren, und damit einen Schutz gegen den Trugschluß der Gleichsetzung von Endgültigkeit und Tod mit Sinnlosigkeit und Verzweiflung.»

87 Vgl. *Narzißmus*, 205-216; *Heilung*, 154, 222f. Eine umfassende Darstellung der vertikalen Spaltung hat GOLDBERG 1999 vorgelegt, in der er – ähnlich wie Kohut – den psychologischen Prozeß der vertikalen Spaltung eng mit gesellschaftlichen Veränderungen und Herausforderungen verknüpft.

88 Vgl. *Heilung*, 120, 244. Vgl. auch GUSS TEICHOLZ 1999.

89 Vgl. BARTOSCH 1999b; TOULMIN 1986. KILIAN 1999 behauptet, Kohut habe eine «postpaternalistische Psychoanalyse» (37) entwickelt und damit ein «time lag» und ein «cultural lag» (40) in der Psychoanalyse überwunden.

3 Die Bedeutung des Anderen bei H. Kohut – Elemente relationaler Psychologie

3.1 Einfühlung

Einfühlung bzw. Empathie ist eines der wichtigsten Konzepte der Kohutschen Selbstpsychologie. Kohut führt es schon sehr früh in seine Theorie ein und beschäftigt sich immer wieder damit – bis hin zu seinem letzten Vortrag, wenige Tage vor seinem Tod. Daß er sich gezwungen sah, sich ständig neu der Frage der Einfühlung zuzuwenden, hängt nicht zuletzt damit zusammen, daß es sich um ein mißverständliches und vielfach umstrittenes Konzept handelt. Es löste und löst begeisterte Zustimmung und harsche Ablehnung aus. Kaum ein Aspekt der Selbstpsychologie ist auch nur vergleichbar ausführlich diskutiert worden. In der Tat ist die Literatur zum Thema Einfühlung nahezu unübersehbar. Dabei geht weder das Konzept der Einfühlung als solches noch seine Einführung in die Psychologie auf Kohut zurück, wenngleich er wohl entscheidend für seine Verbreitung war.

3.1.1 Zur Geschichte des Begriffs «Einfühlung»

Der deutsche Begriff «Einfühlung» geht zurück auf die frühe Moderne, namentlich die Epoche der Aufklärung und der deutschen Romantik. Herder verwandte ihn 1774 im Sinne des Sich-Hinein-Fühlens in geschichtliche Vorgänge und Lotze 1858 im Blick auf Naturgeschehen. Robert Vischer schrieb 1873 über die Einfühlung als ästhetische Wahrnehmung natürlicher, nichtmenschlicher Formen. Der Phänomenologe Theodor Lipps führt den Einfühlungsbegriff dann in die Psychologie ein.[90] Freud hat das Werk Lipps sehr bewundert und den Begriff höchstwahrscheinlich von ihm übernommen; er verwendet ihn 20 mal in seinem Werk.[91] Besonders bedeutsam ist der Hinweis in *Zur Einleitung der Behandlung* (1913), in dem Freud auf die Unverzichtbarkeit der Einfühlung für die Entstehung der Übertragung hinweist.[92]

---

90 Vgl. zur Geschichte des Begriffs der Einfühlung KÖRNER J. 1998, PIGMAN 1995.

91 Auch Edith Stein hat sich intensiv mit Lipps auseinandergesetzt; vgl. dazu II, 3.1.1.

92 «Wann sollen wir mit den Mitteilungen an den Analysierten beginnen? Wann ist es Zeit, ihm die geheime Bedeutung seiner Einfälle zu enthüllen, ihn in die Voraussetzungen und technischen Prozeduren der Analyse einzuweihen? Die Antwort darauf kann nur lauten: Nicht eher, als bis sich eine leistungsfähige Übertragung, ein ordentlicher Rapport, bei dem Patienten hergestellt hat. Das erste Ziel der Behandlung bleibt, ihn an die Kur und an die Person des Arztes zu attachieren. Man braucht nichts anderes dazu zu tun, als ihm Zeit zu lassen. Wenn man ihm ernstes Interesse bezeugt, die anfangs auftauchenden Wi-

Die Einfühlung ist ein *sine qua non* der Analyse; gelingt es dem Analytiker nicht, eine einfühlende Haltung einzunehmen, wird der Patient nicht jene positive Übertragung entwickeln, die es ihm ermöglicht, von den Interpretationen des Analytikers zu profitieren.[93] In der englischsprachigen Psychoanalyse ist jedoch kaum wahrgenommen worden, daß Einfühlung ein wichtiges Konzept für Freud war. Pigman führt das darauf zurück, daß der Begriff allein achtmal in dem wenig beachteten Werk *Der Witz und seine Beziehung zum Unbewußten* (1905) verwendet wird. Von den verbleibenden 12 Stellen übersetzt die *Standard Edition* nur drei mit «empathy» und niemals *einfühlen* mit «empathise».[94] In der wichtigen Stelle in *Zur Einleitung der Behandlung* wählte Strachey in der *Standard Edition* die Übersetzung «sympathetic understanding». Shaughnessy kann nachweisen, daß Strachey durchaus um die korrekte Übersetzungsweise wußte, aber wohl eine Übersetzung wählte, die besser seinem Anliegen, die Psychoanalyse als seriöse Wissenschaft zu etablieren, diente.[95] Bettelheim ist überzeugt: «Englische Übersetzungen von Freuds Schriften verzerren viel von dem wesenhaften Humanismus, der das Original durchzieht.»[96] Diese Umstände mögen zumindest teilweise die heftigen Vorwürfe der Unwissenschaftlichkeit erklären, die Kohut sich vor allem im englischsprachigen Raum einhandelte, als er versuchte, die Einfühlung als zentrales Konzept in der Psychoanalyse zu etablieren.

Zweifelsohne kann Kohut als der Theoretiker gelten, der dem Einfühlungs-Konzept in der Psychoanalyse zum Durchbruch verholfen hat. Es darf aber nicht übersehen werden, daß sich auch andere mit dem gleichen Thema beschäftigten. So verfaßte Theodor Reik 1948 eine Monographie *Listening with the Third Ear*, in der er sich ausführlich mit der Einfühlung und ihren unterschiedlichen Interpretationen beschäftigte. 1959, im gleichen Jahr, in dem Kohut seinen ersten grundlegenden Beitrag zum Thema Einfühlung veröffentlichte, schrieb auch Roy Schafer über «Generative Empathy in the Treatment Situation».[97]

---

derstände sorgfältig beseitigt und gewisse Mißgriffe vermeidet, stellt der Patient ein solches Attachement von selbst her und reiht den Arzt an eine der Imagines jener Personen an, von denen er Liebes zu empfangen gewohnt war. Man kann sich diesen ersten Erfolg allerdings verscherzen, wenn man von Anfang an einen anderen Standpunkt annimmt als den der Einfühlung, etwa einen moralisierenden, oder wenn man sich als Vertreter oder Mandatar einer Partei gebärdet.» (FREUD 1913a, 473f.).

93 Vgl. PIGMAN 1995, 246.
94 Vgl. PIGMAN 1995, 243 und SHAUGHNESSY 1995.
95 Vgl. SHAUGHNESSY 1995, 228.
96 Zitiert nach SHAUGHNESSY 1995, 229.
97 Vgl. SCHAFER 1959. Vgl. zum Einfühlungs-Konzept in der jüngeren Psychoanalyse BERGER 1987.

3.1.2 Das Konzept der Einfühlung bei Heinz Kohut

Wie viele seiner Ideen machte auch Kohuts Vorstellung von der Einfühlung im Laufe der Zeit eine Entwicklung durch: er vertiefte seine ursprüngliche Intuition und weitete sie allmählich immer weiter aus. Kohut führt den Begriff *Einfühlung* erstmals 1959 in seinem Aufsatz *Introspektion, Empathie und Psychoanalyse* ein[98]. Er kreist hier um die Frage nach der Beziehung von Beobachtungsmethoden und Theoriebildung und versucht, das Statut der Wissenschaftlichkeit der Psychoanalyse zu untermauern – obwohl anerkanntermaßen ihre Beobachtungsmethoden andere sind als die der exakten Naturwissenschaften. Kohut entwickelt hier eine «operationale Definition»[99] der Einfühlung: ähnlich wie die äußere Welt anhand beobachtbarer Tatsachen wissenschaftlich erforscht werden kann, läßt sich für Kohut auch die innere Welt erforschen.

> «Unsere Gedanken, Wünsche, Gefühle und Phantasien können nicht gesehen, gerochen, gehört oder ertastet werden. Sie haben im physikalischen Raum keine Existenz, und doch sind sie real und können in der Zeitmodalität beobachtet werden: durch Introspektion in uns selbst und Empathie, d.h. durch Sich-Einfühlen in die Introspektion anderer.»[100]

Einfühlung kann beschrieben werden als «stellvertretende Introspektion» (*vicarious introspection*). Sie ist an dieser Stelle (zusammen mit der Introspektion) für Kohut in erster Linie eine Beobachtungsmethode und mithin eine Form der Datengewinnung. Kohut stellt diese Formen der Datengewinnung aber nicht einfach neben andere, sondern grenzt den Bereich psychischer Phänomene ein auf das, was durch Einfühlung und Introspektion wahrnehmbar ist. «Nur eine Erscheinung, die wir entweder durch Introspektion oder durch Einfühlung (Empathie) in das introspektive Erlebnis eines anderen Menschen beobachten können, kann psychisch genannt werden.»[101] Damit freilich bestimmt für Kohut die Untersuchungsmethode auch den Inhalt und die Grenzen ihres Beobachtungsfeldes – eine Konsequenz, die aus wissenschaftstheoretischer und hermeneutischer Sicht nicht unproblematisch ist und auf die wir noch einzugehen haben werden.

Auch in *Narzißmus* dient die Einfühlung in erster Linie der Beobachtung und Datengewinnung. Sie erscheint hier aber nicht mehr ausschließlich als eine Haltung des Analytikers, sondern wird auch in ihrem Einfluß auf den Analysanden gesehen, in dem sie archaische Ängste, die auf früheste Enttäuschungen zurückgehen, wiederbelebt.[102] Hieran anknüpfend betont Kohut in der Folgezeit zunehmend mehr die Tatsache, daß das Selbst in einer Matrix

---

98 Vgl. *Aufsätze II*, 9-35.
99 *Aufsätze II*, 9.
100 *Aufsätze II*, 9.
101 *Aufsätze II*, 12.
102 Vgl. *Narzißmus*, 338-346.

der Einfühlung entsteht und Defekte im Selbst als Folge mangelnder Einfühlung der frühen Selbstobjekte zu begreifen sind.[103] Erfahrungen mangelnder Einfühlung können in der Analyse wiederbelebt werden, weswegen Kohut Widerstände häufig darauf zurückführt, daß in der analytischen Situation die Erfahrung der mangelhaften, unempathischen Reaktion des frühen Selbstobjektes wiederholt wird.[104]

In seinem Spätwerk *Wie heilt die Psychoanalyse?* erweitert Kohut das Einfühlungskonzept nochmals. Er unterscheidet nun innerhalb des analytischen Prozesses zwei Phasen: die Phase des Verstehens und die Phase des Erklärens. Anders als zuvor beschränkt er die Einfühlung nicht mehr ausschließlich auf die Phase des Verstehens, d.h. auf das Sammeln von Daten; auch in der Erklärungsphase (der Interpretation) ist die Einfühlung bedeutsam, da die Verbundenheit von Analytiker und Analysand auch durch die mitgeteilten Einsichten vertieft wird und so eine empathische Bindung auf einer reiferen Erfahrungsebene entsteht.[105]

Diese Präzisierung ist bedeutsam, da Kohut sich immer wieder des Vorwurfs erwehren mußte, er meine mit Einfühlung nichts anderes als Nettigkeit und versuche nur, den Patienten zu verstehen und ihm eine korrektive emotionale Erfahrung anzubieten, gebe aber seine analytisch-erklärende Haltung auf. Diese Kritik wird Kohuts Einfühlungskonzept nicht gerecht. Wahrscheinlich entspringt sie der Vermutung (die wohl schon Strachey in seiner Freud-Übersetzung angestellt hatte), Einfühlung sei nichts weiter als eine vage humanistische Grundhaltung, die den wissenschaftlichen Anspruch der Psychoanalyse eher gefährdet. Kohut hat solchen Vorwürfen gegenüber wiederholt energisch betont, daß psychoanalytische Hilfe und Heilung keinesfalls «durch ein zusätzliches Maß an Liebe und Freundlichkeit"»[106] erreicht werden, sondern allein durch das spezialisierte interpretierende Vorgehen des Analytikers.

«Das Bild des alternden Ferenczi, der seine Patienten auf seinem Schoß sitzen läßt und ihnen die Liebe zu geben versucht, die sie in ihrer Kindheit hatten entbehren müssen, verkörpert nicht unser Ideal. Wir wissen um die Komplexität früher Entbehrung, und wir fördern das therapeutische Wiedererscheinen von Kindheitsforderungen nicht, um heute das zu geben, was früher fehlte, sondern um schließlich deren Zügelung und Transformation zu erreichen.»[107]

Einfühlung und Interpretation dürfen nicht als sich ausschließende Alternativen verstanden werden. Einfühlung ist notwendig, um den Patienten zu ver-

---

103 Vgl. *Aufsätze I*, 266f.; *Heilung*, 85, 163.
104 Vgl. *Heilung*, 88.
105 Vgl. *Psychoanalyse*, 264-270.
106 Vgl. *Heilung*, 261.
107 *Aufsätze I*, 25. In diesem Sinn schreibt auch BASCH 1983, 122: «Der Begriff Einfühlung bezieht sich formal und praktisch auf den Prozeß des tiefen Verstehens, der affektive Kommunikation einbeziehet und, an und für sich, nichts zu tun hat mit Liebe oder irgendwelchen anderen Gefühlen.»

stehen und ihn im therapeutischen Dialog so zu erreichen, daß Erklärungen überhaupt möglich werden.

«Ich habe darauf verwiesen, daß mein wichtigster Punkt war, daß die Analyse durch erklärende Interventionen auf der Ebene von Interpretationen heilt; nicht durch „Verstehen", nicht durch Wiederholung und Bestätigung dessen, was der Patient fühlt und sagt, das ist nur der erste Schritt; dann aber muß der Analytiker weitergehen und eine Interpretation geben. Interpretation in der Analyse bedeutet erklären, was genetisch, dynamisch und psychoökonomisch vor sich geht. [...] Ich glaube aber, daß der Übergang vom Verstehen zum Erklären, von der Bestätigung, daß der Analytiker weiß, was der Patient fühlt, denkt und sich vorstellt (daß er also auf sein inneres Leben eingestimmt ist), hin zu dem Schritt, wo Interpretationen gegeben werden, ein Übergang von einer niedrigeren zu einer höheren Form von Einfühlung ist. Interpretationen sind keine intellektuellen Konstrukte. Wenn sie es sind, dann bewirken sie nichts; sie mögen zufällig etwas bewirken, aber nicht prinzipiell. Ein guter Analytiker rekonstruiert die Kindheitsvergangenheit durch die Dynamiken der aktuellen Übertragung mit Wärme, mit Verständnis für die Intensität der Gefühle und mit einem feinen Verständnis für die verschiedenen sekundären Konflikte, die dazwischenkommen, wenn die Kindheitswünsche und -bedürfnisse ausgedrückt werden.»[108]

Kohut hat wenige Tage vor seinem Tod sein Konzept der Einfühlung noch einmal zusammengefaßt und dabei drei Ebenen, bzw. Formen der Einfühlung unterschieden, die im wesentlichen die obengenannten Aspekte bündeln:[109]

(a) Einfühlung und Introspektion definieren das Feld der psychischen Erfahrung und Beobachtung; man kann hier von der *epistemologischen* Ebene sprechen.

(b) Auf der *empirischen* Ebene ist sie sodann eine Methode der Datengewinnung. Mittels der Einfühlung in seinen Patienten sind dem Analytiker Informationen zugänglich, über die er sonst nicht verfügt. Zugleich kann er die so gewonnenen Daten zur Erreichung seiner therapeutischen Ziele verwenden.

(c) Und schließlich ist die Einfühlung eine *therapeutische* Handlung im weitesten Sinne. Diese Behauptung scheint im Widerspruch zu stehen zur oben angeführten Feststellung Kohuts, das nicht die Einfühlung, sondern die Interpretation heile. Sie ist hier zu verstehen auf dem Hintergrund von Kohuts Überzeugung, daß das Kind nur in einer angemessen einfühlend reagierenden Umgebung ein ausreichend kohäsives Selbst entwickeln kann. Auch alles therapeutische Vorgehen und der gesamte Heilungsprozeß müssen deswegen für Kohut immer in eine einfühlende Umgebung eingebettet sein, die somit im weitesten Sinne auch schon therapeutische Handlung ist. Basch versucht Kohuts Position klarer zu formulieren: «Einfühlendes Verstehen ist nicht heilend im psychoanalytischen Sinn; Heilung ist eine Funktion der Interpretation.

---

108 *Empathy,* 532f.
109 Vgl. *Empathy,* 527-531. Diese Einteilung wird aufgegriffen von ORNSTEIN 1990, 30-39; BUTZER 1997, 48-49; WOLF 1989b, 8.

Ebenso ist einfühlendes Verstehen kein Ersatz für Interpretation; eher legt es die Grundlagen, die Interpretationen angemessen und effektiv machen.»[110]

3.1.3 Kritik am Konzept der Einfühlung

Das Konzept der Einfühlung ist in verschiedener Hinsicht rezipiert, erweitert oder kritisch angefragt worden. Manche Weiterentwicklungen haben sich dabei weitgehend von seiner Einbindung in Kohuts Selbstpsychologie gelöst. Ich greife hier vor allem diejenige Kritik auf, die sich direkt mit Kohuts Einfühlungs-Konzept beschäftigt.

Eine kritische Richtung kam oben schon zur Sprache: Sie lehnt die Einfühlung als Methode der psychoanalytischen, wissenschaftlichen Beobachtung überhaupt ab und wirft der Selbstpsychologie vor, durch sie die Selbstobjekt-Bedürfnisse der Patienten zu befriedigen, aber nicht zu analysieren.[111] Kohut selbst hat diesen Vorwurf mehrfach als ungerechtfertigt zurückgewiesen.

Eher positiv rezipiert wurde das Konzept der Einfühlung in der Säuglingsforschung und Entwicklungspsychologie, wo es in den Kontext der affektiven Entwicklung integriert wurde. Darauf komme ich später ausführlicher zurück (vgl. I, 4.3).

Hier sollen hingegen zwei kritische Anfragen näher in den Blick genommen werden: die eine betrifft die Frage nach der Bedeutung des Anderen in der Idee der Einfühlung, die andere ihre hermeneutischen und epistemologischen Implikationen.

(a) Für mehrere Autoren ist das Konzept der Einfühlung eng verwoben mit der Alteritäts-Frage.[112] Tuch etwa fragt kritisch an, ob nicht Kohuts Einfühlungskonzept letztlich dabei stehen bleibt, die Erfahrungen und Selbstwahrnehmungen des Patienten zu verstehen, ohne jedoch ihre eventuellen Verzerrungen aufzudecken. Dem Patienten wird also das Element der korrigierenden Andersheit, das der Therapeut ihm bieten könnte, vorenthalten.[113] Ähnlich geht auch Hamburg (mit Bezug auf Lacan) davon aus, daß Kohuts Emphase der menschlichen Verbundenheit, wie sie sich in seinem Einfühlungskonzept dokumentiert, die radikale Unterschiedenheit und Andersheit des Patienten leugnet, die gerade in seinem ihm selbst entfremdeten Unbewußten ansichtig wird.[114]

---

110 BASCH 1983, 123f.
111 BASCH 1983, 101 nennt als Vertreter dieser kritischen Linie z.B. H. Hartmann, C. Brenner und T. Shapiro. Hinzuzufügen wäre auch TREUERNIET 1980.
112 Vgl. POHLMANN 1993, KÖRNER J. 1998, WELLENDORF 1999, TUCH 1997, HAMBURG 1991.
113 Vgl. TUCH 1997, 278-280.
114 Vgl. HAMBURG 1991.

Wie erklärt sich dieser Eindruck, Kohuts Einfühlung respektiere nicht genügend die Andersheit des Anderen? Gewiß beansprucht Kohut, mittels stellvertretender Introspektion die innere Welt seiner Patienten zu verstehen. Daß Einsicht in das Innenleben von Patienten möglich ist, ist aber die Grundannahme aller psychoanalytischen Richtungen (die damit verbundenen hermeneutischen Implikationen seien hier einmal dahingestellt). Ich vermute, Kohuts Selbstpsychologie kann (vor allem bei einer oberflächlichen Lektüre) den Eindruck eines harmonisierenden Systems erwecken. Das mag an Kohuts Neubewertung des Ursprungs der Aggression und an seiner Überwindung des Freudschen Konfliktmodells zugunsten eines Beziehungsmodells liegen. Einfühlung wird dann leicht verkürzt und sinnentstellend als nette und aufmerksame Bezogenheit auf den Patienten und unkritische Akzeptanz seiner Gefühlslage verstanden. Sie ist aber für Kohut eben nicht in erster Linie eine Art der Beziehungsaufnahme mit dem Patienten und schon gar keine romantisch-harmonisierende, sondern vor allem eine Form der Datensammlung durch das Sich-Hinein-Versetzen in das innere Erleben des Anderen. Meines Erachtens ist hier die Andersheit des Anderen in Kohuts Theorie durchaus gewahrt. Er weiß, daß das Wesen des Anderen, in dem ja seine letztendliche Entzogenheit als Anderer gründet, auch im einfühlenden Verstehen nie erreicht wird. «Das Selbst ist (...) in seiner Essenz nicht erkennbar. Wir können mit Introspektion und Empathie nicht das Selbst *per se* erreichen.»[115]

Darüber hinaus gilt es ein Element in Kohuts Einfühlungs-Konzept zu unterstreichen, das gerade die Dimension der Andersheit betont. Wie ich noch ausführlicher entfalten werde (vgl. I, 3.3) ist gerade die Unterbrechung (*disruption*) der Selbstobjekt-Übertragung und damit der einfühlenden Abstimmung das Herz der therapeutischen Veränderung. Wolf beschreibt diesen Vorgang:

«Diese Übertragung wird genauso spontan unterbrochen, wie sie entstanden ist. Das geschieht zwangsläufig, weil der Therapeut daran „scheitern" muß, eine ständige und perfekte empathische Abstimmung [in tuneness] mit dem Patienten aufrechtzuerhalten. Zu irgendeinem Zeitpunkt ist der Patient plötzlich empört und denkt häufig, der Therapeut sei mehr an seinem eigenen Handeln – nämlich eine korrekte Deutung zu geben – interessiert als an dem brennendsten Anliegen des Patienten – nämlich einfühlsam verstanden zu werden.»[116]

In der Therapie wird die archaische Selbst-Selbstobjekt-Beziehung wiederbelebt und notwendig unterbrochen. Damit aber wird der Patient mit dem Anderen, Unerwarteten und Unverfügbaren in seinem Therapeuten konfrontiert und somit auf sich selbst zurückgeworfen. Einfühlung schließt Andersheit nicht aus, sondern läßt sie im Gegenteil zuweilen erst zur inneren Erfahrung werden.

---

115 *Heilung*, 299.
116 WOLF 1988, 148f.

(b) Eine andere kritische Anfrage bzw. Vertiefung beschäftigt sich mit den hermeneutischen und epistemologischen Implikationen und Voraussetzungen der Einfühlung. Schüler Kohuts, wie Goldberg oder Basch, bemühen sich verschiedentlich nachzuweisen, daß es sich bei der Einfühlung um eine wissenschaftliche Erkenntnismethode handelt.[117] Sie reagieren damit wohl auf Vorwürfe an die Selbstpsychologie, die Einfühlung sei subjektivistisch oder impressionistisch, aber keine verläßliche empirische Methode.[118] Dem entgegnet Goldberg, daß Einfühlung in erster Linie eine Beobachtungsmethode sei und insofern (innerhalb der Grenzen der eigenen Theorie) durchaus als verläßliche wissenschaftliche Methode gelten kann.[119] Darüber hinaus macht er aber darauf aufmerksam, daß die Psychoanalyse, insofern sie Bedeutungen zuschreibt und damit interpretiert, eine hermeneutische Wissenschaft ist.

Goldberg selbst entfaltet die Frage nach der Stellung der Hermeneutik in der Selbstpsychologie nur ansatzweise.[120] Es sind vor allem Ricoeur und Nissim-Sabat, die grundlegende Beiträge in diese Richtung vorlegt haben, die uns auch später noch beschäftigen werden.[121] Hier begrenze ich mich auf ihre Anmerkungen zur Einfühlung. Von philosophischer Warte liegt für beide Autoren der Kern des Kohutschen Einfühlungskonzeptes in der Tatsache, daß die Einfühlung gleichzeitig Instrument und Gegenstand des analytischen Vorgehens ist. «Wir könnten sagen, daß die Einfühlung sowohl das Objekt der Untersuchung ist (in der Selbst-Selbstobjekt-Beziehung) als auch das Instrument der Untersuchung (in der Selbstobjekt-Übertragung).»[122]

Für Ricoeur stellt der damit beschriebene Teufelskreis die Psychoanalyse vor die Aufgabe, die eigenen erkenntnistheoretischen Grundlagen zu klären. Er erkennt in Kohuts Selbstpsychologie verschiedene Elemente, die für eine solche Klärung hilfreich sind. So macht für ihn die zirkuläre Struktur der Erkenntnis durch Einfühlung vor allem in aller Klarheit deutlich, daß die Psychoanalyse eine hermeneutische Wissenschaft ist.

«Diese Art von Zirkularität muß von der Analyse des Selbst noch mehr als von anderen Disziplinen als unvermeidliches Schicksal akzeptiert werden, eben wegen der Rolle, die sie der Einfühlung sowohl auf der metapsychologischen als auch auf der therapeutischen Ebene der Analyse beimißt. Dieses Schicksal sollte die Psychoanalyse Bescheidenheit und die Notwendigkeit kritischer Wachsamkeit lehren. Kohut unterstrich zurecht, daß es nicht so sehr dieses unvermeidbare Paradox ist, das die Psychoanalyse behindert, da es ja in ihr nur offener zutage liegt und anerkannt ist als in anderen hermeneutischen Diszipli-

---

117 Vgl. GOLDBERG 1983, BASCH 1983.
118 So z.B. RUBOVITS-SEITS 1988 mit seinem Vorwurf, Kohut sei einem «subjective fallacy» (941) erlegen.
119 Vgl. GOLDBERG 1983, 168,
120 Vgl. GOLDBERG 1990, 73-129.
121 Vgl. RICOEUR 1986, NISSIM-SABAT 1989.
122 RICOEUR 1986, 444.

nen, sondern der Geist der Orthodoxie und der gegenseitigen Ächtung, der die Psychoanalyse in einen Machtkampf pervertiert.»[123]

Diese Feststellung Ricoeurs ist von nicht zu überschätzender Wichtigkeit. Psychoanalyse ist eine hermeneutische Disziplin und muß sich deswegen über die Kriterien und Regeln, anhand derer sie Erkenntnis gewinnt, Rechenschaft geben. Das aber verweist sie über das Feld der Psychologie hinaus in Problembereiche philosophischer Art.

Für Ricoeur ist weiterhin bedeutsam, daß Kohut zwei Formen der Einfühlung unterscheidet: Die aufgrund psychologischer Fachkenntnis hochspezialisierte Einfühlung, die in der analytischen Selbstobjekt-Übertragung erfahren wird, ist nicht einfach eine Wiederholung der archaischen Einfühlung zwischen Selbst und Selbstobjekt. Der durch die Einfühlung des Analytikers in Gang gesetzte Erkenntnisprozeß, der für Kohut eben aus Verstehen und Erklären (Interpretieren) besteht, ist nicht als in sich geschlossener Kreis zu begreifen, sondern eher als Spirale, als offenes, Erkenntnisgewinn ermöglichendes System.

Nissim-Sabat bewegt sich in eine sehr ähnliche Richtung wie Ricoeur und hält Kohuts Anspruch, mit seiner Selbstpsychologie ein neues wissenschaftliches Paradigma entwickelt zu haben, für berechtigt. Kohut habe sich aber geirrt, als er versuchte, dieses neue Paradigma der Psychoanalyse zu begründen mit dem Rückgriff auf die Erkenntnis der Teilchenphysik (Quantenmechanik), daß der Beobachtende immer schon Teil des Beobachteten ist.[124] Physik hat es mit quantifikablen Daten zu tun, während die Erfahrungen, die den Gegenstand psychoanalytischer Erkundung bilden, notwendig qualitativer Art sind. Für Nissim-Sabat kommt in Kohuts Einfühlungskonzept in Wirklichkeit die phänomenologische Erkenntnismethode zum Tragen: Das durch die Einfühlung definierte Beobachtungsfeld entspricht der Husserlschen *Lebenswelt*.

«Hätte Kohut um die phänomenologische Bedeutung der konstitutiven Beziehung zwischen dem Geist und seinen Objekten gewußt, dann hätte er nicht auf das Phänomen der Abhängigkeit des Beobachteten vom „Beobachter" in der Quantenmechanik zurückgegriffen, um den Wissenschaftsstatus der Selbstpsychologie hervorzuheben.»[125]

Für Nissim-Sabat arbeitet die Selbstpsychologie phänomenologisch und deswegen auch durchaus wissenschaftlich – freilich im phänomenologischen,

---

123 RICOEUR 1986, 444f; vgl. auch NISSIM-SABAT 1989, 158.
124 Vgl. *Psychoanalyse 63.*
125 NISSIM-SABAT 1989, 162. Ihre Mutmaßung, Kohut habe die phänomenologische Philosophie nicht gekannt, kann als zutreffend gelten. Kohuts Bildung war naturwissenschaftlicher Art. Goldberg meint, Kohut habe zwar in der Schule Kant studiert, aber darüber hinaus kaum eine philosophische Bildung besessen. Er habe weder Husserl noch Heidegger noch andere moderne Philosophen gekannt und sei wohl auch Ricoeur während ihrer gemeinsamen Zeit in Chicago nie begegnet (persönliche Mitteilung im September 2000, A.T.).

nicht im naturwissenschaftlichen Sinn. Einfühlung bedeutet für sie Gewahr-werden des Anderen und die Fähigkeit, sich in seine Gefühle und Erlebnisse hineinzuversetzen, wobei die phänomenologische Einheit von Erkennendem und Erkannten nie aufgelöst werden kann, sondern bewirkt, daß der Andere zugleich als Anderer und als *alter ego* erlebt wird[126]. Bedeutsam ist ihr Bei-trag in unserem Zusammenhang, weil sie deutlich die Parallelen zwischen Kohuts selbstpsychologischem Einfühlungs-Konzept und Husserls Vorstel-lung der Einfühlung (die uns indirekt im nächsten Teil über Edith Stein noch beschäftigen wird) herausarbeitet.

Wie lassen sich die hier vorgelegten Überlegungen zum Thema «Einfüh-lung» zusammenfassen? Kohut hat in immer neuen Anläufen zu erklären ver-sucht, was er mit «Einfühlung» meint. Für Verwirrung und Kritik hat wohl gesorgt, daß sich in seinem Einfühlungskonzept drei Bedeutungen, die er selbst nicht immer klar voneinander getrennt hat, überlagern: Einfühlung (a) definiert zusammen mit der Introspektion das Feld der psychoanalytischen Beobachtung, (b) ist eine Methode der Datengewinnung und (c) schließlich eine im weitesten Sinne therapeutische Handlung.

Die Einfühlung solchermaßen in das Zentrum der psychoanalytischen Ar-beit zu rücken muß notwendig Anfragen hervorrufen: Worin fühlt sich der Analytiker eigentlich ein? Sind alle Ebenen des psychischen Erlebens des Anderen der Einfühlung gleichermaßen zugänglich? Was garantiert, daß wirk-lich der Andere erreicht ist und Einfühlung nicht Projektion des eigenen Erle-bens auf den Anderen wird?

Psychoanalyse beschäftigt sich mit dem affektiven Erleben des Menschen. Kohut legt mit seinem Einfühlungskonzept eine Theorie vor, wie die Ge-fühlswelt und das affektive Erleben eines anderen Menschen überhaupt er-reicht werden können. Ricoeur hat deutlich gemacht, daß Kohut damit Fragen aufwirft, die er nur im Dialog mit der Philosophie klären kann. Einfühlung ist auch im Denken Edith Steins ein zentraler Begriff. Im zweiten Teil dieser Arbeit versuche ich zu klären, ob ihre philosophischen Analysen der Einfüh-lung die an diesem Punkt bestehenden Unklarheiten auszuräumen vermögen.

3.2   Das Konzept des Selbstobjektes

3.2.1   Die Entwicklung des Konzeptes

Damit sich das Selbst entwickeln kann, muß es in eine Matrix erhaltender und einfühlender Beziehungen mit Selbstobjekten eingebunden sein. Es gilt nun zu klären, was unter einem *Selbstobjekt* zu verstehen ist. Kohut spricht vom

---

126 NISSIM-SABAT 1989, 168f.

Selbstobjekt erstmals im Zusammenhang seiner Narzißmus-Forschungen. Entgegen der gängigen Lehrmeinung, wonach eine narzißtische Person sich selbst zum Liebesobjekt erwählt und mit ihrer gesamten Libido besetzt, können sich seiner Ansicht nach narzißtische Erfahrungen sehr wohl auf Objekte beziehen. Das bloße Vorhandensein von Objektbeziehungen schließt keineswegs Narzißmus aus. Kohut nennt die narzißtisch besetzten Objekte Selbstobjekte, weil sie «als Teil des Selbst erlebt werden».[127] In seinem ersten Buch schrieb Kohut den Selbstobjekten noch einen transitorischen Charakter zu: Solange das Selbst noch keine ausreichende psychische Struktur entwickelt hat, dient ihm das Selbstobjekt als strukturierende Stütze und Sicherheit. In dem Maße aber das Selbst – in der frühkindlichen Entwicklung oder im analytischen Prozeß – lernt, Funktionen des Selbstobjekts mittels der umwandelnden Verinnerlichung zu autonomen Ich-Funktionen zu machen, kann es auf letzteres verzichten. Das Selbstobjekt wird, nachdem es seine entwicklungsfördernde Aufgabe erfüllt hat, zu einem «echten Objekt» (*true object*), d.h. es wird kognitiv und affektiv als unabhängig wahrgenommen.[128] In dieser Vorstellung ist die Selbstobjekt-Erfahrung Teil eines sehr frühen Stadiums der Ich-Entwicklung, das der Differenzierung in Selbst und autonome Objekte vorausliegt. In der Folgezeit nimmt Kohut eine gewichtige und in unserem Zusammenhang sehr bedeutsame Modifikation dieser Ansicht vor: Selbstobjekt-Erfahrungen kennzeichnen nicht allein archaische Entwicklungszustände, sondern stellen lebenslang eine wichtige Dimension von Beziehungen dar. Um nun aber eine Vermengung mit interpersonalen sozialpsychologischen Theorien zu vermeiden, betont Kohut, daß es sich bei Selbstobjekt-Erfahrungen immer um intrapsychische Erfahrungen handelt. Er unterscheidet dann um einer größeren Klarheit willen zwischen einer *allgemeinen* und *spezifischen* Bedeutung der Selbstobjekte.

3.2.2 Allgemeine und spezifische Bedeutung der Selbstobjekte

Die spezifische Bedeutung des Selbstobjektes ist an die Anfangsstadien der Kindesentwicklung gebunden, in denen vor allem die Elternfiguren Selbstobjektfunktionen übernehmen, indem sie spiegelnd das Größen-Selbst des Kindes stärken und sich ihm als idealisierte Elternimago zur Verfügung stellen. Kohut schlägt vor, in diesem Zusammenhang vom *archaischen* Selbstobjekt zu sprechen. In dem Maße das Kind eine optimale schrittweise Enttäuschung durch das idealisierte Objekt erfährt und je realistischer somit seine Erfahrung des Objektes wird, entwickelt es dauerhafte psychische Strukturen, die intrapsychisch die Aufgaben übernehmen, die das idealisierte Selbstobjekt vorher erfüllt hat. Zuvor *ist* das Selbstobjekt die psychische Struktur des Kin-

---

127 *Narzißmus*, 14.
128 Vgl. *Narzißmus*, 14, 51-52. Siehe auch: BUTZER 1997, 158-160.

des.[129] Kann das Kind aufgrund traumatischer Verluste idealisierter Objekte oder aufgrund deren unempathischer Reaktionen die benötigte psychische Struktur nicht entwickeln, bleibt es auf ein archaisches Selbstobjekt fixiert. Dieses dient dazu, nicht entfaltete Funktionen des psychischen Apparates zu übernehmen, wird aber als Person, bzw. eigenständiges Objekt nicht oder nur verschwommen wahrgenommen. Aufgrund der spezifischen Regression, die sich in der Analyse ereignet, wird der Analytiker (innerhalb der Spiegel- und der idealisierenden Übertragung) als archaisches Selbstobjekt erlebt, von dem der Analysand die Aufrechterhaltung seines narzißtischen Gleichgewichts erwartet. Kohut setzt sich in seinen Studien vor allem mit diesen kindlichen archaischen Selbstobjekten und ihrer Wiederbelebung in der analytischen Situation auseinander.

Wenn Kohut vom *allgemeinen* Selbstobjekt spricht, meint er die Tatsache, daß Selbstobjekt-Erfahrungen lebenslang wichtig sind – auch für jene Menschen, die in ihrer Kindheit eine ausreichende intrapsychische Struktur und ein narzißtisches Gleichgewicht ausbilden konnten.[130] In dieser Feststellung verbinden sich zwei Überlegungen Kohuts:

(a) Jede signifikante spätere Beziehung reicht immer in die Tiefe der archaischen Selbstobjektbeziehungen hinab.

«Alle bedeutungsvollen menschlichen Interaktionen [...] sind nicht nur umfassend in dem Sinne, daß sie für eine Vielfalt von Erfahrungen gelten, sondern auch tief in dem Sinne, daß sie mit frühen und der Form nach archaischen Erfahrungen in Kontakt stehen.»[131]

(b) Das aber ist nur möglich, weil Kohut die Existenz zweier Entwicklungslinien postuliert (vgl. I, 2.1.1), wonach der primitive Narzißmus (d.h. die archaische Selbstobjektbeziehung) sich zum einen zur Objektliebe, zum anderen zu einer reifen Form des Narzißmus (bzw. zu reifen Selbstobjektbeziehungen) hin entwickelt. Demnach kann eine Person als Objekt wahrgenommen und geliebt werden und gleichzeitig als Selbstobjekt eine stützende Funktion für das Selbst haben.

«Ich zögere nicht zu behaupten, daß es keine reife Liebe gibt, in der das Liebesobjekt nicht auch ein Selbstobjekt ist. Oder, um diese tiefenpsychologische Formulierung in einen psychosozialen Zusammenhang zu stellen: Es gibt keine Liebesbeziehung ohne gegenseitiges (das Selbstwertgefühl steigerndes) Spiegeln und Idealisieren.»[132]

---

129 Vgl. *Narzißmus,* 65-66. In einem Brief vom 3. Februar 1975 schreibt Kohut: «Das Selbstobjekt ist zu dieser Zeit die psychologische Struktur des Kindes». (*SfS* II, 896)
130 Diesen Aspekt hatte Kohut, wie gesagt, in *Narzißmus* noch nicht klar gesehen.
131 *Psychoanalyse,* 273.
132 *Heilung,* 112.

Kohut gesteht ein, daß seine Behauptung, Selbst-Selbstobjekt-Beziehungen bestünden von der Geburt bis zum Tode, ungenau und unvollständig ist.[133] Er versucht deswegen, eine umfangreichere und präzisere Definition vorzulegen:

«Ein Mensch erlebt sich selbst als kohärente, harmonische Einheit in Raum und Zeit, die mit ihrer Vergangenheit verbunden ist und sinnvoll in eine kreativ-produktive Zukunft weist, (aber) nur so lange, wie er in jedem Stadium seines Lebens erlebt, daß gewisse Vertreter seiner menschlichen Umgebung freudig auf ihn reagieren, als Quellen idealisierter Kraft und Ruhe verfügbar sind, im Stillen gegenwärtig, aber ihm im Wesen gleich und jedenfalls fähig, sein inneres Leben mehr oder wenig richtig zu erfassen, so daß ihre Reaktionen auf seine Bedürfnisse abgestimmt sind und ihm erlauben, ihr inneres Leben zu begreifen, wenn er solcher Unterstützung bedarf.»[134]

Das hier umschriebene menschliche Erleben kann durchaus als eine Grunderfahrung menschlicher Existenz verstanden werden, die vor Kohut auch schon von anderen Psychologen beschrieben worden ist. Zumeist wurde aber das Gegenüber der Beziehung als Objekt bezeichnet. Damit stellt sich die Frage, was für Kohut die spezifische Differenz von Objekt und Selbstobjekt ausmacht.

3.2.3 Objekt und Selbstobjekt

Eine der zentralen Thesen Kohuts – er selbst spricht von einem «Lehrsatz» – ist die Behauptung:

«Die Selbstpsychologie vertritt die Auffassung, daß Selbst-Selbstobjekt-Beziehungen das Wesen des psychologischen Lebens von der Geburt bis zum Tode bilden, daß ein Schritt von Abhängigkeit (Symbiose) zu Unabhängigkeit (Autonomie) in der psychologischen Sphäre ebensowenig möglich und wünschenswert ist wie ein entsprechender Schritt von einem Leben, das von Sauerstoff abhängig ist, zu einem davon unabhängigen Leben in der biologischen Sphäre. Die Entwicklungen, die normales psychologisches Leben kennzeichnen, müssen unserer Meinung nach in der sich wandelnden Natur der Beziehungen zwischen dem Selbst und seinen Selbstobjekten gesehen werden und nicht darin, daß das Selbst die Selbstobjekte aufgibt. Besonders Entwicklungs-

---

133 In der Tat sind seine diesbezüglichen Formulierungen häufig wiederholend und formelhaft; zudem hat Kohut nie eine die gesamte Lebensspanne umfassende Beschreibung von Selbstobjektbeziehungen vorgelegt. Hierin besteht - methodologisch und wissenschaftlich betrachtet – eines der gröbsten Versäumnisse Kohuts: Er schließt einfach aus seiner analytischen Erfahrung von Selbstobjekt-Übertragungen auf eine archaische Ausgangssituation in der Kindheit zurück, und dehnt wiederum diese als menschliche Grunderfahrung auf die gesamte Lebensspanne aus. Dieser Mangel scheint von seinen Mitarbeitern und Schülern wahrgenommen worden zu sein, die verschiedentlich die Selbstobjektbeziehungen in den unterschiedlichen Lebensabschnitten beschrieben haben; vgl. GALATZER-LEVY – COHLER 1993, WOLF 1988 und 1994.
134 *Psychoanalyse,* 84.

fortschritte können nicht in Begriffen der Ersetzung des Selbst durch Liebes-
objekte oder als Schritte auf dem Weg vom Narzißmus zur Objektliebe verstanden werden.»[135]

Hier wird deutlich sichtbar: Kohuts erkenntnisleitendes Interesse ist das Studium des Narzißmus und der Selbstobjekte. Narzißmus aber mündet für ihn
nicht in Objektliebe, sondern in reifere Formen von Narzißmus, bzw. differenziertere Ausgestaltungen der Selbstobjektbeziehungen. Kohut weiß freilich, daß seine Theorie der Selbstobjekte nicht den gesamten Horizont psychischer Erfahrungen zu beschreiben vermag. Kohut postuliert deswegen seine
schon beschriebene Theorie der zwei getrennten Entwicklungslinien. Ihr zufolge gibt es zwei Formen von Objektbeziehungen.

«Es [ist] fruchtbar, die Erfahrungen des ‚Ich' mit dem ‚Du' in zwei getrennten
Bezugsrahmen zu betrachten: (1) hinsichtlich der Rolle, die das ‚Du' bei der
Stützung der Kohärenz, Stärke und Harmonie des Selbst spielt, d.h. der Erfahrung des ‚Du' als ‚Selbstobjekt'; und (2) hinsichtlich des ‚Du' als (a) Ziel unseres Begehrens und unserer Liebe und (b) als Ziel unserer Wut und Aggression, wenn es den Weg zu dem Objekt versperrt, das wir begehren und lieben,
d.h. zur Erfahrung des ‚Du' als ‚Objekt'.»[136]

Objekt- und Selbstobjekt-Erfahrung sind aber miteinander verwoben: Die
Erfahrung, zu echter Objektliebe fähig zu sein, stärkt das Selbst; umgekehrt
ermöglicht ein starkes Selbst, Liebe und Begehren des Anderen intensiver zu
erleben.[137] Kohut bemerkt deswegen in seinem letzten Werk selbstkritisch,
daß sich die Ich-Du-Erfahrung häufig am besten beschreiben läßt, wenn man
auf die konzeptuelle Trennung in zwei getrennte Bezugsrahmen verzichtet. Er
relativiert damit die scharfe Trennung von Objektbeziehung und Selbstobjektbeziehung und merkt an, daß die Selbstpsychologie erst langsam beginne,
«die Beziehung zwischen Selbst und Selbststörung einerseits und Objekterfahrung andererseits zu untersuchen».[138]

Diese selbstkritischen Bemerkungen Kohuts in seinem letzten, posthum
veröffentlichten Buch treffen den Kern. Zum einen hat Kohut mit seiner
Theorie der zwei Entwicklungslinien eine wichtige und hilfreiche Unterscheidung eingeführt, die zu verwischen alles andere als sinnvoll wäre. Gleichzeitig aber hat er die Frage vermieden, wie z.B. der Andere gleichzeitig Selbstobjekt und Objekt sein kann, oder worin sich die beiden Konzepte bei aller

---

135 *Psychoanalyse,* 79; vgl. auch 85.
136 *Psychoanalyse,* 85.
   Ähnlich faßt Ornstein die Theorie Kohuts zusammen: «Das Konzept des ‚Selbstobjektes', insofern es dem des ‚echten Objektes' gegenübersteht, bereichert und verfeinert die
   Beobachtungen und Interpretationen des Analytikers. Narzißmus ist hier nicht die Anti-
   these zu Objektbeziehungen, sondern zur Objektliebe. Beide sind Objektbeziehungen im
   sozial-psychologischen Sinn, bezeichnen aber unterschiedliche Beziehungsqualitäten im
   psychoanalytischen Sinn.» (ORNSTEIN 1978, 61)
137 Vgl. *Psychoanalyse,* 86, und *Aufsätze I,* 233.
138 *Psychoanalyse,* 86.

Unterschiedenheit ähnlich sind und vielleicht gar gleiche Prozesse beschreiben. Kohut hat in der Tat die leitende Frage unserer Untersuchung: *Wer ist der Andere?* nie ausdrücklich behandelt oder beantwortet. Und doch führt sie ins Zentrum seiner Theorie. Unausgesprochen und implizit schwingt sie nämlich durchaus in seinen Forschungen und Formulierungen mit.

Kohuts eigene Beschreibungen des Selbstobjekts bleiben letztendlich ambivalent. Auf der einen Seite ist gewiß die schon skizzierte Tendenz wahrzunehmen, das Selbstobjekt-Konzept zum System zu erheben, und zunehmend mehr alle zwischenmenschlichen Beziehungen innerhalb dieses Deutungsrahmens zu interpretieren. Auf der anderen Seite aber wußte Kohut: «Die Erklärungskraft eines psychologischen Systems läßt sich unter anderem an der Vielfalt der Objekterfahrungen aufzeigen.»[139] Es steht also zu vermuten, daß er auch in seiner Spätphase, d.h. als er eine explizite Selbstpsychologie entwickelt hatte, weiterhin reale Objektbeziehungen neben den Selbstobjektbeziehungen gesehen und als solche anerkannt hat und nicht die ersten unter letztere subsumiert. Wir kommen deswegen der Intention Kohuts wohl näher, wenn wir die Erfahrung des Anderen in einem zweifachen Sinne verstehen: Der Andere kann als autonomes und in seiner Unterschiedenheit wahrgenommenes Objekt begegnen, und er kann als Selbstobjekt eine das Selbst stützende Funktion innehaben.

Man wird freilich fragen müssen, ob Kohut mit dieser Ambivalenz hinsichtlich der Bedeutung des Anderen in seiner Theorie und namentlich in seiner Selbstobjektkonzeption nicht den Kern seines Anliegen eher verwischt als kenntlich gemacht hat. Das Konzept des Selbstobjekts scheint sich in einem nicht klar definierten Zwischenraum zwischen einer intrapsychischen (*Selbst*objekt) und interpersonalen (Selbst*objekt*) Funktion zu bewegen. Vermutlich ist hier der Grund dafür zu suchen, daß das Selbstobjekt-Konzept nach Kohuts Tod in eben diese verschiedenen Richtungen interpretiert wurde. Als klarer Vertreter einer intrapsychischen Interpretationslinie kann Wolf gelten. Er bevorzugt deswegen gegenüber dem Begriff *Selbstobjekt* den Ausdruck *Selbstobjekt-Erfahrung*; diese werden dem Selbst nicht nur durch andere Personen bereitgestellt, sondern können auch in kulturellen, religiösen oder anderen Erfahrungen bestehen.

> «Nicht nur Objekte, sondern auch Symbole oder Ideen, die Objekte repräsentieren, können die Funktion von Selbstobjekterfahrungen haben. Sie dienen wie andere Selbstobjekterfahrungen dazu, die besondere Funktion ausüben, dem potentiellen und entstehenden Selbst eine selbstfördernde und selbstunterstützende Erfahrung zu ermöglichen.»[140]

---

139 *Seminare*, 19

140 WOLF 1988, 77. Kohut selbst äußert eine gewisse Offenheit in diese Richtung (vgl. *Psychoanalyse* 119, 315), unterstreicht aber, daß Selbstobjekte normalerweise Personen sind (vgl. *Psychoanalyse,* 81).

Auf der anderen Seite finden sich Autoren, die eine interpersonale Interpretation des Selbstobjektes bevorzugen, wie z.B. die Vertreter der *Intersubjektivitätstheorie* und diejenigen Selbstpsychologen, die sich um eine Vermittlung der Selbstpsychologie mit der Objektbeziehungstheorie bemühen. Auf beide Ansätze gehe ich später noch näher ein (vgl. I, 4.1 und I, 4.2).

Mir scheint, daß keine dieser zwei Interpretationen des Selbstobjektkonzeptes Kohuts ursprüngliche Intuition in ihrer Komplexität wiedergibt. Die Selbstpsychologie, so wie Kohut sie konzipiert hat, gehört m.E. weder zur klassischen Ein-Personen-Psychologie, noch zur neueren relational orientierten Zwei-Personen-Psychologie, obwohl gerade Kohuts Selbstobjektkonzept viel zur Entwicklung der relationalen Theorien beigetragen hat. Eher scheint sein Selbstobjekt ein *Brückenkonzept* zu sein: Es beschreibt, wie eine Beziehung innerlich erlebt wird und vermittelt sozusagen die relationale Außenwelt für die Innenwelt.[141] Insofern ist die relationale Dimension (und damit die Frage nach dem Anderen) konstitutiv für das Konzept des Selbstobjekts; der Fokus aber liegt ganz und gar auf dem intrapsychischen Erleben, auf der Funktion des Anderen für das Selbst. «Im Gegensatz zu anderen Beziehungsmodell-Autoren betont Kohut beständig nicht die Beziehung an sich, sondern die Art und Weise, in der die Beziehung die Selbst-Erfahrung beeinflußt.»[142] Wir werden uns noch zu fragen haben, ob uns Kohut damit nicht ein Modell an die Hand gibt, mittels dessen die Dichotomie Subjekt-Objekt, bzw. Individuum-Interpersonalität, die uns auch im Kontext philosophischen Fragens (vgl. Teil II) begegnet, überwunden werden kann. In diesem Sinne bringt vielleicht Goldberg die Kohutsche Konzeption des Selbstobjektes am treffendsten auf den Punkt.

«Selbstobjekte sind keine Erfahrungen. Sie sind keine unterschiedenen und separaten Wesen. Diese beiden Vorstellungen insistieren auf den Grenzen zwischen Individuen und verlangen, daß wir einen Gegensatz aufrecht erhalten zwischen Innen und Außen. Selbstobjekte sind die Anderen, die es einem erlauben, individuelle Ganzheit zu erreichen und zu behalten. Sie sind das, was uns zu dem macht, was wir sind, unsere Zusammensetzung. Deswegen ist aber das Individuum nicht zwangsläufig auf diese Selbstobjekte reduziert, denn es gibt ein ererbtes „Eigensein" im Individuum, das über diese Beziehungen hinausgeht und logisch von ihnen unterschieden ist. Individuelle Ganzheit und innere Bezogenheit sind nicht unvereinbar. Sie verbinden sich, um das Selbst formen. Deswegen werden wie nie frei von unseren Selbstobjekten werden, noch sollten wir es, denn sie sind unsere Bestandteile.»[143]

---

141 ORNSTEIN, A. 1989, 65: «Der Begriff des Selbstobjektes überschreitet die klassischen Demarkationslinien zwischen ‚innerlich' und ‚äußerlich', zwischen ‚intrapsychisch' und ‚interpersonal'.»
142 GREENBERG – MITCHELL 1983, 365.
143 GOLDBERG 1990, 126.

3.3 Die Dynamik der Heilung des Selbst

Dieser Abschnitt über die Heilung des Selbst hätte auch in das vorhergehende Kapitel über Kohuts Weg zur Selbstpsychologie eingefügt werden können. Ich ziehe es vor, den Prozeß der Heilung des Selbst hier gesondert zu behandeln, weil ihm, so wie Kohut ihn versteht, eine eminent relationale Dimension zugrundeliegt.

Kohut ist auf die Frage, wie Heilung geschieht, am ausführlichsten in *Wie heilt die Psychoanalyse?* eingegangen. Ich werde mich deswegen im wesentlichen auf die Darstellung seiner dort vorgelegten Überlegungen beschränken. Der Bezug auf die vorhergehenden Werke erübrigt sich diesmal, da zum einen die wichtigsten Elemente seiner Theorie der Heilung des Selbst über die Jahre hinweg unverändert geblieben sind, und da es Kohut zum anderen erst in seinem Spätwerk gelungen ist, den Heilungsprozeß in selbstpsychologischen Termini zu beschreiben und sich damit definitiv aus dem konzeptuellen Rahmen vor allem der Ich-Psychologie zu lösen.[144]

Ich werde versuchen, Kohuts Theorie der psychoanalytischen Heilung zu erarbeiten, indem ich den Fragen nachgehe: *Was* wird geheilt? Und: *Wie* vollzieht sich die Heilung?

Zur Klärung der ersten Frage grenzt Kohut sein selbstpsychologisches Modell noch einmal von Freuds Konzeptualisierungen ab. Innerhalb von Freuds topographischem Modell der Psyche bestand das Wesen des Heilungsprozesses darin, daß Unbewußtes bewußt wird, also in einer Vergrößerung des Bewußtseinsfeldes. In der späteren strukturellen oder dreiteiligen Formulierung der Psyche wird Heilung in erster Linie als Erweiterung der Domäne des Ich («*Wo Es war, soll Ich werden!*») und Entfaltung einer konfliktfreien Sphäre verstanden.[145] Die modifizierte Position der Selbstpsychologie gegenüber Freuds Ansatz ist zurückzuführen auf ein verändertes Verständnis psychischer Störungen. Die Ursache der Psychopathologie bei einer großen Anzahl der heutigen Patienten ist ein defektes Selbst, das beständig von Fragmentierung, Schwächung oder Disharmonie bedroht ist. Die Selbstpsychologie führt solche pathologischen Zustände des Selbst auf frühe Störungen in den Selbst-Selbstobjekt-Beziehungen zurück.

Heilung bedeutet, Prozesse in Gang zu setzen, die ein gesundes Selbst aufbauen. Kohut spricht in diesem Zusammenhang auch von der Notwendigkeit einer «funktionellen Rehabilitierung des Selbst».[146] Im Gegensatz zur klassischen Analyse hält er es nicht für nötig, daß in einer Analyse alle strukturellen Defekte mobilisiert, durchgearbeitet und gelöst werden. Vielmehr kann eine Analyse beendet werden, wenn das zuvor geschwächte Kernselbst des Analy-

144 Vgl. *Psychoanalyse,* 311-312.
145 Vgl. *Psychoanalyse*, 102, 143.
146 Vgl. *Heilung,* 55-60, 125.

sanden ausreichend gestärkt und rehabilitiert ist, d.h. wenn der Spannungsbogen des bipolaren Selbst mit dem Pol der Strebungen und dem Pol der Ideale genügend klar entfaltet ist. Das Kernselbst wird dann zum organisierenden Zentrum der gesamten Persönlichkeit. Es kann als leitende und antreibende Einheit fungieren und vermag andere, noch ungeordnete und fragmentierte Bereiche des Selbst, sobald diese durch konkrete Herausforderungen aktiviert werden und in ihrer Fragmentiertheit in Erscheinung treten, nach dem Muster des Kernselbst zu organisieren und zu strukturieren.

Wir sahen schon im Gang unserer bisherigen Darstellung der Selbstpsychologie, daß das Selbst als solches relational konstituiert ist. Wenn nun Heilung als Heilung des Selbst verstanden wird, sollte diese Beziehungsdimension und damit die Frage nach dem Anderen deutlich in den Blick kommen. *Wie* vollzieht sich also nun konkret der Prozeß der Heilung?

Kohut beschreibt den therapeutischen Prozeß als Abfolge von drei Schritten:[147] Im ersten Schritt geht es um die «Reaktivierung des Bedürfnisses». Das möglichst optimale einfühlende Eingestimmtsein des Therapeuten auf seinen Patienten *belebt* bei diesem *archaische Selbstobjekt-Bedürfnisse wieder*, die in der frühen Kindheit nur eine mangelhafte Antwort gefunden und zu einer strukturellen Schwächung oder gar zu ausdrücklichen Leerstellen in der Struktur des Selbst geführt haben. In Form der Selbstobjekt-Übertragungen befrachtet der Patient nun den Therapeuten mit seinen archaischen Selbstobjekt-Bedürfnissen. Im zweiten Schritt des Heilungsprozesses geht es darum, die *Bedürfnisse nicht zu erfüllen*. Anstelle des klassischen Terminus *therapeutische Abstinenz* bevorzugt Kohut den Begriff *optimale Frustration* (oder auch *optimale Versagung*), der «wohl der Dreh- und Angelpunkt der selbstpsychologischen Theorie der psychoanalytischen Heilung ist».[148] Die optimale Frustration stellt sich im therapeutischen Prozeß auf eine zweifache Weise ein. Zum einen ergibt sie sich dadurch, daß der Therapeut das archaische Selbstbedürfnis des Patienten nicht befriedigt, sondern deutet. Im besten Fall gelingt es ihm ja, dem Patienten mitzuteilen, daß er dessen inneres Leben und seine Bedürfnisse richtig verstanden hat. Und obwohl der Therapeut Verständnis für das bestehende unbefriedigte Selbstobjekt-Bedürfnis zeigt und es *anerkennt*, bleibt der Patient dennoch frustriert, weil der Therapeut das Bedürfnis deutet, aber nicht ihm entsprechend *handelt*. Zum anderen ergibt sich die Möglichkeit der Frustration dadurch, daß die Deutung des Therapeuten falsch ist. Solche Irrtümer in den Erklärungen, die dem Patienten angeboten werden, sind unvermeidlich und kommen häufig vor. Es «tritt in allen solchen Fällen kein Schaden ein, wenn der Analytiker die Rückzüge des Patienten erkennt

---

147 Vgl. *Psychoanalyse*, 154f.
148 *Psychoanalyse*, 152.

und mit angemessenen Deutungen darauf reagiert. Solche Irrtümer stellen optimale Frustrationen dar.»[149] Zugleich unterstreicht Kohut:

> «Es gibt *nie* einen Grund – und mit nie meine ich nie – um künstlich traumatisch zu sein [d.h. zu frustrieren, *A.T.*]. Wenn Sie Ihr Bestes geben, ist das traumatisch genug, weil Sie die wirklichen Bedürfnisse nicht erfüllen können. Selbst der einfühlsamste Therapeut hinkt den Bedürfnissen der Patienten hinterher. Das ist so. Im allgemeinen erkennt man die Verletzungen und Enttäuschungen des Patienten, wenn er bereits verletzt ist.»[150]

Selbstpsychologen nach Kohut (vor allem Wolf und A. und P. Ornstein) haben das Konzept der optimalen Frustration bzw. Versagung aufgegriffen. Sie sprechen von einer Unterbrechung (*interruption*) und Wiederherstellung (*repair*) des therapeutischen Prozesses.[151]

Die *Wiederherstellung* eines empathischen Bandes zwischen Selbst und Selbstobjekt stellt dabei den dritten Schritt des Heilungsprozesses dar. Dabei ereignet sich die Wiederherstellung der Selbstobjekt-Übertragung durch eine treffende Deutung der Unterbrechung. Die Deutung ersetzt die direkte Befriedigung des archaischen Bedürfnisses. Wie in der klassischen Analyse gründet auch für Kohut die Heilung auf der zutreffenden Deutung bzw. Interpretation der unbewußten Vorgänge. Gegenstand seiner Deutungen ist aber vor allem das Beziehungsgeschehen zwischen Patient und Therapeut bzw. Selbst und Selbstobjekt. Die Alternative kann also nicht lauten: Einsicht oder Beziehung?[152] Es geht vielmehr um Einsicht in Beziehung. Durch den Prozeß der Wiederherstellung entwickelt sich eine Beziehung zwischen Selbst und Selbstobjekt auf reifer, erwachsener Ebene. «Dieser neue Empathiekanal übernimmt dauerhaft den Platz der früher verdrängten oder abgespaltenen archaischen narzißtischen Beziehung; er ersetzt die Bindung, die früher das archaische Selbst an das archaische Selbstobjekt band.»[153]

---

149 *Psychoanalyse*, 108.
150 *Seminare*, 100.
151 Vgl. WOLF 1988, 144-155; 1989b; 1999.
   BACAL 1998 hält den Begriff «optimale Frustrierung» für nicht kompatibel mit Kohuts Gesamttheorie und schlägt deswegen vor von «optimal responsiveness» zu sprechen. In der Tat ist Kohuts Begriff insofern wenig glücklich, da er eine willentliche Frustration suggeriert. Darum aber geht es gerade nicht. Es ist eher die Beschreibung dessen, was sich ereignet, wenn die empathische Verbindung mit dem Patienten abreißt. Das Element der Frustration auch begrifflich herauszustreichen kann aber insofern sinnvoll sein, als die Frustration jene Schnittstelle markiert, an der die archaischen Erwartungen an das Selbstobjekt auf dessen reale Beschaffenheit als Objekt und Person prallen.
152 Vgl. PULVER 1992.
153 *Psychoanalyse*, 104.
   Die drei Schritte des Heilungsprozesses bei Kohut ähneln in vielerlei Hinsicht der Beschreibung der Entwicklungssituationen, die Imoda vorlegt (*presenza – assenza – trasformazione*); vgl. IMODA 1993, 131-138.

Man wird nun fragen müssen, welche Auswirkungen die Dynamik des hier beschriebenen Heilungsprozesses mit sich bringt. Verändert sie nur die Qualität der Beziehung Therapeut-Patient oder finden im Patienten Veränderungen der psychischen Struktur statt?

Kohut zeigt auf, wie sich durch die optimale Frustration seitens des Therapeuten im Patienten psychische Struktur bildet. Im Prozeß der Strukturbildung werden nicht im eigentlichen Sinne neue Strukturen geschaffen. Kohut geht davon aus, daß eine Basisstruktur, ein zumindest rudimentäres Kernselbst schon gegeben sein muß; andernfalls könnten sich beispielsweise gar keine Selbstobjekt-Übertragungen entwickeln. Diese anfängliche Struktur wird im analytischen Prozeß verstärkt und rehabilitiert. Das grundlegende «Programm» der Persönlichkeit bleibt also unverändert. Es werden aber insofern neue Strukturen angelegt, als Defekte oder Lücken in der Selbststruktur im Prozeß des Durcharbeitens ausgefüllt werden.[154] Die optimale Versagung korrigiert in kleinen minimalen Schritten unreife Selbstobjekt-Bedürfnisse des Analysanden. Als *umwandelnde Verinnerlichung (transmuting internalization)* beschreibt Kohut jenen Prozeß, mittels dessen Versagungserfahrungen langsam zum Aufbau festerer bzw. neuer Strukturen führen.[155] Der Analysand begegnet in der Gestalt des Analytikers einer Person, die seine unreifen Selbstobjekt-Bedürfnisse aufdeckt, sich aber gleichzeitig als einfühlendes reifes Selbstobjekt zur Verfügung stellt. Der Patient „leiht" sich sozusagen vorübergehend die reifen Selbststrukturen seines Analytikers, macht mit ihnen Erfahrungen, verinnerlicht sie langsam und entwickelt so eine eigene reifere Selbststruktur.

Diese Selbststrukturen dürfen allerdings nicht im Sinne der Ichpsychologie verstanden werden, etwa so, daß zuvor an ein Objekt gebundene Funktionen nun zu autonomen Ich-Funktionen werden. «Durch Psychoanalyse wird psychische Struktur gewonnen, und das Selbst wird fester, doch diese gewachsene Fähigkeit macht das Selbst nicht unabhängig von Selbstobjekten.»[156] Kohut faßt zusammen:

> «Eine erfolgreiche Analyse ist eine, durch die die zuvor archaischen Bedürfnisse des Analysanden nach den Reaktionen archaischer Selbstobjekte überlagert werden von der Erfahrung der Verfügbarkeit empathischer Resonanz, dem Hauptbestandteil des Gefühls der Sicherheit im erwachsenen Leben. (...) Eine Behandlung ist erfolgreich, weil ein Analysand (...) in einer Selbstobjekt-Übertragung die Bedürfnisse aktivieren konnte, die in der Kindheit nicht erfüllt wurden. In der analytischen Situation wurden diese reaktivierten Bedürfnisse lebendig erhalten und immer wieder den Wechselfällen optimaler Frustration ausgesetzt, bis der Patient schließlich die verläßliche Fähigkeit erwarb, sein

---

154 Vgl. *Psychoanalyse*, 148-150.

155 Das Durcharbeiten von narzißtischen Übertragungen bzw. von archaischen Selbstobjekt-Bedürfnissen unterscheidet sich nicht vom Prozeß des Durcharbeitens, wie er bei Triebfixierungen notwendig ist (vgl. GOLDBERG 1978, 122).

156 *Psychoanalyse*, 120.

Selbst mit Hilfe der Selbstobjekt-Ressourcen seiner erwachsenen Umgebung zu stützen. Nach Ansicht der Selbstpsychologie liegt also die Essenz der psychoanalytischen Heilung in der neugewonnenen Fähigkeit eines Patienten, angemessene Selbstobjekte zu identifizieren und zu suchen – sowohl spiegelnde als auch idealisierbare –, die in seiner realen Umgebung vorhanden sind, und sich von diesen stützen zu lassen.»[157]

Kohut beschreibt, wie sich im Prozeß der Heilung und namentlich in der Dynamik der Unterbrechung und Wiederherstellung die Beziehungsqualität zwischen Selbst und Selbstobjekt modifiziert und auf reifere Formen hin weiterentwickelt. Damit scheint sich gleichzeitig das innere Erleben des Anderen (d.h. des Selbstobjektes) massiv zu verändern. Ich möchte versuchen, die drei oben genannten Schritte des Heilungsprozesses auf die Qualität der Alteritäts-Erfahrung hin zu beleuchten, die in ihnen zum Ausdruck kommt.

Im ersten Schritt kann der Andere (in diesem Fall der Therapeut) zwar durchaus als getrenntes Objekt und als autonome Person *gewußt* werden, aufgrund der Wiederbelebung archaischer Selbstobjekt-Bedürfnisse in der Übertragung wird er aber als Selbstobjekt *erlebt*. Er füllt eine strukturelle Leerstelle des Selbst aus und ist damit – auf der inneren unbewußten Erlebnisebene – Teil des Selbst. Das Selbst wird nur dann als kohäsiv und vollständig erlebt, wenn der stützende Andere da ist. Damit ist die Wahrnehmung des Anderen freilich verzerrt, insofern er nicht als unabhängiges Wesen, sondern in seiner Selbstobjektfunktion erlebt wird. Wenn dann aber der Therapeut im zweiten Schritt die Befriedigung der archaischen Bedürfnisse versagt, weil er sie entweder nicht wahrnimmt oder weil er eine Deutung dieser Bedürfnisse anbietet, verändert sich das Erleben des Anderen radikal. Er wird momentan als abwesend erlebt, weil er in der erwarteten Selbstobjektfunktion nicht verfügbar ist. Er ist unerwartet anders – und das auf zweifache Weise: (a) Indem er die Befriedigung des archaischen Selbstobjekt-Bedürfnisses verweigert, wird der Andere, der ja zumindest in einem Aspekt seiner Person (demjenigen der als Selbstobjektfunktion gebraucht wurde) durchaus vertraut war und zum inneren Erleben des Selbst gehörte, mit einem Mal als fremd erlebt. (b) In der Interpretation des Selbstobjekt-Bedürfnisses, die der Therapeut anbietet, stellt er dem Patienten seine Sicht des vom Patienten Erlebten zur Verfügung. Bei allem Bemühen, sich in das innere Erleben des Patienten einzufühlen und seine Bedürfnisse anzuerkennen, handelt es sich doch notwendig um eine Außensicht. Ein Anderer erklärt dem Patienten, wie er ihn sieht. Noch einmal ist der bisher vertraute Andere der fremde, weil aufgrund seiner Deutung entfremdete Andere. *Unterbrechung* heißt hier also: Die innere Bedeutung des Anderen und seine Funktion als Selbstobjekt und damit auch das Bild, das er als Person im inneren Erleben des Selbst wachruft, werden unterbrochen. Er ist in dieser Funktion und somit als dieses Bild nicht mehr verfügbar; er hat

---

157 *Psychoanalyse*, 119f.

sich dem Selbst entfremdet und ist nun ein Fremder, ein Anderer in seiner Andersheit.

Wenn es nun im dritten Schritt gelingt, die Selbst-Selbstobjekt-Beziehung durch eine gelungene Deutung der Unterbrechung wiederherzustellen, stabilisiert sich nicht nur ein Eingestimmtsein zwischen Selbst und Selbstobjekt auf reiferer Ebene; auch die Wahrnehmung des Anderen ist modifiziert. Meines Erachtens wird der Andere hier nun auf zweifache Weise erlebt: (a) Er wird erneut als Selbstobjekt erfahren; es handelt sich aber nicht mehr nur um ein unbewußtes, archaisches, sondern – dank der Deutung – um ein mehr und mehr bewußtes, anerkanntes Erleben. Der Andere ist nicht mehr ein mit archaischen Bedürfnissen befrachtetes Selbstobjekt, sondern wird auf einer erwachseneren Ebene als bedeutsam für die Kohäsion des eigenen Selbst erlebt und in dieser dauerhaften Funktion als unverzichtbar akzeptiert. In einer reifen Ausgestaltung wird die beständige Bezogenheit auf den Anderen als notwendiges Selbstobjekt als konstitutive Dimension des eigenen Lebens dankbar angenommen. (b) Im Prozeß der Wiederherstellung wird das Stadium der Unterbrechung nicht einfach rückgängig gemacht oder annulliert. Ich glaube vielmehr, daß die Erfahrung des Anderen in seiner Fremdheit und Andersheit, die sich in der Unterbrechungsphase eingestellt hat, in der Wiederherstellung integriert und Teil der komplexen Erfahrung des Anderen wird. Der Andere bleibt in der wiederhergestellten Selbst-Selbstobjekt-Beziehung zugleich als der unverfügbare Andere bestehen.

Der Prozeß der Heilung, so wie Kohut ihn begreift, hat notwendig Rückwirkungen auf das innere Erleben des Anderen. Am Ende des Heilungsprozesses steht ein komplexeres, reicher strukturiertes und differenzierteres inneres Erleben des Anderen. Die Unterbrechung der Selbst-Selbstobjekt-Beziehung bildet jene Bruchstelle, an der der archaische Beziehungsmodus und die unreife Wahrnehmungsform des Anderen in Frage gestellt werden und sich zwei Weisen des Alteritäts-Erlebens entwickeln, die zu unterscheiden sind und sich gegenseitig ergänzen: Der Andere ist einerseits ein *Selbstobjekt* und damit Zielpunkt einer dauerhaften reifen inneren Bezogenheit; als solches wird er vor allem in seiner funktionalen Bedeutung als Stütze eines kohäsiven Selbst erlebt. Andererseits wird er als *Nicht-Selbst* erfahren; im Erleben seiner dem Selbst entzogenen Eigenheit und Fremdheit bildet sich das innere Bild eines vom Selbst unterschiedenen Anderen, der in seiner Eigenheit ein uneinholbares, aber bereicherndes Geheimnis und Rätsel bleibt. Ich nehme an, daß eine reife Person beide Erlebnisweisen des Anderen in eine einheitliche, aber differenzierte Wahrnehmung des Anderen integrieren kann. Man wird fragen müssen, ob nicht erst diese differenzierte Wahrnehmung des Anderen es ermöglicht, daß sich eine Person einfühlend in einen anderen Menschen hinversetzen kann, ohne dabei das Bewußtsein der Grenzen zwischen Selbst/Ich und dem Anderen zu verlieren.

3.4. «Wurzelmetaphern»
oder: Das zugrundeliegende Menschenbild

Ich entnehme den Begriff «Wurzelmetapher» einem Aufsatz von Sass, in dem er sich bemüht, in verschiedenen tiefenpsychologischen Theorien jene Grundannahmen und Menschenbilder zu untersuchen, die bewußt oder unbewußt die Wahrnehmung des Menschen und seiner Probleme und damit auch die psychologische Forschung und Theoriebildung leiten.[158] Das Gleiche ist wohl mit Brownings «deep metaphors» und Imodas «metafora fondamentale» gemeint.[159] Ich gehe mit diesen Autoren davon aus, daß Wurzelmetaphern in jedem psychologischen – noch allgemeiner: in jedem humanwissenschaftlichen – Forschungsansatz wirksam sind, und versuche hier, solche anthropologischen Grundannahmen bei Kohut ausfindig zu machen und herauszuarbeiten. Es gehört zur Natur von Wurzelmetaphern, daß sie häufig zwar durchgängig eine Theorie beeinflussen und prägen, aber nicht als solche kenntlich gemacht werden, was nicht zuletzt damit zu tun hat, daß sie dem Autor selbst oft nicht bewußt sind. Das gilt meines Erachtens auch für Kohut: Er ist sich zwar an einigen Stellen darüber im klaren, den empirischen Forschungsbereich zu verlassen und auf Grundannahmen philosophischer oder soziokultureller Natur zurückzugreifen, macht aber den Wechsel der Diskussionsebene nur selten explizit kenntlich. Noch häufiger, und womöglich noch wichtiger, sind jedoch implizite, vom Autor nicht wahrgenommene Wurzelmetaphern. Ich wende mich im folgenden zuerst den von Kohut selbst explizit formulierten nicht-psychologischen Grundannahmen zu und sodann den impliziten, die eher von Kritikern der Selbstpsychologie kenntlich gemacht werden. Dabei gebe ich den Wurzelmetaphern, die nicht direkt die Frage der Alterität berühren, weniger Raum und versuche hingegen zu verstehen, welche Wurzelmetaphern eine unmittelbare Rückwirkung auf Kohuts Theorie des Anderen haben.

Kohut beansprucht, im Gegensatz zu manchen erfahrungsfernen Formulierungen der Freudschen Psychoanalyse, eine erfahrungsnahe Theorie entwickelt zu haben, die ohne Rekurs auf erfahrungsferne begriffliche Abstraktionen auskommt. Das mag für ein Gros seiner Theorie in der Tat zutreffen. Er selbst schränkt jedoch seinen Anspruch ein und behauptet: «Es gibt keine Wissenschaft vom Menschen, die denkbar wäre ohne ein zugrundeliegendes Wertesystem.»[160]
Der Einfluß eines solchen Wertesystems bzw. von anthropologischen Grundannahmen in Kohuts Theoretisierungen ist sehr gut greifbar in zwei Aufsätzen aus den Jahren 1973/74 über die Zukunft der Psychoanalyse und die Bildung des Selbst.[161] Der Mensch der Postmoderne könne aufgrund einer

---

158 SASS 1992.
159 BROWNING 1987; IMODA 1997b, 167.
160 *Humanities*, 261.
161 Vgl. *Aufsätze I*, 7-27, 252-285.

immer enger werdenden Lebenswelt sein psychisches Gleichgewicht kaum mehr durch äußere physische Tätigkeit oder Triebbetätigung herstellen. «Was zum Überleben des Menschen nötig ist – und das ist die Hypothese, die Ihnen zunächst seltsam erscheinen mag – das ist die Intensivierung und vor allem die Bereicherung des menschlichen Innenlebens.»[162] Psychische Störungen sind in mancherlei Hinsicht zu begreifen als Versuche, «neue Formen der Verinnerlichung zu etablieren».[163] Die Psychologie muß sich deswegen, will sie den heutigen Menschen verstehen und ihm gerecht werden, mit Phänomenen auseinandersetzen, die bisher eher von der Kunst, der Theologie oder der Philosophie, besonders der Existenzphilosophie, behandelt wurden: gemeint sind «existentielles Unbehagen oder existentielle Angst».[164] Hieran anknüpfend entwickelt Kohut seine Theorie des Schuldigen und des Tragischen Menschen.[165] Der Schuldige Mensch ist der Mensch, wie er im klassischen psychoanalytischen Modell verstanden wird: getrieben vom Lustprinzip; aufgrund seiner inneren Konflikte oft unfähig, seine Lustziele zu erreichen; in einer Schuld erzeugenden Auseinandersetzung mit dem Über-Ich. Hingegen:

«Der Tragische Mensch fürchtet nicht den Tod als eine symbolische Bestrafung (Kastration) für verbotene Lustziele (wie es der Schuldige Menschen tut) – er fürchtet den verfrühten Tod, d.h. er fürchtet einen Tod, der die Verwirklichung der Ziele seines nuklearen Selbst verhindern würde. Und anders als der Schuldige Mensch akzeptiert er den Tod als Teil der Kurve seines erfüllten und erfüllenden Lebens.»[166]

Die Ausdrücke *schuldig* und *tragisch* offenbaren, daß Kohut in seiner Selbstpsychologie nicht allein von psychologischen Erkenntnissen geleitet ist, sondern darüber hinaus auch eine umfassendere anthropologische Vision mitschwingt. Der Begriff der Tragik, anhand dessen Kohut den modernen Menschen charakterisiert weiß, verweist auf Grundsituationen des Menschen zwischen Freiheit und Notwendigkeit, Sinn und Sinnlosigkeit und auf ein außergewöhnliches, schweres und vor allem *unverdientes* Leid. Es genügt ihm nicht, psychische Störungen in der jeweiligen individuellen innerpsychischen Dynamik zu verstehen. Sie sind nicht nur Ausdruck einer persönlichen, sondern auch einer umfassenderen gesellschaftlichen und kulturellen Suchbewegung. «Ich schlage vor, die seelischen Störungen nicht als Krankheit zu betrachten – oder zumindest nicht ausschließlich –, sondern sie als Ausdruck der Suche des Menschen nach einem neuen seelischen Gleichgewicht zu verstehen.»[167] Hier klingt an: Der Mensch ist seiner selbst entfremdet und auf der Suche nach seinem wahren, dem eigentlichen Selbst. Worin genau besteht die

---

162 *Aufsätze I*, 87.
163 *Aufsätze I*, 88.
164 *Aufsätze I*, 265.
165 Vgl. z.B. *Aufsätze I*, 269-272; *Heilung* 120, 243-248.
166 *Aufsätze I*, 272.
167 *Aufsätze I*, 87.

Tragik des Tragischen Menschen? Kohut geht davon aus, daß der Mensch «das Muster seines Kern-Selbst auszudrücken»[168] versucht. Man kann sich darunter wohl eine Art Selbst-Programm vorstellen, das zur Entfaltung kommen soll. Trifft der Mensch jedoch in seiner Lebensumwelt auf nicht genügend einfühlsame Reaktionen anderer Menschen, kann sich keine solide bipolare Struktur des Selbst, mithin kein kohäsives Selbst, entwickeln. Das Selbst lebt in der dauernden Gefahr zu fragmentieren.

In Kohuts Sicht des Tragischen Menschen verdichten sich zwei anthropologische Grundannahmen, die auch sonst seine gesamte Psychologie prägen: Die Wurzelmetaphern der *ursprünglichen Ganzheit* und des *Selbstausdrucks*. Kohuts Beschreibung des Kern-Selbst suggeriert die Annahme einer ursprünglichen psychischen Einheit, in der *in nuce* schon die Selbststruktur enthalten ist, die sich noch zu entwickeln hat. Es sei dahingestellt, ob es sich dabei um eine romantische oder übermäßig harmonisierende Sicht handelt, wie etwa Sass annimmt.[169] Festzustellen ist, daß sich daraus weitreichende Konsequenzen für die Einschätzung von Normalität, von Pathologie und von Heilung ergeben. Für Kohut ist normal, was in Übereinstimmung mit seinem Entwurf funktioniert. Pathologie entsteht durch Entfremdung von diesem ursprünglichen Entwurf; Heilung schließlich meint die Bereitstellung von Mitteln zur Wiederherstellung oder Festigung des Kern-Selbst.

Es ist bei Kohut kein Bemühen festzustellen, die leitendenden anthropologischen Grundannahmen als solche explizit kenntlich zu machen oder gar kritisch zu reflektieren. Sie sind wirksam als Wurzelmetaphern, die erkenntnisleitend die Wahrnehmung und die Theoriebildung prägen. Daß sich Kohut des Einflusses solcher Wurzelmetaphern in seinem Denken bewußt war, wird am ehesten bei seinen oben dargelegten Überlegungen zum Schuldigen und Tragischen Menschen deutlich.

Die eigentlich kritische Reflexion auf die Wurzelmetaphern, die die Selbstpsychologie prägen, stellen jedoch Kohuts Schüler und vor allem seine Kritiker an. Ich skizziere hier nur kurz einige dieser Überlegungen, wie sie von verschiedenen Autoren angestellt werden, wende mich dann aber vor allem solchen Grundannahmen zu, die eng mit der Frage nach der Rolle des Anderen in der Selbstpsychologie verbunden sind.

Browning untersucht in einer umfassenden Studie *deep metaphors* in unterschiedlichen psychologischen Theorien und kommt zu der Erkenntnis, daß in den meisten moralische und quasi-religiöse Metaphern verwendet werden.[170] Er sieht Kohut – trotz seiner Herkunft aus der psychoanalytischen Tradition – letztlich doch eher den Anliegen der humanistischen Psychologie verpflichtet. Kohuts Emphase der einfühlenden Umgebung als notwendiger

---

168 *Heilung*, 120.
169 Vgl. SASS, 77-84.
170 Vgl. BROWNING 1987, 204-237.

Voraussetzung für die Selbstentwicklung offenbart die zugrundeliegenden Metaphern der generativen Wechselseitigkeit und Sorge (*generative mutuality and care*); in den Hinweisen (vor allem beim späten Kohut) auf die Entfaltung innerer Selbst-Anlagen und eines ursprünglichen Kern-Selbst erkennt er die Metaphern der Selbstverwirklichung (*self-actualization*) und Kreativität. Browning unterstreicht den starken Einfluß von Metaphern wie Ganzheit und Harmonie in Kohuts Theoriebildung. «Sie verweisen auf eine Lebensquelle, aus der eine Energie fließt, die revitalisiert, erneuert und in einem zerbrochenen Leben einen früheren Zustand der Ganzheit wiederherstellt.»[171] Für Browning kommen hier letztlich quasi-religiöse Erlösungsmetaphern zum Tragen.

Sass analysiert vier moderne Theoretiker der Psychoanalyse (Schafer, Kohut, Hillman, Lacan) in ideengeschichtlicher Perspektive.[172] Während er z.B. bei Schafer die Wurzelmetapher der Autonomie für prägend hält, sieht er bei Kohut die Wurzelmetapher der *Expressivität* am Werk. Kohut stehe in der Tradition der Ausdruckstheorie, die für die Aufhebung der zwischen Subjekt und Objekt bestehenden Trennungen plädiere und meine, der Mensch könne nur das, was ihm ähnlich sei, wirklich erkennen. Der Prozeß der Einfühlung in den anderen stelle für Kohut die affektive und kognitive Identifikation mit sich selbst im anderen dar.

> «Alle Weltanschauungen haben ihre eigene ethische Dimension, ihre eigene, explizit formulierte oder implizit vorausgesetzte Vorstellung von dem, was „normal", „gesund" oder „gut" ist. In der Selbstpsychologie aber sind solche Vorstellungen nicht an die Fragen nach Verantwortlichkeit oder Selbstkontrolle gebunden, sondern an das Streben nach Selbstausdruck, nach organischer Entfaltung oder Verwirklichung der inneren „Essenz" eines jeden Menschen. Das „Gute", so können wir sagen, ist diese innere Essenz selbst und darüber hinaus alles, was ihre natürliche Entfaltung fördert: das „Schlechte" (oder das „Unnatürliche") ist alles, was diesen spontanen Prozeß unterbindet oder behindert. [...] Für die Selbstpsychologie hat die Tugend ihren Ursprung also nicht in einer „an der Realität orientierten Moral", sondern in einem biologistisch verstandenen ‚Kernselbst', einem expressivistischen Selbst, das auf die Zukunft hin orientiert ist und seine eigenen, kreativen Ziele frei verfolgen kann, um das ‚Kernprogramm' zu verwirklichen, das sein potentielles Schicksal bestimmt.»[173]

Sass und Browning machen deutlich, daß es sich bei Kohuts Konzepten der Einfühlung und des Selbst (und noch offensichtlicher in der Theorie des Tragischen Menschen) nicht nur um psychoanalytische Formulierungen handelt,

---

171 BROWNING 1987, 236.
172 SASS 1992.
173 SASS 1992, 79-80. Sass' Analyse wird aus einem ganz anderen Interesse und Ansatz heraus bestätigt von Hamburg, der glaubt, feststellen zu können, daß Kohut (im Gegensatz zu Lacan) «versucht, Ganzheit wiederherzustellen. [...] Interpretation ist diesem Wertesystem untergeordnet.» (HAMBURG 1991, 352-353)

sondern implizite anthropologische, moralische und religiöse Axiome zum Ausdruck kommen. Man darf annehmen, daß derartige Wurzelmetaphern nicht nur *a posteriori* in der voll entfalteten Theorie wahrnehmbar sind, sondern *a priori* deren Entstehen und Ausgestaltung (häufig wohl unbewußt und implizit) leiten.

Toulmin[174] untersucht Kohuts Selbstpsychologie aus epistemologischer Perspektive und versteht sie als eine «postmoderne» Wissenschaft. Für ihn ist der Übergang von einer modernen Wissenschaftstheorie, in der sich der Forscher als rationaler Betrachter außerhalb des beobachteten Phänomens versteht, zu einer postmodernen Wissenschaftstheorie, in der der Forscher Teil des Beobachtungsfeldes ist, auch in der psychoanalytischen Theorie wahrnehmbar. Für Toulmin ist die moderne Wissenschaftstheorie das leitende Paradigma der Freudschen Psychoanalyse, während er Kohuts Selbstpsychologie einem postmodernen Modell verpflichtet sieht. In diesem Sinne hält er Kohuts Standpunkt letztlich für einen phänomenologischen: Der Beobachter begegnet dem Beobachteten nicht als einem Objekt außerhalb seiner selbst, als einem Ding an sich, sondern als einem Teil der eigenen Lebenswelt, als Ding also, das immer schon in einer vorgängigen Beziehung zum Beobachter steht, von der nur in der phänomenologischen Reduktion, nicht aber real abgesehen werden kann. «Die „intentionalen Objekte" der Humanwissenschaften teilen [...] viele Kennzeichen von Kohuts Selbstobjekten: beide umfassen die Grundelemente der „Lebenswelt".»[175] Toulmin macht in seinen Anmerkungen zu Kohuts Epistemologie eine weitere Wurzelmetapher ansichtig, die die Selbstpsychologie prägt: die Metapher der *ursprünglichen Bezogenheit*. Die menschliche Person ist bei Kohut nicht in erster Linie autonomes Subjekt, sondern existiert auch als Subjekt immer schon in Beziehung.

Damit schlägt Toulmin aber schon die Brücke von wissenschaftstheoretischen Überlegungen zur Frage nach dem Anderen: Welche Wurzelmetaphern leiten Kohuts Wahrnehmung des Anderen? Lassen sich Grundannahmen über den Anderen herausarbeiten, die Kohuts Selbstpsychologie beeinflussen?

Das leitende Menschenbild der Psychoanalyse (zumindest der Freudschen und der Ichpsychologie) ist das des autonomen Menschen. Psychische Reifung bzw. Heilung impliziert konfliktbeladene Auseinandersetzung mit und Abgrenzung von primären Bezugspersonen (vgl. Ödipuskomplex). Die Autonomie wird erreicht, indem zuvor an das symbiotische Objekt gebundene Funktionen allmählich zu autonomen Ich-Funktionen werden. Kohut nimmt von diesem Menschenbild radikal Abschied. Der Schritt von der Abhängigkeit (Symbiose) zur Unabhängigkeit (Autonomie) ist für ihn weder möglich

---

174 Vgl. TOULMIN 1986. Aus ähnlichen Gründen wie Toulmin versteht auch GUSS TEICHOLZ 1999 Kohuts Selbstpsychologie als eine postmoderne Theorie.

175 TOULMIN 1986, 464. Nicht nur Toulmin nimmt diese Affinität der Selbstpsychologie zu Grundüberzeugungen der Phänomenologie wahr; vergleichbar äußern sich RICOEUR 1986; NISSIM-SABAT 1989; GOLDBERG 1990, 113-129; ORANGE 1992, 1995.

noch wünschenswert.[176] Er ersetzt die Wurzelmetapher der Subjektautonomie und Unabhängigkeit durch die der *fundamentalen Bezogenheit*. Goldberg formuliert das sehr deutlich. Für ihn ist die Position der Selbstpsychologie

«eine deutliche Abweichung von der Weise, in der in der westlichen Welt Gesundheit als Unabhängigkeit betrachtet wird. Sie [die Selbstpsychologie] unterstreicht wechselseitige Bezogenheit und erhebt Abhängigkeit zu einem allgemeinen Bestandteil des Wohlbefindens. Somit ist Unabhängigkeit nichts anderes als unsere Fähigkeit mit unseren Selbstobjekten umzugehen. [...] Die Freiheit, die wir der Unabhängigkeit zuschreiben, meint diese Breite von Optionen, aufgrund derer wir nicht rigide an ein einziges stützendes Selbstobjekt gebunden sind. [...] Aber Freiheit kann niemals bedeuten, frei zu sein von anderen. Selbstpsychologie glaubt, daß unsere Struktur lebenslang aus unseren Beziehungen besteht.»[177]

Freilich wirft eine solche prägnante Distanzierung von der klassischen Psychoanalyse und ihrem impliziten Menschenbild auf den ersten Blick mehr Fragen auf als sie beantwortet. Wie ist denn dann das Verhältnis Subjekt-Objekt, innen-außen, Unabhängigkeit-Bezogenheit konkret zu denken? Ricoeur macht deutlich, daß Kohuts Selbstpsychologie sehr komplexe Verhältnisbestimmungen von Subjekt und Objekt, bzw. Subjektivität und Intersubjektivität impliziert. Für ihn bringt er (unbeabsichtigt) die drei wichtigsten Denkmodelle der modernen Philosophie zur Frage der (Inter-)Subjektivität und Alterität in psychoanalytischer Ausdrucksweise zur Sprache: diejenigen der Philosophien Hegels, Husserls und Levinas'. Damit aber zeigt Ricoeur an, daß sich Kohuts Selbstpsychologie nicht in eine simple Subjekt-Objekt-Dialektik einsperren läßt[178].

Zu einem ähnlichen Schluß kommt Goldberg in seinem Bemühen, Kohuts Position und gerade auch ihre philosophischen und anthropologischen Implikationen klarer herauszuarbeiten. Dazu untersucht er, wie die Subjekt-Objekt-Dichotomie in der Objektbeziehungstheorie und in der interpersonalen Beziehungstheorie (Mitchell) verhandelt wird, und kommt zu der Erkenntnis, daß eine dialektische Opposition von Subjekt und Objekt notwendig in eine theoretische Sackgasse führen muß.

«Wir sind immer hin und hergezogen zwischen der Position, wonach das Subjekt aus inneren Beziehungen zusammengesetzt ist, und jener, wonach das Subjekt einbezogen ist in Beziehungen mit äußeren Objekten. Die Beziehungen ins Innere zu verlegen, stopft nicht nur den Kopf voll, sondern beseitigt ef-

---

176 Vgl. *Psychoanalyse*, 79, 85.
177 GOLDBERG 1988, 72. Vgl. auch RICOEUR 1986, 446f.
178 Auf die Infragestellung der dialektischen Opposition zwischen Selbst und Objekt in der Selbstpsychologie weist neben Ricoeur auch RIKER (1996, 78) hin: «In der Selbstobjektfunktion ist die Gegenüberstellung von Subjekt und Objekt im Kern zerstört. Was ist das Subjekt? Es ist teilweise die Funktion von Objekten. Was sind Objekte? Sie können als Teil des Subjektes funktionieren. Wie kann es eine letzte Subjekt-Objekt-Opposition geben, wenn Subjekte Objekte sind und Objekte Subjekte?»

fektiv das Objekt. So ist die Objektrepräsentanz jetzt Teil des Subjektes, ob man es nun Ego oder Person nennt. Leider kommt in dieser Sichtweise die Welt nicht mehr vor und die Individuen sind nichts weiter als eine Ansammlung von inneren Beziehungen. Die Beziehungen außerhalb zu halten scheint aber die Person zu entleeren. Dies ist die Einstellung der Interpersonalisten; aber einige scheinen das Problem ebenfalls zu sehen und umgeben die Person mit einem Netz von Beziehungen, das alles mögliche enthält, eingeschlossen jene verwirrenden „inneren Präsenzen". Das Problem heißt individuelle Integrität versus individuelle Bezogenheit – und ist ein selbstgemachtes Problem. Es gibt kein Entkommen aus diesem theoretischen Gefängnis, da es durch die Gegenüberstellung von Subjekt und Objekt diktiert ist. Das Dilemma scheint nach einer Alternative zu rufen, nach einer neuen Beschreibung der Person in der Welt der Anderen.»[179]

Ein alternatives Modell muß für Goldberg die Subjekt-Objekt-Grenze überwinden. Er sieht es gegeben in Kohuts Konzept des Selbstobjektes. Interessanterweise schiebt er aber, bevor er darauf eingeht, eine philosophische Reflexion ein: Er nimmt auf Heidegger Bezug, in dessen Analyse des Daseins, der Geworfenheit und des In-der-Welt-seins er eine Überwindung der Subjekt-Objekt-Dichotomie eröffnet sieht, die seiner Meinung nach auch in der Psychologie ansteht.[180] Kohuts Selbstobjekte sind nun für Goldberg die Anderen, die uns ermöglichen, eine individuelle Integrität zu erlangen. Durch die Anderen werden wir wir selbst. «Aber das Individuum ist deswegen nicht auf diese Selbstobjekte reduziert, denn es gibt eine dem Individuum innewohnende „Eigenheit", die über diese Beziehungen hinausgeht und logisch von ihnen unterschieden ist. Individuelle Integrität und innere Bezogenheit sind nicht inkompatibel.»[181] Diese Aussage ist in ihrer Bedeutung kaum zu überschätzen: Integrität, bzw. Autonomie, und Bezogenheit sind nicht als entgegengesetzte Pole einer Dialektik zu begreifen. Integrität setzt Beziehung voraus, aber die Beziehung hebt die Integrität der Person nicht auf, sondern konstituiert sie. Es ist mithin nicht ausreichend, bei Kohut von einer Wurzelmetapher der Bezogenheit zu sprechen, wie ich es oben getan habe. Eher geht es um *Selbstsein in Bezogenheit.*[182] Der Andere ist für Kohut nicht das die Ich-Entwicklung, bzw. Selbstwerdung eingrenzende oder gar gefährdende Objekt, sondern der Andere, der den sicheren Kontext der Entwicklung des Selbst garantiert und sich als einfühlendes Selbstobjekt zur Verfügung stellt. Er ist der *notwendige Andere.* Man wird Kohut kaum unterstellen dürfen, er huldige damit einer harmonisierenden oder ausschließlich positiven Sicht des Anderen. Seine gesamte Theorie leitet sich ja her aus der Untersuchung von Selbststörungen, in denen der Andere eben nicht als genügend einfühlendes Selbst-

---

179 GOLDBERG 1990, 120.
180 Vgl. GOLDBERG 1990, 124-127.
181 GOLDBERG 1990, 126.
182 RICOEUR (1986, 447) spricht von «autonomy through heteronomy».

objekt zur Verfügung stand. Der Andere, so notwendig er ist, ist doch auch der das Selbst gefährdende Andere.

Die bestimmende Wurzelmetapher ist das Selbstsein in Bezogenheit. Das psychoanalytische Konzept des Selbstobjektes durchbricht die Dichotomie Subjekt-Objekt und hat damit Implikationen, die über den Bereich der Psychologie hinausreichen. Das bringt im Gesamtkontext dieser Arbeit die Frage mit sich, ob nicht auch die philosophische und theologische Anthropologie sich durch diese Ergebnisse in Frage stellen lassen müssen.

4 Der Andere in den Weiterentwicklungen der Selbstpsychologie

Seit Kohuts Tod 1981 sind inzwischen zwanzig Jahre vergangen, in denen seine Theorie umfassend rezipiert und weitergedacht wurde (vgl. I, 1.2). Man wird dabei heute kaum mehr von einer einheitlichen Selbstpsychologie sprechen können, sondern sie eher als eine Strömung in der Psychoanalyse verstehen, die sich in verschiedene Richtungen weiterentwickelt.[183] Das zwingt dazu, Kohuts eigene Theorie von ihren späteren Ausgestaltungen zu unterscheiden. Letztere sind freilich nicht immer klar umgrenzt und differenzierbar. Verschiedene Weiterentwicklungen der Selbstpsychologie berühren einander oder überschneiden sich.[184] Dabei besteht eine gewisse Einigkeit darüber, daß drei oder vier Strömungen besonders gewichtig sind. Goldberg unterscheidet beispielsweise zwischen einem traditionellen, einem intersubjektiven und einem relationalen Zweig der Selbstpsychologie, wobei er sich selbst ersterem zuordnet. Siegel und Stolorow halten darüber hinaus noch die Ergebnisse für besonders bedeutsam, die sich aus den Forschungen von selbstpsychologisch orientierten Säuglingsforschern ergeben.

Da ich den traditionellen Zweig der Selbstpsychologie als vertiefende Explikation von Kohuts Theorie auffasse, habe ich ihn, wo es mir geboten schien, in die bisherige Darstellung von Kohuts Selbstpsychologie integriert. Ich beschränke mich deswegen im folgenden darauf, drei der genannten Weiterentwicklungen der Selbstpsychologie näher zu beschreiben und sie jeweils auf dem Hintergrund meiner Frage nach der Bedeutung des Anderen zu untersuchen. Es handelt sich dabei um den vor allem von Bacal und Newman unternommenen Versuch, Selbstpsychologie und Objektbeziehungstheorie zu verbinden; um die von Stolorow, Atwood, Brandchaft und Orange entwickelte Intersubjektivitätstheorie; und schließlich um das Bemühen, Selbstpsychologie und Säuglingsforschung miteinander ins Gespräch zu bringen, das auf Lichtenberg, Stern, Beebe und Lachman zurückzuführen ist.

---

183 Daß die Weiterentwicklungen der Selbstpsychologie dabei ein uneinheitliches und zuweilen widersprüchliches Bild bieten, führt Goldberg u.a. darauf zurück, daß Kohut selbst kein Ausbildungsinstitut für Selbstpsychologie (bzw. selbstpsychologische Psychoanalyse) gründen wollte, weswegen sich nach seinem Tod an verschiedenen Orten selbstpsychologisch orientierte Ausbildungsinstitute bildeten, die sich z.T. theoretisch von Kohut und voneinander entfernten (persönliche Mitteilung im September 2000, A.T.).

184 Überblicke über die Weiterentwicklungen und Versuche, diese zu ordnen, bieten LACHMAN 1991; SHANE – SHANE 1993; STOLOROW 1995; SIEGEL 1996, 188f; GOLDBERG 1998.

4.1 Selbstpsychologie und Objektbeziehungstheorie

Die Selbstpsychologie ist eine in vielerlei Hinsicht relational geprägte psychoanalytische Schule, die der Bedeutung des Anderen großes Gewicht beimißt; gerade deswegen sucht sich die vorliegende Arbeit mit ihr auseinanderzusetzen. In welchem Verhältnis steht aber nun die Selbstpsychologie zu dem anderen bedeutenden relationalen Ansatz in der psychoanalytischen Tradition, der Objektbeziehungstheorie?

Bacal und Newman haben den Versuch unternommen, Selbstpsychologie und Objektbeziehungstheorie zu integrieren.[185] Ich erlaube mir, für eine ausführliche Darstellung der jeweiligen Ansätze der verschiedenen Objektbeziehungstheoretiker auf ihre umfassende Untersuchung zu verweisen.[186] Verallgemeinernd kann über die Objektbeziehungstheorie gesagt werden, daß sie zwar Anleihen bei der Trieb- und Ichpsychologie macht, doch im psychoanalytischen Spektrum als eigenständige Richtung betrachtet werden kann, in deren Mittelpunkt nicht mehr die Triebschicksale stehen, sondern die Kategorie der Bezogenheit. Bacal und Newman sehen die wirklich zentrale Veränderung, die die Objektbeziehungstheoretiker gegenüber der klassischen psychoanalytischen Theorie vornehmen, im Übergang von einer Ein-Personen- zu einer Mehr-Personen-Psychologie.[187] Das psychoanalytische Konzept der Objektbeziehungen zielt ab auf eine Beziehung, die ein Subjekt zu seiner Objektwelt, d.h. meist zu einem anderen Menschen, entwickelt. Dabei wird im Anschluß an Melanie Klein häufig zwischen «inneren» und «äußeren» Objekten unterschieden.

Bacal und Newman gehen davon aus, daß auch Kohuts Selbstpsychologie einen relationalen Ansatz darstellt und stellen mithin fest:

> «Kohuts Definition der Selbstobjektbeziehungen als Beziehungen, in denen die Objektwelt lebenslang als Gewährer einer Vielfalt stützender Funktionen erfahren wird, war revolutionär und ist unserer Meinung nach von gleicher Bedeutung wie seine Auffassung, daß die Verbindung zwischen dem Selbst und seinem Objekt nicht grundlegend triebhaften Charakters sei. So verstanden, ist die Selbstpsychologie eine systematisch weiterentwickelte „Objektbeziehungs"-theorie, in der die Bedeutung der Bindung an das Objekt, das als Träger von Selbstobjekt-Funktionen erfahren wird, eine zentrale Rolle spielt.»[188]

Für Bacal und Newman hat sich Kohut vor allem deshalb von der Objektbeziehungstheorie distanziert oder offensichtliche Übereinstimmungen nicht

---

185 Vgl. BACAL – NEWMAN 1990; vgl. dazu auch SHANE – SHANE 1993, 784-787.
186 Ausführlich vorgestellt werden von Bacal und Newman: I. Suttie, H.S. Sullivan, M. Klein, O.F. Kernberg, H. Racker, M. Mahler, M. Balint, W.R.D. Fairbain, H. Guntrip, D.W. Winnicott und J. Bowlby. Vgl. für einen Überblick über verschiedene Objektbeziehungstheorien auch SUMMERS 1994.
187 Vgl. BACAL – NEWMAN 1990, 29.
188 BACAL – NEWMAN 1990, 31.

eingeräumt, um zu vermeiden, daß der Schwerpunkt der Aufmerksamkeit in seinem selbstpsychologischen Ansatz von den intrapersonalen auf die interpersonalen Fragen verschoben wird. In Wahrheit beruhe seine Theorie aber auf einer objektrelationalen Grundlage.[189] Sie stimmen mit Kohut überein, daß der Mensch lebenslang auf Selbstobjektbeziehungen angewiesen ist und psychische Reifung Hand in Hand geht mit der Reifung von Beziehungen. Reife meint letztlich «die Entwicklung eines starken und freudigen Selbst, das den Menschen befähigt, angenehme und gegenseitig bereichernde, reziproke Selbstobjekt-Beziehungen aufzunehmen».[190] Hingegen übernehmen sie nicht Kohuts Unterscheidung von Objekt-Beziehung und Selbstobjekt-Beziehung. «Wir würden eine Selbstobjekt-Beziehung als Beziehung definieren, in der ein relativ sicheres Gefühl der Verfügbarkeit des Objekts als Selbstobjekt vorherrscht. Wie bereits angedeutet, gibt es keinen Grund, eine solche Beziehung nicht als Objektbeziehung zu verstehen.»[191]

Hier wird deutlich, daß Bacal und Newman ihre Integration von Selbstpsychologie und Objektbeziehungstheorie, respektive ihre Hypothese, daß Kohuts Theorie eine Weiterentwicklung der Objektbeziehungstheorie darstellt, nur durchhalten können, wenn sie Kohuts zentrales Konzept des Selbstobjekts aufgeben, bzw. umdeuten und die Selbstobjekt-Erfahrung als Objekterfahrung begreifen. Sie machen damit auf zwei Schwierigkeiten und Unklarheiten bei Kohut aufmerksam, die auch von anderen Autoren gesehen werden:[192] Ob erstens wirklich so klar unterschieden werden kann zwischen dem, was objektiv und subjektiv, real und illusorisch, Selbstobjekt- und Objekterfahrung ist, wie Kohut postuliert; und zweitens ob Kohut nicht, wenn er in der Erfahrung des Anderen fast ausschließlich dessen Funktion als Selbstobjekt unterstreicht, entweder die Alteritäts-Erfahrung zu sehr auf eine intrapsychische Selbstobjekterfahrung reduziert, oder aber das Selbstobjekt-Konzept praktisch doch mit Anteilen der Objekterfahrung anreichert.

Man wird aber anzufragen haben, ob Bacals und Newmans Ausweg – nämlich die Selbstobjekt-Erfahrung in der Objekterfahrung aufgehen zu lassen – wirklich eine gelungene und sachlich zutreffene Lösung darstellt. Daß das Verhältnis von Objektbeziehungstheorie und Selbstpsychologie komplex ist und einer Klärung bedarf, zeigen auch die diesbezüglichen Bemühungen von Fosshage, Ornstein und Goldberg an, auf die ich nun kurz eingehe.

Für Fosshage ist es Kohut vor allem in seinem posthumen Werk *Wie heilt die Psychoanalyse?* gelungen, die Selbstpsychologie als eine Synthese zwischen monadischen und dyadischen Aspekten in der Psychoanalyse zu konzi-

189 Vgl. BACAL – NEWMAN, 31f. und vor allem 274-334.
190 BACAL – NEWMAN, 298.
191 BACAL – NEWMAN, 283.
192 So halten z.B. auch Galatzer-Levy und Cohler den Begriff *Selbstobjekt* für eine unglückliche Bezeichnung und ersetzen ihn durch «essential other» (GALATZER-LEVY – COHLER 1993, 29f.).

pieren.[193] Dabei sieht er eine Ein-Personen-Psychologie vor allem in Kohuts Konzept des Kernselbst wirksam, währenddessen das Selbstobjekt ein wesentlich relationales Konzept ist und die Selbstobjekt-Erfahrung zumindest eine Dimension der Objektbeziehung darstellt, wenngleich sie nicht in dieser aufgeht.[194]

P. Ornstein bemüht sich, das Verhältnis zur Objektbeziehungstheorie zu klären, indem er Kohuts ursprüngliches Verständnis von Selbst und Selbstobjekt herausarbeitet. In der Objektbeziehungstheorie umschreibt der Begriff Selbst eine Größe, die mit den Grenzen des physischen Individuums identisch ist,[195] während hingegen das Selbst der Selbstpsychologie ein offenes System darstellt, das über die Selbstobjekt-Erfahrung Andere oder Aspekte von Anderen einschließen kann. Das Selbstobjekt versteht er als intrapsychisch strukturierte, das Selbst stützende Erfahrungen, auf die jeder Mensch lebenslang angewiesen bleibt. Er scheint davon auszugehen, daß alle Erfahrungen mit Anderen letztlich Selbstobjekt-Erfahrungen sind. «Ich schlage vor, den Begriff Objekt aus unserem Vokabular zu entfernen und in theoretischen Kontexten nur noch von archaischen und reifen Selbstobjekten zu sprechen [...], den einzigen Anderen, die in der Selbstpsychologie eine methodologisch und theoretisch gerechtfertigte Position haben.»[196] Mir scheint das eine polemisch zugespitzte, aber letztlich wenig hilfreiche Abgrenzung zu sein. Ornstein will deutlich machen, und darin trifft er wohl Kohuts ursprüngliche Intention, daß die Selbstobjekt-Erfahrung keine Objekterfahrung ist, sondern eine subjektive Erfahrung, in der der Andere ausschließlich in seiner Funktion (Aufbau bzw. Erhalt von psychischer Struktur) für das Selbst erfahren wird. In diesem Sinne ist die Selbstpsychologie für Ornstein eine Strukturpsychologie (*structural psychology*)[197] und eben keine relationale Psychologie. Meines Erachtens manövriert sich Ornstein aber mit seiner Zuspitzung in ein begriffliches Dilemma hinein, dem er selbst nicht mehr entkommt. An anderer Stelle behauptet er nämlich, daß in einer einigermaßen gesunden Person keine echte Dichotomie zwischen reifen Selbstobjektbeziehungen und Objektliebe feststellbar ist und sie flexibel zwischen beiden Beziehungsformen fluktuieren kann.[198]

Die meines Erachtens differenzierteste Position nimmt Goldberg ein.[199] In einem wichtigen, schon zitierten Beitrag (vgl. I, 3.2 und I, 3.4) nimmt er deutlich Abstand von der Selbst-Objekt-Dichotomie. Das Selbst baut sich aus seinen Beziehungen zu Anderen auf, die aber eben nicht als autonome, getrennte und intrapsychisch repräsentierte Objekte erlebt werden, sondern als Selbstobjekte. Selbstobjekte sind für Goldberg jedoch auch nicht bloß vorübergehende

---

193 Vgl. FOSSHAGE 1992.
194 Vgl. FOSSHAGE 1992, 30 und 39f.
195 Vgl. ORNSTEIN 1991, 23.
196 ORNSTEIN 1991, 25.
197 Vgl. ORNSTEIN 1991, 29.
198 Vgl. ORNSTEIN 1991, 26 und BACAL – NEWMAN, 297.
199 Vgl. GOLDBERG 1990, 113-129 und GOLDBERG 1998.

Erfahrungen, sondern in gewisser Weise die «Bausteine» der Person. «Selbstobjekte sind die Anderen, die einem erlauben, individuelle Integrität zu erreichen und zu erhalten. Sie sind das, was uns zu dem macht, was wir sind, unsere Zusammensetzung.»[200] Goldberg hält das Selbstobjektkonzept gerade deswegen für besonders bedeutsam, weil es einen theoretischen Brückenschlag ermöglicht zwischen intrapsychischen und interpersonal-relationalen Ansätzen[201] oder zwischen Ein-Personen- und Zwei-Personen-Psychologien[202] und somit Fragen aufgreift, die nicht nur die Selbstpsychologie, sondern die gesamte derzeitige psychoanalytische Theoriebildung betreffen. Goldbergs Überlegungen erscheinen mir in zweifacher Hinsicht bedeutsam. Zum einen macht er deutlich, daß zentrale Begriffe der psychologischen Diskussion (z.B. «Objekt» oder «Person») meist gar nicht oder nur sehr vage definiert sind und ihre Definition nur eine philosophische sein kann.[203] Zum anderen skizziert er anfanghaft eine Gleichursprünglichkeit von Individualität und Relationalität, die er philosophisch auf Heidegger zurückzuführen versucht (bei dem er jedoch m.E. kein hinreichendes begriffliches Instrumentarium findet) und die er psychologisch, wie schon gesagt, im Selbstobjekt begründet sieht.

Ich versuche nun, einige Schlußfolgerungen aus den obigen Darlegungen über das Verhältnis von Objektbeziehungstheorie und Selbstpsychologie zu ziehen.

(a) Es besteht begrifflicher Klärungsbedarf: Divergenzen zwischen den zwei psychoanalytischen Schulen sind ohne Zweifel zurückzuführen auf unterschiedliche Bewertungen der Rolle des Anderen und der Beziehung und deren innerpsychischer Repräsentation im Subjekt/Selbst. Es sollte aber auch nicht übersehen werden, daß zentrale Begriffe – wie Beziehung, Person, Subjekt, Objekt, Selbst – häufig gar nicht definiert oder aber unterschiedlich bestimmt sind. Da es sich um Begriffe handelt, die weder nur im psychoanalytischen Kontext verwendet werden, noch durch die Psychoanalyse selbst hinreichend bestimmt werden können, kann eine Klärung nur im Gespräch mit der Philosophie erfolgen.

(b) Selbstpsychologie und Objektbeziehungstheorie sind relational orientierte psychoanalytische Theorien, die die Subjekt-Objekt-Bezogenheit nicht auf eine primäre Triebmotivation zurückführen. Entwicklung und Pathogenese werden mithin als Konsequenzen gelungener oder nicht gelungener Rela-

---

200 GOLDBERG 1990, 126.
201 Vgl. GOLDBERG 1990, 125-127.
202 Vgl. GOLDBERG 1998, 244f.
203 Vgl. GOLDBERG 1998, 245.

tionalität begriffen[204]. Es bestehen aber gewichtige Gegensätze darüber, was unter reifer Relationalität zu verstehen ist. Die Selbstpsychologie geht von einer lebenslangen Notwendigkeit stützender Selbstobjekte (bzw. Selbstobjekt-Erfahrungen) aus und begreift Reife als Übergangsprozeß von archaischen zu immer reiferen und bewußt gewählten Selbstobjekten. Demgegenüber betrachten Objektbeziehungstheorien narzißtische Erwartungen an das Objekt häufig als infantil oder regressiv. Ihnen bedeutet Reife, daß das narzißtisch besetzte Objekt durch ein Liebesobjekt ersetzt wird. Entwicklung ist demzufolge gekennzeichnet als progressive Loslösung von narzißtisch besetzten Objekten, als Ausbildung von Ich-Funktionen, als wachsende Autonomie und schließlich als Fähigkeit, Teilnahme und Liebe für den Anderen zu empfinden. Der Unterschied zwischen Objektbeziehungstheorie und Selbstpsychologie wird besonders gut greifbar, wenn man sich fragt, was im Internalisierungsprozeß eigentlich internalisiert wird. In der Objektbeziehungstheorie wird das externe Objekt und die spezifische Beziehung zu diesem Objekt internalisiert. Kohut hingegen scheint eher anzunehmen, daß *Beziehungsmuster* internalisiert werden, also nicht unbedingt an ein spezifisches Objekt gebundene, wiederholte Beziehungserfahrungen in der Selbst-Selbstobjekt-Einheit.[205]

(c) Ich stimme Goldberg darin zu, daß ein Großteil der derzeitigen psychoanalytischen Diskussion auf die unterschiedlichen Auffassungen darüber zurückzuführen ist, ob die Psychoanalyse eine Ein-Personen- oder Mehr-Personen-Psychologie ist.[206] Kohuts Selbstobjekt könnte hier in der Tat als ein Brücken-Konzept fungieren, insofern Kohut immer wieder deutlich gemacht hat, daß das Selbstobjekt beides ist: eine intrapsychische Struktur, die aber *auch* relational konfiguriert ist.

(d) Bacals und Newmans Lösung, das Selbstobjekt für obsolet zu erklären und die Selbstobjektbeziehung unter die Objektbeziehungen zu subsumieren, wird – wie schon dargelegt – weder Kohuts Anliegen gerecht, noch scheint sie mir sachlich geboten. Zutreffender ist es hingegen, Selbstobjektbeziehungen und Objektbeziehungen als zwei unterschiedliche Weisen der Bezogenheit zum anderen Menschen zu begreifen, die sich nicht ausschließen, sondern sehr häufig nebeneinander bestehen. Kohut hat diesen Sachverhalt in seiner Theorie der zwei voneinander getrennten Entwicklungslinien von Objektliebe

---

204 Diese Einschätzung gilt nicht für alle Objektbeziehungstheoretiker in gleichem Maße, da z.B. Kernberg dem Trieb-Struktur-Modell gegenüber loyal blieb, während z.B. Fairbain, Balint, Bowlby sich entschiedener davon abwandten.

205 Kohuts Vorstellung überschneidet sich, wie noch zu zeigen sein wird, mit den Erkenntnissen der jüngeren Säuglingsforschung.

206 Eine sehr gute Übersicht über den Stand der Diskussion, die unterschiedlichen in diesem Kontext verhandelten Fragen und einen Überblick über die Literatur bieten THOMÄ 1999 und auch GILL 1994.

und Narzißmus ausgedrückt (vgl. I, 2.1.1). Während diese Vorstellung in Kohuts Studien zum Narzißmus sehr prägend war, geriet sie im Zusammenhang der Entfaltung der Selbstpsychologie eher aus dem Blick. Kohut nimmt sie aber noch einmal auf in *Wie heilt die Psychoanalyse?*[207] Man gewinnt hier den Eindruck, daß Kohut mit seinem Selbstobjektkonzept keineswegs eine objektbeziehungstheoretische Deutung des interpersonalen Beziehungsgeschehen ausschließen wollte, sondern ihm eher die Zeit fehlte, das komplexe Verhältnis von Objekt und Selbstobjekt zu entfalten.

Selbstpsychologie und Objektbeziehungstheorie schließen sich nicht aus, sondern lassen sich anhand der von Kohut bereitgestellten Unterscheidung der zwei getrennten Entwicklungslinien des Narzißmus integrieren:[208] Der Andere ist zuweilen ein Selbstobjekt, das eine stabilisierende innerpsychische Funktion für das Selbst erfüllt, und zuweilen ein vom Selbst getrennt erlebtes autonomes Objekt. Vermutlich ist er häufig beides gleichzeitig.

4.2 Die «Intersubjektivitätstheorie»

Man kann den soeben vorgestellten Versuch von Bacal und Newman, Selbstpsychologie objektrelational zu deuten, als *interpersonalen* Ansatz bezeichnen, der in mancherlei Hinsicht mit der von Greenberg und Mitchell[209] entworfenen Perspektive vergleichbar ist. Charakteristisch ist für diesen Ansatz das Anliegen, das Subjekt in seiner Objektbezogenheit zu verstehen; dabei geht es vorrangig um die Bedeutung des Objektes für das Subjekt und nur sekundär um die Beziehung als solche.

Von diesem Ansatz ist nun ein anderer abzuheben, der von ihren Begründern Stolorow, Atwood und Brandchaft heute als *Intersubjektivitätstheorie* bezeichnet wird.[210] Wenngleich sie zuweilen hervorheben, daß es sich bei ihrer Theorie um eine eigenständige psychoanalytische Richtung handelt,[211] ist doch insgesamt die Abhängigkeit von der Selbstpsychologie nicht zu übersehen und wird auch von Stolorow und seinen Kollegen anerkannt. Betonungen der Unterschiede gegenüber Kohuts Theorie sollten als Versuch der Abgrenzung aufgefaßt werden, um das Eigene deutlicher hervortreten zu lassen, während man insgesamt der Intersubjektivitätstheorie wohl am ehesten ge-

---

207 Vgl. *Psychoanalyse*, 85f.
208 Das gilt zumindest, was die Bewertung der Rolle des Anderen und der Beziehung betrifft. Was die Bedeutung der Triebmotivation betrifft, gibt es, wie schon gesagt, sehr unterschiedliche Einschätzungen unter den verschiedenen Objektbeziehungstheoretiker, die dementsprechend gut oder schlecht mit der Selbstpsychologie kompatibel sind.
209 Vgl. GREENBERG – MITCHELL 1983; MITCHELL 1988.
210 Vgl. ATWOOD – STOLOROW 1984; STOLOROW – BRANDCHAFT – ATWOOD 1997; STOLOROW – ATWOOD 1992; STOLOROW – ATWOOD – BRANDCHAFT 1994; ORANGE 1995; ORANGE – ATWOOD – STOLOROW 1997.
211 Vgl. etwa STOLOROW – ATWOOD – BRANDCHAFT 1994, 38.

recht wird, wenn man sie als eine der Weiterentwicklungen der Selbstpsychologie begreift.[212]

Stolorow und Atwood nennen ihre Theorie in ihrem programmatischen Werk *Structures of Subjectivity* anfangs eine «*psychoanalytische Phänomenologie*». Dieser Titel macht den stark philosophischen Bezug ihres Ansatzes deutlich. Sie stellen ihren psychologischen Überlegungen ein philosophisches Kapitel voran, in dem sie Bezug nehmen auf die hermeneutischen Philosophien Diltheys und Ricoeurs, auf die Phänomenologie (Husserl, Heidegger, Sartre), sowie auf den Strukturalismus. Dieser explizite philosophische Bezug tritt in den späteren Werken, die sich eher mit Fragen psychoanalytischer Technik beschäftigen, in den Hintergrund und wird nur von Orange weitergeführt.[213] Stolorow und Atwood entleihen der Philosophie zwei Begriffe, die sie zu den tragenden Säulen ihres eigenen Ansatzes machen: *Subjektivität* und *Intersubjektivität*.

> «In ihrer allgemeinsten Form besagt unsere These [...] daß Psychoanalyse Phänomene zu erhellen versucht, die in einem spezifischen psychologischen Feld auftreten, das am Schnittpunkt von zwei Subjektivitäten entsteht, der des Patienten und der des Analytikers. In dieser Konzeptualisierung wird Psychoanalyse nicht als eine Wissenschaft des Intrapsychischen verstanden, die sich auf Ereignisse konzentriert, von denen man annimmt, daß sie sich in einem isolierten „mentalen Apparat" ereignen. [...] Psychoanalyse ist hier eher gedacht als eine Wissenschaft des Intersubjektiven, die sich auf das Zusammenspiel zwischen den unterschiedlich organisierten subjektiven Welten des Beobachters und des Beobachteten richtet.»[214]

Hier klingt deutlich an, warum Stolorow und seine Kollegen ihre Theorie von Anfang der 90er Jahre an in *Intersubjektivitätstheorie* umbenennen. Der Fokus ihrer Aufmerksamkeit richtet sich auf das *intersubjektive Feld*; gemeint

---

212 In diesem Sinne auch ATWOOD – STOLOROW 1984, ix; STOLOROW – BRANDCHAFT – ATWOOD 1987, 18, 30-46; STOLOROW 1995; vgl. dazu auch STROZIER 2001, 306, 438f.

213 Vgl. ORANGE 1992 und 1995.
Daß die philosophische Komponente in den späteren Werken der Intersubjektivitätstheoretiker mehr in den Hintergrund tritt, verstärkt im Leser noch einen Eindruck, den auch schon *Structures of Subjectivity* vermittelte: Den Autoren gelingt es nicht, Philosophie und Psychologie wirklich in ein Gespräch miteinander zu bringen. Wissenschaftstheoretische Fragen bleiben völlig ungeklärt und die Auseinandersetzung mit der Philosophie scheint vor allem dem Zweck zu dienen, einige Begriffe bereitzustellen, die als hilfreich im psychologischen Diskurs erachtet werden. Dabei wird aber weder ihr philosophischer Kontext bedacht, noch ob sie univok in einer anderen Wissenschaft verwandt werden können.
Leider gehen Stolorow und seine Kollegen auch sehr flüchtig über frühere Versuche hinweg, Phänomenologie und Psychoanalyse (bzw. Psychologie) einander zu vermitteln. Die existential-phänomenologische Tradition der Daseinsanalyse (Binswanger, v. Gebsattel, v. Weizsäcker, Boss, May) halten sie für zu unkritisch gegenüber Heidegger und letztlich für zu wenig psychoanalytisch orientiert. Die Überlegungen von Giorgi in den USA nehmen sie überhaupt nicht zur Kenntnis (vgl. GIORGI 1983, 1985, 1997).

214 ATWOOD – STOLOROW 1984, 41.

ist der Zwischenraum, der sich in der Begegnung zweier Subjektivitäten eröffnet. In diesem Sinn verstehen sie ihren Ansatz auch im Kontext der Feld-
oder Systemtheorie.[215] Ihr Bemühen richtet sich somit konsequent darauf,
dieses intersubjektive Feld zu erforschen. Dabei gehen sie davon aus, daß
Subjektivität immer und ausschließlich relational entsteht und modifiziert
wird und der Andere in seiner Subjektivität als solcher gar nicht erreicht werden kann, sondern nur insofern er im intersubjektiven Feld mit einer anderen
Subjektivität interagiert.[216] Psychotherapie fragt mithin nicht nach der Subjektivität als solcher, sondern untersucht, was aktuell im intersubjektiven Feld
vor sich geht.

> «Aus der Sicht der psychoanalytischen Phänomenologie können klinische
> Phänomene wie Übertragung und Gegenübertragung, negative therapeutische
> Reaktionen, Psychopathologie überhaupt und die therapeutische Wirkung der
> Psychoanalyse nicht abgelöst vom intersubjektiven Kontext verstanden wer-
> den, in welchem sie sich ereignen.»[217]

Damit ist recht leicht zu greifen, wo die Intersubjektivitäts-Theoretiker sich in
der selbstpsychologischen Tradition bewegen und wo sie darüber hinausgehen. Von Kohut übernehmen sie die Vorstellung einer fundamentalen und
dauerhaften Bezogenheit der Person, die er mit seinem Konzept des Selbstobjekts impliziert. Sie modifizieren dann aber Kohuts Vorstellung radikal, indem sie die psychologischen Konzepte Selbst und Selbstobjekt durch die stärker philosophisch gefärbten Begriffe Subjektivität und Intersubjektivität ersetzen. Diese schließen sowohl die von Kohut beschriebenen Selbst-
Selbstobjekt-Beziehungen, als aber auch andere subjektive und intersubjektive Erlebnisweisen ein.[218] Der Fokus ist aber nicht mehr wie bei Kohut auf das
intrapsychische Erleben der Beziehung bzw. des Anderen gerichtet, sondern
auf die intersubjektive Bezogenheitsdynamik selbst.

Kohut unterstreicht, daß das Selbst eine psychische *Struktur* ist und kann
mit dem Selbstobjekt-Konzept deutlich machen, wie Bezogenheit Teil der
psychischen Struktur ist. Stolorow und Atwood vermeiden es hingegen, von
einer psychischen Struktur zu sprechen, sondern konzentrieren sich fast ausschließlich auf die Natur intersubjektiver Erfahrungen. Zwar versucht die Person, diese Erfahrungen psychisch zu organisieren; die Intersubjektivitätstheorie spricht aber anstatt von psychischer Struktur eher von *organisierenden
Prinzipien*. Damit ist aber ein organisierendes Grundelement, das die individuelle Eigenart der psychischen Struktur ausmacht, wie Kohuts Kernselbst,
nicht greifbar. Alle psychischen Prozesse ereignen sich als intersubjektive
Dynamik; wie aber intersubjektive Erfahrungen innerpsychisch organisiert
werden, bleibt unklar.

---

215 Vgl. STOLOROW – ATWOOD – BRANDCHAFT 1994, x.
216 Vgl. ORANGE – ATWOOD – STOLOROW 1997, 4f.
217 ATWOOD – STOLOROW 1984, 64.
218 Vgl. STOLOROW – ATWOOD – BRANDCHAFT 1994, 37.

Es wird letztlich nicht verständlich, ob die Intersubjektivitätstheorie wirklich substantiell über Kohuts Selbstpsychologie hinausgeht. Sie betont die zentrale Rolle der Bezogenheit, die auch Kohut herausgearbeitet hat, kann aber nicht verständlich machen, wie diese mit der psychischen Struktur des Individuums interagiert. Die ausschließliche Reduzierung psychischer Vorgänge auf intersubjektive Erlebnisse riskiert letztlich, in eine sozialpsychologische Beschreibung überzugehen und die wirklich psychoanalytische Betrachtungsweise aus dem Blick zu verlieren.

Auch auf der Ebene des philosophischen Diskurses sind die Ergebnisse der Intersubjektivitätstheoretiker nicht unproblematisch: Sie legen nahe, daß das Eigentliche und die Person Konstituierende im Zwischen-Raum zwischen den beiden Subjektivitäten liegt. Damit sind aber weder das Ich noch der Andere wirklich greifbar. Sie sind ja *allein* durch ihre Beziehung miteinander definiert; aber gerade deswegen kann die Beziehung nur schwer als eine wirkliche Begegnung von Ich und Du begriffen werden.

Marcia Cavell hat darauf aufmerksam gemacht, daß ein so ausschließlicher Fokus auf die Intersubjektivität auch die Frage nach der Konstitution der Wirklichkeit mit sich bringt,[219] mithin auch die Frage nach Wahrheit und analytischer Objektivität. Für Stolorow und Atwood entsteht Wirklichkeit an der Schnittstelle der Interaktion zwischen Subjektivitäten und wird von diesen subjektiv als Wirklichkeit gefühlt oder wahrgenommen.[220] Wirklichkeit und ihre Bedeutung werden nicht in einer unabhängig von der Subjektivität bestehenden äußeren Wirklichkeit vorgefunden, sondern intersubjektiv konstruiert.[221] Stolorow und seine Mitarbeiter scheinen hier den Begriff *Wirklichkeit* zum Teil etwas vage im Sinn von *psychischer* Realität zu verwenden (die für sie intersubjektiv konstituiert ist), wollen damit aber nicht unbedingt eine objektive externe Wirklichkeit leugnen. Dennoch macht Cavell letztlich deutlich, daß die Intersubjektivitätstheoretiker mit ihrer Vermischung von psychologischen und philosophischen Termini und mit ihrer mangelnden epistemologischen Grundlegung eher größere Unklarheit schaffen als bestehende Fragen klären.

4.3   Selbstpsychologie und Säuglingsforschung

Diesen Abschnitt über Selbstpsychologie und Säuglingsforschung im Kapitel über Weiterentwicklungen der Selbstpsychologie einzufügen kann leicht zu Mißverständnissen Anlaß geben. Selbstverständlich ist die Säuglingsfor-

---

219 Vgl. CAVELL 1998, 450.
   Die Frage nach der Konstitution von Wirklichkeit wird uns noch in der Auseinandersetzung mit Edmund Husserl und Edith Stein beschäftigen (vgl. II, 3.1.4).
220 Vgl. STOLOROW – ATWOOD 1992, 26f.
221 ORANGE (1995, 6) versteht in diesem Sinn den psychoanalytischen Dialog als den Versuch, gemeinsam Sinn/Bedeutung zu «machen» («making sense together»).

schung keine Weiterentwicklung der Selbstpsychologie; sie bestand lange vor der Selbstpsychologie und unabhängig von ihr.

Dennoch ist es schon bald nach der Begründung der Selbstpsychologie durch Kohut zu einer doppelten Überschneidung zwischen Selbstpsychologie und Säuglingsforschung gekommen: Zum einen entstammen zahlreiche der derzeit einflußreichsten Säuglingsforscher, wie z.B. Lichtenberg, Beebe, Fosshage und Lachmann, den Reihen der Selbstpsychologen. Zum anderen gibt es Säuglingsforscher, die ausdrücklich anerkennen, daß ihre Ergebnisse aus dem Bereich der Säuglingsforschung sie zu ähnlichen Feststellungen führen, wie sie die Selbstpsychologie für den Bereich der Psychoanalyse getroffen hat, und die mithin ihre inhaltliche Nähe zur Selbstpsychologie unterstreichen, ohne ihr selbst ausdrücklich anzugehören. Zu diesen Autoren zählen beispielsweise Stern[222] und Dornes.

Ich füge diesen Abschnitt über die Säuglingsforschung hier ein, weil ich die Erkenntnisse der Säuglingsforschung für besonders ertragreich halte für unsere Frage nach der Bedeutung des Anderen. Trotz der engen personellen Verknüpfungen zwischen Selbstpsychologie und Säuglingsforschung gibt es keine eigene selbstpsychologische Säuglingsforschung, allenfalls einen gewissen Einfluß der Selbstpsychologie auf letztere. Um so bedeutsamer werden damit aber die Ergebnisse der Säuglingsforschung, weil sie nämlich wesentliche Erkenntnisse der Selbstpsychologie über die Rolle des Anderen aus der Warte einer angrenzenden Wissenschaft konvalidieren.

Zuvor ist eine kurze Anmerkung über die Geschichte der Säuglingsforschung angebracht.[223] Freud hatte 1905 in den *Drei Abhandlungen zur Sexualtheorie*[224] erstmals eine systematische psychoanalytische Entwicklungspsychologie vorgelegt. Ausgehend von der zentralen Bedeutung des Sexualtriebs in seiner psychoanalytischen Theorie rekonstruierte er dort das Bild eines Säuglings, der im wesentlichen als passives, undifferenziertes, «polymorph pervers» veranlagtes und seinen Trieben ausgeliefertes Wesen gekennzeichnet war. Diese Auffassung über die Psychologie des Säuglings bzw. Kleinkinds entstammte nicht der Beobachtung des realen Säuglings, sondern war eine nachträgliche Theoretisierung; aus dem Erleben seiner erwachsenen und pathologischen Patienten schloß Freud zurück auf das vermeintliche Erleben des Säuglings. Unvermeidlich ist ein so rekonstruierter Säugling das Ergebnis massiver adultomorpher und pathomorpher Verzerrungen. Diese theorie- und

---

222 Daniel Stern, der derzeit wohl am meisten beachtete Säuglingsforscher, hat schon in den 70er Jahren gemeinsame Forschungen mit der Selbstpsychologin Beatrice Beebe unternommen und seine Nähe zur Selbstpsychologie wiederholt unterstrichen (STERN 1985, 46, 195).

223 Vgl. dazu das erhellende Kapitel in DORNES 1997, 18-53, sowie STERN 1985, 29-58.

224 Vgl. FREUD 1905.

nicht beobachtungsgeleitete Rekonstruktion des frühen Erlebens des Kindes hat die Psychoanalyse seit ihren Anfängen begleitet:

> «Es gibt mittlerweile fast so viele rekonstruierte Kinder, wie es Theoretiker gibt. Freudianische, Kleinianische, Mahlerianische, Kohutianische, Kernbergianische, Bionianische und andere Babys bevölkern die Literatur und die Köpfe. Jeder Anhänger einer dieser Richtungen findet im Material seiner Patienten genügend Hinweise für die Plausibilität seiner entwicklungspsychologischen Vermutungen und fühlt sich durch den therapeutischen Erfolg oder die Sinnstiftungskapazität seiner Rekonstruktionen bestätigt.»[225]

Auch Spitz, Mahler und Winnicott, obgleich sie experimentelle Verfahren in die Säuglingsforschung einführten, entgehen dieser Kritik nicht. Mahler beispielsweise, deren Theorie der frühkindlichen Entwicklung über lange Jahre als allgemein akzeptiertes und leitendes Modell diente, entwickelte ihr Konzept im Rahmen der Beobachtung pathologischer Kinder und brauchte es eher, um ihre metapsychologische Konstrukte abzusichern denn in Frage zu stellen. Gerade aber Mahlers Theorie über Autismus und Symbiose in der frühkindlichen Entwicklung ist durch die moderne Kleinkindforschung weitgehend umgestoßen worden.[226]

Die moderne Säuglingsforschung versucht, solche adulto- und pathomorphen Rückprojizierungen, wie sie die psychoanalytischen Entwicklungspsychologien kennzeichnen, zu vermeiden. Sie hat ihren Beginn in den 70er und 80er Jahren und verbindet sich u.a. mit den Namen Emde, Lichtenberg und Stern. Sie verschiebt den Akzent und fragt nun nach dem inneren Erleben des Kindes: Wie erlebt das Kind sich selbst? Wie erlebt es die anderen und den Austausch und das Zusammensein mit ihnen? Wie die Welt? Die moderne Säuglingsforschung versucht sodann, Beobachtungsmethoden und Testanlagen zu entwickeln, die es erlauben, das Kind selbst auf sein Erleben hin zu «befragen».[227]

Ich werde nun versuchen, in einem ersten Schritt die für unseren Zusammenhang wichtigsten Ergebnisse der jüngeren Säuglingsforschung kurz zusammenzufassen. Ich beschränke mich dabei vor allem auf die Untersuchungen von Lichtenberg, Stern und ihren Mitarbeitern, da sie derzeit als die wohl einflußreichsten Säuglingsforscher gelten können und mir ihre Erträge in un-

---

225 DORNES 1997, 23f.

226 Vgl. DORNES 1997, 24-29, 154-182; STERN 1985, 36-42, 334-337.

227 Die eigentliche Überzeugungskraft der modernen Säuglingsforschung besteht in den umfangreichen Tests und Direktbeobachtungen der «babywatcher». Diese machen oftmals auch den größten und zuweilen interessantesten Teil der diesbezüglichen Literatur aus. Ich beschränke mich hier um der gebotenen Kürze willen darauf, nur die Ergebnisse aus diesen Beobachtungen wiederzugeben, nicht aber die umfangreichen Versuchsreihen selbst. Auch auf die hermeneutischen Fragen, die sich zwangsläufig ergeben, wenn man Säuglinge im präverbialen Stadium auf ihr Selbsterleben hin «befragt», kann hier nicht eingegangen werden; vgl. dazu STERN 1985, 31-35.

serem Zusammenhang als besonders relevant erscheinen. In einem zweiten Schritt lege ich dar, welche Verbindungen diese Autoren zwischen ihren Beobachtungen in der Säuglingsforschung und der Psychoanalyse bzw. der Therapie Erwachsener herstellen. Schließlich bemühe ich mich, aus dem Dargestellten Schlußfolgerungen für das Thema «Alterität» zu ziehen.

4.3.1 Erträge der modernen Säuglingsforschung[228]

4.3.1.1 Selbstempfinden

Der von den klassischen psychoanalytischen Theorien rekonstruierte Säugling läßt sich vereinfachend folgendermaßen darstellen: Er lebt primär-narzißtisch in seiner Ich-Welt, in der die Außenwelt noch undifferenziert enthalten ist. Auch die psychische Struktur ist noch undifferenziert: Primär- und Sekundärprozesse, Ich und Es, Selbst- und Objektrepräsentanzen sind noch eins. Er lebt in einer symbiotischen Fusion mit der Mutter, aus der er sich in der Folgezeit mühsam und schmerzvoll lösen muß, um die von der Mutter garantierten psychischen Funktionen zu autonomen Ich-Funktionen zu machen. In den klassischen Theorien ist das ursprüngliche Stadium, in dem sich der Säugling vorfindet, eine undifferenzierte narzißtische Verschmelzung oder Symbiose mit seinem primären Liebesobjekt. Entwicklung eines Selbstempfindens, Selbst- und Objektdifferenzierung und Autonomiebildung sind Sekundärprozesse, die sich entlang einer mühevollen stufenweisen Entwicklung ereignen.

Von dieser klassischen Annahme heben sich nun die Beobachtungen der modernen Säuglingsforscher deutlich ab. Stern faßt seine Ergebnisse so zusammen:

«Säuglinge beginnen von Geburt an, ein sich herausbildendes oder „auftauchendes" Selbst zu erleben. Bereits das Neugeborene verfügt über die Fähigkeit, Selbstorganisationsprozesse wahrzunehmen. Säuglinge erleben niemals eine Phase völliger Undifferenziertheit zwischen dem Selbst und dem Anderen. Weder zu Anfang noch in irgendeiner späteren Phase des Säuglingsalters gibt es Verwechslungen von Selbst und Nichtselbst. Säuglinge sind auch von Beginn an in der Lage, auf äußere soziale Vorgänge selektiv zu reagieren, und machen niemals eine Phase durch, die dem Autismus vergleichbar wäre. [...] Es gibt keine Phase, die man als symbiotisch bezeichnen könnte. Vielmehr kann das subjektive Erleben des Einsseins mit einem anderen Menschen erst auftreten, wenn das Empfinden eines Kern-Selbst und eine Kern-Anderen vorhanden ist.»[229]

---

228 Eine hilfreiche Zusammenfassung der wesentliche Erträge der modernen Kleinkindforschung finden sich bei DORNES 1997 und ERAZO 1997.
229 STERN 1985, 24.

Stern legt detailliert die Entwicklung des Selbstempfindens dar, wobei er vier Stufen unterscheidet.[230] Er stellt mit seinen Untersuchungen die klassische Theorie auf den Kopf: Primär ist nicht die symbiotische Einheit mit der Mutter, aus der sich das Kind dann langsam herauslöst, indem es Selbst und Objekt zu unterscheiden lernt; primär ist vielmehr ein *Getrenntheitsempfinden*, das Gemeinschaftserlebnisse mit anderen erst ermöglicht. Das Kind entwickelt schon viel früher, als bisher angenommen wurde, ein Selbstempfinden und ein Empfinden des Anderen. Dadurch ergibt sich freilich eine wichtige Neubewertung des Themas Bezogenheit. Mahler und zahlreiche andere Autoren gehen davon aus, daß die Erfahrung des Zusammenseins mit der Mutter aus der Unfähigkeit des Säuglings herrührt, genügend zwischen Selbst und Anderem zu unterscheiden, und daß das Kind auch später immer wieder in diesen ursprünglichen und undifferenzierten Fusionszustand zurückkehrt, der ihm ein affektives Gleichgewicht garantiert. Demgegenüber nimmt Stern an, daß aufgrund der sehr frühen Herausbildung der Empfindung eines Kern-Selbst und eines Kern-Anderen, «die Erfahrung der Zweisamkeit als aktive Integrationsleistung und nicht als passives Unvermögen, Differenzierungen zu entwickeln»[231] aufzufassen ist.

Lichtenberg stimmt im Wesentlichen mit diesen Feststellungen Sterns überein.[232] Auch er geht davon aus, daß der Säugling sich selbst und die Bezugsperson von Anfang an als getrennt wahrnimmt. Freilich handelt es sich dabei für Lichtenberg noch nicht um voll entwickelte und komplexe Selbst- und Objektrepräsentanzen, die das Kind auch in Abwesenheit des Objekts evozieren könnte. Diese entwickeln sich wohl erst um das zweite Lebensjahr herum, wenn das Kind über genügend kognitive und imaginative Fähigkeiten verfügt, um eine intrapsychische Repräsentanzenwelt zu formen. Dennoch lebt das Kind deswegen im ersten Lebensjahr nicht einfach, wie in der klassischen Theorie angenommen, in einem symbiotischen Stadium. Vielmehr nimmt es wahr und reagiert «innerhalb einer affektiv eingefärbten interaktionalen Matrix, die aus Selbst und Bezugsperson besteht».[233] Daraus folgt:

---

230 Die vier Phasen, bzw. Weisen des Selbstempfindens sind (vgl. STERN 1985, 61-258):
(1) Das *Empfinden des auftauchenden Selbst* bildet sich in den ersten zwei Lebensmonaten heraus. Es ist vor allem körperbezogen: Der Säugling nimmt seine sensorischen Erlebnisse und die mit ihnen verbundenen Lernprozesse wahr. Parallel dazu entwickelt sich ebenfalls ein *Empfinden des auftauchenden Anderen*. (2) Zwischen dem 2. und 6. Lebensmonat entwickelt sich das *Empfinden eines Kern-Selbst*. Das Zusammensein mit der Mutter wird nicht als Verschmelzungssymbiose erlebt, vielmehr nimmt das Kind ein eigenes Kern-Selbst und einen von ihm getrennten Kern-Anderen wahr. (3) Das *Empfinden eines subjektiven Selbst* (7. bis 15. Monat) meint, daß «der Säugling entdeckt, daß er ein Seelenleben besitzt und dies auch auf andere Personen zutrifft». In dieser Phase wird intersubjektive Bezogenheit möglich. (4) Das *Empfinden eines verbalen Selbst* schließlich bildet sich um den 15. bis 18. Lebensmonat heraus.

231 STERN 1985, 147.

232 Vgl. LICHTENBERG 1983, 52f, 60f.

233 Vgl. LICHTENBERG 1983, 57.

«Primärer Narzißmus, Symbiose, vollständig subjektives Objekt, ursprünglicher Adualismus sind keine brauchbaren Konzepte mehr. Der Säugling nimmt vielmehr von Anfang an die Außenwelt *als Außenwelt* wahr.»[234]

4.3.1.2 Intersubjektive Bezogenheit

Die modernen Säuglingsforscher betonen die zentrale Bedeutung der interpersonalen Bezogenheit für die Entwicklung des Säuglings. Bezogenheit auf einen anderen Menschen wird nicht mehr als mangelnde Fähigkeit verstanden, einen anfänglichen Zustand passiver undifferenzierter Symbiose zu überwinden, und demzufolge als Mangel an Autonomie und unzulänglichen Ich-Funktionen. Vielmehr gilt sie von Anfang an als aktive positive Fähigkeit, als lebenslange Aufgabe und als wesentliche Konstante menschlicher Existenz. Entwicklung heißt mithin nicht, Bezogenheit durch Autonomie und Überwindung des Bezugsobjektes abzulösen, sondern immer reifere Beziehungssysteme zu erlernen und aufzubauen.[235]

In unterschiedlicher Terminologie kommen dabei die verschiedenen Säuglingsforscher zu in der Sache sehr übereinstimmenden Ergebnissen. So geht beispielsweise Lichtenberg davon aus, daß während des ersten Lebensjahres die affektiv eingefärbte Interaktion zwischen Säugling und Bezugsperson im Mittelpunkt des Erlebens steht. Stern spricht in diesem Zusammenhang von Affektabstimmung (*affect attunement*) und von Arten die Miteinanderseins (*schemas of being-with*)[236] und meint damit das beständige gegenseitige Sich-Aufeinander-Einstimmen von Mutter und Kind. Im Kontext dieser affektiv geprägten und handlungsbezogenen interaktionalen Bezogenheit entwickelt sich das anfängliche und aufkeimende Empfinden eines Selbst und eines Anderen weiter in Richtung eines «subjektiven Selbst»[237] respektive eines «ganzheitlichen Selbst».[238] Die sich in diesem Prozeß entwickelnden Selbst- und Objektrepräsentanzen ermöglichen es nun, von einer intersubjektiven, und nicht mehr nur interaktionalen, Bezogenheit des Kindes mit seinen Bezugspersonen zu sprechen. Von ganz zentraler Bedeutung ist in diesem Zusammenhang, daß die Entwicklung von Selbst- und Objektrepräsentanzen als intrapsychisches Ergebnis früher dyadischer Beziehungen oder als internalisierte Interaktionen begriffen wird.[239] Stern beschreibt diese Dynamik, indem

---

234 Dornes 1997, 151 (Kursiv vom Autor, A.T.).
235 Stern sieht eine ähnlich positive Einschätzung der sozialen Bezogenheit von Geburt an auch bei den britischen Objektbeziehungs-Psychologen (Balint, Klein, Fairbain, Guntrip) sowie bei Sullivan gegeben (vgl. Stern 1985, 70).
236 Vgl. Stern 1983 und 1995.
237 Vgl. Stern 1985, 198-230.
238 Vgl. Lichtenberg 1983, 103-110.
239 So etwa Beebe – Lachmann 1988; siehe auch Erazo 1997, 104f.

er von «generalisierten Interaktionsrepräsentationen» (= RIGs) spricht.[240] RIGs bilden die Grundeinheit der Repräsentation des Kern-Selbst und des Kern-Anderen.

Den modernen Säuglingsforschern zufolge entwickeln sich Selbstbewußtsein und Bewußtsein eines Anderen mithin in einem interaktionalen Bezogenheitssystem. Damit freilich nehmen sie eine explizit andere Position ein als sie beispielsweise von Kernberg vertreten wird. Er begreift die Entwicklung von Selbst- und Objektrepräsentanzen im Kleinkind im Kontext seiner Theorie der Spaltung, die er in seiner Arbeit mit Borderline-Patienten entworfen hat.[241] Kernberg nimmt an, daß das Kleinkind zwischen dem 5. und 18. Lebensmonat infolge der Spaltung von lustvollen und unlustvollen Erlebnissen in einer Welt guter und böser Teilselbste und Teilobjekte lebt, die sich erst langsam zu ganzen Selbst- und Objektrepräsentanzen zusammenfügen. Stern und Lichtenberg kritisieren diese Theorie, die zwar gut die Situation von Borderline-Patienten, aber nicht das beobachtbare Erleben von Säuglingen beschreibt.[242] Das innere Erleben des Säuglings ist im Normalfall bedeutend harmonischer, kontinuierlicher und relationaler als in Kernbergs Spaltungstheorie angenommen.

4.3.2 Säuglingsforschung und Psychoanalyse

Ich gehe nun der Frage nach, welche Schlußfolgerungen sich aus den Erkenntnissen der modernen Säuglingsforschung für die Psychoanalyse, beziehungsweise ganz allgemein für die therapeutische Arbeit mit Erwachsenen, ergeben. Ich stütze mich dabei wiederum vor allem auf die Überlegungen Sterns und Lichtenbergs, die sich jeweils selbst bemühen, einen Brücke zwischen den beiden angrenzenden Wissenschaften zu schlagen. Zuvor jedoch noch zwei Bemerkungen, die sich in diesem Zusammenhang ergeben.

Erstens: Vor allem Lichtenberg hat den Versuch unternommen, selbst ein umfangreiches psychoanalytisches Konzept vorzulegen.[243] Er geht dabei weder von Trieben noch von Affekten, sondern von fünf grundlegenden Motiva-

---

240 STERN 1985, 143-145. RIGs = Representations of Interactions that have been Generalized.
241 Vgl. KERNBERG 1975.
242 Nach LICHTENBERG 1983, 171f. bestätigen die Ergebnisse der Säuglingsforschung nicht, «daß frühe psychische Erfahrung entsprechend den allgemeinen Kategorien Lust/Unlust oder gut/schlecht organisiert wird. (...) Dementsprechend mutmaßt [die moderne Säuglingsforschung], daß der Säugling die Welt eher als einheitlich denn als diskontinuierlich und aufgespalten erlebt. (...) Zusammenfassend gesagt, weist das klinische Phänomen der Spaltung, das man bei erwachsenen Patienten findet, auf ein weitgehendes Scheitern der Regulierung hin. Es ist keine normale Entwicklungsschwierigkeit». Siehe auch STERN 1985, 346-352 und DORNES 1997, 32-36.
243 Vgl. LICHTENBERG – LACHMANN – FOSSHAGE 1992 und 1996.

tionssystemen aus.[244] Ich gehe darauf hier nicht näher ein – zum einen, weil Lichtenbergs Theorie in mancherlei Hinsicht über Kohuts selbstpsychologische Konzeption hinausführt, um die es mir hier zu tun ist; zum anderen, weil ich Dornes darin zustimme, daß Lichtenbergs Motivationstheorie teilweise verwirrend und noch nicht ausgereift ist und ihre Gültigkeit und Überlegenheit gegenüber anderen psychoanalytischen Entwürfen erst noch erweisen muß.[245] Festgehalten sei hier nur, daß Lichtenberg in Fortführung seiner These über die Entwicklung des Säuglings im Kontext einer interaktionalen (und dann später intersubjektiven) Matrix davon ausgeht, daß auch jedes der fünf angeborenen motivationalen Systeme sich in intersubjektiven Prozessen entwickelt und strukturiert.[246]

Zweitens: Stern und Lichtenberg merken mehrfach an, daß die Konsequenzen, die sie aus ihren Untersuchungen über das innere Erleben von Säuglingen ziehen können, sie inhaltlich in die Nähe von Kohuts selbstpsychologischer Theorie verweisen.

«Je stärker man die intersubjektive Bezogenheit als psychisches Grundbedürfnis begreift, desto konsequenter modifiziert man die klinische Theorie in Richtung jener Vorstellungen, die von den Selbstpsychologen und manchen Existenzpsychologen entwickelt wurden.»[247]

Die Übereinstimmung besteht demnach vor allem darin, daß Säuglingsforschung und Selbstpsychologie das Bedürfnis nach einem Selbstobjekt als gesund und legitim und in jedem Stadium des Lebens als normal betrachten und deswegen empathische Responsivität seitens der primären Bezugspersonen als zentral für eine normale Entwicklung erachten. Psychische Störungen und auch Aggression werden ebenfalls in Korrespondenz mit dem selbstpsychologischen Standpunkt vor allem als Folge mangelnder oder fehlabgestimmter Bezogenheit verstanden.[248]

Stern und Lichtenberg kritisieren allerdings Kohuts mangelnde Rezeption der Ergebnisse der Säuglingsforschung und meinen, daß er in seiner selbstpsychologischen Rekonstruktion des psychischen Erlebens des Säuglings in den ersten Lebensmonaten seine selbstpsychologischen Erkenntnisse über die intersubjektive Bezogenheit des Kindes nicht konsequent bis ans Ende durch-

---

244 Die fünf motivationalen Systeme sind: 1. das Bedürfnis nach psychischer Regulierung physiologischer Erfordernisse, 2. das Bedürfnis nach Bindung und – später – Zugehörigkeit, 3. das Bedürfnis nach Exploration und Selbstbehauptung, 4. das Bedürfnis, aversiv zu reagieren und 5. das Bedürfnis nach sinnlichem Genuß und sexueller Erregung (vgl. LICHTENBERG- LACHMANN – FOSSHAGE 1992, 13).
245 Vgl. DORNES 1997, 43f.
246 Vgl. LICHTENBERG – LACHMANN – FOSSHAGE 1992, 94-96.
247 STERN 1985, 195; vgl. auch LICHTENBERG 1983, 172-174 und 1992, 9.
248 Vgl. LICHTENBERG 1983, 173, 200.

denkt, sondern letztlich noch ichpsychologischen Konzepten verhaftet bleibt.[249]

Nach diesen hinführenden Bemerkungen kann nun die anfängliche Frage wieder aufgegriffen werden, welche Konsequenzen sich aus den Erkenntnissen der Säuglingsforschung für die therapeutische Arbeit mit Erwachsenen ergeben. In seinem bisher vor allem zitierten Werk *Die Lebenserfahrung des Säuglings* postuliert Stern, daß «es zwischen dem Mutter-Kind-„System" und dem Therapeut-Patient-„System" Parallelen»[250] gibt, entfaltet diese aber hier kaum. Die diesbezüglich bedeutsamsten Überlegungen hat er 1998 in einem Beitrag der *Boston Process of Change Study Group* vorgelegt.[251] Die Gruppe stellt die Frage, was im therapeutischen Prozeß Veränderung bewirkt. Sie legt zunächst ausführlich dar, wie sich Veränderung in der Mutter-Kind-Beziehung ereignet, wobei sie im wesentlichen auf Sterns schon bekannte Überlegungen zurückgreift, und skizziert dann einen parallelen Vorgang für die Therapeut-Patient-Beziehung.

Demnach besitzt jeder der Partner der therapeutischen Begegnung ein implizites Beziehungswissen (*implicit relational knowing*), das zumeist unbewußt ist und internalisierte Beziehungs- und Bindungsskripts im Sinne von Sterns RIGs und *schemas of being-with* enthält.[252] Therapeut und Patient bewegen sich in ihrer Arbeit entlang einer Kette von gegenwärtigen Augenblicken (*present moments*), die vom impliziten Beziehungswissen der beiden geprägt sind und zugleich ein eigenes Beziehungs- und Interaktionsmuster darstellten (= *shared implicit relationship*). Nun ereignen sich gelegentlich besondere *now moments*, das sind Augenblicke, die durch einen besonderen Umstand (z.B. eine starke affektive Übereinstimmung, eine zutreffende Deutung, ein Mißverständnis, usw.) emotional besonders aufgeladen sind und zu einer Art instabiler und kreativer Offenheit im Beziehungssystem führen. Sowohl das implizite Beziehungswissen der einzelnen Partner als auch die *shared implicit relationship* sind in einem *now moment* plasmabel und müssen neu strukturiert werden.

> «Der faszinierendste *now moment* entsteht, wenn der Patient etwas tut, das schwer einzuordnen ist, etwas, das nach einer anderen und neuen Art von persönlich geprägter Antwort verlangt, die das subjektive Verhältnis des Analytikers (Affekt, Phantasie, reale Erfahrung, usw.) zu seinem Patienten mitteilt. Wenn das geschieht, treten sie in einen echten „Begegnungsmoment" ein. Während des „Begegnungsmomentes" wird zwischen ihnen ein neuer inter-

---

249 Vgl. LICHTENBERG – LACHMANN – FOSSHAGE 1992, 9.
250 STERN 1985, 307.
251 Vgl. STERN U.A. 1998. Die *Boston Process of Change Study Group* vereinigt unter der Leitung von Stern mehrere Entwicklungspsychologen und Psychoanalytiker.
252 Vgl. STERN U.A. 1998, 905.

subjektiver Kontakt entstehen, neu in dem Sinn, daß eine Veränderung des *shared implicit relationship* herbeigeführt wird.»[253]

Die These Sterns und seiner Mitarbeiter kreist um das Konzept des Begegnungsmomentes (*moment of meeting*). Gelingt es dem Analytiker, die Offenheit des *now moments* aufzugreifen und angemessen auf den Patienten zu reagieren, wird ein *now moment* zu einem authentischen *moment of meeting* und es entwickelt sich ein neuer intersubjektiver Zustand zwischen den beiden, der sich in einem veränderten und komplexeren impliziten Beziehungswissen niederschlägt. Fehlt hingegen eine solche Reaktion oder ist sie nicht angemessen, verfestigt sich das implizite Beziehungswissen auf einer unreiferen Ebene.

Die Autoren sehen in der Interpretation nicht das einzige Mittel der Veränderung in der Therapie, sondern entfalten besonders die Bedeutsamkeit der Momente intersubjektiver Begegnung zwischen Therapeut und Patient (*moments of meeting*). Vermutlich sind häufig Interpretationen nur deswegen wirksam, weil sie in einen solchen Begegnungsmoment eingebettet sind[254]. Sie fassen zusammen:

«Wir sehen die Grundlagen des „*shared implicit relationship*" im ursprünglichen Prozeß affektiver Kommunikation, dessen Wurzeln in den frühesten Beziehungen liegen. Wir schlagen vor, daß sie größtenteils aus implizitem Wissen besteht und daß Veränderungen in dieser Beziehung langfristige therapeutische Wirkungen haben können. [...] Das vorgeschlagene Modell zentriert sich eher auf Prozesse als auf Strukturen und wird hergeleitet von der Beobachtung der Interaktion zwischen Säuglingen und Pflegepersonen und von der dynamischen Systemtheorie. In diesem Modell gibt es einen wechselseitigen Prozeß, in dem sich die Veränderung in der impliziten Beziehung in „Begegnungsmomenten" ereignet, durch eine Alteration der Weise des Mit-Seins [ways of being with]. Er korrigiert nicht vergangene Einfühlungsfehler durch die analytische Einfühlung. Er ersetzt kein ehemaliges Defizit. Hingegen wird in der Beziehung etwas Neues geschaffen, das das intersubjektive Umfeld verändert. Die vergangene Erfahrung wird in der Gegenwart so rekontextualisiert, daß die Person aus einem veränderten mentalen Horizont heraus handelt, was zu neuem Verhalten und neuen Erfahrungen in der Gegenwart und der Zukunft führt».[255]

---

253 STERN U.A. 1998, 912f.
254 Meines Erachtens würde Lichtenberg, obwohl er der Deutung eine sehr wichtige und eventuell komplexere Rolle im therapeutischen Prozeß zuschreibt als Stern, dessen Emphase der Begegnung doch im Wesentlichen zustimmen, etwa wenn er betont, daß das Medium der therapeutischen Veränderung nicht die Deutung, sondern eine Person (der Analytiker) und ein Milieu (die analytische Situation) ist (LICHTENBERG 1983, 187).
255 STERN U.A. 1998, 918.

4.3.3 Alterität aus der Sicht der Säuglingsforschung

In den vorherigen Abschnitten kamen schon einige wichtige Ergebnisse der Säuglingsforschung zur Sprache, die ich als bedeutsam erachte im Zusammenhang der Frage nach der Rolle des Anderen, um die es in dieser Untersuchung geht. Ich habe dabei nicht versucht, einen umfassenden Überblick über die Säuglingsforschung und kleinkindliche Entwicklungspsychologie zu geben, sondern mich bewußt auf Berührungsfelder zwischen Selbstpsychologie und moderner Säuglingsforschung beschränkt. Die Erträge, die nun kurz summiert werden sollen, sind aber um so bedeutsamer, als die dabei untersuchten Autoren durchaus den *mainstream* heutiger Säuglingsforschung repräsentieren und ihren Ergebnissen, die mit denen der Selbstpsychologie korrespondieren, ein um so größeres Gewicht beigemessen werden kann.

Zuerst einmal ist aber anzumerken, daß auch Kohut, wie andere Theoretiker vor ihm, nicht der Kritik entgeht, sich theorie- und nicht beobachtungsgeleitet *a posteriori* «seinen» Säugling rekonstruiert zu haben. Aber: «Kohuts Baby [...] – das ist ein lächelnder, fröhlicher Säugling, der Blickkontakt schafft und aufrechterhält, der gurrt und gackert. Dieses hypothetische Wesen paßt in der Tat mit dem Baby der Beobachtungen zusammen, es ersetzt das Neugeborene im Kokon, das der Theorie des primären Narzißmus entspricht.»[256]

Wie Basch betont, stimmt vor allem Kohuts Selbstobjekt-Theorie überein mit den Erkenntnissen der Säuglingsforscher über die Bedeutsamkeit der interaktionalen und intersubjektiven Bezogenheit für die Entwicklung.[257] In der Tat läßt sich die Erfahrung des Anderen, wie sie von den Säuglingsforschern beschrieben wird, in zwei Erlebnismodi verdichten, die nebeneinander zu existieren scheinen:[258] (a) Der Andere wird von Anfang an als Anderer wahrgenommen; es gibt keine primäre Fusion oder Symbiose, sondern von den ersten Augenblicken seines Lebens an entwickelt das Kind ein *Getrenntheitsempfinden*, in dem es das eigene Selbst und den Anderen zuerst affektiv und handlungsorientiert und dann auch kognitiv unterscheiden kann. In diesem Modus stehen die *Grenzen* zwischen Selbst und Objekt im Vordergrund. (b) Das Kind ist von Anfang an durch Blickkontakt, wechselseitige affektive Abstimmung und schließlich intersubjektiven Austausch auf andere Menschen bezogen. Es existiert und entwickelt sich in einer *interpersonalen Matrix*; sein

---

256 LICHTENBERG 1983, 173.
257 BASCH 1998, 20: «Kohut ermöglichte die Übertragungsanalyse von Patienten, deren Pathologie sich nicht um den ödipalen Konflikt drehte. Kohuts Konzept der Entwicklung von Bindungen durch Vermittlung des Selbstobjektes steht in Übereinstimmung mit der Beschreibung der Entwicklung, die von Säuglingsforschern gegeben wird. Indem er uns von der Triebtheorie befreite und dem psychosexuellen Reduktionismus ein Ende setzte, machte Kohut den Weg zu einer Vereinigung der Psychoanalyse mit ihren Nachbarwissenschaften möglich. Kohut öffnete zwar die Tür, aber er durchschritt sie nicht.»
258 Vgl. dazu auch ERAZO 1997, 101.

psychisches Wohlbefinden und seine gelungene Entwicklung sind abhängig von der gelungenen Abstimmung und dem Austausch mit der Beziehungsperson. In diesem zweiten Modus hat das affektive und harmonische *Zusammensein* mit dem Anderen den Vorrang.

Diese zwei parallelen Erlebnismodi des Säuglings entsprechen weitgehend dem, was Kohut in seinem Konzept der zwei getrennten Entwicklungslinien von Objektliebe und Narzißmus theoretisiert hat (vgl. I, 2.1.1): Der Andere kann gleichzeitig wahrgenommen werden als getrenntes und autonomes Objekt *und* als narzißtisches Selbstobjekt, das gebraucht wird, um überhaupt ein kohäsives Selbstempfinden zu ermöglichen.

Sodann kann man zwischen Säuglingsforschung und Selbstpsychologie einen weiteren Konvergenzpunkt im Thema «Bezogenheit» ausmachen. Das Kind sucht von Beginn seines Lebens an wechselseitige Beziehung - mit anderen Worten: Es will nicht nur geliebt werden, sondern auch selbst lieben.

«Es scheint ein Feld gegenseitiger Einfühlung zwischen Kind und Mutter zu geben, in dem beide durch den anderen ermutigt und gespiegelt werden. Das verleiht dem Säugling ein Gefühl der Selbstbestätigung. Gute „Spiegelung“ durch ein mütterliches Selbstobjekt genügt wahrscheinlich nicht, damit das kindliche Selbst sich gut fühlt. [...] Der Säugling muß ebenfalls ein Gefühl der Wechselseitigkeit und Verantwortung entwickeln – die Fähigkeit zur Besorgnis um die Mutter und den Wunsch, sie ebenfalls zu spiegeln.»[259]

Traumata und Störungen können beispielsweise entstehen, wenn sich zwischen primärer Bezugsperson und Kind keine wirklich wechselseitige Abstimmung entwickelt, weil etwa eine psychotische Mutter ihr Kind als Selbstobjekt braucht.[260]

Folglich: Selbst- und Objektrepräsentanzen, mithin das Bewußtsein seiner selbst und eines Anderen, entwickeln sich nicht aus einem ursprünglichen symbiotischen Zustand heraus (Mahler, Winnicott) oder als Folge einer Spaltung (Kernberg), sondern in einer interpersonalen Beziehungsdynamik, in der von Beginn an ein anfängliches Empfinden des Selbst und des Anderen gegeben ist, dieses sich aber in einer reziproken Bezogenheit vertieft und strukturiert. Im Kontext wechselseitiger Relationalität konstituieren Selbst und Anderer einander. Dabei ist Bezogenheit wohl nicht einfach als ein Wir zu denken, das symbiotisch das Selbst und den Anderen umfaßt – das entspräche eher der klassischen Vorstellung einer ursprünglichen Fusion. Eher wird man sie als einen Raum der Reziprozität auffassen müssen, in dem zwar das Selbst und der Andere enthalten sind, aber doch ein Bewußtsein der psychischen Grenzen vorhanden bleibt. Die Beziehung zwischen Selbst und Anderem ist am ehesten als eine dritte Größe neben diesen beiden zu verstehen. Ist die Beziehung von angemessener affektiver Abstimmung und ausreichend guter

---

259 GROTSTEIN 1983, 175-176.
260 Vgl. LEE 1999.

reziproker Responsivität gekennzeichnet, dann vertieft sich nicht nur die intersubjektive Bezogenheit, sondern mit ihr auch das Bewußtsein des Selbst (und seine psychische Kohäsion) und des Anderen.

Losgelöstheit, Ausbildung von Ich-Grenzen und Individuation sind in den Konzepten der modernen Säuglingsforschung ähnlich wie bei Kohut eher als Teilziele der Entwicklung und nicht wie etwa bei Mahler als deren Endziele aufzufassen[261]. Entwicklung und Reifung zielen nicht darauf hin, die anfängliche Bezogenheit durch individuelle Autonomie zu überwinden. Hingegen: Bezogenheit bleibt eine lebenslange Aufgabe und wird epigenetisch begriffen als ein Übergang von einem Bereich oder Zustand der Bezogenheit und des Selbst- und Mit-Anderen-Seins in den je reiferen und komplexer strukturierten.[262]

---

261 Vgl. LICHTENBERG 1983, 173.
262 Vgl. STERN 1985, 52-58.

5 Zusammenfassung

Ich will nun versuchen, die Ergebnisse dieses ersten Teils meiner Untersuchung zu bündeln. Dem Leser wird aufgefallen sein, daß sich in der Darstellung der Selbstpsychologie Heinz Kohuts und ihrer Weiterentwicklungen Wiederholungen und Überschneidungen nicht immer vermeiden ließen. Das mag teilweise am Unvermögen des Autors liegen, ein doch sehr weites Feld der Untersuchung zu ordnen. Es hat aber zumindest auch zwei sachliche Gründe: (a) Kohut galt als sehr klarer und faszinierender Redner und Lehrer; sein Schreibstil hingegen ist weniger linear, sondern eher wiederholend, kreisend, kompliziert und zuweilen sprunghaft.[263] Das macht es schwer, Kohuts Theorie klar auf den Punkt zu bringen. (b) Kohut hat seine Selbstpsychologie über einen Zeitraum von mehr als zwanzig Jahren erarbeitet und immer wieder modifiziert und erweitert und bei seinem Tod keine abgeschlossene Theorie hinterlassen, was dazu führte, daß sich die Selbstpsychologie in den vergangenen zwei Jahrzehnten in sehr unterschiedliche Richtungen fortentwickelte. Das trägt dazu bei, den Bereich der vorliegenden Untersuchung eher unübersichtlich zu machen.

Die leitende Frage dieses Kapitels war: Welche Rolle hat der Andere, der Mitmensch in der Selbstpsychologie? Welche Bedeutung wird ihm und mithin der Beziehungsdimension in dieser psychoanalytischen Theorie beigemessen?

Ich versuche im folgenden, die Ergebnisse zusammenzufassen und dabei gleichzeitig deutlich zu machen, wo Kritik angebracht zu sein scheint oder Fragen offenbleiben.

(1) Der wirkungsgeschichtlich wohl wichtigste Aspekt der Kohutschen Theorie ist das *Einfühlungskonzept*. Kohut hat wiederholt unterstrichen, daß es sich dabei für ihn um ein therapie- und praxisorientiertes Konzept handelt. Die Rezeption und Kritik von psychologischer und auch philosophischer Seite macht aber deutlich, daß Kohuts Vorstellung von Einfühlung doch – zumindest implizit – über diesen eng umgrenzten Bereich hinausführt.

Jede menschliche Kommunikation gründet auf der (fast nie thematisierten) Annahme, daß zwei Personen, die miteinander über ihre Gedanken oder Gefühle sprechen, wissen, was der jeweils andere meint. Kohut macht nun, inhaltlich betrachtet, eigentlich nichts anderes, als diesen Vorgang, in dem das innere Erleben und Selbstempfinden eines anderen Menschen wahrgenommen wird, als *Einfühlung* zu bezeichnen. Zusätzlich bestimmt er dann den psychischen Bereich, der der Einfühlung zugänglich ist, als das Feld psychoanalytischer Arbeit, und mißt darüber hinaus der Einfühlung, insofern sie dem Ge-

---

263 Vgl. RUBOVITS-SEITZ 1999, xvii.

genüber das Gefühl vermittelt, verstanden zu sein, eine gewisse therapeutische Wirkung bei.

Kohut richtet die Forderung nach einfühlendem Verhalten zuallererst an den Psychoanalytiker. Er postuliert, daß der Analytiker den Anderen (seinen Patienten) in seiner Andersheit wirklich erreichen kann. Wie aber geht das? Meint Einfühlung Sich-hinein-Versetzen in den Anderen und Einssein mit dem Patienten? Wie aber kann der Analytiker im Einssein dessen Andersartigkeit wahrnehmen? Und umgekehrt: Wie kann das Andere, das Fremdpsychische im Eigenen erlebt und wahrgenommen werden, ohne eine projektive Extrapolation des eigenen Erlebens in eine andere Person zu werden? Mit Einfühlung kann gar nichts anderes gemeint sein, als das Andere und Fremde im Eigenen zu erfahren.[264] Das freilich hebt die zuweilen künstliche Trennung zwischen Beobachter und Beobachtetem auf, auf die rekurriert wurde, um positivistisch die Wissenschaftlichkeit der Psychoanalyse zu beweisen. Kohut hingegen bewegt sich mit seinem Einfühlungskonzept in die Nähe eines phänomenologisch-philosophischen Begriffs der Einfühlung, der die Einheit von Erkennendem und Erkanntem voraussetzt.

Kohuts Konzept der Einfühlung weist damit, wie u.a. auch Ricoeur deutlich gemacht hat, über den Bereich seiner technischen Anwendung in der Psychoanalyse hinaus und hat mindestens zwei philosophische Implikationen, die interessanterweise Kohut selbst kaum wahrzunehmen scheint. Erstens: Einfühlung beschreibt das Feld der Untersuchung und ist zugleich ihre Methode. Der Beobachter ist nicht ein externer objektiver Zuschauer, sondern Teil des Beobachteten. Eine solche Situation konstituiert aber einen hermeneutischen Zirkel. Zweitens: Wie geschieht in einer intersubjektiven Gesprächssituation (zwischen Analytiker und Patient) Vergewisserung darüber, ob das im Gesagten Gemeinte und vom Gegenüber einfühlend Wahrgenommene wirklich verstanden wurde, mithin, ob die Wahrheit der Sache erreicht wurde? Gibt es eine Objektivität? Und orientiert sie sich an einer äußeren Realität oder wird sie verstanden als intersubjektive Übereinstimmung?

Beide Fragen weisen über den Bereich der Psychologie respektive Psychoanalyse hinaus in den der Philosophie, namentlich der Hermeneutik und Phänomenologie, und verlangen von dorther nach einen weiteren Aufhellung.

(2) Neben der Einfühlung ist vor allem Kohuts Konzept des *Selbstobjektes* von herausragender Wichtigkeit für die Frage nach der Bedeutung des Anderen. Kohuts Vorstellung, daß andere Menschen häufig vom Selbst in ihrer Funktion als Selbstobjekte gebraucht werden, ist in der derzeitigen psychoanalytischen Diskussion umfassend, wenn auch sehr widersprüchlich, rezipiert worden. Sie führt geradewegs hinein in einige Fragen, die die psychoanalytische Theoriebildung der letzten Jahre bestimmen. Eine dieser Fragen

---

264 Vgl. hierzu KÖRNER J. 1998, 15.

lautet, ob die psychoanalytische Theorie eher als Ein-Personen- oder als Zwei-Personen-Psychologie aufzufassen ist.

Zwar hat jede psychoanalytische Richtung ein differenziertes Theoriegebäude und ist kaum ausschließlich einer dieser beiden Richtungen zuzuschreiben, dennoch sind klare Akzente sichtbar. Die klassische psychoanalytische Theorie Freuds, die Ich-Psychologie, sowie einige Richtungen der Objektbeziehungstheorie vertreten eine Ein-Personen-Psychologie, in der der Fokus der Aufmerksamkeit deutlich auf den innerpsychischen Erlebnissen des Patienten liegt. Zur Zwei-Personen-, bzw. Mehr-Personen-Psychologie zählen die meisten Richtungen der Objektbeziehungstheorie, die Relationale Theorie (Mitchell, Greenberg), sowie die Intersubjektivitätstheorie (Stolorow u.a.). Häufig wird auch die Selbstpsychologie zu diesen relationalen oder Zwei-Personen-Modellen gezählt.[265] Ich stimme dieser Einschätzung nicht in jeder Hinsicht zu. Gewiß ist der relationale Aspekt sehr zentral in der Selbstpsychologie, dennoch ist die Bedeutung des Anderen und der Beziehung zu ihm eine andere als in den anderen relationalen Ansätzen. In der Objektbeziehungstheorie und der Relationalen Theorie wird der Andere als ein autonomes Objekt gedacht; ihre Aufmerksamkeit richtet sich auf die Objektrepräsentanz im Subjekt. In der Intersubjektivitätstheorie hingegen sind Ich und Du durch den intersubjektiven Austausch konstituiert; die Aufmerksamkeit liegt nicht so sehr auf den Subjektivitäten (Ich und Du) als solchen, sondern auf ihrer Beziehung (dem «Zwischen»). Kohuts Selbstpsychologie unterscheidet sich von diesen beiden Modellen darin, daß sie das Selbst als psychische Struktur begreift, es mithin nicht in einem Relations-, sondern einem Strukturmodell sieht. Der Andere ist – in seiner Funktion als Selbstobjekt – weder ein Gegenüber (Objekt), noch eine Beziehung, sondern Teil des Innersten und Baustein der psychischen Struktur.

Damit aber läßt sich das Selbstobjektkonzept (und mit ihm die Selbstpsychologie als Ganze) nicht in die Dichotomie Ein-Personen- oder Zwei-Personen-Psychologie einsperren. Es ist eher ein Brückenkonzept, in dem sich intrapsychische Elemente (das Selbst als Struktur, der Andere als Selbstobjekt-Funktion) mit relational-interpersonalen (das lebenslange Angewiesensein auf Selbstobjektbeziehungen) verbinden.

Es ist nicht bis ins Letzte klar, wie Kohut das Verhältnis von Selbstobjektbeziehungen und Objektbeziehungen begreift. Meiner Ansicht nach neigt er dazu, beide als unterschiedliche, aber aufeinander bezogene Formen der Beziehung zum Anderen nebeneinander stehen zu lassen, was auch seinem Konzept der zwei getrennten Entwicklungslinien des Narzißmus entspricht.

Aufgrund dieser (wenngleich nicht vollständig durchgearbeiteten) Integration von relationalen und intrapsychischen Elementen habe ich vorgeschlagen (vgl. I, 3.4), bei Kohut von einem Paradigma des «Selbstseins in Bezogenheit» zu sprechen. Dieses wird ganz besonders ansichtig im Konzept des

---

265 So z.B. KERNBERG 1999, 1077.

Kern-Selbst. Für Kohut repräsentiert das Kern-Selbst die ursprüngliche Anlage, «den zentralen Sektor der Persönlichkeit»,[266] das innere Programm, das ein Mensch zur Entfaltung bringen muß, um er selbst zu werden. Im Kern-Selbst ist somit die persönliche Eigenheit und Identität begründet. Zugleich aber begreift Kohut die Entwicklung eines kohäsiven Kern-Selbst von Anfang an als relationale Dynamik, insofern das Kind auf einfühlend reagierende elterliche Selbstobjekte angewiesen ist. *Selbstsein und Bezogenheit sind gleichursprünglich.* Bedeutsamerweise trifft sich Kohuts Analyse hierin in weiten Teilen mit derjenigen der modernen Säuglingsforschung (vgl. I, 4.3): Auch für die Säuglingsforscher entwickelt das Kind vom Beginn seines Lebens an parallel ein Getrenntheitsempfinden (mithin ein Selbstsein und ursprüngliches Selbstempfinden) und eine interaktive Bezogenheit.

(3) Kohuts Konzept des Selbstobjektes und die Bedeutung, die er dem Anderen beimißt, bringen aber auch Fragen mit sich.

Erstens: Ist der Andere in seiner Andersheit und Fremdheit wirklich wahrgenommen? Ist der Andere in seiner Andersheit, indem er als Selbstobjekt schon in das Selbst eingeschlossen ist, nicht am Ende doch ausgeschlossen? Ist Kohut da eventuell einer gewissen harmonisierenden Tendenz erlegen, die ja – vor allem im Kontrast zu Freuds Konfliktmodell – unübersehbar ist?[267] Kohut behandelt nie ausdrücklich die Bedeutung des Anderen, abgesehen von seiner Funktion als Selbstobjekt. Obwohl dem Anderen eine zentrale Rolle in seiner Selbstpsychologie zukommt, entwirft er keine explizite psychoanalytische Theorie des Anderen, wie es – freilich aus anderer Perspektive – innerhalb der deutschsprachigen daseinsanalytischen Tradition Binswanger, von Gebsattel und Wyss und in der französischen Psychoanalyse etwa Lacan, Laplanche und Kristeva versucht haben.[268] Dort, wo sich eine Bearbeitung des Themas angeboten hätte, nämlich bei der Frage nach dem Verhältnis von Selbstobjekt-Erfahrung und Objekterfahrung im inneren Erleben der Person, bleibt Kohuts Darstellung unausgegoren und vage. Es ist nicht wirklich zu klären, ob das mit einer eventuellen harmonisierenden, die Andersheit des Anderen negierenden Tendenz zusammenhängt, oder – was ich annehme – sich eher durch Kohuts vordringliches Bemühen erklärt, das Spezifikum seiner Selbstpsychologie zu entfalten.

---

266 *Heilung*, 155.

267 Das mag womöglich auch mit einem romantischen Menschenbild zusammenhängen, das z.B. in Kohuts Auffassung vom Kern-Selbst als positiver Anlage und von der Aggression als Folge von mangelnder Einfühlung anstatt von Prädisposition zum Ausdruck kommen könnte (vgl. DORNES 1997, 56).

268 Während Kohut ausschließlich an der psychoanalytischen klinischen Praxis interessiert war, stehen alle genannten Autoren interessanterweise zugleich unter starkem philosophischen Einfluß.

Zweitens: Der Andere als Selbstobjekt hat bei Kohut *per definitionem* eine positive psychische Aufgabe: Er stellt jene stützenden psychischen Funktionen bereit, die das Selbst lebenslang braucht. Psychische Störungen erklärt Kohut durch einen Mangel an ausreichend einfühlenden Selbstobjekten. Ist damit aber das innere Erleben des Anderen im Selbst hinreichend beschrieben? Ist er entweder ein stützendes Selbstobjekt oder aber einfach abwesend? Kann nicht der Andere auch negativ anwesend sein? Gibt es nicht auch negative Selbstobjekte? Oder was geschieht, wenn die elterliche Reaktion auf ihr Kind weder anerkennend noch bestätigend, sondern schlichtweg destruktiv und zurückweisend ist?

Drittens: Zuweilen kann der Eindruck entstehen, als ob Kohut die Beziehung zum Anderen reduziert auf dessen Erleben als Selbstobjekt. Dieser Eindruck erklärt sich nicht nur durch die nun schon mehrfach genannte mangelnde Integration der Objektbeziehungsperspektive. Sie ist m.E. auch darauf zurückzuführen, daß Kohut seine gesamte Selbstpsychologie streng im Rahmen des psychoanalytischen Diskurses entwirft, d.h. er beschränkt sich darauf, psychische Vorgänge zu beschreiben. Kohut vermeidet bewußt Begriffe wie Person, Subjekt, Individuum und Geist. Dadurch aber bleibt im letzten unklar, auf welchen Bereich des inneren menschlichen Lebens sich Kohuts Beschreibung erstreckt bzw. beschränkt. In seinem Frühwerk herrscht der Eindruck vor, daß sie sich auf einen enger umgrenzten psychischen Bereich bezieht, der durch eine besondere narzißtische Verwundbarkeit gekennzeichnet ist. Ab *Die Heilung des Selbst* herrscht hingegen der Anschein vor, die dauernde Bezogenheit des Selbst auf die stützenden Selbstobjekte mache die grundlegende und eigentliche Dynamik des gesamten psychischen Lebens aus. Zudem ist unklar – gerade weil Kohut philosophische Begriffe wie Person und Individuum meidet – ob mit *Psyche* das gesamte innere Erleben der Person gemeint ist, mithin ob Kohuts Beschreibung der psychischen Dynamik in seiner Selbstpsychologie beansprucht, die Weise, wie die Person sich erlebt, umfassend darzustellen. Gelegentlich mag dieser Eindruck entstehen, namentlich wenn Kohut seine psychologischen Überlegungen in Verbindung bringt mit soziokulturellen Reflexionen und anthropologischen Grundannahmen (vgl. I, 3.4). Kohut hat eine Theorie psychischer Vorgänge entworfen, aber nicht deutlich gemacht, was für ihn der Begriff Psyche eigentlich meint. Erklärt Psyche das Gesamt menschlich-personalen Erlebens? Was ist dann mit Begriffen wie Seele, Freiheit und Geist besagt? Erübrigen sie sich, oder beschreiben sie andere Aspekte des inneren Erlebens der Person? Sind sie aber nicht einfach obsolet, wie ist dann das Zueinander und die wechselseitige Einwirkung von Psyche, Seele und Geist zu denken?

Diese Fragen eher philosophischer Natur leiten über in den zweiten Teil dieser Untersuchung, in dem die Frage nach dem Anderen im Gespräch mit Edith Stein phänomenologisch und religionsphilosophisch vertieft werden soll.

Teil II

Der Andere im Denken Edith Steins

Seinsmäßig ist der Mensch gleich ursprünglich
Einzelner und Gemeinschaftswesen.
Edith Stein[1]

Die Liebe [ist] das Freieste, was es gibt.
Edith Stein[2]

In ihrem Aufstieg zu Gott erhebt sich die Seele über sich selbst
oder wird über sich selbst erhoben.
Und doch gelangt sie damit erst recht eigentlich in ihr Innerstes hinein.
Edith Stein[3]

Ich frage nach der Bedeutung des Anderen im Werk Edith Steins. Das ist eine präzise, klar umschriebene Fragestellung, die freilich schon voraussetzt, daß es in ihrem Denken zumindest so etwas wie eine implizite Alteritätstheorie gibt. Damit ist auch mitgesagt, daß es mir nicht um eine umfassende Auseinandersetzung mit allen Aspekten der Philosophie Edith Steins geht. Ich möchte hingegen Edith Stein auf ihre Alteritätstheorie hin befragen, um so gesicherte philosophische Kriterien für unsere interdisziplinäre Auseinandersetzung mit der Frage nach dem Anderen zu gewinnen.

Wenngleich diese Frage eine zentrale Rolle in ihrem Denken einnimmt, wird man kaum behaupten können, Edith Stein habe eine ausdrückliche Theorie der Alterität entwickelt. Man kann deswegen nicht auf ein bestimmtes ihrer Werke zurückgreifen, sondern muß sich mit ihrem Gesamtwerk auseinandersetzen und dieses im Hinblick auf die hier leitende Frage sozusagen quer lesen. Dabei stößt man auf die Problematik, wie das Gesamtwerk Edith Steins zu gliedern ist. Zumeist wird es in drei große Abschnitte eingeteilt: Die erste

---

1   *Heidegger,* 96f.
2   *Sein,* 386.
3   *Kreuzeswissenschaft,* 136.

Periode mit den streng philosophischen Schriften in der Tradition Edmund Husserls; die zweite, in der neben dem Verstand auch der Glaube als Erkenntnisquelle anerkannt wird; die dritte, in der vor allem mystische und religionsphilosophische Schriften entstehen.[4] Ich neige hingegen der Kritik von Ingarden und Schulz zu, wonach die Dreiteilung sich eher an markanten Einschnitten im Leben Edith Steins denn an ihrem Werk orientiert und damit «eine Interpretation begünstigt, die vor allem die Diskontinuität im philosophischen Werk Steins»[5] hervorhebt. Sachlich gerechtfertigt scheint eher die Unterscheidung von zwei Schaffensphasen: einer ersten, in der Edith Stein deutlich der Phänomenologie Husserls verpflichtet ist, und einer zweiten, in der sie ihre neuzeitlich-phänomenologische Prägung ins Gespräch bringt mit der klassischen und scholastischen Seinsmetaphysik.

Kapitel 3 und 4 dieses Teils der Arbeit untersuchen also, wie Edith Stein die Frage des Anderen in diesen zwei unterschiedlichen Phasen ihrer philosophischen Arbeit entwickelt. Ihnen vorangestellt sind zwei einführende Kapitel: Dem Leser, der mit Edith Steins Leben und Werk nicht vertraut ist, soll in Kapitel 1 ein zumindest skizzenhafter Überblick über die wichtigsten Etappen ihrer Biographie und ihres Schaffens vermittelt werden. Kapitel II versucht, die Alteritätsproblematik in den Gesamthorizont des Denkens Edith Steins einzuordnen und fragt nach den Themen und Fragen, die erkenntnisleitend ihr Werk durchziehen.

---

4   Diese Einteilung wird von den Herausgebern der Reihe *Edith Steins Werke* (*ESW*) in der Einleitung zu Band VI vorgeschlagen und so auch von IMHOF (1987, 221) übernommen.
5   SCHULZ 1993, 229. Vgl. auch INGARDEN (1979, 465), der ebenfalls zwei Schaffensphasen unterscheidet.

1 Leben und Werk Edith Steins

1.1 Zur Biographie Edith Steins[6]

Edith Stein wird am 12. Oktober 1891 am jüdischen Versöhnungsfest (Jom Kippur) als jüngstes von elf Geschwistern in Breslau geboren. Der Vater stirbt kurz nach ihrer Geburt. Nach dem mit Auszeichnung bestandenen Abitur studiert sie von 1911-1913 in Breslau Geschichte, Germanistik und vor allem Psychologie (bei W. Stern). Da ihr die Grundbegriffe der experimentellen Psychologie noch nicht hinreichend geklärt scheinen, gibt sie ihr Psychologiestudium auf und geht 1913 nach Göttingen, um bei Edmund Husserl Philosophie zu studieren. Dort gehört sie bald zum *Göttinger Kreis* der Phänomenologen (mit A. Koyré, D. von Hildebrand, R. Ingarden, H. Lipps, A. Reinach, F. Kaufmann, H. Conrad-Martius u.a.)[7]. 1916 folgt sie Husserl nach Freiburg und wird dort mit einer Arbeit *Zum Problem der Einfühlung* promoviert. Von 1916-1918 ist sie Husserls wissenschaftliche Assistentin. Während dieser Zeit hält sie Einführungskurse in die Phänomenologie[8] und bereitet verschiedene Manuskripte Husserls[9] für den Druck vor. Im Februar 1918 gibt Stein ihre Assistentenstelle auf und arbeitet in der Folge an *Psychische Kausalität* und *Individuum und Gemeinschaft.*

Durch die Begegnung mit praktizierenden Christen im Kreis der Phänomenologen wird sie wiederholt mit religiösen Fragen konfrontiert. Im Sommer 1921 berührt sie die Lektüre der Autobiographie Teresas von Avila tief. Ihre zunehmende Hinwendung zum Christentum verfestigt sich und sie beschließt,

---

6   Edith Stein hat selbst in den Jahren 1933-35 eine Autobiographie verfaßt, die Kindheit, Jugend und Studienzeit umfaßt, aber im Jahre 1916 abbricht (siehe *Familie*). Als wissenschaftlich verbindliche Biographie gilt derzeit IMHOF 1987. Darüber hinaus steht heute eine Vielzahl von Biographien Edith Steins zur Verfügung. Die in den ersten Jahrzehnten nach dem Tod Edith Steins erschienenen Lebensbeschreibungen sind eher an ihrer geistlichen Gestalt interessiert, vgl. TERESIA RENATA DE SPIRITU SANCTO 1948, GRAEF 1958. Als Weiterführung der unvollendeten Autobiographie wurde LEUVEN 1983 als Band X in die *ESW* aufgenommen. Hilfreich sind weiterhin die zahlreichen biographischen Studien von HERBSTRITH sowie ENDRES 1987, KOEPCKE 1991, MÜLLER – NEYER 1998.

7   Vgl. dazu SEPP 1998, 495-509; SEPP 1988; GADAMER 1963.

8   Vermutlich gehen auf diese Kurse ihre Ausarbeitungen zurück, die als Band XIII der *ESW* erschienen sind; vgl. *Philosophie.*

9   Wie aus den Einleitungen der Herausgeber der *Husserliana* hervorgeht, hat Edith Stein während ihrer Assistententätigkeit eine enorme Fülle stenographischer Notizen Husserls bearbeitet, zusammengestellt und für den Druck vorbereitet. Ihre Bearbeitung läßt sich nachweisen an den Manuskripten (1.) *Ideen II*, (2.) *Systematische Raumkonstitution*, (3.) *Phänomenologie und Erkenntnistheorie*, (4.) *Zeitbewußtsein* und (5.) *Urteilstheorie*. Vgl. zur Editionsgeschichte dieser Manuskripte IMHOF 1987, 262-263.

in die römisch-katholische Kirche einzutreten. Am 1. Januar 1922 wird sie getauft.

Edith Stein ist sehr an der Frauenfrage interessiert, anfangs eher aus gesellschaftlich-politischer, später auch aus kirchlicher Perspektive.[10] Sie ist zu ihrer Zeit eine der ersten Frauen in der universitären philosophischen Szene, wodurch sich interessante Überschneidungen mit den Lebensgeschichten anderer hervorragender jüdischer Philosophinnen wie Hannah Arendt und Simone Weil ergeben.[11] Mehrfache Bemühungen um eine Habilitation laufen ins Leere; Edith Stein wäre die erste Frau auf einem Philosophie-Lehrstuhl in Deutschland, und auch Husserl verweigert ihr diesbezüglich seine Unterstützung. Sie entschließt sich, eine Stelle als Lehrerin für Deutsch und Geschichte an der Mädchenbildungsanstalt der Dominikanerinnen in Speyer anzunehmen, die sie von Ostern 1923 bis März 1931 innehaben wird. Nebenbei übersetzt sie auf Anregung von E. Przywara die Briefe und Tagebücher von J.H. Newman. Sie bleibt weiter mit Husserl in Kontakt, studiert Heidegger, und übersetzt ab 1925 die *Quaestiones disputatae de veritate* von Thomas von Aquin.[12] Seit ihrer Begegnung mit dem Aquinaten bemüht sie sich, Husserls Phänomenologie und die scholastische Seinsmetaphysik miteinander ins Gespräch zu bringen. Während dieser Jahre wird sie im deutschsprachigen Raum zunehmend bekannter durch eine rege Vortragstätigkeit zu Frauen-, Bildungs- und Erziehungsfragen. Erneute Versuche in den Jahren 1931-1932, sich in Freiburg mit dem Werk *Potenz und Akt* zu habilitieren, scheitern diesmal u.a. daran, daß sie Jüdin ist.

Vom Frühjahr 1932 an ist sie Dozentin am Institut für wissenschaftliche Pädagogik in Münster. In dieser Zeit entstehen ihre Untersuchung *Die ontische Struktur der Person und ihre erkenntnistheoretische Problematik,* sowie die Vorlesungsmanuskripte *Der Aufbau der menschlichen Person* und *Was ist der Mensch?* Die Machtergreifung der Nationalsozialisten in Deutschland macht ihrer Lehrtätigkeit schon im April 1933 ein Ende.

Vermutlich wird durch diese äußeren Umstände der seit langem gehegte Wunsch nach einem kontemplativen klösterlichen Leben noch drängender. Am 14. Oktober 1933 tritt Edith Stein in den Kölner Karmel ein. Schon kurze Zeit später wird Edith Stein von ihren Vorgesetzten beauftragt, ihre wissenschaftliche Arbeit fortzusetzen. So entsteht neben einer Vielzahl kleinerer philosophischer, theologischer und spiritueller Schriften 1935-1936 die groß angelegte Studie *Endliches und ewiges Sein.*

Aufgrund der immer schwieriger werdenden Situation der Juden in Deutschland siedelt sie am 31. Dezember 1938 in den Karmel von Echt/Niederlande um. Hier entstehen weitere wissenschaftliche Arbeiten, u.a. *Wege*

---

10 Vgl. *Frau.*
11 Vgl. WIMMER 1996, COURTINE-DENEMY 1997, BECKMANN 1998a.
12 Neu herausgegeben als Band III und IV der *ESW.*

der Gotteserkenntnis über Dionysius Areopagita, sowie die unvollendet geblieben Studie *Kreuzeswissenschaft*.

Ein Protest der katholischen Bischöfe der Niederlande gegen die Deportation jüdischer Mitbürger bewirkt eine unmittelbare Verhaftungswelle katholischer Juden in den Niederlanden. So werden auch Edith Stein und ihre Schwester Rosa am 2. August 1942 verhaftet. Man geht davon aus, daß sie am 9. August, kurz nach ihrer Ankunft in Auschwitz, vergast werden.

Am 1. Mai 1987 wird Edith Stein von Papst Johannes Paul II. in Köln seliggesprochen. Am 11. Oktober 1998 erfolgt in Rom ihre Heiligsprechung.

1.2   Die Edition der Werke Edith Steins

Derzeit[13] sind die meisten Schriften Edith Steins in der Reihe *Edith Steins Werke* zugänglich. Diese zunächst von L. Gelber und R. Leuven und später vom *Archivum Carmelitanum Edith Stein* herausgegebene Werkausgabe machte zuerst die zwei letzten großen unveröffentlichten Manuskripte Steins zugänglich;[14] so wurden 1950 *Kreuzeswissenschaft* und *Endliches und ewiges Sein* veröffentlicht. In den Folgejahren erschienen in zwei Bänden Edith Steins Übersetzung der *Quaestiones disputatae de veritate* des Thomas von Aquin (1952-1955), die Aufsatzsammlungen *Die Frau* (1959) und *Welt und Person* (1962), sowie die autobiographischen Aufzeichnungen *Aus dem Leben einer jüdischen Familiie* (1965). In den folgenden mehr als 20 Jahren wurden nur noch zwei Bände mit Briefen Edith Steins (1976/77) herausgegeben. Damit aber waren 1987 – dem Jahr ihrer Seligsprechung und 45 Jahre (!) nach ihrem Tod – wichtige Manuskripte Edith Steins noch immer nicht der Öffentlichkeit und Forschung zugänglich. Zudem hatte sich das Interesse der Herausgeber anscheinend eher auf die «katholische» Zeit Edith Steins gerichtet, während ihre grundlegenden phänomenologischen Arbeiten der Jahre 1916-1923 bis heute nicht in die Werkausgabe aufgenommen wurden.[15] Seit 1987 erschienen dann in schnellerer Reihenfolge: die drei Aufsatzsammlungen *Verborgenes Leben* (1987), *Ganzheitliches Leben* (1990) und *Erkenntnis und Glaube* (1993); das Manuskript *Einleitung in die Philosophie* (1991); Edith Steins Briefe an Roman Ingarden (1991); ihre Münsteraner Vorlesungsmanuskripte zur Anthropologie *Der Aufbau der menschlichen Person* und *Was ist*

---

13   Gemeint ist der Sommer 2001, in dem das Manuskript der vorliegenden Arbeit fertiggestellt wurde.

14   Über die genauen Umstände der Rettung des Nachlasses Edith Steins und seines Geschicks in den vergangenen Jahrzehnten informiert NEYER 1991 und 1998. Seit 1999 befinden sich alle Manuskripte im *Internationalen Edith Stein Institut Würzburg*.

15   Imhof urteilt 1987 streng über die Arbeit des *Archivum*: «Bedeutende Manuskripte sind immer noch nicht publiziert, die Druckfehlerhäufigkeit übersteigt das Mass des Verantwortbaren. Einblick in unveröffentlichte Schriften wird nicht gewährt.» (IMHOF 1987, 220)

der Mensch? (1994); sowie schließlich *Potenz und Akt* (1998). Die Reihe *Edith Steins Werke* gilt damit als abgeschlossen.

Der Stand der Edition der Werke Edith Steins läßt sich folgendermaßen zusammenfassen: Wesentliche philosophische Werke Edith Steins vor allem aus ihrer frühen phänomenologischen Phase wurden nicht in die Reihe *Edith Steins Werke* aufgenommen und liegen nur in Reprints der Originalausgaben vor, d.h. ohne jeglichen kritischen Apparat.[16] Die Werkausgabe selbst macht einen eher ungeordneten Eindruck. Vor allem scheint kein klarer Editionsplan vorgelegen zu haben. Die Zusammenstellung der Aufsatzsammlungen mutet häufig willkürlich an. Die Herausgeber haben sich in den Einführungen vor allem bemüht, die Authentizität der Manuskripte nachzuweisen und ihre Entstehungszeit zu bestimmen. Erst die Bände XIII, XIV und XVIII, sowie die Neuauflagen der Briefsammlungen (Bände VIII und IX) bieten ein Personenregister, einen Anmerkungsapparat und eine kritische Einführung, die sich um eine lebens- und werkgeschichtliche Einordnung der jeweiligen Werke bemüht.

Im Herbst 2000 hat der Verlag Herder mit der Publikation der *Edith Stein Gesamtausgabe* (*ESGA*) begonnen. Sie wird im Auftrag des *Internationalen Edith Steins Instituts Würzburg* herausgegeben. Diese auf 24 Bände angelegte und mit einem kritischen Apparat versehene Ausgabe soll bis zum Jahr 2006 alle Schriften Edith Steins zugänglich machen, einschließlich der schon genannten frühen phänomenologischen Werke und bisher unveröffentlichter Übersetzungen Thomas von Aquins, Newmans und Bonaventuras.

1.3 Die Rezeptionsgeschichte des Werkes Edith Steins

Die nur langsame Veröffentlichung der Werke Edith Steins und die beschriebenen Mängel der Werkausgabe haben fraglos die Rezeption nachhaltig beeinflußt. Zu Recht konnte der Husserl-Schüler und Vertraute Edith Steins R. Ingarden 1968 schreiben:

> «Nach dem Krieg begann man ihre Schriften herauszugeben [...] Man beschränkte sich aber auf eine Auswahl jener Schriften, die entweder nach ihrem Eintritt ins Kloster geschrieben wurden oder den Stempel der sogenannten ‚christlichen' Philosophie tragen. [...] Meines Erachtens wurde Edith Stein dadurch ein Unrecht angetan. Sie war Philosoph, Wissenschaftler und ist es auch im Kloster geblieben.»[17]

Hier klingt an, daß die erste Rezeption Edith Steins in den 40er und 50er Jahren vor allem an der Gestalt der Jüdin, Konvertitin, Karmelitin und Märtyrerin

---

16 Es handelt sich vor allem um die schon genannten Werke *Das Problem der Einfühlung, Psychische Kausalität, Individuum und Gemeinschaft, Eine Untersuchung über den Staat* sowie *Husserls Phänomenologie und die Philosophie des hl. Thomas von Aquin.*

17 INGARDEN 1979, 459.

Edith Stein interessiert war.[18] Besonders die Biographien von Sr. Teresia Renata de Spiritu Sancto und H. Graef prägten dabei nachhaltig das Bild von Edith Stein. Vor allem dem Bemühen M.A. Neyers und W. Herbstriths, sowie dem wachsenden biographischen Interesse im Zuge der Seligsprechung 1987 ist es zu verdanken, daß heute eine Reihe vertiefter und umfassender biographischer Studien vorliegen.[19]

Eine gewisse Aufmerksamkeit für ihre Philosophie ist schon in den 50er Jahren feststellbar, wie einige kurze Beiträge von H. Rombach, A. Dempf und E. Przywara bezeugen.[20] Unter anderem auch wegen der Unzugänglichkeit ihrer frühen philosophischen Arbeiten richtete sich das Interesse aber vornehmlich auf die späte, christlich geprägte Phase ihres Philosophierens. Abgesehen von den zwei Monographien von Guilead und Salmen[21] in der 70er Jahren, findet eine systematische Vertiefung und Erforschung der Philosophie Edith Steins erst seit ungefähr 1987 statt. Dabei sind besonders hervorzuheben die zahlreichen Studien von A. Ales Bello, sowie die Beiträge von W. Herbstrith, H.-B. Gerl, Ph. Secretan, B. Imhof, P. Schulz und A.U. Müller.[22]

In den Studien über Edith Stein lassen sich folgende inhaltliche Schwerpunkte ausmachen: Das Interesse am phänomenologischen Frühwerk konzentriert sich vornehmlich auf die Dissertation, namentlich die Frage der Einfühlung und der Leibphänomenologie, sowie ihr Werk zur psychischen Kausalität. Zahlreiche weitere Studien vertiefen das Personverständnis Edith Steins. Im Blick auf das Spätwerk taucht wiederholt die kontrovers diskutierte Frage auf, wie der Steinsche Essentialismus zu verstehen sei.[23] Große Aufmerksamkeit erfährt außerdem Edith Steins Verhältnisbestimmung von Glauben und Wissen[24].

---

18 Einen sehr guten Überblick über die Rezeption gibt: MÜLLER 1996. Dort legt Müller auch dar, daß von einer Rezeptions- und Wirkungsgeschichte Edith Steins zu Lebzeiten nur bedingt gesprochen werden kann.

19 Es liegt derzeit keine neuere vollständige Bibliographie der biographischen und wissenschaftlichen Studien über Edith Stein vor. Für die bis 1987 veröffentlichten Werke über Edith Stein kann die Bibliographie von A. Bejas als umfassend gelten (BEJAS 1987). Ergänzungen für die Zeit nach 1987 und zugleich kurze Überblicke über die Stein-Rezeption in verschiedenen Ländern bieten MÜLLER 1996, SANCHO 1995, ADAMSKA – FLOREK 1997, PEZZELLA 1999, SULLIVAN 2000.

20 ROMBACH 1950, DEMPF 1953, PRZYWARA 1956. In dieser Zeit wird Edith Steins Werk auch schon im nicht-deutschsprachigen Raum rezipiert, so z.B. von J. Collins, C. Fabro, S. Vanni Rovighi und X. Tilliette.

21 GUILEAD 1974; SALMEN 1973.

22 Vgl. ALES BELLO 1998; GERL 1998; SECRETAN 1992; SCHULZ 1994; MÜLLER 1993; IMHOF 1987. Hinzuweisen ist auch auf folgende wichtige Aufsatzsammlungen: HERBSTRITH 1991; ELDERS 1991; FETZ 1993.

23 Vgl. dazu MÜLLER 1996, 381-383.

24 Vgl. TAPKEN 2002.

2 Die erkenntnisleitenden Fragen Edith Steins

Mit der Frage nach dem Anderen bzw. der Bedeutung der Alterität im Denken Edith Steins wende ich mich einem einzelnen und besonderen Aspekt ihres Werkes zu. Zuvor gilt es aber, das Gesamt ihres Denkens in den Blick zu nehmen, nicht zuletzt um sachlich nicht gerechtfertigte Verkürzungen zu vermeiden, die sich aus der Konzentration auf eine so präzise Fragestellung wie die vorliegende ergeben können. Freilich kann hier nicht das gesamte Werk Edith Steins inhaltlich dargestellt werden. Es soll aber geklärt werden, welches das erkenntnisleitende Interesse ihres Forschens ist.

Edith Stein selbst weist wiederholt darauf hin, daß ihr zentrales phänomenologisches Forschungsthema die Enthüllung des Wesensaufbaus der Person ist. Seit ihrer Begegnung mit der Glaubensfrage im Göttinger Phänomenologenkreis und ihren ersten eigenen religiösen Erlebnissen und dann vor allem nach 1925 wird darüber hinaus vermehrt die Frage nach Gott und nach der Möglichkeit der Reflexion menschlichen Seins im Horizont ewigen Seins bedeutsam. Damit ist der Forschungsbereich Edith Steins einerseits durch eher persönliche Fragestellungen und Interessen umschrieben. Andererseits fließen aber auch vorgegebene, die damalige philosophische Diskussion bestimmende Themen in ihre Arbeit ein. Dies ist wesentlich der Fall in der sogenannten Psychologismus-Debatte, die in erheblichem Ausmaß ihre frühen phänomenologischen Arbeiten beeinflußt.

Ich gehe hier zuerst auf Edith Steins Auseinandersetzung mit dem Psychologismus ein, und wende mich dann ihrer Analyse der Konstitution der menschlichen Person zu. Ich erhoffe mir davon zum einen eine Klärung ihres Psychologiebegriffs, die im Zusammenhang unserer interdisziplinär angelegten Arbeit grundlegend ist. Zum anderen sollte es gelingen, eine vorläufige Definition einiger ihrer zentralen anthropologischen Grundbegriffe zu erarbeiten.

2.1 Auseinandersetzung mit dem Psychologismus

2.1.1 Edith Steins Studium der Psychologie

In den Jahren von 1911-1913, in denen Edith Stein in Breslau studierte, habe sie sich, so schreibt sie, «wohl am meisten mit Psychologie beschäftigt».[25] Die Psychologie war im 19. Jahrhundert zu einem Modefach an den Universitäten geworden. Dabei gilt es zwei Richtungen zu unterscheiden. Vor allem in

---

25 *Familie*, 155.

Anschluß an Dilthey und Brentano hatte sich eine *philosophisch-phänomeno-logische Psychologie* entwickelt. Weitaus dominanter im universitären Betrieb war aber die *experimentelle Psychologie*, die methodisch streng naturwissenschaftlich orientiert und theoretisch den englischen Empiristen verpflichtet war. Anders als heute waren aber Psychologie und Philosophie häufig sehr eng miteinander verbunden; nicht selten übernahmen Philosophen Lehrstühle für Psychologie.

Edith Stein studierte Psychologie vor allem bei William Stern,[26] der die «Oberhoheit» der Philosophie unterstrich und entschieden jegliche Form von Psychologismus kritisierte. In seinem Hauptwerk *Person und Sache* (1906) bemühte er sich um eine Analyse der Person und bekämpfte eine naturalistisch-mechanistische Betrachtungsweise des Menschen. Dennoch geriet auch Stern selbst zunehmend in die experimentelle Psychologie hinein. Edith Stein mußte sich in die experimentelle Psychologie vertiefen, wie sie z.B. Wilhelm Wundt in seinem Werk *Grundzüge der physiologischen Psychologie* vorgelegt hatte. Hier bildeten Untersuchungen zur Wahrnehmung und Empfindungsversuche die Grundlage der Erkenntnis. Denkvorgänge, Vorstellungen, Willensentscheidungen wurden aus Empfindungen abgeleitet und damit letztlich auf physiologische Vorgänge reduziert.

Diese Spannung von Philosophie und Psychologie kennzeichnet die Breslauer Studienjahre. Es ist letztlich diese naturalistische Verkürzung in der Erforschung der Person, die Edith Stein schließlich enttäuscht von der Psychologie Abschied nehmen läßt. Sie beklagt das mangelnde wissenschaftstheoretische Fundament der Psychologie und die Herauslösung des Individuums aus dem Gesamtzusammenhang seiner geistigen Welt.

> «Mein ganzes Psychologiestudium hatte mich nur zu der Einsicht geführt, daß diese Wissenschaft noch in den Kinderschuhen stecke, daß es ihr noch an dem notwendigen Fundament geklärter Grundbegriffe fehle und daß sie selbst nicht imstande sei, sich diese Grundbegriffe zu erarbeiten. Und was ich von der Phänomenologie bisher kennengelernt hatte, entzückte mich darum so sehr, weil sie ganz eigentlich in solcher Klärungsarbeit bestand und weil man sich hier das gedankliche Rüstzeug, das man brauchte, von Anfang an selbst schmiedete.»[27]

Von ihrem Studienortwechsel nach Göttingen und dem Philosophiestudium bei Husserl erwartet sie sich eine grundlegende Klärung ihrer Fragen. Die Inhalte, die sie in den kommenden Jahren beschäftigen werden, sind jedoch nicht neu oder etwa erst von Husserl eingeführt worden. Schon während ihres Studiums bei Stern beginnt ihr Interesse an der Struktur der menschlichen Persönlichkeit; und schon durch die Auseinandersetzung mit der Psychologie

---

26 W. Stern (1981-1938) gilt als einer der großen Pioniere der modernen Psychologie und Begründer der *Differentiellen Psychologie*; vgl. PONGRATZ 1994.

27 *Familie*, 190-191.

entwickelt sie eine kritische Haltung gegenüber dem Psychologismus, die sie später philosophisch entfalten wird.[28]

2.1.2 Psychologismuskritik

Ein wichtiges Stichwort ist schon mehrfach gefallen: Man kann entscheidende philosophische Positionen Steins und ihre häufige Auseinandersetzung mit der Psychologie nicht verstehen, ohne sich mit dem Thema *Psychologismus* zu beschäftigen.[29] Die Psychologismus-Debatte bestimmte einen Großteil der philosophischen Diskussion Ende des 19. Jahrhunderts und Anfang des 20. Jahrhunderts.[30] Sie versuchte das Zueinander von Philosophie und Psychologie zu erhellen. Durch den Einfluß, den der Empirismus im 19. Jahrhundert auf die Philosophie genommen hatte, war die Philosophie zunehmend in die Nähe der empirischen Psychologie gerückt. Die Folge war eine Art Naturalisierung des Geistes, die eben mit dem pejorativen Schlagwort «Psychologismus» belegt wurde. Sehr allgemein formuliert wird darunter die Psychologisierung zentraler philosophischer Themen verstanden; psychologische Methoden und Theorien werden auf Sachverhalte und Probleme angewandt, die eigentlich Gegenstand der Philosophie sind. Im Anschluß an Denker wie John Stuart Mill, Herbert Spencer und Theodor Lipps suchte man das Fundament der philosophischen Logik in den Gesetzen der Psyche, mithin in den Regeln der Wahrnehmung, der Empfindung und der Denkprozesse. Damit wurde die Logik zu einem Teilgebiet der Psychologie erklärt: Das Denken sei ein Teil der Natur und seine Regeln und Gesetze (Kausalität, Identität, Widerspruch, usw.) letztlich mittels des psychischen Ablaufs des Denkens zu verstehen. «Die Logik ist eine psychologische Disziplin, so gewiß das Erkennen nur in der Psyche vorkommt und das Denken, das sich in ihm vollendet, ein psychisches Geschehen ist.»[31]

Zur Klärung in der Psychologismus-Debatte hatte schon Wilhelm Dilthey beigetragen mit der Differenzierung von Natur- und Geisteswissenschaften und der diesbezüglichen Unterscheidung von *Erklären* und *Verstehen*, sowie seinem Werk *Ideen über eine beschreibende und zergliedernde Psychologie* (1894). Als der eigentlich historisch wirkungsmächtige Überwinder des Psychologismus gilt aber Edmund Husserl. Im ersten Teil seiner *Logischen Untersuchungen* (1900)[32] unternimmt er den groß angelegten Versuch zu ergrün-

---

28 Vgl. dazu IMHOF 1987, 38-44.
29 Über die lang andauernde und komplexe Kontroverse um den Psychologismus informiert SCHMIDT 1995.
30 So hatte beispielsweise auch Martin Heidegger 1913 in Philosophie mit einer Arbeit über *Die Lehre vom Urteil im Psychologismus* promoviert, vgl. SAFRANSKI 1994, 61f.
31 LIPPS 1893, 1-2.
32 HUSSERL 1900. Zu Husserls Auseinandersetzung mit dem Psychologismus vgl. auch LEMBECK 1994; PRECHTL 1998, 29-34.

den, von welchen Gesetzen das Denken geleitet ist. Darin deckt er den grundlegenden Fehler auf, der den Psychologisten unterläuft: Sie verwechseln *Denkablauf* mit *Denkinhalt*. Sie setzen den empirischen, zerebralen Denkvorgang gleich mit der Wahrheit seines Resultats. Husserl hingegen geht es um die Bedingungen der Möglichkeit von Erkenntnis überhaupt. «Wir wollen in der Logik nicht wissen: wie der Verstand ist und denkt, und wie er bisher im Denken verfahren ist, sondern: wie er im Denken verfahren sollte»[33]. Die Psychologie ist für Husserl hier empirische Naturwissenschaft; ihre Aufgabe ist die Erforschung der realen Erkenntnisbedingungen, also der kausalen Zusammenhänge des Empirischen. Grundlegend aber sind die idealen Erkenntnisbedingungen a priori. Diese zu erforschen ist Aufgabe der Phänomenologie.

> «Wir stoßen damit auf eine Wissenschaft – von deren gewaltigem Umfang die Zeitgenossen noch keine Vorstellung haben –, die zwar Wissenschaft vom Bewußtsein und doch nicht Psychologie ist, auf Phänomenologie des Bewußtseins gegenüber einer Naturwissenschaft vom Bewußtsein. Da es sich hier doch wohl nicht um eine zufällige Äquivokation handeln wird, so ist im voraus zu erwarten, daß Phänomenologie und Psychologie in sehr nahen Beziehungen stehen müssen, sofern beide es mit dem Bewußtsein, wenn auch in verschiedener Weise, in einer verschiedenen „Einstellung" zu tun haben; was wir dadurch ausdrücken mögen, daß die Psychologie es mit dem „empirischen Bewußtsein" zu tun habe, mit dem Bewußtsein der Erfahrungseinstellung, als Daseiendem im Zusammenhang der Natur; hingegen die Phänomenologie mit dem „reinen" Bewußtsein, d.i. dem Bewußtsein in der phänomenologischen Einstellung.»[34]

Dabei geht es Husserl keineswegs darum, die Psychologie aus dem philosophischen Diskurs auszuklammern. Im Gegenteil: Ist die deskriptive Psychologie erst einmal aus ihrer erkenntnistheoretischen und ontologischen Naivität befreit, und so die «Reinheit» der transzendentalen Analyse zurückgewonnen, fließt sie «unter dem Namen einer intentionalen Psychologie wieder ins phänomenologische Programm ein».[35] Die Psychologie ist nun gewissermaßen Hilfswissenschaft der Phänomenologie, von der sie auch ihre Gegenstände und Methodik empfängt. Unter den Hilfswissenschaften nimmt sie freilich die erste Stelle ein.[36]

> «Die Phänomenologie bedeutet eben auch für die Psychologie eine prinzipielle Neugestaltung. Demnach gehört der bei weitem größte Teil ihrer Forschungen in eine apriorische und reine (d.h. hier von allem Psychophysischen freigehaltene) intentionale Psychologie.»[37]

---

33 HUSSERL 1900, 66.
34 HUSSERL 1911, 17.
35 LEMBECK 1994, 77.
36 Vgl. HUSSERL 1931, 168-174.
37 HUSSERL 1931, 170.

Diese wenigen Hinweise zu Husserls Psychologismuskritik als Ausgangspunkt für die Entfaltung seines phänomenologischen Ansatzes mögen hier genügen. Sie sind bedeutsam, weil Edith Stein in ihrer Auseinandersetzung mit dem Psychologismus die Husserlsche Begründung der Notwendigkeit einer phänomenologischen Grundlegung und Vorgehensweise aufgreift und weiterführt.

2.1.3 Psyche und Geist – Psychologie und Geisteswissenschaften

Edith Stein konnte in ihrer Erforschung der Konstitution der Person nicht an der seit Jahren gärenden Psychologismus-Debatte vorbeigehen. Sie verknüpft beide Themen engstens miteinander und erwartet sich gerade von der Klärung des Wesensaufbaus der Person eine Erhellung des Zueinanders von Philosophie und Psychologie, das letztlich den Kern der Kontroverse um den Psychologismus ausmacht. Erste Überlegungen in diese Richtung hatte sie schon in ihrer Dissertation *Zum Problem der Einfühlung* angestellt.[38] Zum eigentlichen Thema wird es aber in *Beiträge zur philosophischen Begründung der Psychologie und Geisteswissenschaften*[39] gemacht. Dort nimmt sie sich vor, «in das Wesen der psychischen Realität und des Geistes einzudringen und daraus die Grundlage für eine fachgemäße Abgrenzung von Psychologie und Geisteswissenschaften zu gewinnen».[40] Hier klingt schon an, daß Edith Stein die Psychologie nicht als geisteswissenschaftliche Disziplin verstanden wissen will. Aber auch von den Naturwissenschaften gilt es die Psychologie zu unterscheiden. Zum zentralen Differenzierungsbegriff wird in ihrer Analyse die *Kausalität*. Das psychische Geschehen wird als Zuführen und Entzogenwerden von Kräften verstanden, das die konkreten Zustände und Eigenschaften des psychischen Individuums bedingt. «Alles psychische Geschehen ist kausal bedingt.»[41] Nun ist aber die psychische Kausalität nicht mit den kausalen Zusammenhängen der materiellen Welt zu verwechseln. In der materiellen Welt ist das kausale Geschehen auf den Gesamtzusammenhang der materiellen Wirklichkeit bezogen (d.h. das gesamte Universum), in der psychischen Kausalität auf das einzelne Individuum.[42]

---

38 Vgl. *Einfühlung*, 101-109.
39 Die *Beiträge* gliedern sich in zwei Abhandlungen über (1) *Psychische Kausalität* und (2) *Individuum und Gemeinschaft*. Sie erschienen erstmals 1922 in Band V des von Husserl herausgegebenen *Jahrbuch für Philosophie und phänomenologische Forschung*. Sie wurden aber schon deutlich früher fertiggestellt, wahrscheinlich schon 1918, d.h. im Anschluß an die Veröffentlichung der Dissertation und nachdem Edith Stein 1917 einen ersten Entwurf der *Einführung in die Philosophie* erarbeitet hatte.
40 *Beiträge*, 1.
41 *Beiträge*, 28.
42 Vgl. *Beiträge*, 21-22.

Von der kausal bedingten Aktivität der Psyche unterscheidet sie nun das *geistige Leben*, das wesentlich durch die Gerichtetheit seiner Aufmerksamkeit (i.e. die Husserlsche *Intentionalität*) gekennzeichnet ist. Durch seine Geistestätigkeit ist der Mensch fähig, sich in Zeit und Raum zu bewegen, also reflexiv vergangene Erlebnisse zu vergegenwärtigen, sowie den Ichblick auf äußere Gegenstände zu richten und sich damit selbst zu transzendieren. Auch die Akte des Geistes können ursächlich oder zielorientiert aufeinander bezogen sein, jedoch ist ihre Beziehung nicht der kausalen Bedingtheit psychischer Akte vergleichbar. Edith Stein führt deswegen den Begriff *Motivation* ein. «Zwischen Kausalität und Motivation ist also ein radikaler, durch nichts zu überbrückender und durch keinerlei Übergänge vermittelter Unterschied. Er kommt auch darin zum Ausdruck, daß die Kausalität ihr Analogon im Bereich der physischen Natur hat, die Motivation dagegen nicht.»[43] Die motivational bedingten Akte des Geistes sind in ihrer eigentlichen Qualität freie Akte und von Wille und Vernunft geleitet. Edith Stein faßt zusammen:

«Als „*Psyche*" gibt sich uns ein in sich geschlossener Seinsbestand und Geschehensverlauf, der evtl. bedingt ist durch andersartiges Sein und Geschehen (die physische Natur), darauf ruht, aber nur auf diesen Zusammenhang aufgebaut und nicht in ihn einbezogen ist. [...] Die Art der Beziehung zwischen beiden Reichen soll völlig offen gelassen bleiben; es wird nur betont, daß das psychische Geschehen einen neuartigen und vom Physischen getrennten Zusammenhang darstellt. Alles rein psychische Geschehen ist auf das Leben eines isolierten Individuums beschränkt. Wohl gibt es eine Beeinflussung des psychischen Geschehens innerhalb eines Individuums durch anderes psychisches Geschehen, aber keinen überindividuellen Zusammenhang. Übergreifende psychische Realität ist nur möglich, soweit das psychische Geschehen Realisation geistigen Lebens ist. *Geist* ist Herausgehen aus sich selbst, Offenheit in einem doppelten Sinne: für eine Objektwelt, die erlebt wird, und für fremde Subjektivität, fremden Geist, mit dem gemeinsam erlebt und gelebt wird.»[44]

Nachdem die phänomenologische Analyse Edith Stein zur Unterscheidung von Psyche und Geist geführt hat, kann sie nun einen Schritt weiter gehen und aus dieser Differenzierung wissenschaftstheoretische Konsequenzen ziehen.

«Die Scheidung von Psyche und Geist ist von höchster wissenschaftstheoretischer Bedeutung, denn von hier aus – und nur von hier aus – ist die prinzipielle Abgrenzung von Psychologie und Geisteswissenschaften und ein Verständnis ihre wechselseitigen Beziehungen möglich.»[45]

Mit ihrer Klärung des Verhältnisses von Psychologie und Geisteswissenschaften hofft sie, Licht in eine lange andauernde Grundlagendiskussion zu bringen, deren Unklarheit vor allem darin bestand, daß die Psyche zum Gegen-

---

43 *Beiträge*, 41.
44 *Beiträge*, 267.
45 *Beiträge*, 268.

stand der Geisteswissenschaften und der Geist zum Objekt der Psychologie erklärt worden war. Schon Dilthey hatte mit seiner Scheidung von Naturwissenschaft und Geisteswissenschaften, bzw. erklärender und verstehender Psychologie zur Aufhellung der Problematik beigetragen.[46] Edith Stein bezweifelt aber, daß die Diltheysche Unterscheidung schon eine ausreichende Differenzierung der notwendigen Disziplinen zuläßt. Sie versucht deswegen, eine eigene Systematik zu entwerfen, die hier kurz skizziert werden soll. Dabei sind in diesem Zusammenhang vor allem die unterschiedlichen Psychologien mit ihren je eigenen Zuständigkeiten interessant, die sie beschreibt. Edith Stein nimmt auch in anderen Werken bezug auf die Psychologie und Fragen ihrer Einordnung und inneren Systematik,[47] nirgends jedoch mit dem gleichen Anspruch einer umfassenden wissenschaftstheoretischen Differenzierung wie in *Beiträge zur philosophischen Begründung der Psychologie und der Geistes-*

---

46 Vgl. *Beiträge*, 269. Außer Dilthey nennt Stein in diesem Zusammenhang auch Spranger und Münsterberg. Über Konvergenzen und Differenzen zwischen Dilthey und Stein informiert SECRETAN 1993.

47 Vgl. dazu die hilfreiche Übersicht bei RATH 1993.
     Edith Stein äußert sich zu Fragen der Psychologie und zu deren Verhältnis zu Phänomenologie und Geisteswissenschaften in die:
     (a) *Einfühlung*, 22-23. Hier versteht sie die Psychologie ausschließlich als eine exakte, natur- bzw. kausalwissenschaftlich operierende Wissenschaft, die sich ihr begriffliches Instrumentarium jedoch von der Phänomenologie geben lassen muß.
     (b) Die gleiche Ansicht vertritt sie auch in den zwei in der *Husserliana* veröffentlichten Rezensionen aus dem Jahr 1917: *Zur Kritik an Theodor Elsenhans und August Messer* und *Zu Heinrich Gustav Steinmanns Aufsatz „Zur systematischen Stellung der Phänomenologie“*, in: HUSSERL 1987, 226-248 und 253-266.
     (c) *Philosophie*, 233-242. Die hier vorgelegte Systematik entspricht weitgehend derjenigen der Beiträge und ist wohl ungefähr zeitgleich entstanden.
     (d) In einem kurzen Vortrag aus dem Jahre 1929 über *Die Typen der Psychologie und ihre Bedeutung für die Pädagogik* (hg. in der Aufsatzsammlung *Ganzheitliches Leben,* 1990, 47-51), bezeichnet Stein die empirische Psychologie als «Psychologie ohne Seele». Eine Ausnahme bildet für sie allein die sog. «verstehende oder geisteswissenschaftliche Psychologie» (wobei sie hier «geisteswissenschaftlich» anders gebraucht als noch 1922), die «das gesamte seelische Leben als eine sinnvolle Einheit [betrachtet], deren Zusammenhänge man, weil sie Vernunftgesetzen gehorchen, nachleben, verstehen kann» (49). Sie verweist als Beispiel auf Adlers Individualpsychologie.
     (e) In der Münsteraner Vorlesung von 1932/33 *Der Aufbau der menschlichen Person* geht sie auf verschiedene Menschenbilder ein, u.a. das tiefenpsychologische. Das ist m.W. das einzige Mal, daß Edith Stein in ihren Schriften explizit bezug auf die Tiefenpsychologie und die Psychoanalyse nimmt. Letztere war für sie «ein erster großer Durchbruch» in der Enträtselung der Tiefen der Seele und ihrer rätselhaften Anormalitäten. Zugleich aber wirft sie ihr vor, die Bedeutung der Triebe überbewertet und den Intellekt und freien Willen entthront zu haben (26f).
     (f) Kurze Hinweise aus dem Jahr 1936 zu einer «Psychologie ohne Seele», die dann von Dilthey, Brentano, Husserl und Pfänder überwunden worden sei, finden sich in: *Seelenburg*, 63-66.

wissenschaften. Ich lege deshalb hier die Systematisierung zugrunde, die sie in den *Beiträgen* entfaltet.

Ich habe versucht, die komplexe Theorie der Wissenschaften und ihres Zueinanders, die Edith Stein entwickelt, schematisch darzustellen (vgl. Fig.2). Die Realitätswissenschaften, die die Wirklichkeit als empirische Wissenschaften erforschen, sind die Geisteswissenschaften, die Psychologie und die Naturwissenschaften (im engeren Sinne).[48] Auf letztere geht sie nicht weiter ein, da ihr Interesse – aufgrund der erarbeiteten Differenzierung von Geist und Psyche – vorrangig den Geisteswissenschaften und der Psychologie gilt. So ergibt sich für sie

«einerseits die Psychologie, noch nicht prinzipiell nach den angeführten Gesichtspunkten eingeteilt, wenn auch von verschiedenartigen Motiven und Methoden beherrscht und in eine Reihe von Forschungszweigen gespalten; auf der anderen Seite die Gruppe der einzelnen Geisteswissenschaften, jede für sich bestehend und nach sorgfältig ausgebildeter Methode arbeitend, wenn auch vielfach ineinandergreifend, und sich wechselseitig ergänzend.»[49]

In den Geisteswissenschaften unterscheidet sie die *empirischen Geisteswissenschaften*, die sich wiederum ausgestalten in Kulturwissenschaften und historische Wissenschaften. Ihnen ist gemeinsam, daß sie empirisch die zahllosen Manifestationen des schöpferischen subjektiven Geistes untersuchen: Kulturgebilde, Rechts- und Wirtschaftsverhältnisse, Sprache, Literatur, usw.[50] Von den empirischen Geisteswissenschaften hebt sie dann die *geisteswissenschaftliche Psychologie* ab. Als Phänomenologin genügt es ihr nicht, die historischen und kulturellen Ausgestaltungen des Geistes nur empirisch zu beschreiben. Diese müssen auf ihre apriorische Struktur hin befragt werden, weswegen sie auch von *apriorischen Geisteswissenschaften* spricht. Ohne es an dieser Stelle ausdrücklich zu erläutern, zielt sie hier auf eine phänomenologische Reduktion ab, die die vorgefundenen Dinge und Wirklichkeiten auf ihre Wesenheit hin zu durchschauen sucht.[51]

Sofern es sich also um die Erforschung des subjektiven Geistes handelt «deckt sich die apriorische Geisteswissenschaft mit der phänomenologischen Analyse des reinen Bewußtseins».[52] Ich nenne die geisteswissenschaftliche Psychologie zur besseren Unterscheidung von anderen Formen der Psychologie, die Edith Stein einführt, hier nun *Psychologie I.* Sie vollzieht sich als apriorische Geisteswissenschaft, die die apriorische Struktur der geistigen Wirklichkeiten zu erforschen sucht. «Ihr Gegenstand ist das Fundament, auf

---

48 Vgl. *Beiträge*, 280.

49 *Beiträge*, 269.

50 Vgl. *Beiträge*, 269-271.

51 Edith Stein macht sich hier nicht die Mühe, die Vorgehensweise der phänomenologischen, eidetischen und transzendentalen Reduktion, wie sie von Husserl entwickelt worden war, eigens darzulegen. Sie hatte das schon getan in *Einfühlung* (1-4) sowie in meisterlicher Form in *Philosophie,* 30-36.

52 *Beiträge*, 273.

dem die empirischen Geistesgestaltungen ruhen und das für deren Verständnis vorausgesetzt ist; sie selbst ist somit Grundlage aller empirischen Geisteswissenschaften.»[53]

(Fig. 2)

In einem neuen Schritt unterscheidet sie nun von der Idee der Geisteswissenschaften die Idee der *Psychologie*. Dabei schränkt sie sogleich ein, daß «wir uns wohl bewußt sind, daß die Psychologie in ihrer gegenwärtigen Gestalt diese Idee nicht rein zur Darstellung bringt».[54] Wer die Psyche und den Wechsel ihrer Zustände erforschen will, setzt schon die Tatsache voraus, daß es so etwas wie Psychisches und Kategorien, die es konstituieren, überhaupt

---

53 *Beiträge*, 274.
54 *Beiträge*, 274.

gibt. Damit aber gelangt man schon in den Bereich einer *apriorischen Psychologie* (= *Psychologie II*). Unter diesem Begriff holt Edith Stein wieder ein, was sie in ihren Untersuchungen über die psychische Kausalität als die Grundgesetze psychischen Funktionierens und als Wirkkräfte im Psychischen an sich erkannt hatte. Die apriorische Psychologie geht phänomenologisch, d.h. philosophisch, vor und vollzieht damit für die Psychologie die gleich Grundlagenarbeit wie die geisteswissenschaftliche Psychologie (*Psychologie I*) für die Geisteswissenschaften. Edith Stein gesteht aber ein, daß die apriorische Psychologie (*Psychologie II*) in einem gewissen Maß auch auf empirische Beobachtung und experimentelles Wissen zurückgreifen muß, und konstituiert damit neben der apriorischen eine empirische Psychologie, die sie aber sofort in zwei Unterformen ausdifferenziert: *beschreibende Psychologie* und *erklärende Psychologie*. Die Unterscheidung dieser zwei Formen vollzieht Edith Stein anhand des Begriffes der *Individualität*.[55] Damit kann einerseits eine raum-zeitliche *Identität* gemeint sein, durch die ein Subjekt als von anderen unterschieden wahrgenommen werden kann. Die *beschreibende Psychologie*[56] (= *Psychologie III*) nimmt das einzelne Subjekt in eben dieser Identität in den Blick, aber nur um das Typologische zu beschreiben, das in ihm vorgefunden wird, diejenigen psychischen Vorgänge also, die genauso gut auch in anderen Identitäten auffindbar wären. Sie untersucht sozusagen das Allgemeine, den «Typus, den man sich in beliebig vielen Exemplaren wiederholt denken kann».[57] Mit Individualität kann andererseits ein Individuum in seiner personal-qualitativen Einzigartigkeit gemeint sein. Diese zu erforschen ist Aufgabe der *erklärenden Psychologie* (= *Psychologie IV*). Die qualitative Einzigartigkeit des Individuum ist zurückzuführen auf innere, d.h. psychische, und äußere, d.h. soziale und geschichtliche, Bedingungen. Das Individuum steht damit in einem Kausalzusammenhang, den die erklärende Psychologie untersuchen kann, und der sich von der kausalen Gesetzlichkeit der materiellen Natur darin unterscheidet, daß «die Psyche eine sich entwikkelnde Realität ist, daß sie mit innerer Notwendigkeit in einem ununterbrochenen Geschehen sich ständig verändert».[58]

---

55 Vgl. *Beiträge*, 275.
56 Es scheint, daß Stein in *Philosophie* (235) das Gleiche mit dem Begriff *deskriptive Psychologie* meint.
57 *Beiträge*, 275.
58 *Beiträge*, 276. Offensichtlich verwendet Stein das Adjektiv *erklärend* hier nicht im gleichen Sinne wie Dilthey. Er hatte die Begriffe *erklärend* und *verstehend* eingeführt im Zusammenhang seiner Unterscheidung von Naturwissenschaften und Geisteswissenschaften. Demzufolge geht z.B. eine naturwissenschaftliche Psychologie erklärend und eine geisteswissenschaftliche verstehend vor. Damit klingen bei Dilthey aber, viel expliziter als bei Stein, auch schon hermeneutische Fragestellungen an: Wie vollzieht sich Verstehen? Wie kann es in seiner Gültigkeit verifiziert werden? Edith Stein geht auf diese Fragen im Kontext ihrer wissenschaftstheoretischen Systematisierung gar nicht ein. In der Darstellung in *Einführung in die Philosophie*, die ja im wesentlichen derjenigen in den *Beiträgen* gleicht, wird aber eine hermeneutische Sensibilität sichtbar. Sie unter-

Psychologie I	«geisteswissenschaftliche Psychologie»	• untersucht phänomenologisch die apriorische Struktur geistiger Wirklichkeiten • Grundlage aller empirischen Geisteswissenschaften
Psychologie II	«apriorische Psychologie»	• untersucht phänomenologisch die apriorische Struktur aller psychischen Wirklichkeiten • Grundlage der empirischen Psychologie
Psychologie III	«beschreibende Psychologie»	• untersucht als empirische Psychologie das Typologisch-Allgemeine psychischer Phänomene • entspricht metapsychologischer Theoriebildung
Psychologie IV	«erklärende Psychologie»	• untersucht als empirische Psychologie die kausalen Zusammenhänge der psychischen Dynamik einer konkreten Person

Tab. 1: Unterscheidung verschiedener Arten von Psychologien bei Edith Stein

Edith Stein selbst unterstreicht, daß ihre Systematik gar nicht die ihrer Zeit aktuelle Gestalt der Psychologie widerzuspiegeln versucht. Noch schwerer ist es deswegen, mehr als siebzig Jahre später die heutige Psychologie mit ihren Ausdifferenzierungen in Edith Steins Idealentwurf wiederzufinden. Freilich kann es darum auch gar nicht gehen, da der eigentliche Ertrag der Steinschen Differenzierung, wie noch zu zeigen sein wird, auf ganz anderer Ebene liegt. Wollte man dennoch, zumindest um einer gewissen Aktualisierung und Konkretisierung willen, versuchen, die Psychologieformen Edith Steins mit der heutigen Psychologie in Verbindung zu bringen, so scheinen mir folgende Bezüge möglich: Eine *apriorische Psychologie* (*Psychologie II*) ist heute am ehesten dort gegeben, wo fundamental über Anspruch, Gegenstand und Methode der Psychologie nachgedacht wird. Solche Bemühungen reichen notwendig über den Bereich der Psychologie hinaus in den der Philosophie und Wissenschaftstheorie.[59] Der *beschreibenden Psychologie* (*Psychologie III*)

---

streicht dort, daß jede Analyse und Erklärung der psychischen Zustände anderer «stets in irgendeiner Form auf Eigenerfahrung zurückgreifen» (234) muß. Es steht damit m.E. zu vermuten, daß mit der *erklärenden Psychologie* (bzw. *Psychologie IV*) keine erklärend-naturwissenschaftliche Untersuchung im Sinne Diltheys gemeint ist, in ihr vielmehr auch *verstehende* Elemente enthalten sind.

59 Vgl. z.B. GALIMBERTI 1979, HARTMANN 1998, MARTINI 1998.
Von der wissenschaftstheoretischen und philosophischen Begründung der Psychologie ist die der Psychoanalyse abzuheben, die deutlich umstrittener und komplexer ist. Vgl.

entsprechen am ehesten alle metapsychologischen Theoriebildungen, d.h. alle Versuche, zu grundsätzlichen und allgemein gültigen Formulierungen über Funktionsweisen der Psyche zu gelangen.[60] Als Beispiele wären zu nennen: Freuds Theorie des Unbewußten, seine Libidotheorie, die Theorie des Ödipuskomplexes oder auch die Objektbeziehungstheorie und Selbstpsychologie. Der *erklärenden Psychologie* (*Psychologie IV*) entsprechen all jene Versuche, die Psychogenese und Psychodynamik einer konkreten Person zu verstehen und – soweit möglich – kausal zu erklären. Hier sind u.a. alle Therapieformen anzusiedeln, die nicht ausschließlich behavioristisch ausgerichtet sind, sondern sich bemühen, unbewußte Ursachen zu verstehen, und damit letztlich dem Theoriegebäude der Psychoanalyse verpflichtet sind.

Unübersehbar ist darüber hinaus die Aktualität der Psychologismuskritik Edith Steins. Im gegenwärtigen Boom der *Cognitive Sciences* und der Gehirnforschung kehrt innerhalb der Psychologie und Philosophie die grundsätzliche Tendenz des Psychologismus wieder: die Naturalisierung des Geistes. Noch einmal wird das Entstehen des Geistigen, das sich nach Stein eben nicht auf psychische Kausalität reduzieren läßt, eingezwängt in den letztlich doch reduktiven Erklärungsrahmen der Neurobiologie oder Psychophysiologie.

2.2 Analyse der Struktur der menschlichen Person

In ihrer Auseinandersetzung mit dem Psychologismus hatte Edith Stein eine zeitgenössische Diskussion aufgegriffen, an der sie nicht vorbeigehen konnte, wenn sie sich dem eigentlichen Gegenstand ihres Interesses zuwenden wollte: dem Wesen des Menschen, der Konstitution der Person. Wiederholt ist darauf hingewiesen worden, daß die Frage nach der Person den eigentlichen Kern der Philosophie Edith Steins ausmacht,[61] ja diese letztlich «Wissenschaft der Person»[62] sei.

Zweifelsohne kann die Frage nach der Person und ihrer Konstitution als inhaltliche Mitte des Frühwerkes Edith Steins gelten. Im Vorwort zu *Beiträge zur philosophischen Begründung der Psychologie und der Geisteswissenschaften* legt sie ihre Absicht dar, die Untersuchung der «Struktur der menschlichen Persönlichkeit» weiter fortzuführen, die sie in ihrer Dissertation über die Einfühlung begonnen habe.[63] Auch aus ihrer Korrespondenz geht

---

dazu die unterschiedlichen Arbeiten Paul Ricoeurs, vor allem RICOEUR 1965; außerdem GRÜNBAUM 1984, 1987; POHLEN – BAUTZ-HOLZHERR 1995.

60 Dabei meint «allgemeine Gültigkeit» nicht universale Gültigkeit, sondern Abstraktion vom einzelnen Individuum. So kann eine metapsychologische Theorie Gültigkeit besitzen z.B. für alle Personen, die unter einer ganz bestimmten psychischen Störung leiden, während sie für andere nicht gültig ist.

61 Vgl. INGARDEN 1979, 477–479.

62 SECRETAN 1992, 8.

63 Siehe auch *Familie*, 359.

hervor, wie sehr sie in den frühen Jahren ihres Schaffens die Personproblematik beschäftigte.[64] Imhof betont in diesem Zusammenhang, «... dass die zentralen Fragestellungen bereits von der Doktorandin entwickelt wurden. Es wird sich auch herausstellen, dass [...] somit im Frühwerk der Schlüssel zum Verständnis des durchgehenden Zusammenhangs von Edith Steins Gesamtopus liegt.»[65] Hier klingt an, daß sich die zentrale inhaltliche Frage nach der Person im gesamten Schaffen Edith Steins durchhält, trotz der verschiedenen Weiterentwicklungen, die dieses im Laufe seiner Geschichte erfahren hat. In der Tat sieht sie auch ihr letztes unvollendetes Werk *Kreuzeswissenschaft* geprägt durch ihr «lebenslanges Bemühen von den Gesetzen geistigen Seins und Lebens» etwas zu verstehen und eine «Philosophie der Person» zu entwickeln.[66]

Da durch *Endliches und ewiges Sein* wichtige Elemente ihrer Philosophie der Person schon frühzeitig zugänglich waren, ist diese heute einer der am intensivsten untersuchten Aspekte des Steinschen Denkens.[67] Eine detaillierte Darlegung der komplexen Entwicklung der Personphilosophie Edith Steins würde bei weitem den Rahmen dieser Arbeit sprengen und vom eigentlichen Thema ablenken. Hingegen sollen kurz einige zentrale Begriffe im Personverständnis Edith Steins umrissen werden, insofern sie für die Frage nach dem Anderen im Denken Steins relevant werden können und helfen, sie in den Gesamthorizont ihres Denken und erkenntnisleitenden Interesses einzuordnen. Ich stütze mich dabei auf zwei Werke:

(a) Die *Einführung in die Philosophie* bietet einen zweifachen Vorteil. Zum einen legt Edith Stein in ihr wohl am ausführlichsten ihre Philosophie der Person dar; so umfaßt der Teil über *Die Probleme der Subjektivität* 140 Seiten. Zum anderen spiegelt sich in diesem Werk sowohl die Frühphase der Steinschen Denkens als auch dessen anschließende Entwicklung wieder, da Edith Stein es zwischen 1917–1920 verfaßt, aber 1931 ausführlich überarbeitet. Gerl urteilt über dieses Werk: «In der Philosophie der Person, bezogen auf Welt, liegt Edith Steins gedankliches Ziel dieser Arbeit.»[68]

(b) *Endliches und ewiges Sein* schließlich läßt verstehen, ob und in welcher Weise das Persondenken Edith Steins durch ihre Auseinandersetzung mit der christlichen Seinsmetaphysik modifiziert wurde.

---

64 In einem Brief vom 19.2.1918 schreibt sie: «Als Arbeit habe ich noch immer die Analyse der Person vor.» (*Briefe Ingarden*, 72)

65 IMHOF 1987, 22.

66 *Kreuzeswissenschaft*, 1.

67 Hinzuweisen ist in diesem Zusammenhang vor allem auf die zwei schon genannten Dissertationen: SALMEN 1973; SCHULZ 1994. Die Arbeit von Schulz kann als die derzeit umfassendste und gründlichste Darlegung der Philosophie der Person Edith Steins gelten. Siehe außerdem GERL 1998, 134–147; ALES BELLO 1998, 67–91; SECRETAN 1992, 44–71; SECRETAN 1976; SCHULZ 1993; FETZ 1993.

68 GERL 1991, 268.

2.2.1 Reines Ich – ursprüngliches Bewußtsein

Edith Stein versucht, sich darüber Klarheit zu verschaffen, was mit *Subjektivität* eigentlich gemeint sei. Die gewöhnliche Rede von Subjekten oder Personen meint konkrete in der Welt existierende Menschen. Solches In–der–Welt–Existieren – d.h. die Fähigkeit, eine Objektwelt überhaupt innerlich wahrzunehmen und wollend und handelnd zu gestalten – setzt ein *Ichleben* voraus. «Betrachten wir zunächst die Person als Subjekt des Ichlebens, so unterscheidet sie sich nicht von dem reinen Ich.»[69] Hier bewegt sich Stein ganz im Gefolge Husserls: Im Sinne einer reinen Phänomenologie gilt es zuerst das «reine Ich, das ursprüngliche Bewußtseinsleben und die Erlebniseinheiten, die sich aus ihnen aufbauen, ihrem Wesen nach zu untersuchen».[70] *Ursprüngliches Bewußtsein* meint in diesem Zusammenhang das Innewerden seiner selbst. Dies ist jedoch kein reflexiver Akt der Erkenntnis, in dem das Bewußtsein sich selbst zum Gegenstand macht, «sondern ein „inneres Licht", das den Fluß des Erlebens durchleuchtet und im Abfließen selbst für das erlebende Ich erhellt, ohne daß es darauf „gerichtet" wäre».[71] Stein beschreibt damit das Erleben des *ego cogito* als letzte, grundlegende Erkenntnis überhaupt. Das ursprüngliche Bewußtsein wird zum Fundament und Ausgangspunkt für die Konstitution von Identitätseinheiten. Erst dank seiner ist es möglich, daß abgelaufene Erlebnisse in der Gegenwart erhalten bleiben (*Retention*) und zu einer Einheit zusammengefaßt werden.[72] Bis hierher folgt Stein im wesentlichen den Darlegungen Husserls zum ursprünglichen Bewußtsein.[73] Sie setzt sich aber von ihrem Lehrer deutlich ab, wenn sie unterstreicht, daß das Problem der Subjektivität durch die phänomenologische Reduktion auf das reine Bewußtsein noch nicht ausreichend ergründet sei. Es gilt, die menschliche Person als eine mit Leib und Seele in den realen Zusammenhang der Welt verflochtene Wirklichkeit zu verstehen.[74] Stein versucht hier, eine Engführung im Denken Husserls zu überwinden: Ausgehend vom reinen Bewußtsein will sie die real in der Welt existierende Person erfassen. Es geht um die Verbindung von Bewußtsein und Sein, Phänomenologie und Ontologie.

---

69 *Philosophie*, 125.
70 *Philosophie*, 126.
71 *Philosophie*, 128. Was Stein hier im Anschluß an Husserl entwickelt, hat Ähnlichkeit mit Lonergans Verständnis von Bewußtsein als «awareness immanent in cognitional acts» (Lonergan 1957, 344).
72 Vgl. *Philosophie*, 128–130.
73 Nach SCHULZ (1993, 249) nimmt Stein in ihren phänomenologischen Ausführungen zum ursprünglichen Bewußtsein weitestgehend die Überlegungen Husserls in den *Vorlesungen zur Phänomenologie des inneren Zeitbewußtseins* auf. Stein selbst hatte 1917 diesen Text aus Notizen Husserls zusammengestellt; er wurde später von Martin Heidegger herausgegeben (vgl. dazu die Einleitung des Herausgebers in HUSSERL 1966, XVIII-XXX).
74 Vgl. *Philosophie*, 134.

«Was Edith Stein angeht, so war sie nach Husserls vielbesprochener „Wende"
in den *Ideen zu einer reiner Phänomenologie* (1913) zu dem Urteil gelangt,
der Rückgang zur „wirklichen" Welt wäre Husserl dort nicht mehr gelungen.
[...] Die Meisterschülerin versuchte in der Tat selbständig, das schwierige Problem einer Lösung zuzuführen. Der Schritt vom Bewußtsein zum Sein oder
anders der Schritt zur Anerkennung eines wirklichen beiderseitigen Korrelates
zwischen Sein und Bewußtsein ist ihr unverzichtbar. [...] Dabei wird letztlich
eine Erkenntnis des Personalen frei, das welthafter ist als das bloße Bewußtsein.»[75]

2.2.2 Leib

Der unmittelbar gegebenen Anschauung folgend wendet sich Stein zuerst dem
Leibphänomen zu. Sie kann sich dabei auf Überlegungen stützen, die sie
schon in ihrer Einfühlungs–Arbeit angestellt hatte.[76] In phänomenologisch
nüchterner Analyse charakterisiert sie den Leib in einem ersten Schritt als
materiellen Körper: Er ist ein dreidimensionales Raumding, dessen sinnliche
Qualitäten beschrieben werden können und, insofern er sich in kausaler Abhängigkeit von seiner Umwelt befindet, veränderlich sind.[77] Der Körper wird
zum Leib durch seine Gebundenheit an ein Subjekt bzw. ein individuelles
Bewußtsein und unterscheidet sich somit von unbelebten Raumkörpern. Der
Leib in diesem Sinne zeichnet sich durch zwei Eigentümlichkeiten aus: Emp-
findungen und Lebendigkeit. Kein nur materieller Körper kennt so etwas wie
Empfindungen; um diese zu besitzen, muß ein Körper mit einem Subjekt und
dessen Bewußtseinsleben verbunden sein.[78] Das Phänomen der Lebendigkeit
macht Stein an der Fähigkeit zur Selbstbewegung fest, die sich einem inneren
Antrieb verdankt. Im inneren Kern des Lebewesens ist eine ursprüngliche
Anlage verborgen, die auf Entfaltung drängt und in der die charakteristischen
Eigenschaften des Lebewesens grundgelegt sind. Die jeweilige Befindlichkeit
des Lebewesens ist von der je wachsenden oder abnehmenden *Lebenskraft*
abhängig, die wiederum der Einwirkung des Kausalgeschehens unterworfen
ist.[79] Von der *organischen* gilt es eine *psychische Lebenskraft* zu unterscheiden. «Frische und Mattigkeit sind nicht nur Zuständlichkeiten des Leibes,

---

75 GERL 1991, 267f. Ganz ähnlich äußert sich auch SCHULZ 1994, 249: «Zwar wird auch
    hier noch am Ausgang vom reinen Bewußtsein festgehalten, doch dient er letztlich nur
    der methodischen Absicherung des Übergangs vom reinen Ich zur Analyse der mensch-
    lichen Person und der sie konstituierenden Momente. Im Vordergrund des phänomeno-
    logischen Wesensbegriffs der Person steht für Stein dabei die Frage nach der eigentümli-
    chen Faktizität personaler Subjektivität.»
76 Vgl. *Einfühlung*, 44–63.
77 Vgl. *Philosophie*, 135f.
78 Vgl. *Philosophie*, 136–138.
79 Vgl. *Philosophie*, 140f. Den Begriff der *Lebenskraft* hatte Stein schon in *Beiträge* (71–
    79) umfassend entfaltet.

sondern zugleich des Ich – und zugleich über den Leib, durch ihn verbreitet, nicht an irgendeiner Stelle lokalisiert wie die Empfindnisse, sondern ihn ganz und gar erfüllend.»[80]

Der Leib ist für Stein «die Brücke zwischen Außen– und Innenwelt»:[81] Er ermöglicht eine Einwirkung der äußeren Wirklichkeit auf das Innere der Person. In umgekehrter Richtung vermag die Person mittels ihres Leibes in das äußere Geschehen einzugreifen; insofern ist der Leib Willensorgan. Schließlich ist er für Stein Ausdrucksorgan: Nur insofern die Person Leib ist, kann sie ihr Innenleben ausdrücken und in Kommunikation mit der Außenwelt treten.[82]

Noch eine Sonderstellung des Leibes gegenüber anderen materiellen Dingen ist zu unterstreichen: Das Subjekt kann seine Stellung zu anderen Raumdingen beliebig variieren, d.h. es kann Abstand nehmen, sich annähern, sie umschreiten. Ganz anders ist das Verhältnis zum eigenen Leib. «Mein Leibkörper als Ganzes ist nicht von mir zu entfernen, er ist fest mit mir verbunden, ist immer am „Nullpunkt der Orientierung".»[83] Zugleich ergibt sich eine besondere, leibspezifische Selbstwahrnehmung: Der eigene Leib wird «von innen her» empfunden (Kälte, Schmerz, Kraft).[84] Diese leibgebundene Selbstwahrnehmung wird bedeutsam werden und uns erneut beschäftigen im Kontext der Frage nach der Einfühlung als Weg der Fremdwahrnehmung.

2.2.3 Psyche

Eine Definition der Psyche hatte Stein schon in *Beiträge zur philosophischen Begründung der Psychologie und der Geisteswissenschaften* vorgelegt (vgl. II, 2.1.3). Diese wird in der *Einführung in die Philosophie* nicht wesentlich erweitert. Sie geht davon aus, daß die Psyche aufgrund der Einwirkungen der materiellen Welt auf die psychische Lebenskraft engstens mit dem Leib verflochten und doch als eine von ihm zu unterscheidende eigene Region der Person aufzufassen ist. Sie ist die Gesamtheit der inneren, durch den Leib vermittelten Zuständlichkeiten der Person. Die spezifische Eigenart der psychischen Struktur der Person ist für Stein in lebendiger Entwicklung begrif-

---

80 *Philosophie*, 142.
81 *Philosophie*, 143.
82 Vgl. *Philosophie*, 144–145.
83 *Philosophie*, 211.
84 Vgl. *Philosophie*, 216.
Ähnlich schreibt sie in *Sein*, 338f.: «Aber ich bin bei dieser Wahrnehmung merkwürdigen Beschränkungen unterworfen wie bei keinem anderen Körper: ich besitze ihm gegenüber keine volle Bewegungsfreiheit, kann ihn nicht von allen Seiten betrachten, weil ich nicht „von ihm loskomme". Dafür bin ich ihm gegenüber nicht auf die äußere Wahrnehmung angewiesen: ich nehme ihn auch von innen wahr. Darum ist er *Leib* und nicht bloß Körper, und „mein" Leib, wie nichts Äußeres „mein" ist, weil ich in ihm wohne als in meiner mir „angeborenen" Behausung und spüre, was in ihm vorgeht, und mit diesem Spüren zugleich ihn wahrnehme.»

fen.[85] Dabei gilt: «... wir müssen die Entwicklung der Psyche und ihrer Eigenschaften als Entfaltung einer ursprünglichen Anlage ansehen. Was in der Psyche nicht angelegt ist, das kann unter keinen Umständen entwickelt werden.»[86]

2.2.4 Seele

Um den Begriff der Seele einzuführen, spricht Stein zuvor vom «Kern der Person».[87] Neben einer äußerlichen Individualität, durch die ein Mensch in seiner räumlich-zeitlichen Konkretheit von anderen unterschieden werden kann, gibt es eine innere Bestimmtheit, durch die jemand in seiner Persönlichkeit als qualitativ einmalig auszumachen ist. Dieses *persönliche Ich* ist grundgelegt im Kern der Person, der identisch bleibt und sich nicht entwickkelt, sondern sich nur im Laufe der Entwicklung der Person *entfaltet*.

> «Der Kern der Person, der sich in ihrem Charakter entfaltet, ist von dieser individuellen Färbung durchtränkt und macht die unlösliche Einheit des Charakters aus. Er prägt sich zugleich in der äußeren Erscheinung der Person aus, gestaltet ihren Leib [...] und zeigt sich rein und unvermischt in ihrer *Seele*. [...] Die Seele ist das Zentrum der Person, der „Ort", wo sie bei sich selbst ist. [...] Die Seele ist erfüllt von dem, was ihr unabhängig von allen „äußeren Eindrükken" eigen ist. Das ist nicht nur jene Eigenart der Person, die in ihr reiner als in Leib und Geist und den psychischen Dispositionen, die wir Charakter nennen, zutage tritt, sondern gewisse Grundstimmungen, in denen jene Eigenart sich auslebt und die zugleich bestimmend sind für die Art, wie die Seele die ihr zugängliche Wertewelt in sich aufnimmt, und den entsprechenden geistigen Akten ihre Färbung leihen.»[88]

In dieser Tiefenschicht der Seele, in der die Person ganz bei sich selbst ist und sich im eigentlichen Sinne selbst besitzt, ruht für Stein auch die Bedingung der Möglichkeit menschlicher Freiheit.[89]
Sie scheidet dann einen psychologischen von einem religiösen Seelenbegriff. Mit dem Begriff Psyche bezeichnet sie die Seele «als Einheit aller „inneren" Eigenschaften und Zuständlichkeiten eines realen Subjektes.»[90] Die Seele in diesem psychologischen Sinne beginnt mit der Existenz des Menschen, dem sie gehört, ist Entwicklungen und Veränderungen unterworfen und besteht nur in realer Verknüpfung mit dem Leib.

> «Im Gegensatz dazu heißt es von der Seele im religiös-metaphysischen Sinne, sie sei ungeworden und unvergänglich, sie gehe die Verbindung mit dem Lei-

---

85 Vgl. *Philosophie*, 148.
86 *Philosophie*, 148f.
87 Vgl. *Philosophie*, 156–158.
88 *Philosophie*, 158f.
89 Vgl. *Philosophie*, 161.
90 *Philosophie*, 165f.

be ein, bedürfe aber seiner nicht zu ihrer Existenz, sie sei eine einfache Realität (die also keine Entwicklung durchmacht, in der sie ihre Eigenschaften erwirbt). Das stimmt so ziemlich überein mit dem, was wir von der Seele in unserem spezifischen Sinne des Wortes sagten, dem inneren Sein, in dem sich der „Kern der Person" am reinsten ausspricht.»[91]

Es steht zu vermuten, daß es sich bei dieser Differenzierung des Seelenbegriffs um eine Überarbeitung aus dem Jahre 1931 handelt. In der Tat findet sich ein solch differenzierter Seelenbegriff auch in *Endliches und ewiges Sein*, wo Stein ganz auf den Ausdruck *Psyche* verzichtet. Hingegen hatte sie in ihrem Frühwerk anstelle des psychologischen Seelenbegriffs schlicht den Ausdruck Psyche verwandt. So sah sie in ihrem Frühwerk die Person konstituiert durch «Leib, Psyche und Geist»,[92] während die durchgängige Definition im Spätwerk «Leib, Seele und Geist»[93] lautet.

In *Endliches und ewiges Sein* unterzieht Edith Stein den Seelenbegriff einer weiteren tiefergehenden Untersuchung,[94] die ich hier nicht in allen Einzelheiten nachzeichne. Hervorzuheben ist allein die schon angedeutete doppelte Verwendung von *Seele*: Zum einen bezeichnet Stein damit die innerste Wesensmitte der Person, die ihre eigentliche Identität ausmacht, und zum anderen die Gesamtheit *seelischer* Zustände und Eigenschaften der Person, die sie früher *psychische* Zustände genannt hatte. Die Seele ist also einerseits das alles begründende und formgebende Zentrum der Person und andererseits eine der drei personalen Konstituenten Leib – Seele – Geist.[95]

---

91 *Philosophie*, 166. In diesem Sinne schreibt sie auch in *Person*, 174: «Wir nennen eine solche in sich geschlossene Monade eine *Psyche* und unterscheiden von ihr die als das Innerste der gesamten Innerlichkeit charakterisierte *Seele*.»
   Steins psychologischer Seelenbegriff deckt sich m.E. im wesentlichen mit jenem Bereich der personalen Existenz, der nach heute gängigem Sprachgebrauch als Psyche bezeichnet wird. Es handelt sich um eine komplexe Entität und Organisationsstruktur, die psychophysischen Veränderungen und Entwicklungen unterworfen ist. Hingegen scheint, was Stein als Seele im spezifisch-metaphysischen Sinn beschreibt und die den Kern der Person bildet, in mancherlei Hinsicht dem zu entsprechen, was Kohut unter Kernselbst versteht. Freilich fehlt bei Kohut die religiöse Konnotation des Steinschen Seelenbegriffs, aber er denkt ebenfalls an eine psychische Realität, die unveränderlich ist und in gewisser Weise das Lebensprogramm einer Person enthält, das unveränderlich ist und existentiell zur Entfaltung kommen soll (vgl. I. 2.2.2),

92 Siehe z.B. *Beiträge*, 270.

93 Vgl. *Sein*, 229, 342f.,426f. Meines Wissens erklärt Stein an keiner Stelle, warum sie eine solche Begriffsverschiebung vornimmt, die ja tendenziell zu größerer Unklarheit führt. Man kann vermuten, daß in der Vermeidung des Ausdrucks *Psyche* eine insgesamt psychologiekritische Haltung Edith Steins zum Ausdruck kommt; vgl. etwa ihre kritischen Anmerkungen zu einer «Psychologie ohne Seele» in *Seelenburg*, 63-66.

94 Dabei reflektiert sie beispielsweise über die Einheit von Leib und Seele und entwirft eine komplexe Differenzierung von Pflanzen- Tier- und Menschenseele, die aber im Kontext dieser Arbeit nicht von Belang ist (vgl. *Sein*, 340).

95 Stein vertieft diese Überlegungen im Zusammenhang der Reflexion über die dreifaltige Abbildlichkeit des Menschen; etwa, wenn sie schreibt: «Wenn wir an die Wurzel des menschlichen Seins zurückgehen, so finden wir die dreifache Entfaltungsrichtung: Ge-

«Die Seele ist der „Raum" in der Mitte des leiblich-seelisch-geistigen Ganzen; als Sinnenseele wohnt sie im Leib, in allen seinen Gliedern und Teilen, empfängt von ihm und wirkt gestaltend und erhaltend auf ihn ein; als Geistseele steigt sie über sich selbst hinaus, blickt in eine jenseits des eigenen Selbst liegende Welt – eine Welt von Dingen, Personen, Geschehnissen – hinein, tritt verstehend damit in Verkehr und empfängt von ihr; als Seele im eigentlichsten Sinne aber wohnt sie bei sich selbst, in ihr ist das persönliche Ich zu Hause. Hier sammelt sich alles an, was aus der sinnlichen und aus der geistigen Welt eindringt, hier erfolgt die innere Auseinandersetzung damit, von hier aus wird Stellung genommen.»[96]

In einer berühmt gewordenen Formulierung heißt es dann:

«Im Inneren ist das Wesen der Seele nach innen aufgebrochen. Wenn das Ich hier lebt – auf dem Grund seines Seins, wo es eigentlich zu Hause ist und hingehört –, dann spürt es etwas vom Sinn seines Seins und spürt seine gesammelte Kraft vor ihrer Teilung in einzelne Kräfte.»[97]

2.2.5 Geist

In der *Einführung in die Philosophie* fehlt ein eigener Abschnitt über das geistige Leben des Menschen.[98] Das mag damit zusammenhängen, daß es sich beim Geistbegriff wohl um das am wenigsten problematische Element ihrer Personphilosophie handelt, das sie zudem in *Beiträge zur philosophischen Begründung der Psychologie und der Geisteswissenschaften* schon ausführlich dargelegt hatte.[99]

Das geistige Leben läßt sich bei Edith Stein im wesentlichen durch drei Aspekte charakterisieren. Vermöge ihres Geistes ist die Person erstens fähig, sich selbst für eine Außenwelt zu öffnen und sich im Herausgehen aus sich selbst auf diese hin zu transzendieren. Dabei macht sie sich das Äußere innerlich zu eigen. «Alles geistige Leben ist ja ein nach außen gerichtetes, ein Entgegennehmen der Welt.»[100] Zweitens ermöglicht der Geist den Blick auf das eigene innere Leben der Person, den reflexiven Selbstbezug. Dabei kann aber geistiges Leben nie vollkommener Selbstbesitz sein. «Der Menschengeist ist für sich selbst sichtbar, aber nicht restlos durchsichtig.»[101] Weil geistiges Leben reflexiven (wenn auch unvollkommenen) Selbstbesitz meint, ist es drit-

---

staltung des Leibes, Gestaltung der Seele, Entfaltung im geistigen Leben. All das leistet die Formkraft der Seele und ist doch *eine* in ihre dreifachen Formwirkung.» (*Sein*, 425) – Auf diesen Gedankengang komme ich später noch zurück.

96 *Sein*, 344.
97 *Sein*, 402.
98 Stein selbst betont in einer Randbemerkung des Manuskriptes: «[Hier] Fehlt eine eigene Charakteristik des Geistigen»; vgl. Fußnote in *Philosophie*, 153.
99 Vgl. 2.1.3 in diesem Teil.
100 *Philosophie*, 158.
101 *Sein*, 336.

tens der Ermöglichungsgrund der Freiheit. Insofern er Geist ist, vermag sich der Mensch von sich selbst und seiner leiblichen Sinnlichkeit zu lösen und urteilend zu sich selbst Stellung zu nehmen. Im Geist vollziehen sich die *freien Akte* der Person.[102]

Edith Stein stellt die Person und die Analyse ihrer Struktur in die Mitte ihres wissenschaftlichen Interesses. Die Unterscheidungen, die sie dabei vornimmt, mögen zuweilen künstlich und effektiv als eine Zersplitterung der Person in miteinander unverbunden Einzelsegmente erscheinen. Genau um das Gegenteil geht es Edith Stein aber: Sie möchte die Person in ihrer Ganzheit denken. Mit Husserl nimmt sie den Ausgang vom reinen Ich, da sie mit ihm überzeugt ist, die Person nur dann in ihrer Tiefe zu erfassen, wenn sie sie phänomenologisch auf ihr Wesen hin befragt. Dann aber geht sie über Husserl hinaus, dessen Reduktion auf das reine Ich letztlich Gefahr läuft, in einem realitäts- und objektivitätslosen Raum gefangen zu bleiben und die konkrete Person in ihrer Weltwirklichkeit nicht mehr denkerisch zu erreichen. Genau diesen Mangel versucht Edith Stein aber zu überwinden, indem sie das Individuum nicht nur als reines Bewußtsein auffaßt, sondern es als Ganzheit von Leib, Seele/Psyche und Geist begreift. Diese Stoßrichtung ihres Person-Denkens tritt noch klarer hervor, wenn wir uns ihrer Analyse der Erfahrung des Anderen zuwenden.

---

102 Vgl. *Sein*, 343.

3   Phänomenologie des Anderen

Die bisherige Darstellung des Lebens und der Denkentwicklung Edith Steins
diente dem Zweck, die Auseinandersetzung mit ihrem Denken lebens- und
werkgeschichtlich zu verorten. Ich wende mich jetzt der eigentlichen Frage
zu, um die es in diesem Teil der Arbeit gehen soll: der Rolle des Anderen im
Werk Edith Steins.

Der Titel dieses Kapitels *Phänomenologie des Anderen* könnte zu Mißverständnissen Anlaß geben, etwa in dem Sinn, Stein habe nur in ihrer frühen
Schaffensphase, um die es hier geht, *phänomenologisch* gearbeitet, dann aber
die Phänomenologie zugunsten eines seinsmetaphysischen Denkens aufgegeben. Ich habe aber schon früher darauf hingewiesen, daß Edith Stein zeitlebens Phänomenologin geblieben ist und als solche gedacht und argumentiert
hat. Wenn ich in meiner Darstellung ihres Denkens des Anderen die gängige,
aber wie gesagt nicht ganz zutreffende Unterscheidung in phänomenologische
(Kap. 3) und seinsmetaphysische (Kap. 4) Phase aufgreife, so hat dies folgenden Grund: Wenngleich Stein der Phänomenologie treu bleibt, wird ihr Denken durch die Begegnung mit der christlichen Seinsmetaphysik doch erheb-
lich erweitert – sowohl im Blick auf das methodologische Vorgehen als auch
auf die inhaltliche Konfiguration. Ich hoffe, durch die Akzentuierung der zwei
Schaffensphasen einerseits die Kontinuität spezifischer Fragestellungen und
andererseits die Unterschiedlichkeit ihrer Beantwortung deutlicher hervorheben zu können.

Unter der Periode phänomenologischen Denkens im engeren Sinne verstehe ich im folgenden die Zeit bis 1922. Dabei kann ihre Taufe am 1. Januar
1922 als wichtige Zäsur aufgefaßt werden.[103] Stein hatte noch vor der Taufe
ihr letztes rein phänomenologisches Werk *Eine Untersuchung über den Staat*
im wesentlichen fertiggestellt.[104] Es folgt dann einer mehrjährige Pause, in der
Stein nichts schreibt und veröffentlicht. Erst 1925 beginnt sie auf Anregung
von Erich Przywara, sich mit Thomas von Aquin zu beschäftigen, was den
Auftakt zu einer neuen wissenschaftlichen Schaffensperiode darstellt.

Im folgenden werde ich versuchen, Steins Theorie des Anderen, so wie sie
sich bis 1922 entwickelt, darzustellen anhand der Begriffe *Einfühlung, Individuum – Gemeinschaft, der Andere – Intersubjektivität*. Wenngleich diese The-
menbereiche inhaltlich und auch in der Steinschen Darlegung eng miteinander
verwoben sind, soll ihre Unterscheidung helfen, spezifische Aspekte der Frage nach dem Anderen schärfer voneinander abzuheben.

---

103 Vgl. IMHOF 1987, 105-108.
104 Herausgegeben wurde diese Studie von Husserl allerdings erst 1925 als Band VII seines
Jahrbuches.

3.1 Einfühlung

Die Theorie der Einfühlung ist derjenige Aspekt des Denkens Edith Steins, der – mehr noch als ihre Personphilosophie – immer wieder Aufmerksamkeit erregt und zahlreiche Studien und kritische Vertiefungen provoziert hat.[105] Lembeck, der gegenüber dem Spätwerk Steins eine deutlich kritischere Haltung einnimmt, bewertet ihre Dissertation über die Einfühlung als «ein gelungenes Beispiel phänomenologischer Forschung».[106]

Zunächst gilt es zu klären, was Edith Stein mit dem Begriff der *Einfühlung* meint, und vor allem in welchem Zusammenhang er mit ihrer Theorie der Alterität steht. Dabei ist zuallererst einem möglichen Mißverständnis vorzubeugen: Das deutsche Wort *Einfühlung* hat umgangssprachlich eher romantisch-vage Konnotationen. Und in einem solchen Sinne versteht auch Graef, eine der ersten Stein-Biographinnen, darunter eine «typisch weiblich Gabe».[107] Mißverständlicher ist die Eigenart dieses Phänomens aber kaum auszudrücken. Stein greift nämlich mit ihrer Dissertation in eine schon bestehende und in den frühen Jahren des 20. Jahrhunderts sehr virulente philosophische Diskussion ein. Diese wurde anfangs vor allem von Theodor Lipps bestimmt;[108] seit ungefähr 1905 beschäftigte sich dann auch Husserl damit – zu Beginn in Anlehnung an Lipps, später eigenständiger.[109] Hier geht es um

---

105 Es liegt ein Fülle von Aufsätzen aus Zeitschriften oder Sammelwerken zum Thema *Einfühlung* vor, aber nur eine umfassende monographische Studie (FIDALGO 1985). Wichtige Beiträge zur *Einfühlung* sind: SECRETAN 1977; ALES BELLO 1977, 1987; BETTINELLI 1989; HEDWIG 1991; FIDALGO 1993; COSTANTINI 1981, 1987, 1990; COSTANTINI-COSTANTINI 1998; SCHULZ 1994; KÖRNER R. 1998.

106 LEMBECK 1990, 275.

107 GRAEF 1958, 32.

108 Theodor Lipps war um die Jahrhundertwende einer der prägendsten Philosophen in Deutschland. Als einer der Hauptvertreter des Psychologismus war er von Husserl in den *Logischen Untersuchungen* heftig kritisiert worden. Später hingegen wurde er, wie selbst Husserl anerkennt, zum Wegbereiter der Phänomenologie in München und Begründer der dortigen Phänomenologischen Schule (Pfänder, Geider, Reinach, Conrad). Stein ist als Reinach-Schülerin indirekt auch von Lipps beeinflußt.
Vgl. zum Einfühlungs-Begriff und seiner Wirkungsgeschichte: EWERT 1972.

109 Husserls Notizen zur Frage der Einfühlung finden sich in HUSSERL 1973a-c. Dabei handelt es sich durchgängig um Notizen mit einer Länge von nur wenigen Seiten. Es findet sich keine systematische Darstellung, eher kreist Husserl in immer neuen Anläufen um das gleiche Thema. Er greift das Thema «Einfühlung» später wiederholt auf und legt es vor allem in den *Cartesianischen Meditationen* noch einmal umfassender dar.
Eine Einführung in Husserls Theorie der Einfühlung bietet Iso Kern als Herausgeber der Bände XIII-XV der Husserliana (siehe: KERN 1973). Außerdem THEUNISSEN 1977, bes. 15-155.

110 Gewiß übersteigt schon rein quantitativ die Dissertation Steins alle Schriften Husserls zum Thema der Einfühlung, aber auch was die Gründlichkeit und innere Durchdringung des Gegenstandes angeht, überholt Stein ihren Meister. Man darf mit dem Herausgeber der Husserliana davon ausgehen, daß Stein zum Zeitpunkt ihrer Dissertation außer einigen Hinweisen in der Vorlesung die Arbeiten Husserls zum Thema Einfühlung wohl

Steins Einfühlungstheorie; ich werde deswegen auf Lipps und Husserl nur in dem Maße eingehen als sie helfen, den Steinschen Ansatz nuancierter herauszuarbeiten. Ich umgehe damit auch die komplexe Diskussion um das Verhältnis Husserl-Stein bezüglich der Einfühlungsfrage, in der es u.a. darum geht, ob Edith Stein die Husserlschen Notizen zur Einfühlung gekannt hat und sie in ihrer Arbeit voraussetzt. Ich nehme an, daß sie sie nicht gekannt hat[110] und komme – das sei hier bereits vorweggenommen – anders als z.B. Theunissen zu dem Schluß, daß sich Stein in ihrer Dissertation sehr wohl von Husserl abhebt und über ihn hinausgeht.[111]

Stein selbst merkt an, daß Husserl seine Einfühlungstheorie kaum vertieft hatte. Sie schreibt über eine Vorlesung Husserls im Jahr 1913/14:

> «In seinem Kolleg über Natur und Geist hatte Husserl davon gesprochen, daß eine objektive Außenwelt nur intersubjektiv erfahren werden könne; d.h. durch eine Mehrheit erkennender Individuen, die in Wechselverständigung miteinander ständen. Demnach sei eine Erfahrung von anderen Individuen dafür vorausgesetzt. Husserl nannte diese Erfahrung im Anschluß an die Arbeiten von Theodor Lipps Einfühlung, aber er sprach sich nicht darüber aus, worin sie bestünde. Da war also eine Lücke, die es auszufüllen galt: ich wollte untersuchen, was Einfühlung sei.»[112]

Edith Steins Untersuchung der Einfühlung hat freilich ein spezifisches Ziel: Einfühlung ist der Weg zur *Fremderfahrung*. Von Anfang an kreist ihr Bemühen um die Frage nach dem Anderen. Wie wird der Andere für mich erfahrbar? Welche epistemologische Struktur, welches Wissen vom Anderen und damit auch von uns selbst ergibt sich, wenn wir uns in einen anderen Menschen hineinfühlen? Zutreffend konstatiert Lembeck, die *Frage nach dem Anderen* sei «das eigentliche Problem, das Edith Stein in ihrer Dissertation thematisiert. Das psychologische Einfühlungsvermögen ist demgegenüber ein fast triviales Thema.»[113]

---

nicht gekannt hat (vgl. KERN 1973, XLIIf). In diesem Sinne äußert sich auch COSTANTINI 1981.

111 Nach THEUNISSEN «geht [Stein] in den positiven Analysen prinzipiell nicht über ihren Lehrer hinaus». (1977, 70)

112 *Familie*, 238. Vgl. auch den Hinweis auf die nur «spärlichen Andeutungen» Husserls darüber, was Einfühlung sei (246).

113 LEMBECK 1990, 276. So auch ALES BELLO 1998, 69: «Ihre intellektuelle Neugier treibt sie dazu, den Anderen in seiner *conditio humana* zu verstehen und drängt sie deshalb, die Tiefenstrukturen herauszuarbeiten, die seiner Konstitution zugrunde liegen.»

3.1.1 Der Akt der Einfühlung – Abgrenzung und Bestimmung[114]

Im Begriff *Einfühlung* ist schon vorausgesetzt, daß es um «fremde Subjekte und ihr Erleben»[115] geht. In deutlicher Anknüpfung an Husserl versucht Stein zunächst, zu klären, um was es bei der Einfühlung dem Wesen nach eigentlich geht. Dazu greift sie zurück auf das Instrumentarium der *phänomenologischen Reduktion,* mittels derer sie alle natürliche Erfahrung ausschließt. Übrig bleibt dann das eigene reine Erleben, das zum Ausgangspunkt der Wesensbetrachtung wird. Alles vorgefundene Fremde wird phänomenologisch auf den Akt der Einfühlung reduziert.

> «Alle diese Gegebenheiten von fremdem Erleben weisen zurück auf eine Grundart von Akten, in denen fremdes Erleben erfaßt wird und die wir nun unter Absehung von allen historischen Traditionen, die an dem Worte hängen, als Einfühlung bezeichnen wollen.»[116]

Stein setzt damit in aller wünschenswerten Klarheit den Ausgangspunkt ihrer Theorie des Anderen fest: der reine Vollzug des *ego cogito.* Die Wahrnehmung des Anderen kann für Stein nur ansetzen beim Ich, näherhin bei der Wesensbeschreibung jenes Aktes, in dem der Andere mir zur Geltung kommt, also der Einfühlung. Ihr erstes Bemühen gilt folglich der Beschreibung des Einfühlungsaktes und seiner Unterscheidung von anderen Akten. Stein macht dazu mehrere Anläufe und unterscheidet in subtilen phänomenologischen Differenzierungen ihre Theorie der Einfühlung von anderen Entwürfen (vor allem Lipps und Scheler), bzw. verwandten Phänomenen (Erinnerung, Phantasie, Nachahmung, usw.).

In einem ersten Anlauf hebt sie den Akt der Einfühlung ab von anderen Bewußtseinsakten, wie der Wahrnehmung, der Erinnerung oder der Phantasie. Wie diese ist auch die Einfühlung ein *originärer Akt,* insofern sie ein aktuelles, gegenwärtiges Erlebnis ist. Der Inhalt jedoch, der im Akt der Einfühlung zur Geltung kommt, ist *nicht-originär.*[117] Stein unterscheidet im inneren Vollzug des Erlebens des Anderen drei Momente:[118] (1) Das *Auftauchen* des Erlebnisses: Mit einem Mal kann mir ein fremdes Erlebnis als Objekt gegenübertreten, indem ich beispielsweise die Trauer auf dem Gesicht eines Freundes bemerke. (2) Die *erfüllende Explikation*: Indem ich versuche, mir die Stimmung meines Freundes zur Gegebenheit zu bringen, stehe ich ihm nicht mehr gegenüber, sondern bin sozusagen in ihn hineinversetzt; ich stehe an der

---

114 Die Dissertation setzt in der Form, wie sie uns heute vorliegt, sofort mit der Klärung des Wesens der Einfühlung ein. Stein hatte aus Kostengründen nur die Teile II-IV ihrer Arbeit drucken lassen. Ein umfangreicher erster Teil, der die Frage der Einfühlung in historischer Perspektive abhandelte, gilt bis heute als verschollen.

115 *Einfühlung,* 1.

116 *Einfühlung,* 4.

117 Vgl. *Einfühlung,* 6-9.

118 Vgl. *Einfühlung,* 9f.

Stelle des Subjektes und bin mit ihm seinem Objekt (der Trauer) zugewandt. (3) Die zusammenfassende *Vergegenständlichung des explizierten Erlebnisses*: Schließlich mache ich mir das Erleben des Anderen, in das ich mich eingefühlt habe, zum Gegenstand; in dieser Objektivation kläre ich mir selbst den soeben erlebten Vorgang und bringe darin mein eigenes Erleben zur Abhebung vom eingefühlten fremden Erleben.

Das erste und dritte Moment sind klar als nicht-originäre Akte erkennbar; in ihnen tritt mir das fremde Erleben als wahrgenommenes Objekt gegenüber. Aber auch das zweite Moment beschreibt ein originäres Erleben nur insofern, als ich mich aktuell in die Trauer meines Freundes einfühle. Es bleibt jedoch ein nicht-originäres Erleben, insofern die Trauer meines Freundes seine Trauer bleibt, in die ich mich hineinfühle, die aber nie mein originäres Erlebnis werden kann.

Einer der wichtigsten Gesprächspartner, durch den Stein ihre Theorie der Einfühlung weiter profiliert, ist *Theodor Lipps*.[119] Die Klärung von Übereinstimmungen und Unterschieden ermöglicht ihr eine Fortsetzung der eigenen Analyse. Sie stimmt mit Lipps vor allem darin überein, daß die Einfühlung ein «inneres Mitmachen» der fremden Erlebnisse meint, «wo wir „bei" dem fremden Subjekt und mit ihm seinem Objekt zugewandt sind».[120] Lipps geht aber davon aus – und vor allem in diesem Punkt sieht Stein einen deutlichen Unterschied in der Auffassung –, daß ein volles Erleben des fremden Erlebens möglich ist, das er ebenfalls Einfühlung nennt. Auch für Stein gilt, daß im zweiten oben beschriebenen Moment der Einfühlung das Subjekt des «eingefühlten Erlebnisses nicht im eigentlichen Sinne Objekt ist, aber wir bestreiten, daß volle Deckung mit dem [...] einfühlenden Ich eintritt, daß beide eins werden».[121] Stein bestreitet nicht, daß es ein solches Phänomen geben kann – sie nennt es *Einsfühlung* –, in dem beide das Gleiche fühlen. So kann z.B. eine Nachricht in einer Gruppe von Personen *eine* Begeisterung, *einen* Jubel auslösen. In einer solchen Einsfühlung sind aber Ich und Du im *Wir* aufgehoben; das Wir ist das eigentliche fühlende Subjekt. Deswegen die Schlußfolgerung: «Nicht durch das Einsfühlen erfahren wir von anderen, sondern durch das Einfühlen, durch Einfühlung wird Einsfühlung und Bereicherung des eigenen Erlebens möglich.»[122] Konstitutiv für die Einfühlung im Sinne Steins ist das eigene dem Gehalt nach nicht originäre Erlebnis, das ein fremdes originäres Erlebnis bekundet. Im Akt der Einfühlung hat das Eingefühlte somit «denselben Gehalt und nur einen anderen Gegebenheitsmodus».[123]

---

119 Vgl. *Einfühlung*, 11-19.
120 *Einfühlung*, 11.
121 *Einfühlung*, 12.
122 *Einfühlung*, 18.
123 *Einfühlung*, 15.

Stein entwickelt ihren Begriff der Einfühlung weiter, indem sie ihn in einem nächsten Schritt mit «genetischen Theorien über das Erfassen von fremdem Bewußtsein»[124] ins Gespräch bringt. Unter solchen Theorien, die die Entstehung des Phänomens der Einfühlung zu erklären suchen, versteht sie die *Nachahmungstheorie*, auf die Lipps zurückgegriffen hatte, die *Assoziationstheorie* und die *Analogschlußtheorie*, wie sie z.B. von John Stuart Mill vertreten wurde. An allen drei Theorien kritisiert sie, daß die Wahrnehmung eines fremden Erlebens oder einer fremden Bewegung ein eigenes Erleben oder eine eigene Bewegung wachruft – eben auf dem Wege der Nachahmung, der Assoziation oder der analogisierenden Erinnerung. Man gelangt sozusagen zu einem eigenen Gefühl, das man dann nachträglich nicht nur als eigenes, sondern auch als fremdes betrachtet.[125] Das aber kann für Stein mit Einfühlung nicht gemeint sind. Im Gegenteil: In der Einfühlung bekundet sich real und direkt ein fremdes Erleben.[126] «Die Einfühlung dagegen setzt als erfahrender Akt das Sein unmittelbar und sie erreicht ihr Objekt direkt – ohne Repräsentanten.»[127]

Stein schließt ihre Untersuchung der genetischen Theorien ein durch eine phänomenologische Reflexion, in der sie den eigentlichen Grund für ihre Ablehnung dieser Theorien angibt: Eine Untersuchung, die sich nicht in phänomenologischer Reduktion klar gemacht hat, was überhaupt Einfühlung ihrem Wesen nach ist, kann auch nicht deren Entstehung erklären.[128] Damit aber steht für Stein die genetische Psychologie ganz im Dienst der Phänomenologie. Letztere beschreibt, was Einfühlung und Erleben des anderen eigentlich, d.h. wesensmäßig, ist; der Psychologie kommt hingegen die Aufgabe zu, darzulegen, wie sich das Fremderleben im realen Individuum konkret vollzieht. Dabei ist jedoch die Psychologie «ganz und gar an die Resultate der Phänomenologie gebunden».[129] Stein argumentiert in ihrer Verhältnisbestimmung von Phänomenologie und Psychologie apodiktisch und kaum begründend. Es ist auch unübersehbar, daß sich daraus problematische Konsequenzen ergeben, auf die sie aber in keiner Weise eingeht.[130] Vor allem wird hier ansichtig,

---

124 Vgl. *Einfühlung*, 21-30.
125 Vgl. *Einfühlung*, 26.
126 Vgl. *Einfühlung*, 25.
127 *Einfühlung*, 26.
128 *Einfühlung*, 30: «Das Ergebnis unseres kritischen Exkurses ist also: keine der vorliegenden genetischen Theorien vermag die Einfühlung zu erklären. Und wir erraten wohl, woher das kommt: bevor man etwas seiner Entstehung nach schildern will, muß man wissen, was es ist.»
129 *Einfühlung*, 23.
130 Beispielsweise stellt sich die Frage, ob Stein hier nicht implizit einen hermeneutischen Zirkel beschreibt, den sie jedoch nicht aufzulösen vermag: So beansprucht sie zum einen, in ihrer phänomenologischen Analyse «zu den Sachen selbst» zurückzukehren, also die Wirklichkeit in ihrer wesenhaften Gestalt zu reflektieren, schließt aber gleichzeitig Wirklichkeitsbeschreibungen, die sich nicht mit ihrer Analyse decken, als nicht zutreffend aus, ohne die eigene Analyse als eventuell zu reduktiv in Frage stellen zu lassen.

daß Stein die Beziehung von reiner phänomenologischer Beschreibung und Analyse der konkreten Realsituation des Erlebens nicht bis ins Letzte geklärt hat. Ich komme auf diese Problematik später noch zurück.

In eine ganz ähnliche Richtung weist auch die Kritik an *Max Scheler*, mit dem sie sich als nächstem auseinandersetzt.[131] Seine Theorie über die Erfassung von fremden Bewußtsein habe «etwas äußerst Bestechendes».[132] Scheler ging von einem «indifferenten Strom des Erlebens» aus, aus dem sich dann allmählich die eigenen und fremden Erlebnisse herauskristallisierten. So gehöre das fremde Erleben und das fremde Ich immer schon zum eigenen ursprünglichen Erlebensstrom dazu und werde deswegen innerlich wahrgenommen. Stein bemängelt an Schelers Position, daß von einem solchen Erleben, das der Konstitution der Ichs vorausliegt, nur die Rede sein könne, wenn man wie Scheler von konkreten Individuen, aber nicht vom reinen Ich spreche. Dagegen hält sie fest:

> «In jener Sphäre [des reinen Bewußtseins] hat das „Ich" eine andere Bedeutung, es ist nichts als das im Erleben lebende Subjekt des Erlebens. So verstanden, wird die Frage, ob ein Erlebnis „meins" oder das einen andern sei, sinnlos. [...] Diese eigenen Erlebnisse – die reinen Erlebnisse des reinen Ich – sind mir gegeben in der Reflexion, der Rückwendung, in der das Ich vom Objekt sich abwendend auf das Erleben dieses Objektes hinblickt.»[133]

Noch einmal unterstreicht Edith Stein hier in aller Klarheit, worum es ihr geht: das reflexive Einholen des Erlebens, oder besser: den reflexiven Selbstvollzug des *ego cogito*, oder noch anders: das reine Ich, das sich im Erleben erlebt. Damit knüpft Stein ausdrücklich an der Vorgabe Husserls an.

Durch diese wiederholten Konfrontationen ihres eigenen Einfühlungsbegriffs mit anderen ähnlichen oder angrenzenden Entwürfen gelingt es Edith Stein, das Proprium ihrer Theorie in aller Klarheit herauszuheben. Der Ertrag des ersten Teils ihrer Arbeit läßt sich so zusammenfassen: Um zu verstehen, was sich in der Erfahrung von fremden Subjekten und ihrem Erleben eigent-

---

Hier wird schon greifbar, daß die gesamte Problematik, die in der jüngeren Diskussion um Hermeneutik und Wahrheitstheorien zur Sprache gekommen ist, in Steins Denken kaum präsent ist.

Anzumerken bleibt freilich, daß Stein das hier nur apodiktisch bestimmte Verhältnis von Phänomenologie und Psychologie in ihren späteren Untersuchungen in *Psychische Kausalität* ausführlich begründet (vgl. Teil II, 2.1.3).

131 Vgl. *Einfühlung*, 30-39.

132 *Einfühlung*, 30. Vermutlich kommt in dieser Äußerung die hohe Wertschätzung Steins für Scheler zum Ausdruck, der ja zum erweiterten Göttinger Phänomenologenkreis gehört und dort sehr großen Eindruck auf sie gemacht hatte. *Familie*, 229: «Der erste Eindruck, den Scheler machte, war faszinierend. Nie wieder ist mir an einem Menschen so rein das „Phänomen der Genialität" entgegengetreten.»

133 *Einfühlung*, 32.

lich ereignet, muß man den Akt, in dem das fremde Subjekt erfahren wird, auf sein Wesen hin untersuchen. Diesen Akt der Fremderfahrung bezeichnen wir als Einfühlung, deren Wesen nur dann ansichtig wird, wenn wir sie einer phänomenologischen Analyse unterziehen. Dann ergibt sich: Die Einfühlung ist ein originärer Akt, etwas also, das ich aktuell erlebe. Dabei fühle ich mich in das Erlebnis des anderen, das für ihn ein originäres Erlebnis ist, bis an den Punkt hinein, daß ich in gewisser Weise beim erlebenden Anderen bin; ich bin sozusagen in das Subjekt des originären Erlebens hineingezogen und erlebe in ihm das von ihm erlebte Objekt. Dennoch ereignet sich dabei keine vollkommene Verschmelzung meines Erlebens mit dem fremden Erleben. Das für den Anderen originäre Erleben bleibt für mich immer nicht-originär, und ich kann es mir deswegen als solches in der objektivierenden Reflexion zur Geltung bringen.

3.1.2 Ich-Konstitution und Wahrnehmung des Anderen

Der Wesensbeschreibung des Einfühlungsaktes läßt Stein nun eine eingehende Reflexion über die *Konstitution des psychophysischen Individuums* folgen. Ich kann mich an dieser Stelle auf einige grundlegende Skizzen beschränken, da die Steinschen Ausführungen im wesentlichen überstimmen mit der Analyse der Struktur der menschlichen Person, die ich schon in ihrer *Einführung in die Philosophie* untersucht habe (vgl. Teil II, 2.2).

Im dritten Teil ihrer Arbeit stellt Stein sich die Aufgabe, vom Einfühlungsakt, der ja, wie wir sahen, Selbstvollzug des reinen Bewußtseins ist, vorzudringen zum Anderen, der in der Einfühlung wahrgenommen wird. Der zu beschreibende Übergang ist also der vom formalen Akt der Einfühlung zu ihrem inhaltlichen Objekt.

Stein wählt dazu den Weg über die Beschreibung der Konstitution des Ich. Sie skizziert dabei vier Stufen, wobei sie den Ausgang vom nun schon bekannten reinen Ich nimmt, und schließlich zum konkreten, real existierenden psycho-physischen Individuum gelangt. Auf jeder Stufe kommen das Ich und der Andere in einer unterschiedlichen Weise zur Gegebenheit.

Das *reine Ich*, das sie auf der ersten Stufe zur Sprache bringt, ist das qualitätslose Subjekt des Erlebens, das am Endpunkt der phänomenologischen Reduktion gedacht wird. Wo das reine Ich als «Selbstheit» erlebt wird, kann jedoch auch ein «anderes» gegeben sein.

«Und diese Andersheit bekundet sich in der Art der Gegebenheit; es erweist sich als ein anderes als ich, indem es mir anders gegeben ist als „ich": darum ist es „Du"; aber es erlebt sich so, wie ich mich erlebe, und darum ist das „Du" ein „anderes Ich". So erfährt das Ich keine Individualisierung, indem ihm ein anderes gegenübertritt, sondern seine Individualität, oder, wie wir lieber sagen wollen, [...] seine Selbstheit kommt zur Abhebung gegenüber der Andersheit des andern.»[134]

Hier treffen wir zum ersten Mal auf eine Beschreibung des Anderen:[135] Das reine Ich erlebt ein anderes und kann es als ein anderes überhaupt nur erleben, insofern es gerade *Nicht-Ich* ist; zugleich aber ist es ein *anderes Ich* (*alter ego*), weil es erlebt wird als ein Du, das sich selbst ebenso erlebt, wie ich mich erlebe. In dieser kurzen Beschreibung wird schon deutlich, daß, zumindest auf der Ebene des reinen Bewußtseins, das sich selbst erlebende reine Ich vorgängig zum erlebten anderen Ich ist und dieses im eigenen Erleben konstituiert.

Auf einer zweiten Stufe versteht Edith Stein das Ich als «Einheit eines *Bewußtseinsstromes*».[136] Die isolierten Erlebnisse des Ich verbinden sich zu einem Strom, der das Ich qualitativ kennzeichnet; zugleich wirkt diese Prägung des Ich zurück auf die Weise, wie die einzelnen Erlebnisse erlebt werden. Hier können nun von den *selben* Bewußtseinsströmen *andere* unterschieden werden. Sie gehören zu unterschiedlichen erlebenden Subjekten, mit einem je eigentümlichen Erlebnisgehalt. Somit sind sie nicht nur anders, sondern auch qualitativ unterschieden. «Auch mit dieser qualitativen Besonderung haben wir aber noch nicht das erreicht, was man gemeinhin unter einem individuellen Ich oder einem Individuum versteht».[137] Diese gesamte Analyse hat, wenngleich sich in ihr durchaus Steins grundlegendes Interesse an der Struktur der Person dokumentiert, in diesem Zusammenhang doch nur einen hinführenden Zweck: sie bildet den Übergang zur Analyse der Fremderfahrung.

Auf der dritten Stufe beschreibt Stein die *Seele* als Träger, der den Erlebnissen zugrunde liegt. Sie gebraucht dabei die Begriffe Seele und Psyche undifferenziert und beschreibt inhaltlich, was sie später in *Psychische Kausalität* präziser unter dem Begriff Psyche fassen wird. Die seelischen bzw. psychischen Kategorien sind dabei kausal bedingter Veränderlichkeit unterworfen, analog den physischen Dingen. Der Gehalt des Erlebnisstroms prägt die Struktur der Seele, wie umgekehrt diese auf ihn einwirkt.

Im Übergang zur vierten Stufe ereignet sich der für Stein entscheidende «Schritt vom Psychischen zum Psychophysischen».[138] Ich gehe hier nicht auf ihre umfassende Analyse des Leibes[139] ein, die im wesentlichen derjenigen in

---

134 *Einfühlung*, 41.

135 Es bleibt zu bedenken, daß wir uns in einer rein phänomenologischen Beschreibung befinden. Stein beansprucht – zumindest auf dieser ersten Ebene –, von Wesenserfahrungen zu sprechen und nicht von konkret existierenden Ichs oder Anderen.

136 Vgl. *Einfühlung,* 41-43.

137 *Einfühlung*, 42.

138 *Einfühlung* 44.

139 Vgl. *Einfühlung*, 44-63.

Einführung in die Philosophie entspricht (vgl. Teil II, 2.2). Hervorzuheben ist zweierlei: (a) Für Stein ist der eigene *Leib* der «Nullpunkt der Orientierung»:[140] Ich kann mich nie von ihm loslösen und mich selbst und die Welt nur in meinem Leib erfahren. Dabei aber sind *Leibraum* und *Außenraum* völlig voneinander verschieden. Die eigene Innenwelt (Empfindungen, Gefühle) und die Kommunikation mit der Außenwelt (Gefühlsausdruck, Handeln als Willensausdruck) sind leiblich vermittelt und ohne Leib nicht denkbar. (b) Stein unterstreicht, daß sich die Seele (bzw. Psyche) notwendig in einem Leib bekundet.

Sie faßt ihre umfassende Analyse folgendermaßen zusammen:

«[...] was unter einem individuellen Ich oder Individuum zu verstehen ist: ein einheitliches Objekt, in dem die Bewußtseinseinheit eines Ichs und ein physischer Körper sich untrennbar zusammenschließen, wobei jedes von ihnen einen neuen Charakter annimmt, der Körper als Leib, das Bewußtsein als Seele des einheitlichen Individuums auftritt. Die Einheit dokumentiert sich darin, daß gewisse Vorgänge als zugleich der Seele und dem Leib angehörig gegeben sind (Empfindungen, Gemeingefühle), ferner in der Kausalverbindung physischer und psychischer Vorgänge und des dadurch vermittelten Kausalverhältnisses zwischen der Seele und der realen Außenwelt.»[141]

An dieser Stelle nun beginnt Edith Stein mit ihrer expliziten Analyse des fremden Individuums. Warum aber zuvor dieser lange und recht komplizierte Gang durch die Darlegung der Ichkonstitution? Warum der umständliche Weg vom reinen Ich zum konkreten leiblich verfaßten psychophysischen Individuum? Dieser Anweg war notwendig, weil für Edith Stein der Übergang zum fremden Individuum bzw. zur Gegebenheit des Anderen eben bei dessen leiblicher Anwesenheit ansetzen muß. Analyse des Anderen und seiner Wahrnehmung im Ich hebt an mit der Analyse seiner leiblichen Gegenwart.

Stein führt diese Untersuchung durch, indem sie im wesentlichen drei zentrale Konstituenten des Leibes, die sie sich zuvor erarbeitet hatte, nun im Blick auf den fremden Leib durchdekliniert: der Leib (a) als Träger von Empfindungen, (b) als Nullpunkt der Orientierung in der räumlichen Welt, (c) als Träger freier Bewegung. Betrachten wir ihre Argumentation im einzelnen.

Ein Körper ist deswegen Leib, weil er ein *Innenleben* hat: Empfindungen, Ausdrücke, psychische Regungen. Meinen eigenen Körper nehme ich in diesem Sinne als Leib wahr. In der Wahrnehmung eines anderen Körpers, der dem meinen ähnlich ist, kommt es zu einer «einfühlenden Vergegenwärtigung»:[142] Ich *fühle* dem fremden Leib Empfindungen *ein*, d.h. im Sehen des fremden Leibes, «sehe» ich auch die in ihm erlebten Empfindungen mit. Solche analogische Einfühlung eigener Leibempfindung in einen anderen Leib ist

140 *Einfühlung,* 47
141 *Einfühlung,* 63.
142 *Einfühlung,* 64.

um so leichter, je mehr dieser Leib dem Typos Mensch ähnelt.[143] Empfindungen aber gehören immer zu einem Ich. Deswegen ist mit dem fremden Empfindungsleib notwendig auch ein *fremdes Ich* gegeben.

In dieses fremde Ich kann ich mich einfühlend hineinversetzen und gewahre dabei, daß auch es seinen Leib, wie ich den meinen, als einen Nullpunkt der Orientierung erfährt.

«[So] gewinne ich ein neues Bild der räumlichen Welt und einen neuen Nullpunkt der Orientierung. Es ist nicht so, daß ich meinen Nullpunkt hierher verlege, denn ich behalte meinen „originären" Nullpunkt und meine „originäre" Orientierung bei, während ich einfühlend, nicht-originär die andere gewinne.»[144]

Für Stein ist das Weltbild des anderen meinem eigenen *konoriginär*[145]. Daraus ergeben sich zwei wichtige Konsequenzen: Erstens gewinnt die Einfühlung Bedeutung für die Erfahrung der realen Außenwelt. Durch die Möglichkeit, mich in die Außenwelterfahrung des anderen einzufühlen, wird mein eigenes Weltbild modifiziert. Mehr noch: Die wirkliche Konstitution der realen Außenwelt ereignet sich im Horizont intersubjektiver Erfahrung. «So wird die Einfühlung als Fundament intersubjektiver Erfahrung Bedingung der Möglichkeit einer Erkenntnis der existierenden Außenwelt».[146] Zweitens wird erst im Akt der Einfühlung in einen Anderen das eigene Individuum wirklich konstituiert. Stein spricht in dem Zusammenhang von «iterierter Einfühlung»: gemeint ist die Einfühlung in die Einfühlung eines Anderen.[147] Sozusagen mit den Augen des Anderen sehe ich erstmals meinen Leib, den ich bisher nur aus innerer Wahrnehmung kenne, als einen Körper neben anderen, «und so bin ich mir selbst in vollem Sinne als psycho-physisches Individuum gegeben».[148] Hier scheint aber nun ein Widerspruch in der Konstitutionstheorie Edith Steins sichtbar zu werden: Sie hatte bisher deutlich machen können, daß auf der Ebene phänomenologischer Reflexion das reine Ich als Ursprung alles anderen und alles andere als durch das reine Ich konstituiert zu denken war: «Konstitution der transzendenten Objekte im immanent Gegebenen, dem reinen Bewußtsein.»[149] In Bezug auf das reale psychophysische Individuum und

---

143 Vgl. *Einfühlung,* 66.

144 *Einfühlung,* 69.

145 Es wird noch zu klären sein, was genau sich für Stein hinter dem Terminus *Konoriginarität* (vgl. *Einfühlung,* 69) verbindet. Es stellt sich beispielsweise die Frage, ob er im Sinne von *Gleichursprünglichkeit* zu verstehen ist, und demzufolge das andere Individuum und ich selbst gleichursprünglich wären. Damit hätte sich Stein freilich von Husserl distanziert, der in seiner Lehre von der Konstitution des Anderen jede Gleichursprünglichkeit von vornherein ausschließt (vgl. THEUNISSEN 1977, 151-155).

146 *Einfühlung,* 72.

147 Vgl. *Einfühlung,* 18, 71.

148 *Einfühlung,* 71. «Als Individuum, als „ein Ich unter vielen", betrachten wir uns tatsächlich erst, wenn wir uns nach „Analogie" eines andern betrachten gelernt haben» (72f).

149 *Einfühlung,* 41.

seine Beziehung zum Anderen kommt Stein aber nun zum Schluß, daß sich das Ich erst durch die Einfühlung in den Anderen wirklich in umfassenden Sinn als psychophysisches Individuum konstituiert. Den Widerspruch, den es aufzuklären gilt, können wir also so formulieren: Auf der Ebene des reinen Bewußtseins geht das Ich dem Anderen voraus und konstituiert es; unter real existierenden Individuen hingegen gilt, daß das Ich und der Andere gleichursprünglich sind und das Ich sich selbst erst durch den Anderen in vollem Sinn gegeben ist. Ich werde auf diese Problematik später zurückkommen.

Schließlich gehört zu den Konstituenten des fremden Leibes seine Fähigkeit zur freien Eigenbewegung. Diese fast banale Feststellung dient Stein als Brücke zur Beschreibung einer Gruppe innerer oder psychischer Phänomene.[150] Der Grund der Eigenbewegung eines Leibes muß in der Tat in seiner Fähigkeit zu einer inneren Gerichtetheit liegen. Edith Stein skizziert in diesem Zusammenhang unterschiedliche Arten psychischen (oder seelischen) Erlebens (Frische, Mattigkeit, Angst), die ihrerseits der schon mehrfach beschriebenen *psychischen Kausalität* unterworfen sind.[151] Dieses innere psychische Erleben manifestiert sich in spezifischen leibgebundenen Ausdrucksphänomenen (Erröten, Stirnrunzeln, usw.). Eine eingehendere Analyse der inneren Welt des Anderen zeigt aber nun, daß die inneren Erlebnisse und ihre Ausdrucksphänomene nicht allein in einem Kausalzusammenhang (z.B. Scham - Erröten) stehen, sondern auch in einer *Motivationsbeziehung*. Von Motivati-

---

150 Vgl. *Einfühlung*, 74-85.

151 Den heutigen psychologisch geschulten Leser mag Edith Steins Rede von der *psychischen Kausalität* zuweilen fremd anmuten. Er wird akzeptieren, daß die Psyche bestimmte, häufig sogar sehr rigide Gesetzlichkeiten hat. Insgesamt aber wird er die Psyche, so wie Edith Stein sie versteht, als etwas zu durchsichtig empfinden – nichts weiter als eine Ansammlung innerer Erlebnisse, deren Kausalzusammenhänge aber jederzeit vom Geist der Person durchschaut und kontrolliert werden können. Ein dynamisches Unbewußtes – Herzstück der psychoanalytischen Theorie – scheint bei Stein auf den ersten Blick gar nicht oder kaum bedacht zu sein. – Mir scheint jedoch, daß sich im vorliegenden Abschnitt *Kausalität im Aufbau des Individuums* (*Einfühlung*, 80-85) wichtige Hinweise finden, die eine Vertiefung im Blick auf unbewußte Dynamiken zuließen. Diese hier durchzuführen, würde den Rahmen dieser Arbeit sprengen und an ihrer Zielrichtung vorbeigehen. Nur soviel: Stein erkennt die Existenz «unbemerkter» psychische Vorgänge an, die sie aber ausdrücklich nicht «unbewußt» nennen möchte (81). Solche «Hintergrunderlebnisse» könnten jederzeit reflexiv erfaßt werden (83). Gleichzeitig aber – und hier böten sich eventuelle Anknüpfungspunkte – bringt sie Beispiele für Erfahrungen oder «frühe Kindheitserlebnisse», die in die Gegenwart hineindauern, «ohne bewußt zu sein» (84). – Für eine zumindest implizite Anerkenntnis des Unbewußten bei Stein spricht auch eine Stelle aus Husserls *Ideen II*: «Die „Motive" sind oft tief verborgen, aber durch „Psychoanalyse" zutage zu fördern. Ein Gedanke „erinnert" mich an andere Gedanken, ruft ein vergangenes Erlebnis in die Erinnerung zurück, usw. In den meisten Fällen aber ist die Motivation zwar im Bewußtsein wirklich vorhanden, aber sie kommt nicht zur Abhebung, sie ist unbemerkt oder unmerklich („unbewußt").» (HUSSERL 1952, 222f). Der Text von *Ideen II* ist vollständig von Edith Stein bearbeitet und konzipiert worden, wobei sie verschiedene Notizen Husserls verarbeitet und zu einem einheitlichen Manuskript zusammengestellt hat.

onszusammenhang kann dann die Rede sein, wenn ein Erlebnis in einem Sinnzusammenhang steht. Der Andere, den ich im Akt der Einfühlung gewahre, begegnet mir also schließlich auch als «verständliches Sinnganzes».[152]

Ich fasse zusammen: Edith Stein hatte eingesetzt bei der Einfühlung in den fremden Leib; fortschreitend ergab sich die Wahrnehmung eines fremden Ichs, sodann eines Individuums mit eigener Innenwelt und schließlich eines Anderen als sinnerfülltes Wesen. Ausgehend von der einfachen Gegebenheit des Leibes war sie damit zu einem immer höheren Seelenleben gelangt. Auf jeder Stufe aber hatte die Einfühlung in den Anderen nicht nur den Anderen manifestiert, sondern zugleich, wie ein Anderer uns sieht. «Wie wir nun auf einer niederen Stufe (bei der Betrachtung des Leibes als Orientierungszentrum) sahen, war die Konstitution des fremden Individuums Bedingung für die volle Konstitution des eigenen; etwas Ähnliches findet sich auch in den höheren Schichten.»[153] Indem ich mich in den Anderen einfühle, gewinne ich zugleich das Bild, das er von mir hat; ich lerne mich und meine Eigenschaften kennen und konstituiere mich als Individuum in vollem Sinne.

Stein schließt eine letzte Reflexion über das Verhältnis von Einfühlung und originärer innerer Wahrnehmung an. Ich könnte all das, was ich mittels der Einfühlung in den Anderen über mich selbst erfahre, auch unmittelbar aus innerer Wahrnehmung kennen. Edith Stein betont nun, daß im konkret-alltäglichen Lebensvollzug die Fremderfahrung zur Selbsterfahrung, die Wahrnehmung des Anderen zur eigenen inneren Wahrnehmung führt. Theoretisch (d.h. in reiner phänomenologischer Analyse) sei das freilich keine Wesensnotwendigkeit:

> «...die Möglichkeit der inneren Wahrnehmung besteht auch unabhängig davon [von der Einfühlung], und so erscheint in diesem Zusammenhange die Einfühlung nicht als ein constituens, sondern nur als wichtiges Hilfsmittel für das Erfassen des eigenen Individuums (im Gegensatz zur Auffassung des eigenen Leibes als eines Körpers wie andere, die ohne Einfühlung nicht möglich wäre).»[154]

Noch einmal drängt sich hier der Eindruck auf, daß Edith Stein sich in Widerspruch befindet mit Feststellungen, die sie nur kurz zuvor getroffen hat. Aus welchem Grund? Wie wir schon verschiedentlich angedeutet haben, widerspricht ihre hier vorgelegte Analyse der realen Konstitution des eigenen und anderen Individuums wohl ihrer anfänglichen phänomenologischen Reflexion über den Vorrang des reinen Ich vor dem Anderen. Sollte sie hier versucht sein, in den letzten Zeilen ihre Ergebnisse doch noch so hinzubiegen, daß sie ihrem anfangs aufgestellten Anspruch genügen, wonach die konkrete geneti-

---

152 *Einfühlung*, 97.
153 *Einfühlung*, 99.
154 *Einfühlung*, 101.

sche Erklärung nicht zu anderen Ergebnissen kommen darf als die phänomenologische Analyse?[155]

3.1.3 Einfühlung in die Ich-Tiefe des Anderen

Edith Stein läßt ihrer umfassenden Analyse der Fremdwahrnehmung einen vierten Teil folgen, im dem sie sich vor allem mit dem Phänomen «Geist» und der «Einfühlung als Verstehen geistiger Personen» beschäftigt. An dieser Stelle kann ein recht kurzer Blick auf diesen Schlußteil ihrer Dissertation genügen. Den Begriff «Geist» hat sie schon bedeutend ausführlicher in den *Beiträgen* behandelt (vgl. II, 2.1.3).[156] Der Beschreibung des Einfühlungsaktes im formalen Sinne und der konkreten Gegebenheit des Anderen fügt sie hier nichts Wesentliches mehr hinzu.

Stein nimmt noch einmal ihre Analyse des Ich auf und versucht, ihr weitere Elemente hinzuzufügen. Ihr Ziel ist, zu einer Wesensbeschreibung der *Person* zu gelangen. Was aber mit einer Person gemeint ist, hat sie mit ihrer bisherigen Eigenschaftsbestimmung des psychophysischen Individuums noch nicht hinreichend bestimmt.[157] Die Person ist zusätzlich dadurch definiert, erstens ein *geistiges Subjekt* und, zweitens, eines *Wertfühlens* fähig zu sein.

Geistiges Subjekt zu sein meint, daß die Erlebnisse der Person nicht beziehungslos nebeneinander, sondern in einem motivationsbedingten Sinnzusammenhang stehen. «Eben dies sinnvolle Hervorgehen unterscheidet die Motivation von der psychischen Kausalität und das einfühlende Verstehen geistiger von dem einfühlenden Erfassen psychischer Zusammenhänge.»[158]

Edith Stein unterscheidet verschiedene Formen von Gefühlen: sinnliche Gefühle (Lust, Schmerz...), Stimmungen (Heiterkeit...) und Gefühle «im prägnanten Sinne»,[159] die sie an dieser Stelle eigentlich interessieren. Dabei gilt: Fühlen ist auf ein Objekt gerichtet und erfährt seine qualitative Bestimmung vom Wert des Objektes her, ist also zuallererst ein *Wertfühlen*.[160] Hier stellt Stein nun eine wichtige Verbindung her:

---

155 Vgl. *Einfühlung*, 23.
156 Edith Stein scheint sich durchaus bewußt gewesen zu sein, in ihrer Dissertation manches nur anfanghaft skizziert zu haben, das noch weiterer Vertiefung bedurfte. Am 27.4.1917 schreibt sie an Roman Ingarden: «Was Sie einzuwenden haben, kann ich Ihnen fast alles zugeben. [...] Der Begriff des Psychischen ist noch nicht klar herausgestellt – das weiß ich auch. Das wird erst möglich sein, wenn der Begriff des Geistes ganz rein herausgearbeitet ist, auch da fehlt ja noch so ziemlich alles (obwohl der IV. Teil der einzige ist, den ich „con amore" gemacht habe), ich glaube aber, daß die Richtung, in der ich gegangen bin, stimmt und daß nur alles noch lange nicht weit genug ist.» (*Briefe Ingarden*, 56)
157 Vgl. *Einfühlung*, 107-109.
158 *Einfühlung*, 107.
159 *Einfühlung*, 112.
160 Vgl. *Einfühlung*, 112-121. Die Bezüge auf Schelers Wertethik sind unübersehbar; er wird auch mehrfach zitiert, ebenso Pfänder.

«Es eröffnen sich hier Wesenszusammenhänge zwischen der Rangordnung der Werte, der Tiefenordnung der Wertgefühle und der sich darin enthüllenden Schichtenordnung der Person. Somit ist jeder Vorstoß ins Reich der Werte zugleich ein Eroberungszug ins Reich der eigenen Persönlichkeit.»[161]

Die Konsequenz lautet für Stein: Es existieren in der Person verschiedene *Ich-Tiefen*, die qualitativ durch die Tiefe ihrer Wertbezogenheit bestimmt sind. Damit freilich wird der Wille – d.h. die bewußte Selbstbestimmung künftigen Handelns infolge inneren Wertfühlens – zum eigentlichen Ich-Zentrum.[162].

Ähnlich ihrem Vorgehen auf den bisherigen Ebenen der Beschreibung des Individuums kann Stein nun wiederum die Brücke zum Anderen schlagen: Einfühlend kann ich auch im Anderen ein geistiges Subjekt und ein Wertnehmen erfassen. «Wie in den eigenen originären geistigen Akten die eigene, so konstituiert sich in den einfühlend erlebten Akten die fremde Person».[163]

In Abgrenzung von Dilthey nimmt Stein dabei eine sehr wichtige Präzisierung vor: Nach Dilthey ist das Verstehen fremder Individualität gebunden an die eigene Erlebnisstruktur, so daß diese den Bereich des möglichen Verständlichen definiert. Für Edith Stein kann die eigene individuelle Beschaffenheit nicht Grundlage der Erfahrung anderer Individuen sein. Damit wäre das Wesen der Einfühlung nicht getroffen, da so Einfühlung nur in solche Erlebnisse möglich wäre, die mir aus eigenem Erleben schon vertraut sind. Die Differenz zu Dilthey macht sich an Steins Sicht der Person fest:[164] Die *geistige Person* richtet sich im Wertnehmen auf ihre Objekt-Umwelt. Ihrer Anlage nach ist die Geistigkeit der Person *unendliche Offenheit für die Außenwelt*. Diese Anlage aber entwickelt sich nicht, etwa in dem Sinne, daß ihr progressiv etwas hinzugefügt würde, sondern entfaltet sich, insofern sie zur unwandelbaren Tiefenschicht der Person gehört. Nun kann freilich die *empirische* Person, die den Gesetzen der Entwicklung unterworfen ist, eine mehr oder weniger vollkommene Verwirklichung der geistigen Person sein. Im fragmentarischen Charakter der empirischen Person verbirgt sich die auf vollständige Enthüllung angelegte Ganzheit der geistigen Person. Im Blick auf die Einfühlung in eine andere Person ergibt sich daher für Stein, daß ich mir (ähnlich wie bei Dilthey) nur das zu «erfüllender Anschauung» bringen kann, was mir von meiner eigenen Erlebnisstruktur her vertraut ist. Da aber nicht alles, was in meiner geistigen Person angelegt ist, schon zur realen Entfaltung gekommen ist, kann ich einfühlend und nicht-originär im anderen erleben, was ich selbst noch gar nicht zur Entfaltung gebracht haben muß.[165] Der Andere offenbart mir sozusagen meine Potentialität und Zukunft.

---

161 *Einfühlung*, 113.
162 Vgl. *Einfühlung*, 119.
163 *Einfühlung*, 121.
164 Vgl. *Einfühlung*, 122-125.
165 *Einfühlung*, 128f.: «Prinzipiell erfüllbar ist alles fremde Erleben, das sich aus meiner eigenen Personalstruktur herleiten ließe, auch soweit sie noch nicht zur realen Entfaltung gelangt ist. Einfühlend kann ich Werte erleben und korrelative Schichten meiner Person

«Aus dem Gesagten geht auch hervor, welche Bedeutung die Erkenntnis der fremden Persönlichkeit für unsere „Selbsterkenntnis" hat. Sie lehrt uns nicht nur, wie wir früher sahen, uns selbst zum Objekt zu machen, sondern bringt als Einfühlung in „verwandte Naturen", d.h. Personen unseres Typs, zur Entfaltung, was in uns „schlummert", und klärt uns als Einfühlung in anders geartete Personalstrukturen über das auf, was wir nicht, was wir mehr oder weniger sind als andere.»[166]

Stein läßt hier implizit eine Interpretation der Geistigkeit der Person anklingen, die sie dann später in den *Beiträgen* systematisch entfalten wird: Geist als Fähigkeit zur Selbsttranszendenz, als Offenheit für die Welt und den Anderen. Gerade diese geistige, offene und tendenziell nie erfüllte innere Intentionalität des Menschen ermöglicht ihm, im Einfühlungsakt nicht den eigenen Erlebnishorizont zum Maßstab der Fremdwahrnehmung zu machen, sondern den Anderen als Sinn-ganzes wahrzunehmen, und durch ihn in nicht-originärem Erleben bisher unbekannte Schichten der eigenen Person zur Enthüllung und Anschauung zu bringen.[167]

3.1.4 Der real-existierende Andere

Ich hatte schon wiederholt auf Diskrepanzen in der Steinschen Analyse der Einfühlung aufmerksam gemacht. Diese inneren Ungereimtheiten können nun folgendermaßen auf den Punkt gebracht werden: Es stellt sich die Frage, von welchem Ich Edith Stein überhaupt spricht. Ist das transzendentale reine Ich – das *Ur-Ich*, das allen anderen Realitäten vorgeordnet ist und das sie zu Beginn als Ausgangspunkt ihrer gesamten Analyse postuliert – noch das gleiche Ich, von dem im weiteren Verlauf ihrer Analyse die Rede ist? Oder ist das einfühlende und mit dem Anderen in Beziehung tretende Ich nicht vielleicht schon ein konkretes, real in der Welt existierendes Ich?

Ich möchte behaupten, daß Stein von unterschiedlichen Ichs spricht und fragen, ob sich darin nicht insgeheim eine teilweise Abwendung von ihrem Meister Husserl dokumentiert.[168] Wie andere Schüler Husserls weigert sich ja auch Edith Stein, dessen Entwicklung hin zum *transzendentalen Idealismus*, wie sie sich im ersten Band seiner *Ideen* (1913) manifestierte, mitzumachen.[169]

---

entdecken, für deren Enthüllung mein originäres Erleben noch keine Gelegenheit geboten hat.»

166 *Einfühlung*, 130.

167 Stein geht in den letzten Zeilen ihrer Dissertation auf die Frage ein, ob Geist an Leib gebunden ist, oder auch Geist mit Geist direkt in Verbindung treten kann. Implizit bedeutet das: Ist so etwas wie Einfühlung in Gott und damit im eigentlichen Sinne religiöse Erfahrung möglich? Sie bescheidet sich hier mit einem «non liquet» (132).

168 Damit greife ich zurück auf Anfragen, die sehr überzeugend FIDALGO 1993 und HEDWIG 1991 vorgetragen haben.

169 Vgl. *Familie*, 220.

Bei Husserl steht das Problem der Einfühlung in Zusammenhang mit der phänomenologischen Reduktion und dem egologischen Ansatz, der sich daraus ergibt. Mit der gesamten Intersubjektivitätsproblematik, in die für ihn auch die Frage der Einfühlung gehört, verfolgt Husserl ein zweifaches Ziel: erstens den ego-logischen Ansatz nicht zu einem solipsistischen werden zu lassen, und zweitens die Konstitution einer objektiven Welt zu gewährleisten.

«Husserl, der das Kunststück fertiggebracht hatte, den Bewußtseinsprozeß vor seiner Spaltung in Ich und Welt und damit als einen ichlosen zu beschreiben, fällt auf transzendentaler Ebene wieder zurück in jene Vorstellung, die er doch überwinden wollte, nämlich die vom Ich als Eigentümer seiner Bewußtseinsinhalte. [...] So vollzieht Husserl schließlich wieder die Wendung zu einem Ich, aus dem, wie schon bei Fichte, eine ganze Welt hervorgeht. [...] Husserls transzendentales Ego hat die Welt im Kopf, aber dieser Kopf ist nicht mehr recht in der Welt.»[170]

Edith Stein vermißt in dieser transzendentalen Wende ihres Meisters aber gerade jenes Proprium, das sie in ihrer Begegnung mit der Phänomenologie so beigeistert hatte: den neuen Zugang zur Wirklichkeit, zu den Phänomenen, *zu den Sachen selbst*. Für sie stellt sich daher in ihrer Auseinandersetzung mit Husserl vor allem die Frage nach der *Konstitution des Realen*. In den Briefen an Ingarden ist diese inhaltliche Abgrenzung von Husserl, die Stein als «Ketzerei»[171] empfindet, deutlich zu greifen. Sie betrifft vor allem die Frage des Leibes: «In den letzten beiden Tagen habe ich [...] begonnen mich mit einem der Differenzpunkte zwischen dem Meister und mir (Notwendigkeit eines Leibes für die Einfühlung) etwas näher zu beschäftigen.»[172] Edith Stein manövriert sich in ihrem Versuch, einerseits der phänomenologischen Methode Husserls treu zu bleiben und andererseits seine transzendentale Reduktion zu vermeiden, in eine schwierige Situation hinein:[173] Ganz und gar im Anschluß

---

170 SAFRANSKI 1994, 103.
171 *Briefe Ingarden*, 40 (Brief vom 3.2.1917): «Ein philosophischer Spaziergang nach Haslach, den wir [Husserl und Stein] kürzlich zusammen machten, hat mich wieder ganz zuversichtlich gemacht. Übrigens hat sich im Anschluß daran ganz plötzlich bei mir ein Durchbruch vollzogen, wonach ich mir einbilde, so ziemlich zu wissen, was Konstitution ist – aber unter Bruch mit dem Idealismus! Eine absolut existierende physikalische Natur einerseits, eine Subjektivität bestimmter Struktur andererseits scheinen mir vorausgesetzt, damit sich eine anschauliche Natur konstituieren kann. Ich bin noch nicht dazu gekommen, dem Meister diese Ketzerei zu beichten».
172 *Briefe Ingarden*, 51 (Brief vom 20.3.1917).
173 Vgl. zum Folgenden die sehr gute Analyse in FIDALGO 1993, bes. 103-106.
«Die Dissertation Edith Steins enthält einen Widerspruch zwischen programmatischer Absicht und erreichtem Ergebnis. Die programmatische Absicht, der die Dissertation zugrunde liegt, also die intersubjektive Konstitution der realen (objektiven) Welt, ist eine spezifische Aufgabe der transzendentalen Phänomenologie bzw. des phänomenologischen Idealismus. Das Ergebnis der Dissertation ist jedoch das Gegenteil von dem, worauf der phänomenologische Idealismus durch die Intersubjektivitäts- bzw. Einfühlungstheorie abzielt. Sieht dieser in der intersubjektiv konstituierten Welt die bewußtseins-

an Husserl stellt sie sich zu Beginn ihrer Dissertation das Ziel, das Phänomen der Einfühlung vom egologischen Ansatz der transzendentalen Phänomenologie her zu klären, womit sie schon die objektive Welt als bewußtseinsabhängig begreift. Im Gang ihrer Analyse kommt sie aber zum Ergebnis, daß die dem Bewußtsein erscheinende Welt unabhängig vom Bewußtsein existiert;[174] mit dieser Feststellung freilich grenzt sie sich deutlich von Husserl ab.

Diese inhaltliche Distanzierung von ihrem Lehrer ist im Zusammenhang der Fragestellung der vorliegenden Arbeit deshalb besonders interessant, weil sie sich am Problem des Anderen festmacht. Edith Stein mußte, um die Einfühlung in ein anderes Individuum überhaupt denken zu können, notwendig die Leiblichkeit des Ich und des Anderen reflektieren. Damit aber war sie gezwungen, die Notwendigkeit einer absolut (d.h. a priori zum Bewußtsein) existierenden physikalischen Natur zu akzeptieren. «Die einfühlende Individualität kann nur eine leibhaftige bzw. eine weltliche sein. Das reine Ich ist nicht ein einfühlendes Ich.»[175]

Warum stellt Edith Stein den konstituierenden Vorrang des transzendentalen Ich in Frage? Für Husserl galt ja, daß zwar der Andere als ein *alter ego* auch mich als «objektive Person», als ein «Ich unter vielen» konstituiert, dennoch ist mein eigenes Ur-Ich nie wirklich vom Anderen abkünftig. Anders gesagt: Wenn alles in letzter Instanz durch das reine transzendentale Ich konstituiert ist, gilt, «daß alles, was für mich ist, seinen Seinssinn ausschließlich aus mir selbst, aus meiner Bewußtseinssphäre schöpfen kann».[176] Ich vermute, daß Stein Husserls allkonstituierende Sicht des transzendentalen Ich nicht wirklich teilte, und schließe mich der Meinung von Hedwig an, daß sich dahinter bei Edith Stein eine dunkle Ahnung der radikalen Andersheit des Anderen verbirgt, die auch in transzendentalen Rückfragen letztlich nicht zu erhellen ist.

«Es scheint aber, daß der transzendentalen Explikation der Fremderfahrung am Leitfaden der reinen Egologie – wie komplex das Thema auch sein mag – doch Grenzen gesetzt sind. Es ist nämlich durchaus fraglich, ob und inwieweit der andere, selbst wenn er essentiell als alter ego konstituiert wird, auch in seinem „Sein" von mir her zu legitimieren ist. Die Linien von Identität und Differenz, die sich in der „transzendentalen Einfühlung" kreuzen, bleiben ontologisch strikt getrennt: der Schmerz des anderen „ist" nicht mein Schmerz, seine Freu-

---

mäßig objektive Welt, so kommt Edith Stein in ihrer Dissertation zum Ergebnis, daß die einfühlungsmäßig gegebene Welt die bewußtseinsunabhängig existierende Welt ist.» (FIDALGO 1993, 103f)

174 *Einfühlung*, 72: «Damit erweist sich die Welt*erscheinung* als abhängig vom individuellen Bewußtsein, die erscheinende *Welt* aber – die dieselbe bleibt, wie und wem immer sie erscheint – als bewußtseinsunabhängig.»

175 FIDALGO 1993, 106.

176 HUSSERL 1931, 176.

de „ist" nicht meine Freude [...], sondern ich erfahre diese Empfindungen nur, „als ob" sie meine wären.»[177]

Damit bestätigt sich Lembecks anfänglich zitierte Behauptung, wonach das Thema des Anderen das eigentliche Problem der Dissertation Edith Steins ist.[178] Ich möchte die These zuspitzen: Das eigentliche Thema ist die *Andersheit des Anderen*. Steins Abrücken von Husserls Idealismus, das sie ja in unübersehbare Widersprüche verwickelt, erklärt sich im Kontext ihrer Einfühlungsanalyse am ehesten aus ihrer Ahnung der radikalen Andersheit des Anderen und aus dem tiefen Respekt vor der Differenz zwischen dem eigenen und dem anderen Ich.[179]

Zugleich klingt schon ein Thema an, das uns später noch beschäftigen wird: Indem Stein die objektive Welt als bewußtseinsunabhängig postuliert, stellt sich notwendig die Frage nach dem ontologischen Status der objektiven Wirklichkeit. Man mag also schon hier die implizite Frage nach dem Sein und dem Sinn des Seins anklingen hören, die sie in ihrem Spätwerk beschäftigen wird.[180]

3.2   Individuum – Gemeinschaft

Nach Beendigung ihrer Dissertation bemühte sich Edith Stein um eine philosophische Begründung der Psychologie und der Geisteswissenschaften. Die zwei 1922 veröffentlichten, aber wohl schon 1918 abgeschlossenen Abhandlungen *Psychische Kausalität* und *Individuum und Gemeinschaft*[181] stehen in enger inhaltlicher Verbindung mit der Doktorarbeit und bilden mit ihr zu-

---

177 HEDWIG 1991, 245f. Zu Edith Steins Kritik an Husserls Idealismus vgl. VOLEK 1998, 69-73, LEMBECK 1988, ALES BELLO 1992.

178 Vgl. LEMBECK 1990, 276.

179 Wenn ich Sartre richtig verstanden habe, dann gelangt er in seiner phänomenologischen Ontologie *Das Sein und das Nichts* zu einer ganz ähnlichen Schlußfolgerung wie Stein. Auch er grenzt sich von Husserls bewußtseinsimmanenter Konstitution des Anderen ab (und schließt auch Heidegger und Hegel in seine Kritik ein) und macht deutlich, daß Begegnung mit dem Anderen, Erkenntnis des Anderen und Konstitution des Ich und des Anderen notwendig durch die Gegebenheit und wechselseitige Wahrnehmung des *Körpers* vermittelt sein müssen (vgl. SARTRE 1943, 424-456, 539-632).

180 Hedwig kommt in diesem Zusammenhang zur abschließenden Bewertung: «Daß Edith Stein, auch wenn sie die phänomenologische Präzision nie aufgegeben hat, die transzendentale Richtung der Phänomenologie dennoch verließ, ist – im Kontext gesehen – keineswegs außergewöhnlich. Es mag hier offenbleiben, ob dieser Abschied primär theologisch oder philosophisch motiviert war.» (HEDWIG 1991, 248)
Wir können hier der lohnenswerten Frage nicht weiter nachgehen, inwieweit sich die Motivation Steins für ihre Ablehnung des transzendentalen Idealismus ihres Meisters mit derjenigen anderer Husserl-Schüler trifft, wie z.B. Reinach oder vor allem auch Heidegger (siehe CLAEGES 1989, 499). Vgl. zum Verhältnis Heidegger-Husserl SAFRANSKI 1994, 93-112; RIZZACASA 1996.

181 Beide Abhandlungen sind zusammen veröffentlicht in *Beiträge*.

sammen gleichsam die phänomenologische Trilogie Edith Steins. Schon in der Dissertation über die Einfühlung war sie zur Erkenntnis gelang, daß das Subjekt nur dann hinreichend verstanden werden kann, wenn man es nicht nur als Subjekt in sich, sondern als außengerichtet, als geistiges Wesen in Beziehung mit anderen Subjekten begreift.

Die zweite Abhandlung *Individuum und Gemeinschaft*,[182] auf die ich mich hier konzentriere, «erweitert die Betrachtung vom isolierten psychischen Individuum auf die überindividuellen Realitäten und sucht dadurch weitere Einblicke in die Struktur des geistigen Kosmos zu erzielen».[183] Edith Steins Ziel ist ein zweifaches: Zum einen will sie ihre Analyse der Person auf deren intersubjektive Bezogenheit hin erweitern; zum anderen dient ihr diese Analyse zur Klärung grundsätzlicher wissenschaftstheoretischer Fragen über die Abgrenzung von Psychologie und Geisteswissenschaften[184].

Edith Stein versucht zunächst zu klären, was unter einer Gemeinschaft zu verstehen ist. Sie greift dazu auf die Unterscheidung von Tönnies zwischen *Gesellschaft* und *Gemeinschaft* zurück. In einer Gesellschaft verbinden sich Personen um eines bestimmten Zweckes willen; die andere Person wird als Objekt wahrgenommen und planmäßig behandelt. In einer Gemeinschaft hingegen lebt man miteinander und begegnet sich von Subjekt zu Subjekt; die Gemeinschaft hat ihr Ziel in sich selbst.

In mehrfachen Anläufen geht Edith Stein dann der Frage nach, wie sich eine Gemeinschaft konstituiert. Es gibt Gemeinschaftserlebnisse, die auf die Existenz eines Erlebnisstromes in der Gemeinschaft verweisen. Aber auch ein Gemeinschaftserlebnis kann letztlich allein im individuellen Ich verwurzelt sein.

> «Das individuelle Ich ist der letzte Auslaufpunkt alles Bewußtseinslebens. [...] Es ist nun höchst wunderbar, wie dieses Ich, unbeschadet seiner Einzigkeit und unaufhebbaren Einsamkeit, eingehen kann in eine Lebensgemeinschaft mit anderen Subjekten, wie das individuelle Subjekt Glied wird eines überindividuellen Subjektes und wie im aktuellen Leben einer solchen Subjektgemeinschaft oder eines Gemeinschaftssubjektes sich auch ein überindividueller Erlebnisstrom konstituiert.»[185]

Hier klingt die Überzeugung an, die Edith Stein auch in ihrer Dissertation vertreten hatte: Der Grund der Konstitution des Anderen liegt im Ich begrün-

---

182 *Beiträge*, 116-283.
    Wenngleich die *Beiträge* als der aus phänomenologischer Sicht vielleicht bedeutsamste Text Steins gelten (vgl. ALES BELLO 1996, 5), liegen vor allem zur zweiten Abhandlung kaum Untersuchungen vor. Die einzigen Ausnahmen sind m.W. die Studie von BERNBECK 1967 sowie die Einführung in die italienische Übersetzung der *Beiträge*: ALES BELLO 1996.
183 *Beiträge*, 1.
184 Vgl. Teil II, 2.1.3.
185 *Beiträge*, 119.

det; diese Sicht wird nun auf die Gemeinschaft ausgeweitet. Die Gemeinschaft baut sich auf aus den Ichs, die sie konstituieren.[186] Worin ist nun die Möglichkeit begründet, daß aus separaten Ichs eine Gemeinschaft erwachsen kann? Subjekte wirken aufeinander ein durch Sinneseindrücke und Empfindungen; es handelt sich dabei um Reize, die in das Subjekt eindringen und Reaktionen und Verhaltensänderungen bewirken, ohne daß das Subjekt aus sich herausgeht. Solche Vorgänge finden auf der leiblichen und psychischen Ebene statt und können auch unbewußt sein; sie erfordern keine geistige Stellungnahme. Verständigung, Zusammenwirken und «ein gemeinsames Verhalten im echten Sinne»[187] sind hingegen ohne geistige Aktivität nicht möglich. Geist ist Geöffnet-Sein auf anderes hin, ermöglicht, die monadische Existenz des Subjektes zu durchbrechen und ist so Möglichkeitsbedingung für das Entstehen von Gemeinschaft.

> «[...] damit eine Lebenskraft eine Mehrheit von Individuen speisen könne, ist eine spontane Hingabe der Individuen aneinander nötig: ein Sich-öffnen oder Geöffnet-sein für einander, das über die Empfänglichkeit für „Eindrücke" [...] hinausgeht und geistiger Natur ist. [...] Echte überindividuelle psychische Realitäten aber können nur aus geistigen Individuen erwachsen, nur kraft geistiger Funktionen.»[188]

Nachdem Edith Stein so herausgearbeitet hat, daß die Gemeinschaft keine unabhängig von den sie konstituierenden Individuen bestehende Wirklichkeit ist, sondern in deren Fähigkeit zu geistiger Selbsttranszendenz begründet ist, kann sie sich nun in einem zweiten Schritt daranmachen, die innere Eigendynamik und Struktur einer Gemeinschaft zu untersuchen und sie dazu als «Analogon einer individuellen Persönlichkeit»[189] aufzufassen.

Unter den verschiedenen Eigenschaften, die die individuelle Persönlichkeit kennzeichnen, greift sie in besonderer Weise das Phänomen der *Lebenskraft* heraus und sieht darin analog eine Gemeinschaftseigenschaft. Im Einzelsubjekt hatte Edith Stein die Lebenskraft als einen Vorgang begriffen, mittels dessen zwischen verschiedenen psychischen oder geistigen Funktionen Kräfte ausgetauscht werden. Transponiert auf die Ebene der Gemeinschaft: Ist es denkbar, daß solche psychische Kausalität auch über die individuelle Psyche hinausgreift und eine Kraftübertragung von einem zum anderen Individuum ermöglicht? Es stellt sich ihr die fundamentale Frage, «ob ein Individuum tatsächlich durch den Zustrom von fremden Kräften zu Leistungen befähigt werden kann, die seine eigene Kraft übersteigen, oder ob es sich nicht vielmehr um ein Freimachen von eigener Kraft handelt, wo wir von Übertragung

---

186 Vgl. *Beiträge*, 130.
187 *Beiträge*, 168.
188 *Beiträge*, 169.
189 *Beiträge*, 175.

sprechen.»[190] Edith Stein beantwortet am Ende ihrer Analyse die zuvor aufgeworfene Frage folgendermaßen: Eine reife Gemeinschaft ist für sie dann
gegeben, wenn die Individualität der Einzelsubjekte voll gewahrt ist und ihr
Beitrag zugleich die Gemeinschaft begründet.[191] Dann aber stellt die Gemeinschaft eine «Gesamtperson»[192] dar mit eigenem Charakter und eigener Seele.
Es ereignet sich die

> «Erlösung des Individuums von seiner naturhaften Einsamkeit und [die Ein-
> gliederung] in der neuen überindividuellen Persönlichkeit, die die Kräfte und
> Fähigkeiten der einzelnen in sich vereinigt, sie zu ihren Funktionen werden
> läßt und durch diese Synthesis Leistungen hervorbringen kann, die alle Wir-
> kungsmöglichkeiten des Individuums überschreiten».[193]

Vermutlich meint Stein damit, daß die Lebenskraft einer Gemeinschaft nicht
allein die Lebenskraft ihrer einzelnen Glieder weckt, noch ihre Summe darstellt, sondern – obgleich sie in der Lebenskraft der Einzelsubjekte gründet –
diese übersteigt und in einem stärkend auf diese zurückwirkt.[194]

Damit habe ich dem Gang der Steinschen Überlegungen bewußt etwas
vorausgegriffen. Bevor sie zu dem obigen Ergebnis kommt, stellt sie sich die
Frage, auf welche Weise denn Lebenskraft von einem auf ein anderes Individuum übertragen werden kann. Dieser Teil ihrer Überlegungen ist deswegen
im Zusammenhang der vorliegenden Studie besonders bedeutsam, weil Stein
phänomenologische Beschreibungen entwickelt, die an vielen Stellen dem
sehr nahe kommen, was Kohut unter Selbstobjekterfahrung versteht.[195] Edith
Stein hebt bezüglich der Weise der Lebenskraft-Übertragung besonders die
sogenannten *sozialen Akte* hervor. Darunter versteht sie die Wechselbezie-
hung unter Personen, in der es nicht vorrangig um Sachinhalte geht, sondern
die Person in ihrem Kern gemeint und getroffen ist. Dies geschieht in Haltungen wie Liebe, Vertrauen, Dankbarkeit, Mißtrauen, Abneigung, usw. In ihnen
drückt sich eine bejahende oder verneinende Stellungnahme gegenüber der
anderen Person aus. Diese Haltungen rufen in der in ihnen gemeinten Person
spezifische Wirkungen hervor. Edith Stein macht das exemplarisch in einer
Phänomenologie der Liebe deutlich:

---

190 *Beiträge*, 183.
191 Vgl. *Beiträge*, 249f.
192 Stein übernimmt den Begriff «Gesamtperson» in teilweiser Abwandlung von Scheler;
vgl. *Beiträge*, 249.
193 *Beiträge*, 247.
194 Ähnlich in *Beiträge*, 184: «Es scheint, daß diese übergreifenden Kausalverhältnisse dem
Individuum nicht nur über ein zeitweiliges Versagen seiner Kraft hinweghelfen können,
sondern es evtl. auch zu Leistungen befähigen, die es von sich aus auch beim besten
Stande seiner Lebenskraft nicht vollbringen könnte.» Siehe auch 189.
195 Das klingt etwa in *Beiträge*, 184 an: «So sind die außerhalb seiner gelegenen kausalen
Bedingungen, unter denen ein Individuum steht, mit verantwortlich für seine persönliche
Entwicklung, für das, was von seinen ursprünglichen Anlagen zur Entfaltung kommt.»

«Die Liebe, der ich begegne, stärkt und belebt mich und verleiht mir die Kraft zu ungeahnten Leistungen. Das Mißtrauen, auf das ich stoße, lähmt meine Schaffenskraft. Die fremden Stellungnahmen greifen unmittelbar in mein Innenleben ein und regulieren seinen Verlauf [...]. Der, der mich liebt, verliert nicht in dem Maße an Kraft, wie er mich belebt, und der mich haßt, gewinnt nicht etwa die Kräfte, die er in mir vernichtet. Im Gegenteil: die Liebe wirkt im Liebenden als eine belebende Macht, die evtl. mehr Kräfte in ihm entfaltet, als ihr Erleben ihn kostet [...]. Die Liebe und die positiven Stellungnahmen überhaupt zehren sich also nicht selbst auf, sondern sind ein Born, aus dem ich andere nähren kann, ohne selbst ärmer zu werden. [...] die Liebe gründet sich auf den erfaßten Wert der geliebten Person; und andererseits: nur dem Liebenden erschließt sich der Wert einer Person voll und ganz.»[196]

Mit ihrer Klärung der Lebenskraft-Übertragungen, die innerhalb der Subjekte einer Gemeinschaft stattfinden, hat Edith Stein einen wichtigen Schritt innerhalb ihrer Untersuchungen getan. Es steht aber noch eine Analyse der Genese der Gemeinschaft aus.

In diesem Zusammenhang wiederholt sie, wie schon mehrfach im Gang ihrer Darlegungen, daß die Gemeinschaft wesenhaft *fundiert* ist in den ihr angehörenden Individuen.[197] Damit unterstreicht Stein in immer neuen Anläufen ihre Überzeugung: Das Individuum konstituiert sich in seiner existentiellen Konkretheit als Person zwar erst ganz durch die Begegnung mit dem Anderen und sein Leben in der Gemeinschaft. Aber Alterität und Gemeinschaft können nie auf Kosten der personalen Identität gehen oder gar deren Aufhebung meinen. Nachdem sie das – ganz in Anlehnung an Husserl – hinreichend deutlich gemacht hat, kann sich Edith Stein, scheinbar im Widerspruch mit dem Vorhergehenden, erlauben, von einem «wechselseitigen Fundierungsverhältnis»[198] zwischen Individuum und Gemeinschaft zu sprechen. Ohne daß die Trennung der Subjekte aufgehoben würde, vereinen sich dennoch bei der Berührung von zwei Personen zwei Lebensströme derart miteinander, daß die daraus resultierende Gemeinschaft mehr ist als die Summe der sie konstituierenden Individuen. Sie hat eine eigene Seele.[199] Die Gemeinschaftsseele modifiziert zwar nicht die individuelle Seele, aber das Hineingenommensein des Einzelsubjekts in einen Gemeinschaftsraum, der sich aus der Berührung mit einem anderen Subjekt ergibt, führt zu einer Erweiterung der Erfahrungshorizontes: Es werden dem Subjekt Erlebnisse, Gedanken und Wertungen zugänglich, deren es als isoliertes Ich nicht fähig wäre.[200] Edith Stein kommt

---

196 *Beiträge*, 190f.
197 *Beiträge*, 215: «Die Gemeinschaft ist wesenhaft „fundiert" in Individuen, ihr Charakter ändert sich evtl., wenn die ihr angehörigen Individuen ihren Charakter ändern, wenn neue eintreten und alte ausscheiden.» Vgl. auch 119, 130, 236, 254.
198 *Beiträge*, 238.
199 Vgl. *Beiträge,* 247.
200 Vgl. *Beiträge*, 239.

zum Schluß, daß das geistige Individuum «eben so ursprünglich soziales wie individuelles Wesen sei; dadurch wird aber nicht aufgehoben, daß die sozialen Gebilde in Individuen fundiert sind».[201]

Edith Stein hält hier am Primat des Ich und damit an der Position ihres Meisters Husserl fest; zugleich geht sie aber mit dem Begriff vom «wechselseitigen Fundierungsverhältnis» über Husserl hinaus, indem sie eine *Gleichursprünglichkeit* von Individuum und Gemeinschaft konstatiert.[202] Sie beschreibt damit inhaltlich eine Spannung: Die Gemeinschaft gründet in den Individuen, die sie konstituieren; diese Individuen sind aber immer schon soziale Wesen, also durch die Gemeinschaft mitkonstituiert. Vermutlich ist diese Spannung nur zu erhellen, wenn wir bei Edith Stein zwei Beschreibungsebenen unterscheiden: Auf der transzendentalen Ebene teilt sie Husserls Vorrang des Ich, das das letztbegründende Moment ist, hinter das nicht zurückgegangen werden kann. Dieses Ich ist aber auf der konkret-existentiellen Ebene offen für die Gemeinschaft und durch diese immer schon mitkonstituiert und zuinnerst geprägt. Die Gemeinschaft umfaßt existentiell die einzelnen Individuen und stellt sogar eine eigene Persönlichkeit dar, die jedoch die transzendental-ontologische Identität ihrer Glieder nicht aufhebt.

Edith Stein scheint damit den grundsätzlichen Gemeinschaftsbezug des Subjekts betonen zu wollen. Das Individuum existiert nie unabhängig von Gemeinschaft und Kommunikation. In seiner Konkretion ist es durch die Beziehung mit anderen Subjekten konstituiert und empfängt sich immer neu von ihnen. Zugleich aber ist Kommunikation und Beziehung nur dann echt, wenn sie nicht Aufhebung der Subjekte in einem höheren neuen Subjekt meint, sondern die grundlegende Einzigartigkeit der Subjekte anerkennt und wahrt.

Die Subjekte in ihrer je individuellen Einzigartigkeit treten in Beziehung miteinander. In dieser Begegnung entsteht die Gemeinschaft, die die Subjekte trans-zendiert, ohne sie in das neue Gemeinschaftssubjekt hinein aufzulösen.[203]

3.3 Zwischenbilanz: Edith Steins Denken des Anderen während ihrer phänomenologischen Zeit

Ich bin am Ende meiner Untersuchung der Schriften aus Edith Steins erster Schaffensphase angelangt, in der sie sichtbar unter dem Einfluß ihres Meisters Edmund Husserl steht, wenngleich auch deutlich Versuche wahrnehmbar sind, sich in einzelnen Positionen von ihm abzusetzen. Ich möchte nun eine erste Zwischenbilanz wagen und der Frage nachgehen, welche inhaltlichen

---

201 *Beiträge*, 268.
202 THEUNISSEN 1977, 153: «Die echte Alternativmöglichkeit aber, die Husserl von vornherein ausschließt, ist die der *Gleichursprünglichkeit*.»
203 Es ist unschwer zu erkennen, daß hier auch die alte philosophische Frage nach dem Verhältnis von *Identität und Differenz* anklingt (vgl. BEIERWALTES 1980).

Aspekte einer Philosophie des Anderen bei Edith Stein an diesem Punkt greifbar sind.

Erstens: Bemerkenswert ist der absolute Vorrang des reinen Ich, der sowohl in ihrer Einfühlungs-Arbeit als auch in der Studie über Individuum und Gemeinschaft deutlich hervortritt. Das Ich ist in der formalen Durchführung und in der inhaltlichen Konfiguration ihrer Untersuchungen wirklich *Ur-Ich*, d.h. ursprüngliches Bewußtsein, Ausgangspunkt für die Konstitution aller anderen Identitätseinheiten. Ich sehe drei mögliche Erklärungen für diese klare Positionsnahme: (a) Edith Stein versucht, den Intuitionen ihres Lehrers Husserl treu zu bleiben und dessen phänomenologische Methode konsequent auf ihre eigenen Studienobjekte anzuwenden.[204] Man kann sogar annehmen, daß sie, vermutlich mehr als die meisten Husserl-Schüler, Husserls Phänomenologie wirklich innerlich durchdrungen hatte und nun kreativ anwandte.[205] (b) Freilich würde man dem selbständigen Denken Edith Steins keineswegs gerecht, unterstellte man ihr nur treu-folgsames Nach-Denken des Meisters. Sie selbst ist fest überzeugt, daß all das, was die Person als solche auszeichnet – innerer Selbstbesitz, Freiheit, Fähigkeit zur Selbsttranszendenz –, nur sinnvoll denkbar ist, wenn es wesensmäßig in einer nicht ableitbaren Individualität gründet, in einem Ich, das als solches nicht mehr hinterfragt werden kann, sondern in der Wesensanalyse als Ur-Ich erscheint. (c) Nur wenn so das Ich vorrangig zum anderen Ich gedacht wird, kann aber auch das andere Ich als in sich letzt-begründet gedacht werden. Der Andere ich wesensmäßig eben nicht durch das Ich konstituiert, sondern als *alter ego* selbst nicht mehr hinterfragbare Individualität. Stein wahrt so die unbedingte Andersheit des Anderen und zusammen mit der Würde des Ich auch die Würde des Anderen. Indem sie die Einfühlung klar von Lipps' Einsfühlung abgrenzt, gelingt es ihr, die Beziehung Ich-Anderer in ihrer wechselseitigen Abhängigkeit zu beschreiben, ohne deswegen in eine unterscheidungslose Verschmelzung zu verfallen.[206] Ver-

---

204 Edith Stein weist ja in der Einleitung ihrer Dissertation selbst darauf hin, wie stark ihre Überlegungen inhaltlich mit den Anregungen verwoben sind, die sie von Husserl empfangen hatte (*Einfühlung*, VI).

205 Sehr deutlich in diese Richtung interpretiert ALES BELLO 1996, 16f: «Vielleicht hatte [Husserl] nicht bemerkt, wie sehr die Untersuchungen seiner Schülerin gekennzeichnet waren von der Treue zu seiner Methode und der Fähigkeit, sie selbständig anzuwenden; aber wenn er Steins Schriften die nötige Aufmerksamkeit geschenkt hätte, […] dann wäre ihm bewußt geworden, daß unter all seinen Schülern sie allein ihn wirklich verstanden hatte. […] In der Tat stellt sich Stein dar als die treue Interpretin der Absichten des Meisters, als diejenige, zu der man „gehen" kann, um zu verstehen, was Phänomenologie wirklich ist.»

206 In diesem Sinne äußert sich auch SECRETAN 1977, 89 (Kursiv vom Autor): «Die *Einfühlung*, als Intuition des Anderen, ist ein *Mit-dem-Anderen-Sein*, ein Verstehen, das unterschieden werden kann sowohl von der Verschmelzung mit dem Anderen (*Einsfühlung*) als auch von der objektivierenden Distanz. Der Andere ist weder der dem Selbst Gleiche

mutlich schwingen in der konkreten Durchführung ihrer Arbeit alle drei hier genannten Beweggründe mit und sind gar nicht in letzter Klarheit voneinander zu trennen.

Zweitens: So sehr Edith Stein Husserls Ausgangpunkt teilt, kommt sie jedoch in der konkreten Durchführung ihrer Analyse der Phänomene Einfühlung und Intersubjektivität zu anderen Ergebnissen als ihr Lehrer. Diese Akzentverschiebung hat mit der Frage nach der Konstitution des Realen zu tun. Die Gefahr bei Husserl, auf die viele seiner Kritiker hinweisen, besteht darin, daß das sich selbst reflektierende Bewußtsein letztlich die konkrete Wirklichkeit nicht mehr erreicht:

«Das reflektierende Selbst verfällt in einen unabschließbaren Iterationsprozeß, sofern die Reflexion immer wieder auf das reflektierende Selbst nochmals reflektieren kann. So folgt aus der Struktur der Reflexivität selber, daß sie sich in leerer Iteration verfängt. Das ist Husserls Begriff einer transzendentalen Subjektivität, daß sie diesen unabschließbaren Leerlauf der Iteration miteinschließt.»[207]

Edith Stein nimmt nun in ihrer Analyse der Einfühlung viel expliziter als Husserl zur Kenntnis, daß die Einfühlung in den Anderen dessen leibliches Gegebensein voraussetzt. Weder kann das reine Ich ein einfühlendes Ich sein, noch kann sich ein Ich in ein anderes Ich einfühlen, das nicht leiblich konstituiert wäre.[208] Indem Edith Stein den Anderen als den konkret und lebendig daseienden Anderen auffaßt, nimmt sie Abschied von Husserl epistemologischen Vorbehalten. So kann die Konsequenz ihre Untersuchung der Fremderfahrung nur lauten: Der Andere ist nicht Individuum (im phänomenologisch abstrakten Sinn), sondern konkrete Person. Man darf sich freilich fragen, ob Edith Stein damit nicht dem eigentlichen Ziel der Husserlschen Phänomenologie – *Zu den Sachen selbst!* – viel näher kommt als ihr Begründer. Sie zeigt ja in ihrer Analyse gerade, daß der Andere in streng phänomenologischer Reduktion gar nicht erfaßt werden kann, sondern nur in seiner konkreten leibhaftigen Gegebenheit.[209]

---

noch der Fremde, sondern man nähert sich ihm mit der Leidenschaft für sein *In-der-Welt-Sein.*»

207 GADAMER, 1975, 93. Vgl. auch SECRETAN 1977, 92: «Wir entdecken plötzlich ihr [Edith Steins] Unbehagen bezüglich einer Phänomenologie, die, weil sie das *Ego* zum abstrakten Zentrum macht, ungenügend ist im Blick auf die transzendente Wirklichkeit des Geistes *und* im Blick auf die Konkretheit der Individualität. Diese Kritik zielt im letzten auf die egologische Phänomenologie in ihrer Unfähigkeit, den Anderen durch die objektive Vermittlung des „geistigen Kosmos" zu erreichen, insofern diese Vermittlung als der einzige Zugangsweg zur Individualität erachtet wird».

208 Vgl. FIDALGO 1993, 106.

209 GADAMER (1975, 95) über Husserls Analyse der Einfühlung: «Offenbar bewegt sich hier Husserl selber [...] nicht im Zeichen der primären Gegebenheit der Sache. Das aber war die große Parole der Phänomenologie gewesen, zu den Sachen selber zurückzukehren. Jedenfalls hat Husserl unter dem Druck wissenschaftstheoretischer Motive darauf be-

In gewisser Hinsicht trifft sich Edith Steins Kritik an Husserl hier mit derjenigen Martin Heideggers und liegt ihr zeitlich sogar voraus. Heideggers ontologische Kritik an Husserls Phänomenologie hat ja gerade in seiner Betonung des konkreten Daseins (das immer schon «Mitdasein der Anderen» meint) ihre stärkste Evidenz.[210] Edith Stein bewegt sich in eine ganz ähnliche Richtung, wenn sie das leibliche Gegebensein des Anderen zur Möglichkeitsbedingung der Einfühlung und Fremderfahrung überhaupt erklärt.

Drittens: Inhaltlich begreift Edith Stein die Beziehung Ich-Anderer damit in einer Spannungseinheit:
Einerseits ist das Ich sachlich und formal vorrangig zu allem anderen. Auch das Erleben des Anderen verweist auf «nichts als das im Erleben lebende Subjekt des Erlebens».[211] Diese Beschreibung gilt für das reine Ich, das aber das wesensmäßige Fundament all dessen darstellt, was letztlich die Selbstheit der konkret lebendigen Person ausmacht.[212] In dieser letztbegründeten Selbstheit der Person liegt ihre Würde und Einzigartigkeit beschlossen. Die Person *ist* nicht durch den Anderen; ihre einmalige Würde besitzt sie unabhängig von ihm.
Andererseits ist die Person in zweifacher Hinsicht auf den Anderen verwiesen: (a) Insofern die Person geistiges Subjekt ist, ist sie wesenhaft auf Selbsttranszendenz angelegt. Sie ist fähig, aus sich selbst herauszugehen und offen zu sein für den anderen Menschen. Dabei strömt fremdes Leben in sie ein und modifiziert den eigenen Lebensstrom und damit die Person. Durch ihre wesenhafte Offenheit für die Anderen ist die Person immer schon in Beziehung mit ihnen und wird in ihrer personalen Identität durch die anderen mitgeformt. (b) Die Analyse des Einfühlungsaktes zeigt, wie im konkreten Vollzug personaler Begegnung erst die Fremderfahrung wirklich umfassende Eigenerfahrung ermöglicht. Erst in der Begegnung mit dem Anderen eröffnet sich mir die eigene innere Tiefe meines Selbst. Sie wird mir in einer Weise erschlossen und zugänglich gemacht, wie ich sie mir selbst nicht erschließen kann. Nicht nur, daß jede Begegnung mit dem Anderen in sich eine neue und verändernde Erfahrung darstellt; auch die Einfühlung in die Erlebniswelt eines Anderen vermag Aspekte meiner eigenen Persönlichkeit wachzurufen, die verschüttet oder noch gar nicht entwickelt waren. So empfängt sich das Selbst vom Anderen her und wird von ihm in seinem Selbstsein konstituiert, wie es umgekehrt den Anderen in dessen Selbstsein konstituiert.[213]

---

standen, daß der Andere zunächst nur als Wahrnehmungsding gegeben sein kann und nicht in der Lebendigkeit, in der leibhaften Gegebenheit.»
210 Vgl. HEIDEGGER 1927, 116-125. Siehe dazu auch: GADAMER 1975, 95-99; RIZZACASA 1996.
211 *Einfühlung*, 32.
212 Vgl. *Einfühlung*, 41.
213 Vgl. MÜLLER 1997, 376f.

Indem Edith Stein so die Beziehung Ich-Anderer als Spannungseinheit konfiguriert, wahrt sie sowohl die Einzigartigkeit und Würde des einzelnen, die unabhängig und vorgängig zum Anderen sind, *und* die intersubjektive Fundierung der Welt, des Ich und des Anderen, die sich als solche jeweils durch ihre Beziehung miteinander konstituieren. Edith Stein formuliert faktisch ein Paradox: *Der Ursprung des Anderen liegt im Ich, aber das Ich ist immer erst durch den Anderen.* Sie verlegt freilich die beiden Aussagen auf unterschiedliche Ebenen, wohl auch um die logische Spannung aufzuheben. Daß der Ursprung des Anderen im Ich liegt, ist eine phänomenologische Wesensaussage (die aber für Edith Stein durchaus konkrete Konsequenzen zeitigt). Die Existenz des Ich durch den Anderen ist hingegen eine Aussage über die faktische Konstitution der realen Person. Es wird nun zu fragen sein, ob Stein in ihrer seinsmetaphysischen Phase Wege findet, diese Spannung neu oder anders zu denken.

4 Seinsmetaphysik: Denken des Anderen im Angesicht ewigen Seins

Seit 1918 hatte sich Edith Stein immer mehr der katholischen Kirche und deren Denken angenähert. Besiegelt wird ihre Suchbewegung in der Taufe am 1. Januar 1922, die für sie einen tiefen lebensgeschichtlichen Einschnitt darstellt. Edith Stein erwägt, sich künftig nur noch mit Religionsphilosophie zu beschäftigen oder gar die wissenschaftliche Arbeit ganz aufzugeben und sich allein dem geistlichen Leben zu widmen. Ihr Leben erfährt eine grundlegende Neuorientierung.[214]

1923 findet sie eine Stelle als Lehrerin im von Dominikanerinnen geleiteten Lehrerinnenseminar in Speyer, die sie bis 1931 innehaben wird. In ihrer freien Zeit betätigt sie sich als Übersetzerin.[215] Sehr bedeutsam wird die persönliche Begegnung Edith Steins mit dem Jesuiten Erich Przywara, der sie anregt, sich erneut der wissenschaftlichen Arbeit zuzuwenden und ihre phänomenologischen Kenntnisse ins Gespräch mit der scholastischen Tradition der katholischen Kirche zu bringen. Diese Aufforderung ist auf dem Hintergrund der Thomas-Renaissance der 20er Jahre zu verstehen, die geprägt war von Forschern wie Jacques Maritain, Etienne Gilson, Joseph Maréchal, Martin Grabmann und Josef Pieper. Dieses ehrgeizige Programm, das große mittelalterliche Denksystem der Scholastik in den Dialog mit der damals aktuellsten neuzeitlichen philosophischen Strömung zu bringen, wird sie über mehr als zehn Jahre beschäftigen. Als Einlösung dieses Vorhabens entstehen: die Übersetzung der *Questiones disputatae de veritate* des Thomas von Aquin;[216] 1929 ein fiktiver Dialog zwischen Thomas von Aquin und Husserl;[217] das 1931 begonnene und als neue Habilitationsschrift gedachte Werk *Potenz und Akt*; schließlich ihr Hauptwerk *Endliches und ewiges Sein* (1935/36).

Ich habe im vorhergehenden Kapitel schon herausgearbeitet, an welchen Stellen sich Edith Steins Denken mit demjenigen ihres Meisters rieb. Zu

---

214 Vgl. zu diesem Lebensabschnitt IMHOF 1987, 105-108; MÜLLER – NEYER 1998, 141-157.

215 Edith Stein übersetzt aus dem Französischen *Descartes und die Scholastik* ihres Phänomenologen-Kollegen Alexander Koyré, sowie von John Henry Newman dessen *Idee der Universität* und seine Briefe und Tagebücher bis zur Konversion .

216 Diese Übersetzung beschäftigt sie von 1925-1928 und erscheint in zwei Bänden 1931/32; sie wurde in einer neuen Auflage als Band III und IV in die *ESW* aufgenommen.

217 Siehe *Husserl-Thomas*; dieser in Bd. XV der Werkausgabe veröffentlichte Text gibt die ursprüngliche in Dialogform gehaltene Version des Beitrags für die Festschrift zum siebzigsten Geburtstag Husserls wieder. Heidegger als Herausgeber der Festschrift drängte sie, den Text in einen «neutralen Artikel» umzuwandeln; so wurde er in der Tat dann zuerst veröffentlicht (vgl. GOSEBRINK 1995, 464).

Recht betont Ingarden, daß sie auch in ihrer Beschäftigung mit Thomas von Aquin Phänomenologin blieb.[218] Zugleich aber gelingt es ihr, nun deutlicher auf den Punkt zu bringen, worin ihre Unzufriedenheit eigentlich bestand. Einen ersten Formulierungs-versuch bietet sie in einem fiktiven Gespräch Thomas-Husserl, in dem sie den Aquinaten feststellen läßt:

«Ihr [Husserls] Weg hat Sie dahin geführt, das Subjekt als Ausgangs- und Mittelpunkt der philosophischen Forschung zu setzen. Alles andere ist subjektbezogen. Die Welt, die sich in Akten des Subjekts aufbaut, bleibt immer eine Welt für das Subjekt. Es konnte Ihnen nicht gelingen – wie Ihnen gerade aus dem Kreise Ihrer Schüler immer wieder entgegengehalten wurde – aus der Sphäre der Immanenz *jene* Objektivität zurückzugewinnen, von der Sie doch ausgegangen waren und die es zu sichern galt. Bei der Umdeutung, die das Ergebnis der transcendentalen Untersuchung war, die Existenz mit Sichausweisen für ein Bewußtsein gleichsetzte, wird der Wahrheit suchende Intellekt sich niemals beruhigen.»[219]

Edith Steins Kritik an Husserl kreist um die Frage der Person-Konstitution. Für Husserl ist die sinnlich wahrnehmbare Außenwelt letztlich nichts anderes als etwas im Bewußtsein Gegebenes. Natürlich ist auch für ihn intentionales Bewußtsein immer Bewußtsein von *etwas*, dennoch sieht Stein, wie viele der anderen Göttinger Schüler Husserls, die Wende zu den Sachen selbst gefährdet, in der sie doch sein eigentliches Verdienst ausmacht. Die Konstitution der Wirklichkeit ereignet sich für Husserl im Bewußtsein. Stein ist jedoch überzeugt, daß die Wirklichkeit nur erkannt werden kann, weil sie unabhängig vom Bewußtsein besteht und sich ihm sozusagen in ihrer objektiven Gegebenheit und Zuständlichkeit eröffnet. So läßt sie Husserl im Gespräch mit Thomas folgerichtig feststellen: «Die Metaphysik im traditionellen Sinn dagegen scheint mir doch wesentlich Wissenschaft von *dieser* Welt zu sein.»[220] Genau hier setzt ihre Kritik an: Sie kann Husserl nicht in seinen transzendentalen Idealismus folgen, weil in der radikalen Zweifelsbetrachtung auch die äußere Welt als bezweifelbar ausgeschaltet wird[221]. Edith Stein hingegen ist seit Beginn ihres Schaffens daran interessiert, die konkrete Welt, die reale Person und ihre Beziehung zum anderen Menschen zu verstehen.

---

218 Vgl. INGARDEN 1979, 457.
219 *Husserl-Thomas*, 33.
  GOSEBRINK (1995, 476) macht deutlich, daß das Gespräch Husserl-Thomas nicht so sehr die präzisen Positionen der beiden Denker hervorheben will, sondern eher das innere Ringen Edith Steins mit dem darstellt, was sie von beiden rezipiert und sich zu eigen gemacht hatte. Vgl. auch GOSEBRINK 1998, sowie sehr kritisch SEIDL 1999.
220 *Husserl-Thomas,* 34.
221 *Phänomenologie*, 11: Der transzendentale Idealismus «erschien als eine Rückkehr zum Kantianismus, als Preisgabe jener Wende zum Objekt, in der man Husserls großes Verdienst sah, und jener Ontologie, d.h. der Erforschung des Wesensbaus der gegenständlichen Welt, in der Scheler und die ihm nahestehenden Göttinger Husserlschüler ihre Aufgabe sahen und bereits fruchtbare Arbeit geleistet hatten: so haben sie sich an diesem Punkt von ihm getrennt.»

Die Hinwendung zur scholastischen Seinsmetaphysik scheint sich damit nicht nur aus ihrer Konversion und lebensgeschichtlichen Neuorientierung zu erklären, sondern hat zumindest eine gewisse Motivation auch in jenen philosophischen Grundfragen, die die Auseinandersetzung mit Husserl von Anfang an aufgeworfen hatte.[222]

Das eigentlich schwierige Problem steht aber noch aus: Anders als die Phänomenologie, die sich ihre Grundlagen selbst zu erarbeiten sucht, ist ja die Scholastik keineswegs eine voraussetzungsfreie Philosophie. So läßt Stein denn auch Thomas von Aquin das Gespräch mit Husserl mit einer klaren Stellungnahme beschließen:

«Ich darf zusammenfassend sagen: wir beiden betrachten es als Aufgabe der Philosophie, ein möglichst universales und möglichst fest begründetes Weltverständnis zu gewinnen: Den „absoluten" Ausgangspunkt suchen Sie in der Immanenz des Bewußtseins, für mich ist es der Glaube. [...] Der einheitgebende Ausgangspunkt, von dem aus sich die gesamte philosophische Problematik erschließt und auf den sie immer wieder zurückweist, ist für Sie das transzendental gereinigte Bewußtsein, für mich Gott und sein Verhältnis zu den Geschöpfen.»[223]

«So ist dies wohl der schärfste Gegensatz zwischen transcendentaler Phänomenologie und meiner Philosophie: hier *theozentrische*, dort *egozentrische* Orientierung.»[224]

Edith Steins Neuorientierung kommt wohl am ehesten in der Position des Aquinaten zum Ausdruck. Hat sie damit endgültig «Abschied von der Wissenschaft»[225] genommen, wie Lembeck ihr vorwirft? Hat sie das Ich, das bisher den Ausgangspunkt ihres Philosophierens darstellte, einem theologisch-philosophischen System geopfert? Beide Fragen verdienten eine ausführliche Vertiefung, die uns weit fortführen würden von unserem eigentlichen Thema.[226] Es läßt sich aber zumindest ein Zweifaches feststellen:

Erstens versteht Edith Stein Philosophie weiterhin als strenge Wissenschaft nach dem Vorbild Husserls.[227] In einer grundlegenden Einleitung zu *Endliches und ewiges Sein* gibt sie sich ausführlich Rechenschaft über die Möglichkeit einer «christlichen Philosophie».[228] Sie unterscheidet drei Weisen einer solchen Philosophie: (a) In der Patristik war Philosophie unmittelbar auch Theologie, mithin war die Unterscheidung der beiden Wissenschaften aufgehoben. (b) Eine andere Richtung erkennt im Glauben eine zweite Erkenntnisquelle neben der Vernunft. Dabei würde der Glaube die Philosophie

---

222 Vgl. HEDWIG, 248.
223 *Husserl-Thomas,* 47.
224 *Husserl-Thomas,* 34.
225 LEMBECK 1990, 283.
226 Vgl. dazu MÜLLER 1993, 36-188; GERL 1998, 81-158; VOLEK 1998; LEMBECK 1990, 1991; MARTEN 1996, TAPKEN 2002.
227 Vgl. *Sein,* 30.
228 Vgl. *Sein,* 12-30.

inhaltlich bestimmen, insofern er ihr Inhalte vorschlägt, die sie selbst in rein philosophischer Analyse nicht erreicht. (c) Eine dritte Form versteht sich als Philosophie, die sich zwar unter christlichem Einfluß entwickelt hat, aber natürliche Wissenschaft sein will und deswegen Theologie und Philosophie als getrennte Bereiche betrachtet.

Auch Edith Stein ist der Meinung, daß bestimmte Begriffe, die prägend für die Philosophie wurden und ihren Horizont geweitet haben (sie nennt als Beispiel u.a. den *Person*-Begriff), der christlichen Offenbarung entstammen und durch die Philosophie alleine kaum hätten erarbeitet werden können. «Es gibt Seiendes, das der natürlichen Erfahrung und Vernunft unzugänglich ist, das uns aber durch die Offenbarung bekannt gemacht wird und den Geist, der es aufnimmt, vor neue Aufgaben stellt.»[229] Glaube und Vernunft sind unterschiedliche Zugänge zur einen Wirklichkeit und gehen nicht ineinander auf. Der Glaube bleibt immer ein «dunkles Licht» und stellt den Glaubenden in den Horizont des Geheimnisses hinein.[230] Doch verlangt er keineswegs ein *sacrificium intellectus*; im Gegenteil hat «die geoffenbarte Wahrheit ihr Prüfzeichen im sinnvollen Angrenzen an vernünftige Wahrheit».[231] Eine solche Philosophie nimmt nicht einfach den Inhalt der geoffenbarten Wahrheit an. Und auch dort, wo sie den Glauben als Erkenntnisquelle akzeptiert, wird sie deswegen nicht einfach zur Theologie. Sie bleibt Philosophie, die sich zwar nicht alle ihre Grundlagen selbst erarbeitet, wie das Husserl beansprucht hatte, sich aber doch kritisch über die eigenen Grundlagen Rechenschaft ablegt. Es geht weiterhin um der Vernunft zugängliche Wahrheit, nicht um Offenbarungswahrheit. Die christliche Philosophie im Sinne Edith Steins verzichtet nie auf die Vernunft, aber sie erachtet den Bereich, den die Vernunft allein zu erschließen vermag, als zu begrenzt. Wenn die Philosophie soviel Wirklichkeit wie nur eben möglich verstehen will, dann kann sie sich auch der Wirklichkeit nicht verschließen, die der Glaube und die Offenbarung eröffnen. Sie darf freilich, was ihr dort entgegenkommt, in aller Strenge prüfen und nur das behalten, was ihren Maßstäben standhält. Vernunft und Offenbarung können sich gegenseitig helfen im Verstehen der einen Wirklichkeit[232].

> «So ist nach unserer Auffassung *Christliche Philosophie* nicht bloß der Name für die Geisteshaltung des christlichen Philosophen, auch nicht bloß die Bezeichnung für die tatsächlich vorliegenden Lehrgebäude christlicher Denker – es bezeichnet darüber hinaus das Ideal eines *perfectum opus rationis*, dem es

---

229 *Sein*, 23.
230 Vgl. *Sein*, 25f.
231 GERL 1998, 115.
232 Diese Verhältnisbestimmung von Vernunft und Offenbarung entspricht in mancherlei Hinsicht dem, was Gadamer und Lonergan als Horizonte beschreiben, die verschmelzen oder sich komplementär überschneiden können (vgl. GADAMER 1960, LONERGAN 1971; siehe zu Lonergan auch KIELY 1987).

gelungen wäre, die Gesamtheit dessen, was natürliche Vernunft *und* Offenbarung uns zugänglich machen, zu einer Einheit zusammenzufassen.»[233]

Wir können, *zweitens*, feststellen, daß Edith Stein sehr wohl am Ich als Ausgangspunkt allen Philosophierens festhält.[234] Verschoben hat sich aber ihr erkenntnisleitendes Interesse. Während im Anschluß an Husserl das reine Ich bedeutsam war, um die objektive Wirklichkeit als solche überhaupt zu konstituieren, setzt sie nun das Sein schon als vorgegeben voraus.[235] Das Ich ist nun von zentraler Bedeutung, weil es den einzigartigen Zugang zum Sein darstellt. Der *Aufstieg zum Sinn des Seins*, den Edith Stein bewerkstelligen will, kann nur bei der Analyse des Ich ansetzen, das sich in diesem Sein vorfindet. Hier sind die Ähnlichkeiten und ausdrücklichen Anknüpfungen an Heideggers Daseinsanalyse unübersehbar.[236]

> «Ist das Ich eine Quelle des Lebens? Da das Leben das *Sein* des Ich ist, würde das zugleich heißen, daß es sein Sein *aus sich selbst* hätte. Das stimmt aber offenbar nicht zu den festgestellten merkwürdigen Eigentümlichkeiten dieses Seins: zu der Rätselhaftigkeit seines Woher und Wohin, den unausfüllbaren Lücken in der ihm zugehörigen Vergangenheit, der Unmöglichkeit, das, was zu diesem Sein gehört (die Gehalte), aus eigener Macht ins Sein zu rufen und darin zu erhalten, vor allem aber damit, wie das Ich selbst ist und wie es sein eigenes Sein erlebt. Es findet sich als lebendiges, als gegenwärtig seiendes und zugleich als aus einer Vergangenheit kommendes und in eine Zukunft hineinlebendes vor – *es selbst und sein Sein sind unentrinnbar da, es ist ein „ins Dasein geworfenes"*.»[237]

Das Ich findet sich für Stein in seinem Sein als ein schon Gegebenes vor, letztlich als ein Sein, daß sich empfängt. In diesem Sinn weist das Sein des Ich über das Ich hinaus auf ein ihm Vorgängiges. «Ich stoße also in meinem Sein auf ein anderes, das nicht meines ist, sondern Halt und Grund meines in sich haltlosen und grundlosen Seins. [...] es muß *das Sein selbst* sein».[238]

Das Ich wird sich selbst zur Frage und verweist als endliches Sein auf einen unendlichen Horizont, auf das ewige Sein, von dem her Stein versucht,

---

233 *Sein*, 26f.
   Ich muß mich hier auf diese sehr kurze Skizzierung dessen beschränken, was Edith Stein unter *Christlicher Philosophie* versteht und kann ihren Ansatz keiner kritischen Analyse unterziehen. Bekanntermaßen nimmt z.B. Martin Heidegger eine radikal andere Verhältnisbestimmung von Philosophie/Phänomenologie und Theologie vor und leugnet kategorisch die Existenzmöglichkeit einer christlichen Philosophie, die für ihn ein «hölzernes Eisen» ist (HEIDEGGER 1928, 66).
234 Vgl. *Sein*, 31-59.
235 Vgl. dazu die intensive Auseinandersetzung mit dem transzendentalen Idealismus in *Potenz*, 246-258.
236 Vgl. den Hinweis Steins in ihrem Vorwort auf den «starken Eindruck» den Heideggers *Sein und Zeit* in ihr hinterlassen hat (*Sein*, XVI).
237 *Sein*, 52.
238 *Sein*, 57.

ihre Anthropologie zu formulieren. Damit gilt aber: Das Ich ist nicht etwa nur ein in sich belangloses Verweiszeichen auf das wirklich wichtige ewige Sein. Es geht Stein immer um die Person, aber sie ist überzeugt, daß sich das Geheimnis der Person nur im Licht des unendlichen Seins erhellt. So wird denn auch im Gang ihrer Darstellung in *Endliches und ewiges Sein* die Lehre vom Sein schließlich wieder zur Lehre der Person.[239]

4.1 Anthropologie im Horizont ewigen Seins

Ebenso wie Heidegger in *Sein und Zeit* bemüht sich Edith Stein in ihrem großen Hauptwerk *Endliches und ewiges Sein* die Frage nach dem *Sinn des Seins* zu klären. Sachlich handelt sich dabei um eine umfassende Ontologie des endlichen Seins, das sie im Licht des ewigen Seins zu erhellen sucht. Methodologisch hingegen geht sie den umgekehrten Weg: *Aufstieg* vom endlichen zum ewigen Sein, vom Ich zum Absoluten, von der Person zu Gott.

Ich hatte schon mehrfach darauf hingewiesen, daß für Edith Stein die Person und ihre Konstitution während ihrer gesamten wissenschaftlichen Tätigkeit im Zentrum der Aufmerksamkeit steht. Das gilt auch für *Endliches und ewiges Sein*. Demgegenüber scheint das Problem der Alterität im Vergleich zur frühen Schaffensphase eher in den Hintergrund zu treten. In einer eingehenderen Betrachtung zeigt sich aber, daß Edith Stein wichtige (zuweilen implizite, aber gelegentlich auch sehr explizite) Bestimmungen des Verhältnisses Ich-Anderer gelingen, die die Ergebnisse des Frühwerkes erweitern und vertiefen.

Es ist für hier wenig ertragreich, den gesamten Gedankengang von *Endliches und ewiges Sein* nachzuzeichnen.[240] Auf einzelne Elemente werde ich im folgenden zurückkommen. Mir scheint hingegen Edith Steins Anthropologie und Alteritätstheorie am deutlichsten in einem Text greifbar zu sein, den sie als Anhang zu *Endliches und ewiges Sein* konzipiert hatte und in dem sie sich ausführlich mit Heideggers Existentialphilosophie beschäftigt.[241] Vermutlich ist es gerade die Auseinandersetzung mit diesem großen und von Stein hochgeschätzten Philosophen, die es ihr ermöglicht, ihre eigene Sicht der Dinge zu schärfen und in aller Klarheit zur Abhebung zu bringen.[242] Edith Stein geht

---

239 Vgl. GERL 1998, 134.
240 Dazu sei verwiesen auf GERL 1998, 105-158; GERL-FALKOVITZ 1998, NEYER 1995, DEMPF 1953.
241 Der als Anhang konzipierte Beitrag *Martin Heideggers Existentialphilosophie* wurde von den Herausgebern der Werke Edith Steins leider nicht zusammen mit *Endliches und ewiges Sein* veröffentlicht, sondern erst 1962 als gesonderter Beitrag in Band VI der Werkausgabe.
242 Es ist bemerkenswert, daß Edith Steins Text katholischerseits als einer der allerersten Versuche gelten kann, das Denken Heideggers kritisch zu rezipieren. 1935 war von Alfred Delp SJ *Tragische Existenz – Zur Philosophie Martin Heideggers* erschienen, von dem sich Edith Steins Beitrag durch die viel genauere Kenntnis der Phänomenologie und

dabei auf die wichtigsten damals veröffentlichten Schriften Heideggers ein: *Sein und Zeit, Kant und das Problem der Metaphysik, Vom Wesen des Grundes, Was ist Metaphysik?*[243]

Nachdem sie ausführlich Heideggers Argumentation in *Sein und Zeit* referiert hat, konzentriert sie ihre Kritik auf seine Daseinsanalyse. Sie erkennt Heideggers Darstellung des alltäglichen Daseins an, worin sich der Mensch als ins Dasein geworfen vorfindet. Sie schätzt die Analyse «des In-der-Welt-seins, des besorgenden Umgehens mit den Dingen, des Mit-seins mit anderen».[244] Dann aber stellt sie kritisch fest, daß Heidegger seine Daseinsanalyse nicht wirklich zu Ende führt und vor ihren eigentlichen Konsequenzen zurückschreckt. Edith Stein belegt dies, indem sie die Begriffe Mitsein, Zeitlichkeit und Sorge näherhin untersucht.

(1) Heidegger hatte behauptet, daß der Mensch vor seinem eigensten und eigentlichen Sein flüchtet, in dem er sich einsam und verantwortlich vorfinden würde. Er wird zum entpersönlichten *Man*, das seine Verantwortung auf die Gemeinschaft ablädt. Heidegger gilt die Gemeinschaft als Ort der Flucht, als das Un-eigentliche, während die einsame Existenz des Einzelnen das eigentliche Sein ausmacht. Dem gegenüber betont Edith Stein, daß nicht das einsame, sondern das gemeinschaftliche – also das *Mitsein* – das erste Dasein ist, in das der Mensch geworfen wird.

> «Seinsmäßig ist der Mensch gleich ursprünglich Einzelner und Gemein-schaftswesen, zeitlich aber beginnt sein bewußtes Einzelleben später als das gemeinschaftliche. Er tut mit und nach, was er andere tun sieht, und wird davon geleitet und getragen. Und das ist ganz in Ordnung, so lange nichts anderes von ihm verlangt wird. [...] Das Mitsein als solches ist nicht unecht.»[245]

Die Weiterentwicklung Edith Steins gegenüber der Alteritätstheorie ihres Frühwerkes ist hier in aller wünschenswerten Deutlichkeit greifbar. Der Andere ist nicht mehr durch das ihm transzendental vorgängige Ich konstituiert, sondern ist nun *seinsmäßig* gleichursprünglich mit ihm. Edith Stein eröffnet sich mit diesem Denkmodell jene Alternativmöglichkeit, die nach Theunissen «Husserl von vornherein ausschließt».[246] Was seinsmäßig gleichursprünglich ist, entfaltet sich in der zeitlichen Konkretion des Daseins einerseits als ein

---

eine aufmerksamere Rezeption der Heideggerschen Anliegen positiv abhebt. Erst Karl Rahners *Hörer des Wortes* (1941) wird eine weiterführende katholische Auseinandersetzung mit Heidegger bieten.

243 Leider scheint sie den wichtigen Beitrag *Phänomenologie und Theologie* (HEIDEGGER 1928) nicht gekannt zu haben.

244 *Heidegger*, 93.

245 *Heidegger*, 96f.

246 THEUNISSEN 1977, 153.
Es bleibt noch zu fragen, wie Edith Stein zur Theorie der *Gleichursprünglichkeit* gelangt. Ich vermute, daß sie in engem Zusammenhang steht mit der *trinitarischen Anthropologie*, die sie in *Endliches und ewiges Sein* entfaltet; vgl. dazu Teil II, 4.3.

Nacheinander, andererseits als ein sachliches Aufeinander-Verwiesensein: Die Person lebt zunächst einmal immer in der Gefolgschaft anderer. Sie ist aber nur dann wirklich Glied der Gemeinschaft «vom Innersten her»,[247] wenn es ihr gelingt, schließlich zu ihrem eigensten persönlichen Sein zu erwachen. In diesem Erwachen beginnt das eigentliche Eigenleben der Person und damit ihre Verantwortung. Edith Stein eröffnet sich mit dem Konzept der *Gleichursprünglichkeit* von Einzelnem und Gemeinschaft, d.h. von Ich und Alterität, einen Ausweg aus der Sackgasse, in die die phänomenologische Reduktion auf das reine Ich geführt hatte. Auf der ontologischen Ebene, die ja nun für Stein auch das Ich-Bewußtsein begründet, weil sie ihm voraus- und zugrundeliegt, erübrigt sich die Frage nach dem Vorrang von Ich oder Du; sie können als gleichursprünglich gedacht werden. Ist aber einmal diese seinsmäßige *Würde* des Ich und des Anderen gesichert, stellt auch die Tatsache, daß sich die Person im konkreten Lebensvollzug als durch die Anderen konstituiert vorfindet, keine wirkliche philosophische Problematik im Sinne einer Gefährdung des Ich dar. Anders als bei Heidegger ist die Gemeinschaft, das Mitsein mit anderen, nicht Verfall des eigentlichen Seins der Einzelexistenz, sondern der Ort, an dem die Person erst zu sich selbst erwacht. Edith Stein verlegt das Kriterium der Eigentlichkeit des Daseins: nicht Heideggers Einzelexistenz (im Gegensatz zum *Man* in Gemeinschaft) ist entscheidend, sondern die qualitative Tiefe der Einzelexistenz.

> «Nicht das Leben in Gemeinschaft als solches und das Sichführenlassen als solches ist Verfall, sondern das unterscheidungslose Mitmachen auf Kosten des eigentlichen Lebens, zu dem man berufen ist, unter Überhörung des Gewissensrufes. Soweit das Dasein verfallen ist, ist es weder echtes Einzelleben noch echtes Gemeinschaftsleben.»[248]

Damit aber stellt sich die Frage: «Woher stammt nun die geforderte Kenntnis eines eigentlichen Seins?»[249] Für Edith Steins kann diese Kenntnis nicht aus der Person selbst erwachsen. Das eigentliche Sein verweist auf ein Letztes, ein Letztbegründendes, das das personale Selbst als solches nicht sein kann.

(2) Eine weitere Signatur des Dasein ist die *Zeitlichkeit*. Heidegger versteht Dasein als *Sein zum Tode*. Edith Stein greift seine Überlegungen zum Sterben und Tod auf und gibt ihm darin Recht, «daß kein Mensch einem anderen den Tod abnehmen könne. Er gehört zum Dasein, und jeder Einzelne hat *seinen* Tod wie *sein* Dasein.»[250] Aber auch hier kommt Edith Stein (ähnlich wie im Blick auf das Mitsein) zum Schluß, daß Heidegger seine Daseinsanalyse nicht wirklich konsequent zu Ende führt. In einer bemerkenswerten Phänomenologie des Sterbens entfaltet sie, wie «dem unbefangenen Menschen [...] zu allen

---

247 *Heidegger*, 97.
248 *Heidegger*, 99.
249 *Heidegger*, 99f.
250 *Heidegger*, 106.

Zeiten die Erfahrung des Todes in dieser Form die Frage nach dem Schicksal der Seele aufgedrängt»[251] hat. Heidegger aber schließe diese Frage von vornherein aus. Für Edith Stein verweist auch die Frage nach der Zeitlichkeit, dem Sterben und dem Tod notwendig über sich selbst hinaus in einen unendlichen Horizont hinein.

> «Die Erwägung des Todes sollte uns zum Verständnis des eigentlichen Seins helfen, zu dem der Mensch aus dem alltäglichen Dasein zurückgerufen wird: es enthüllt sich als ein Sein, mit dem sich der Mensch selbst hineinstellt in die Hinordnung auf ein andersartiges Sein und sich herauslöst aus dem alltäglichen Sein, in dem er sich zunächst vorfindet».[252]

(3) Schließlich greift Edith Stein noch einen dritten Begriff auf, durch den Heidegger das Dasein charakterisiert: die *Sorge*. Das Dasein kann mehr oder weniger erfüllt sein, heideggerisch: mehr oder weniger *eigentlich* sein. Für Heidegger ist das Selbst zunächst Man-Selbst, d.h. uneigentlich. Es trägt aber in sich die Ahnung einer ursprünglichen Ganzheit, die es zu erreichen gilt, und in der das Leben erst seine Eigentlichkeit erreicht. So ist der Mensch beständig ausgestreckt auf etwas Ausstehendes hin. Heidegger nennt dieses *Sich-vorweg-sein* des Dasein *Sorge*. Für Edith Stein formuliert Heidegger damit ein Abzielen auf eine noch ausstehende Erfüllung und eine auch in der Gegenwart mögliche Seinsweise der Erfüllung, die er aber wiederum nicht konsequent zu Ende denkt.

> «*Eigentlich* leben heißt die eigensten Möglichkeiten verwirklichen und den Forderungen des *Augenblicks*, der jeweils gegebenen Lebensbedingungen entsprechen. Wie sollen wir das aber anders verstehen als im Sinne der Verwirklichung eines *Wesens* oder einer *Eigenart*, die dem Menschen *mitgegeben* (d.h. *mit* der er ins Dasein geworfen ist), die aber zu ihrer Entfaltung seiner freien Mitwirkung bedarf und ihm dazu anvertraut ist? Was kann das Erfassen des *Augenblicks* und der *Situation* anderes bedeuten als das Verstehen einer *Ordnung* oder eines *Planes*, den der Mensch nicht selbst entworfen hat, in den er aber einbezogen ist und worin er seine Rolle zu übernehmen hat?
> All das bedeutet *Bindung des Dasein an ein Sein, das nicht das seine*, sondern für das seine Grund und Ziel ist. Zugleich bedeutete es eine *Sprengung der Zeitlichkeit*: die *besorgende* Geschäftigkeit, die bei keiner Sache verweilt, sondern immer schon zu künftigen vorauseilt, wird dem *Augenblick* nicht gerecht. [...] Heidegger spricht selbst von der Deutung der Zeit als *Abbild der Ewigkeit*, aber nur, um sie auszuschließen. Vom Standpunkt einer Zeitlehre aus, die keine Ewigkeit kennt und das Sein als solches für zeitlich erklärt, ist es aber unmöglich, die Bedeutung klarzumachen, die er dem Augenblick gibt. [...] Daß wir aber in unser Sein Zeitloses aufnehmen können, daß wir trotz der Flüchtigkeit unseres Seins etwas *bewahren* (was Heidegger *Gewesend-sein* nennt, ist ein

---

251 *Heidegger*, 106.
252 *Heidegger*, 107.

Bewahren), das beweist, daß *unser Sein nicht schlechthin zeitlich* ist, daß es sich nicht in der Zeitlichkeit erschöpft.»[253]

Edith Stein ist überzeugt, daß es die *Sorge* im Sinne Heideggers – also die Wahrnehmung des uneigentlichen Dasein, der nicht verwirklichten Möglichkeiten, des Nicht-Erschlossenen – auf ihre eigentliche Tiefendimension hin zu befragen gilt. Dann nämlich eröffnet sich im Fragmentarischen das Wissen um eine Ganzheit und Erschlossenheit, die das Dasein auf das unendliche Sein verweist, in dem allein alle Ganzheit beschlossen liegt.

Es mag hier dahin gestellt bleiben, ob Edith Stein mit ihrer Kritik Martin Heideggers gewaltigem Neuentwurf der Phänomenologie wirklich gerecht wird. Man kann in der Tat mit Marten der Ansicht sein, daß sie fortlaufend von Heidegger «Dinge einfordert, die bei ihm nun wirklich nichts zu suchen haben».[254] Hier ist wichtig, daß sich in der Auseinandersetzung mit Heidegger klärt, was Edith Stein selbst wichtig ist. Mit Heidegger erkennt sie in den Konzepten Mitsein, Zeitlichkeit und Sorge elementare Bestimmungen des Daseins. Jeder Versuch, das menschliche Sein als letztbegründend zu erweisen, greift für sie jedoch zu kurz; er ist weder konsequent bis ins Letzte durchdacht noch umfassend genug, um geeignet zu sein, das Dasein in seiner sich darbietenden Phänomenalität zu erfassen. Heidegger habe

«von vornherein alles darauf anlegt, die Zeitlichkeit des Seins zu beweisen. Darum wird überall ein Riegel vorgeschoben, wo sich ein Ausblick zum Ewigen öffnet; darum darf es kein vom Dasein unterschiedenes Wesen geben, das sich im Dasein verwirklicht; darum keinen vom Verstehen unterschiedenen Sinn, der im Verstehen erfaßt wird»[255].

Darauf aber gerade kommt es ihr an: Das menschliche Selbst verweist auf das Ewige; im endlichen Sein eröffnet sich ein Seinssinn, der nur vom ewigen Sein her verständlich wird. Menschliches Dasein meint wesentlich verwiesenes und seiner Natur nach transzendental offenes Dasein. Edith Steins An-

---

253 *Heidegger* 107-108 (Kursive von Edith Stein)
254 MARTEN 1996, 357. Marten hebt hervor, Stein sei im Vergleich zu Heidegger «bei weitem menschlicher in ihrer Menschensicht. Mit erstaunlicher Zielsicherheit notiert sie alles Wesentliche, was in Heideggers Erdenken des Menschen als „Dasein" an Menschlichem, das für den Menschen, wie er leibt, lebt und stirbt, unverzichtbar ist, zu kurz kommt, ja überhaupt nicht in Erscheinung tritt. So weist sie darauf hin, daß in *Sein und Zeit* das echte Mitsein nicht zu seinem Recht komme (was viele noch heute nicht einsehen wollen), durch Überbewertung der Zukunft die Gegenwart entwertet werde und der Gedanke der Fülle und Erfüllung keine Chance habe, zum Tragen zu kommen. Ich halte alle drei Punkte für höchst bedeutsam: Mit dem gelingenden Miteinandersein, der gelingenden Gegenwart in praktischer Absicht und dem je erfüllten Leben fehlt so ziemlich alles, was nicht allein eine vom christlichen Glauben inspirierte Sicht des Menschen zieren mag, sondern überhaupt als konstitutiv für eine philosophische Ethik gelingenden Lebens anzusehen ist.» (356-357)
255 *Heidegger*, 114.

thropologie ist Anthropologie angesichts des ewigen Seins. Mithin kommt bei ihr, genau wie bei Heidegger, ein sehr präzises Vorverständnis zur Geltung; auch ihre Analyse ist von Anfang an durch ihr erkenntnisleitendes Interesse geprägt. Es bleibt freilich der Eindruck, daß ihr eine «menschlichere»[256] und damit womöglich umfassendere Phänomenologie gelingt als Heidegger. Das Bewußtsein eines unendlichen Horizonts des Seins ermöglicht ihr eine freiere und weniger verzerrte Analyse des endlichen Daseins.

Menschliches Leben ist brüchig, geworfen, abhängig – aber gerade darin ist es wesentlich offen für das Ganze, für Ursprung und Freiheit. Dasein, so wie Heidegger es faßt, meint für Stein unerlöstes Sein, das als solches aber die Möglichkeit erfüllten und letztgültigen Seins einschließt. «Endlichkeit läßt sich nur fassen im Gegensatz zur Unendlichkeit, d.h. zur ewigen Fülle des Seins. Seinsverständnis eines endlichen Geistes ist als solches immer schon Durchbruch vom Endlichen zum Ewigen.»[257]

4.2   Gott als der Ganz-Andere

Das ewige Sein, zu dem sie in *Endliches und ewiges Sein* aufzusteigen versucht, trägt für Edith Stein das Antlitz des personalen Gottes. Gott ist das Sein schlechthin, der reine Seinsakt. Die transzendente Offenheit des Menschen für den Sinn des Seins und damit sein Durchbruch vom Endlichen zum Ewigen stellen ihn vor das Geheimnis Gottes[258].

Schon auf den letzten Seiten ihrer Dissertation über die Einfühlung klang an, daß es für Edith Stein zwei Richtungen der Selbsttranszendenz, des inneren Aus-sich-Herausgehens gibt: auf den anderen Menschen hin und auf Gott hin. Damals wagt sie noch nicht zu entscheiden, ob es sich bei der Einfühlung in eine rein geistige Person (Gott) um eine echte Erfahrung handeln kann.[259] Das ändert sich grundlegend in ihrem Spätwerk: Der Selbstüberstieg des geistigen Individuums auf Gott hin wird zum eigentlichen Testfall des Seins-zum-Anderen. Die Aufmerksamkeit richtet sich nicht mehr allein auf den anderen Menschen, sondern auf Gott «als den Ganz-anderen».[260]

Wie versteht Edith Stein die Transzendenz auf Gott hin und die gleichzeitige Konstitution der Person durch Gott? Wird hier eine Dynamik ansichtig, die analog auf die Beziehung Ich-Anderer übertragen werden kann?

---

256 Vgl. MARTEN 1996, 356f.

257 *Heidegger*, 122

258 Vgl. zu Steins Phänomenologie der religiösen Erfahrung BECKMANN 1998b.

259 *Einfühlung*, 131f. Zu Recht weist MÜLLER (1993, 21) darauf hin, daß schon im Begriff der Einfühlung als Sein-zum-Anderen der Ansatzpunkt «für das Verständnis der Person als eines versuchten Aufstiegs zum Sinn des Seins» liegt.

260 *Sein*, 421.

In ihrer Untersuchung der Struktur der Person hatte sie die Seele als form-gebendes Zentrum der Person beschrieben.[261] Sie ist der eigentliche Kern der Person und Ort seiner Freiheit. «Der Mensch ist dazu berufen, in seinem Innersten zu leben und sich selbst in die Hand zu nehmen, wie es nur von hier aus möglich ist».[262] Das Paradoxe der Alteritätserfahrung ist aber nun: Leben im Inneren, wirkliches Bei-sich-Sein ist nur möglich in dem Maße, wie der Mensch über sich selbst hinauszugehen vermag. *Das Innerste kommt der Person von außen zu.*[263] «In ihrem Aufstieg zu Gott erhebt sich die Seele über sich selbst oder wird über sich selbst erhoben. Und doch gelangt sie damit erst recht eigentlich in ihr Innerstes hinein. Das klingt widerspruchsvoll, entspricht aber der Sachlage.»[264]

Edith Stein verläßt hier den philosophischen Diskurs und beschreibt eine spirituelle Erfahrung.[265] Es ist aber erkennbar, daß sie diese Erfahrung nicht für eine rein persönliche hält, sondern ihr grundlegendere und auch philosophisch-phänomenologische Bedeutung zumißt. Sie skizziert eine Wechselbe-ziehung von Selbst und Gott (hier verstanden als der Andere schlechthin): Je mehr der Mensch ins eigenste Innere vordringt und so zu sich selbst gelangt, um so mehr begegnet er dort dem Ganz-Anderen. Je mehr er sich im Über-stieg über sich selbst losläßt – was freilich nur vermag, wer sich im Innersten schon besitzt – und sich auf den Ganz-Anderen hin öffnet, desto mehr geht ihm die Tiefe des eigenen Inneren auf. *Das Geheimnis der Identität gründet im Geheimnis der Alterität.*

> «So ist das Paradox des *alter ego* völlig umgekippt. Es ist der Andere in mir, der mich identifiziert. [...] Und die *Veränderung*, die mich gleichzeitig Ande-rer und mich selbst sein läßt [...] ist die unzweifelhaft und absolut gegensätzli-che Struktur der *Entfremdung.* »[266]

Die Identität der Person empfängt sich nach Edith Stein aus der absoluten, geheimnisvollen Alterität Gottes. Wird hier eine Struktur greifbar, die analog auch für die Beziehung mit dem mitmenschlichen Anderen gilt? Wird das Individuum in dem Maße mehr Person und kommt seinem Innersten und ei-gentlichen Sein näher, je mehr es den Überstieg auf den anderen Menschen hin wagt?

---

261 Vgl. II, 2.2.4.
262 *Kreuzeswissenschaft*, 143.
263 Vgl. *Person*, 153.
264 *Kreuzeswissenschaft*, 136.
265 Das Zitat entstammt in der Tat einem Abschnitt der *Kreuzeswissenschaft*, in dem Edith Stein ausdrücklich die Darstellung der Spiritualität und Theologie ihres Ordensgründers Johannes vom Kreuz unterbricht und diese phänomenologisch gegenliest (vgl. 135-165).
266 SECRETAN 1977, 96.

4.3 Trinitarische Anthropologie

Die Lehre vom Sein ist für Edith Stein der Anweg, um schließlich ihre Lehre von der Person zu entwickeln. Alles endliche Sein wird verstanden von seiner Beziehung zum ewigen Sein her; es ist Abbild eines ewigen Ursprungs. Die Schöpfung und in besonderer Weise der Mensch spiegeln in ihrem Sein den Urgrund wieder, aus dem sie hervorgegangen sind: den dreifaltigen Gott.[267] Die Anthropologie, die Edith Stein in ihrem Spätwerk und besonders in *Endliches und ewiges Sein* entwickelt, ist aufgrund ihrer bestimmenden Koordinaten *trinitarische Anthropologie*: Denken der Person von ihrem dreifaltigen Urbild her.[268]

Freilich weiß Edith Stein, daß weder die Dinge der Welt noch der Mensch einfach in ein trinitarisches Deutungsschema hineingepreßt werden können, durch das univok von Abbild auf Urbild (und umgekehrt) zurückgeschlossen werden könnte. Im Gegenteil: Aufgrund der Lehre von der Analogie sind «Urbild und Abbild durch einen unendlichen Abstand voneinander getrennt».[269]

Edith Stein entdeckt trinitarische Analogien oder Anzeichen eines dreifaltigen Ursprungs (*vestigia trinitatis*) auch in den leblosen Dingen und in der Pflanzen- und Tierwelt.[270] Freilich: «Solche Behauptungen sind spekulativ, schwer als beweisbar und bewiesen zu werten, selbst wenn der stete Gang des Gedankens mitvollzogen ist.»[271] Am deutlichsten aber bildet sich das göttlichen Urbild im Menschen ab.[272] Edith Stein folgt dabei in ihrer Darstellung im wesentlichen den grundlegenden trinitätstheologischen Theorien des Augustinus, die auch schon Thomas von Aquin aufgegriffen hatte. Diese sind dadurch gekennzeichnet, daß die trinitarische Abbildhaftigkeit des Menschen intrapersonal gedeutet wird.[273] In diesem Sinn erkennt Edith Stein das göttliche Urbild in der Personstruktur als Ganzer (Leib – Seele – Geist), in den Fakultäten des Geistes (Geist – Liebe – Erkenntnis; Gedächtnis – Verstand – Wille; Denken – Fühlen – Wollen), und schließlich in der Liebe selbst (Liebender – Geliebtes – Liebe).[274] Wenngleich die intrapersonale Analogie bei Edith Stein zweifellos die dominantere ist, werde ich sie hier nicht weiter ver-

---

267 *Sein*, 333: «Das Suchen nach dem Sinn des Seins hat uns bis zum ersten Sein geführt: zum *Sein in Person*, ja in drei Personen.»

268 Vgl. dazu in besonderer Weise GERL 1998, 134-147.

269 *Sein*, 332. Hier klingt die klassische Definition des IV. Laterankonzils (1215) an: «Quia inter creatorem et creaturam non potest tanta similitudo notari, quin inter eos maior sit dissimilitudo notando.» [«Zwischen Schöpfer und Geschöpf kann keine noch so große Ähnlichkeit festgestellt werden, daß zwischen ihnen nicht eine je größere Unähnlichkeit festzustellen ist.»] (DENZINGER 1991, Nr. 806)

270 Vgl. *Sein*, 387-392.

271 GERL 1998, 139.

272 Vgl. *Sein*, 392-430.

273 Vgl. zur Einführung: GRESHAKE 1997, 95-100. 111-126.

274 Vgl. *Sein*, 334. 411-419; *Kreuzeswissenschaft*, 150; siehe auch GRESHAKE 1997, 98.

tiefen, da sie sich für unsere Frage als wenig fruchtbar erweist. Hingegen konzentriere ich mich auf jene Hinweise Steins, in denen sie eine interpersonale trintarische Anthropologie entwirft.

Ausgangspunkt ist für Edith Stein die trinitätstheologische Frage, wie eine reale Dreiheit (also Verschiedenheit) der göttlichen Personen denkbar ist, wenn doch Gottes Wesen und Sein eins sind, die Verschiedenheit also nicht in einem je unterschiedlichen Sein oder Wesen der drei Personen begründet sein kann. Sie kommt zur Schlußfolgerung, daß die Dreiheit nur in der Verschiedenheit der *Personen* begründet sein kann.

Daß aber eine gleichzeitige Einheit und Verschiedenheit von Personen möglich ist, zeigt sich ihr schon in der Grundstruktur zwischenmenschlicher Beziehung:

> «Das göttliche Personsein ist Urbild alles endlichen Personseins. Dem endlichen Ich aber steht ein Du gegenüber – als ein „anderes Ich", als seinesgleichen, als ein Seiendes, an das es sich Verständnis und Antwort heischend wenden kann und mit dem es, auf Grund der Gemeinsamkeit des Ichseins, in der Einheit eines „Wir" lebt. Das „Wir" ist die Form, in der wir das Einssein einer Mehrheit von Personen erleben. Das Einssein hebt die Vielheit und Verschiedenheit der Personen nicht auf.»[275]

Mehrfach unterstreicht Edith Stein die uneinholbare Verschiedenheit zwischen göttlichem Urbild und menschlichem Abbild. Zugleich aber wäre alle Rede von Urbild und Abbild sinnlos, wenn es nicht zwischen beiden ein *tertium analogans* gäbe. Dieses Kriterium, auf dem bei aller Unterschiedenheit die reale Ähnlichkeit zwischen göttlicher und menschlicher Gemeinschaft beruht, ist für Edith Stein vor allem die *Liebe*.

> «Das Wir als die Einheit aus Ich und Du ist eine höhere Einheit als die des Ich. Es ist – in einem vollkommenen Sinn – eine Einheit der Liebe. [...] Aber Liebe [...] ist Selbsthingabe an ein Du und in ihrer Vollendung – auf Grund wechselseitiger Selbsthingabe – Einssein. Weil Gott die Liebe ist, muß das göttliche Sein Einssein einer Mehrheit von Personen sein und sein Name „Ich bin" gleichbedeutend mit einem „Ich gebe mich ganz hin an ein Du", „bin eins mit einem Du" und darum auch mit einem „Wir sind".»[276]

Der Grund des Einsseins der göttlichen Personen ist ihre wechselseitige Liebe. Sie sind so sehr Liebe füreinander – das innerste Sein Gottes ist Liebe! –, daß Ichsein und Beim-anderen-Sein bzw. In-Gemeinschaft-Sein, sich nicht nur nicht ausschließen, sondern sogar gegenseitig potenzieren. Nur weil und in dem Maße die Person Liebe ist, ist sie wirklich; nur weil und in dem Maße die Person Liebe ist, ist auch die andere Person; und nur weil und in dem Maße sie beide Liebe füreinander sind, sind sie eins und doch unterschieden.

---

275 *Sein,* 323.
276 *Sein,* 324.

In diesem Zusammenhang kommt Edith Stein zu der bedeutsamen Feststellung, daß «die Liebe das Freieste ist, was es gibt»:[277] Nur von hierher ist das gleichzeitige Ineinander von Ich und Wir, von personaler Identität und Einssein überhaupt denkbar. Wenn die Freiheit als das grundlegende Kennzeichen des Personseins verstanden wird, als Ausdruck seiner Geistigkeit und seines innersten Selbstbesitzes, dann kann die Beziehung zum Anderen und das Einssein mit ihm nicht als Begrenzung der Freiheit gedacht werden. Wenn aber Personsein sich nur im Einssein mit anderen ereignet und die wechselseitige Liebe zur Voraussetzung hat, dann muß die Liebe selbst als Freiheit gedacht werden. Authentischer Vollzug des Personseins meint in diesem Sinne für Edith Stein «Sichselbstverschenken als Tat eines Sichselbstbesitzenden».[278]

Freiheit meint hier also wohl am ehesten das innerste Bei-sich-selbst-Sein der Person, den grundlegendsten Selbstbesitz. Die Liebe ist das Freieste, weil sie wirklich den Anderen personalisiert, d.h. in seinem personalen (Anders-) Sein konstituiert. Liebe als *Freiheit* hebt die Verschiedenheit der Personen in einer Beziehung hervor, indem sie das Du gerade in seiner individuellen Einzigartigkeit, in seiner Unterschiedenheit vom Ich frei-setzt. Zugleich aber wird in einer doppelten Weise die Einheit in der Beziehung sichtbar: (a) Insofern sie *Liebe* als Freiheit ist, gründet die Unterschiedenheit der Personen auf ihrer je schon vorgängigen Einheit; am Anfang steht das Ganz-beim-Anderen-Sein in der Beziehung, die dann die Partner in ihrer jeweiligen Unterschiedlichkeit aus sich entläßt. (b) Sodann gehört es für Edith Stein zum Wesen der Freiheit selbst, daß sie sich nicht als autonome Selbstbehauptung verwirklicht, sondern von Neuem auf den Anderen verweist. Freiheit ereignet sich in Beziehung, konkret als *Verantwortung*.

«Es ist höchst merkwürdig, wie gerade das, was den Menschen ganz isoliert und ganz auf sich selbst stellt – und das tut die Freiheit –, ihn zugleich unlösbar an alle anderen kettet und eine wahre Schicksalsgemeinschaft begründet. [...] Denn in der Sphäre der Freiheit ist die Verantwortung verankert».[279]

Freiheit (d.h. personale Identität) empfängt sich vom Anderen her und verweist zugleich auf ihn hin.

Die Liebe wird für Edith Stein auch zum Kriterium des Erkennens; sie holt damit ihre grundlegenden Überlegungen der Dissertation wieder ein, in der sie die Beziehung zum Anderen vor allem als ein einfühlendes Erkennen und Verstehen gedacht hatte. «Nur im Einswerden ist eigentliche Erkenntnis von Personen möglich. Die Liebe in dieser höchsten Erfüllung schließt also die Erkenntnis ein.»[280]

---

277 *Sein*, 386.
278 *Sein*, 386; vgl. auch 417.
279 *Person*, 162. Ähnlichkeiten mit Emmanuel Lévinas' Vorstellung von der Verantwortung für den Anderen und Norbert Elias' Ethik der Verantwortung sind unübersehbar.
280 *Sein*, 417.

«Immer muß sie [die Liebe] aber Hingabe sein, um echte Liebe zu sein. Ein Begehren, das nur für sich gewinnen will, ohne sich selbst zu geben, verdient den Namen Liebe nicht. Man darf wohl sagen, daß der endliche Geist in der Liebe seine höchste Lebensfülle erreicht.»[281]

Edith Stein folgert, «daß alle Gemeinschaft endlicher Personen ihr Urbild in der göttlichen Dreieinigkeit hat»,[282] auch wenn das Abbild in vielerlei Weise gebrochen ist. Anders als die Dreieinigkeit ist menschliche Gemeinschaft keine streng geschlossene Drei-Einheit, vielmehr steht «anstelle der dritten Person eine offene Vielheit endlicher Personen».[283]

Der andere Mensch, mit dem das Ich in Beziehung tritt oder sich in Gemeinschaft erfährt, ist nicht «etwas», das der personalen Identität akzidentiell von au-ßen zugefügt wird, ohne sie in ihrer eigentlichen Tiefe zu betreffen. Analog zur innertrinitarischen Beziehung gilt auch für die zwischenmenschliche Beziehung, daß die Personen sich in ihrem je eigenen Personsein gegenseitig konstituieren und sie selbst sind in dem Maße als sie beim je anderen sind.

«Die Geschöpfe haben wohl jedes ihr eigenes Wesen – nicht ein einziges gemeinsam wie die göttlichen Personen; aber die Menschenseelen können sich kraft ihrer freien Geistigkeit für einander öffnen und in liebender Hingabe eine die andere in sich aufnehmen [...] Und dieses Aufnehmen ist nicht bloß ein erkennendes Umfassen, das den Gegenstand in der Ferne stehen läßt und für das Innere der Seele wenig bedeutet: es ist ein Aufnehmen ins Innere, das die Seele nährt und gestalten hilft.»[284]

---

281 *Sein*, 417.
282 *Sein*, 428.
283 *Sein*, 428.
284 *Sein*, 470.

5   Zusammenfassung

Mein erkenntnisleitendes Interesse in der Beschäftigung mit dem Denken Edith Steins war die Problematik der Alterität. Ich kann nun versuchen, die wesentlichen Elemente dieser Untersuchung zusammenzufassen. Dabei bin ich bestrebt, drei Fragen im Blick zu behalten: Was ergibt die Philosophie Edith Steins, im Blick über unsere spezifische Fragestellung hinaus, für die Integration von Philosophie und Psychologie? Was sind die Grundelemente ihrer Alteritätstheorie? Welche Fragen bleiben offen?

(1) Bevor ich mich der spezifischen Frage nach der Bedeutung des Anderen im Werk Edith Steins zuwenden konnte, galt es, diese Frage im Gesamthorizont ihres Denkens lebens- und werkgeschichtlich zu verorten. Dadurch kamen weitere Aspekte ihrer Philosophie in den Blick, die ebenfalls bedeutsam sind für den hier unternommenen Versuch, Philosophie und Psychologie miteinander ins Gespräch zu bringen.

Erstens: Das Werk Edith Steins konfrontiert in seltener Anschaulichkeit mit der *phänomenologischen Methode*. Ihre minutiösen Analysen alltäglicher und scheinbar offensichtlicher Erfahrungen machen deutlich, daß sich hinter der Oberfläche der Sachen eine Tiefenschicht verbirgt, die es erst zu enthüllen gilt. Phänomene sind nicht als solche einfach fraglos da, sondern transparent auf ihr tieferes Wesen hin. Edith Stein nimmt den Leser mit hinein in die Wesensanalyse der Phänomenologie. Dieses Hinterfragen des scheinbar Offensichtlichen ist um so notwendiger bei Phänomenen, die nicht mit naturwissenschaftlich exakten Methoden gemessen und erklärt werden können, sondern verstanden und interpretiert werden wollen, wie die Mehrzahl der Phänomene, mit denen es Philosophie und Psychologie zu tun haben.[285]

Zweitens: Edith Stein ordnet ihre Analyse der Fremderfahrung, mithin die Frage nach dem Anderen, in den umfassenderen anthropologischen Horizont der *Konstitutionsproblematik der Person* ein. Dabei begreift sie die Person als differenzierte Einheit von Leib – Seele/Psyche – Geist. Diese Definition dient ihr nicht zuletzt dazu, die Engführungen zu überwinden, die der Psychologismus mit sich gebracht hatte. Die Gefahr, den Menschen und sein Denken und Fühlen auf psycho-physiologische Prozesse zu reduzieren, bzw. durch sie hinreichend erklären zu wollen, ist heute weniger in der Philosophie (wie zu Beginn des vergangenen Jahrhunderts) als in der Psychologie und Biologie wahrzunehmen. Die Tendenz ist unübersehbar, psychische Störungen fast ausschließlich als biochemische und neuronale Fehlleistungen zu begreifen

---

285 Vgl. dazu auch MANENTI 1996, 21-43.

und medikamentös oder durch elektrische Reizung bestimmter Nervenzellen oder Gehirnpartien zu behandeln.[286] Man mag schließlich eine Spielform des Psychologismus auch in jenen tiefenpsychologischen Schulen entdecken, die beanspruchen, mittels ihrer Theorie psychischer Kausalität das Gesamt des geistigen und seelischen Funktionierens einer Person erklären zu können. Dabei wird leicht die geistige Dimension der Person übersehen, die solch grundlegende menschliche Qualitäten wie die Freiheit und die Fähigkeit zur Selbsttranszendenz erst begründet. Diese geistige Dimension arbeitet Stein klar heraus und läßt sie nicht einfach in psychischer Kausalität aufgehen. Wenn dann auch Edith Stein in diesem Zusammenhang von *Geistseele* spricht, unterstreicht sie, daß auch spezifisch geistige Funktionen nicht als eine von psychischen (und auch physischen) Prozessen abgehobene Sphäre aufzufassen sind, sondern mit diesen in wechselseitiger Beziehung und Abhängigkeit stehen, aber doch auch von ihnen zu unterscheiden sind und nicht in ihnen aufgehen.

Drittens: Im Zentrum des Interesses Edith Steins steht die *Lehre von der Person*. Dabei wurde vor allem deutlich, daß die zentrale Signatur personaler Existenz die transzendentale Offenheit der Person ist. Der Mensch ist fähig, über sich selbst hinauszugehen und sich auf den Mitmenschen und auf das Unendliche hin zu transzendieren. Der Mensch ist wesentlich eine offene Frage. In Anlehnung an Husserl, Scheler und Heidegger greift Edith Stein damit die moderne Identitätsproblematik auf, die «um die schwierigen Bedingungen der Selbstwerdung in der Auseinandersetzung mit den anderen und deren Bild von uns weiß».[287] Freilich bleibt für Edith Stein, wie vor allem ihre Auseinandersetzung mit Heidegger deutlich gemacht hat, die fragende Offenheit, die zum Wesen des Menschen gehört, nicht einfach unbeantwortet. Die Frage nach sich selbst wird für Stein zur Frage nach dem Sinn des Seins und damit nach dem Sein schlechthin. Die Frage, die der Mensch ist, findet eine letzte Antwort in Gott.

«Die Herausforderung von Edith Steins Theorie des menschlichen Selbst kann darin erblickt werden, daß sie unbekümmert um Zeitmoden gewagt hat, die volle Essenz und das ganze Telos des klassisch metaphysisch gedachten Mensch in das einzubringen, was heute unter dem Thema „Identität" angeschnitten, aber kaum zu Ende gedacht wird.»[288]

Wenn Edith Stein den Menschen in einem metaphysisch und theologisch bestimmten Seinsgrund letztbegründet sieht, so kommt darin ein Vorverständnis vom Menschen zum Tragen, das nicht mehr nur philosophischer, sondern eben auch theologischer Natur und deswegen rational nicht bis ins Letzte ausweisbar ist. Edith Steins Antwort auf die offene Frage des Menschen ist

---

286 Es soll hier nicht in Frage gestellt werden, daß tatsächlich bei manchen psychischen Störungen der psycho-physiologische Aspekt der deutlich dominantere ist.
287 FETZ 1993b, 314.
288 FETZ 1993b, 314.

also nicht zwingend. Es ist ebenso denkbar, daß sich die menschliche Existenz letztlich in das Nichts verliert und eine Antwort zwar wünschenswert ist, aber real nicht existiert.

Ich gerate mit solchen Überlegungen in den Bereich der Religionsphilosophie und der Theologie. Mit Edith Stein nehme ich die Existenz des den Menschen letztbegründenden Seinshorizonts an. In Teil III wird es deswegen auch um die Frage zu gehen haben, ob man nicht wichtige Aspekte der Person ausblendet, wenn man sie allein auf die Immanenz begrenzt. Diejenige phänomenologische Analyse kann als die zutreffende gelten, die mehr menschliche Wirklichkeit freilegt, versteht und ins Wort hebt.

(2) Im Blick auf die Frage nach der Rolle des Anderen im Denken Edith Steins lassen sich folgende Elemente hervorheben:

Erstens: Zentrale Bedeutung kommt in der Steinschen Alteritätstheorie dem Begriff der *Einfühlung* zu. Edith Stein gelingt es, Husserls Analyse der Intersubjektivität (zu der für ihn auch die Frage der Einfühlung gehörte) aus der idealistisch-egologischen Engführung zu befreien und an die konkret-personale Wirklichkeit rückzubinden.[289] Sie versucht, beides zu wahren: phänomenologische Wesensanalyse und Beschreibung der konkreten Lebenswirklichkeit. Zuweilen scheint sie sich dabei selbst zu widersprechen; manche Unklarheiten klären sich jedoch, wenn man die Ebene des jeweiligen Diskurses bedenkt.

Die Einfühlung ist für Edith Stein vor allem ein Mittel der Erkenntnis des Anderen: Im originären Akt der Einfühlung wird mir eine nicht-originäre fremde Erfahrung zugänglich und es ist möglich, einen anderen Menschen zu verstehen. Mehr noch: Im Akt der Einfühlung entsteht erstmals echte Fühlungnahme mit dem Anderen. Er kommt mir erst jetzt wirklich als ein anderer Mensch wie ich zur Gegebenheit. Er wird erst in der Einfühlung für mich als ein realer Anderer konstituiert. Zugleich aber weiß auch ich mich vom Anderen wahrgenommen und lerne, durch den Blick des Anderen, mich so zu sehen (als Mensch unter anderen Menschen, mit ganz bestimmten Eigenschaften), wie ich mich allein kaum hätte wahrnehmen können. Die Einfühlung ist ein Akt der Selbsttranszendenz und gründet somit in der geistigen Natur des Menschen; sie darf aber keineswegs als ein rational-kognitiver Akt mißverstanden werden. Vielmehr ist in der Einfühlung die Schranke zwischen Emotion und Ratio überwunden. Die Person als ganze fühlt sich mit ihren verschiedenen psychischen und geistige Fakultäten in das umfassende (emotionale und kognitive) Erleben einer anderen Person ein. In der Mitte ihrer Analyse der Einfühlung steht für Edith Stein immer schon die leitende Frage nach dem Anderen, nach dem Wesen der Fremderfahrung. Der Weg schlechthin zur Wahrnehmung des Anderen ist die Einfühlung.[290]

---

289 Vgl. ALES BELLO 2000, 194-199.
290 Die Ähnlichkeiten zu Kohuts Konzept der Einfühlung sind unübersehbar (vgl. I, 3.1).

Zweitens: Schon in ihrer Dissertation lehnt Edith Stein deutlich Lipps' Vorstellung der *Eins*fühlung ab. Sie schafft damit eine Klarheit, die sich bis in ihre Spätwerke durchhält: Einfühlung und Fremderfahrung meinen keine Fusion. Ich und Du lösen sich nicht einfach im Wir auf. Das Entscheidende ist für Stein nicht das Wir, sondern eher die Beziehung, die sich zwischen Ich und Du entwickelt. Edith Stein wahrt damit die reale Differenz zwischen dem eigenen und anderen Ich.

In der geschichtlichen Faktizität ist das Ich immer schon durch andere ihm vorausexistierende Ichs mitdefiniert und bestimmt. Das Ich empfängt sich vom Anderen; Identität vollzieht sich in Alterität. Man mag Edith Stein vorwerfen, daß ihre Analyse der realen Situation an dieser Stelle nicht mit ihrer phänomenologischen Wesensanalyse übereinstimmt. Dahinter verbirgt sich aber wohl die Ahnung, daß es schwierig wäre, dann noch die ursprüngliche Einzigartigkeit des Ich zu wahren, wenn es auch transzendental vom Anderen abkünftig wäre.[291] So sehr sich Edith Stein der wechselseitigen Verwiesenheit von Ich und Du bewußt ist und ihre Gleichursprünglichkeit postuliert, versucht sie doch eine Rückführung des einen auf den anderen oder eine Aufhebung von Ich und Du in das umfassende Wir zu vermeiden. Eben deswegen hält sie beharrlich am Vorrang des reinen Ich fest. Indem sie die konkrete Person in der Wesensanalyse immer wieder rückbindet an das allem und allen anderen vorausliegende reine Ich, wahrt sie die reale Differenz von Ich und Du und die grundlegende Würde des Ich. Letztbegründende personale Würde können Ich und der Andere nicht voneinander empfangen, sondern sie müssen jedem der beiden schon vorweg zukommen und mitgegeben sein. Nur weil Ich und der Andere je schon in diesem wesentlichen Sinn Person sind, können sie überhaupt etwas qualitativ Bedeutsames voneinander empfangen. In der Frühphase ihres Denkens macht Edith Stein die qualitative Einmaligkeit der Person in ihrer Rückführbarkeit auf das reine transzendentale Ich fest. Erst in der Begegnung mit der Seinsmetaphysik gelingt es ihr, einen ontologischen Urgrund zu denken, von dem her personale Würde garantiert ist und zugleich in Beziehung gedacht werden kann.

«Aber wir könnten unser eigenes Bild nicht in anderen wiederfinden, wenn wir von uns selbst nicht durch eine ursprüngliche, unbildliche Erkenntnis wüßten: durch jenes „Selbst-bewußtsein", das unmittelbare Innesein des eigenen Selbst und Seins, das zu unserem Selbst und Sein gehört. Es ist keine klare, deutliche und vollständige Erkenntnis, sondern ein dunkles, unumgrenztes und ungeformtes Spüren – immerhin Grund und Wurzel alles dessen, was wir natürlicherweise von uns und unseresgleichen wissen.»[292]

---

291 So setzt ja z.B. auch Lévinas in seiner radikalen Alteritätsphilosophie nicht etwa direkt beim Anderen an, sondern bei der vorgängigen Konstitution des Selbst.
292 *Sein*, 322.

Solche starken Bestimmungen von Personalität und Identität wird man, zumal in einer Zeit nachmetaphysischen Denkens in sozialwissenschaftlichen Identitätstheorien vergeblich suchen. Dennoch muß man sich fragen, ob nicht erst sie den Begriffen Ich, Person und Identität ihren eigentlichen tiefen Sinn geben.

Alterität kann mithin für Edith Stein nicht ursächliche Abkünftigkeit des Ich vom Du und des Du vom Ich sein. Noch bevor sie sich konkret und geschichtlich gegenseitig verdanken und bedingen, sind sie beide schon vorgängig in ihrem eigentlichen Wesen und Sein konstituiert.

Drittens: Das Ich verdankt sich in seiner Wesentiefe eben keinem mitmenschlichen Du, sondern einem ewigen, göttlichen Du. Hier verläßt Edith Stein den philosophischen Diskurs und begibt sich auf die theologische Ebene. Die uneinholbare und nicht mehr hinterfragbare Einzigartigkeit des Ich gründet in seiner Herkunft aus dem ewigen Du. Bedeutsam – auch philosophisch – ist freilich, daß Gott als der Ganz-Andere verstanden wird und daß gerade die Beziehung zur göttlichen Alterität die menschliche Identität begründet.[293] Göttliche Alterität bewirkt nicht Entfremdung, sondern stiftet Identität. Kann man aber von einer so konzipierten göttlich-menschlichen Beziehung analog Rückschlüsse ziehen auf das Wesen zwischenmenschlicher Beziehung?

Viertens: In der Tat entwickelt Edith Stein ansatzweise, was dann Gerl «trinitarische Anthropologie» genannt hat.[294] Die Analyse der innertrinitarischen Beziehung in *Endliches und ewiges Sein* stellt Stein ein Denkmodell von Beziehung zur Verfügung, das rein philosophisch kaum zu erreichen ist. Ihre Phänomenologie der Person und Alterität hatte Edith Stein letztlich in einige Paradoxe hineingeführt, die vor allem in ihrem Frühwerk als nicht aufgelöste Spannungen oder gar Widersprüche greifbar sind: Personwerden geschieht durch den Anderen *und* Beziehung zum Anderen ist nur möglich aufgrund eines ursprünglichen Bei-Sich-Selbst-Seins. Die Gemeinschaft gründet in der Identität ihrer Mitglieder *und* jemand gelangt erst zur eigenen Identität, wenn er in Gemeinschaft lebt. Man könnte versuchen, diese Paradoxe im Sinne eines zirkulären Denkens aufzulösen: Der Mensch empfängt sich in der Begegnung mit dem Anderen, er wird mehr er selbst, dadurch entsteht ein Mehr an Beziehung, aus dem wiederum ein Mehr an personaler Identität folgt, usw. Aber auch ein derartiges zirkuläres Denkmodell ist nicht wirklich auf einen logischen Anfang rückführbar.

---

293 *Potenz*, 255: «So transzendiert das Ich sich selbst in der Richtung auf etwas, worin es selbst den Grund seines Seins hat (als eine zu der des transzendentalen Idealismus entgegengesetzte Transzendenz.»

294 GERL 1998, 140-143. Der Ausdruck *trinitarische Anthropologie* geht freilich nicht auf Gerl zurück, sondern findet sich auch schon früher in anderen Zusammenhängen; er wird hier aber m.W. erstmals auf Edith Steins Anthropologie angewandt.

Hier nun erahnt Edith Stein in der interpersonal konzipierten Variante einer trinitarischen Anthropologie ein Denkmodell, das das Paradox nicht aufhebt, sondern umfaßt und einbirgt. Identität und Leben vom Anderen her gelangen in Gott zu ihrer höchsten Steigerung: Es ist keine größere Einheit (Beziehung, Gemeinschaft, Sein-beim-Anderen) denkbar als sie in der Einheit Gottes verwirklicht ist; und zugleich ist keine größere Verschiedenheit (Identität, Person-Sein, Andersheit des Anderen) denkbar als in der Dreifaltigkeit der göttlichen Personen.[295] Einheit und Verschiedenheit, Identität und Alterität sind in Gott gleichursprünglich; sie bedingen einander und potenzieren sich gegenseitig. Hier entdeckt Edith Stein ein Modell, um menschliches Beziehungsgeschehen zu begreifen.

(3) Die Frage nach dem Anderen ist ein zentraler Aspekt im Denken Edith Steins. Sie hat aber nie eine konsequent durchdachte Alteritätstheorie entwickelt. Ich mußte deswegen ihr Werk sozusagen querlesen und herausfiltern, was das Thema dieser Arbeit betrifft. Deswegen kann es nicht verwundern, daß ihr Denken des Anderen Ungereimtheiten und Bruchstellen aufweist. Welche offenen Fragen gilt es zu vertiefen?

Erstens: Husserl hatte sich mit seinem transzendentalen Idealismus von vornherein die Erkenntnis der realen Welt verunmöglicht. Idealismus und Realismus bleiben getrennt. Die reale Welt, das Ding an sich werden für ihn zur bloßen «façon de parler»,[296] weil er sie von Anfang an in Klammern setzt und vom Ich aus reflektiert. So versperrt der transzendentale Idealismus von Anfang an jeden Realismus.

Ähnlich schwer fällt es Edith Stein in ihrer Frage nach dem Anderen, wirklich ein reales Du zu denken, weil auch sie von Anfang an beim Ich ansetzt. Sie bemüht sich, eine Außenkonstitution des Ich in ihre Theorie zu integrieren, muß dazu aber formal den transzendentalen Idealismus und Analogiedenken miteinander verquicken.[297] Edith Stein ahnt, daß die Phänomenologie nie ganz relational wird, weil das Sein immer durch das Ich konstituiert wird: das Ich ist immer primär, jede Ich-Du-Beziehung notwendig sekundär. Ihr Bemühen, die Ich-Konstituierung durch das Du und damit die Gleichursprünglichkeit zu denken und auszusagen, findet weder in der Phänomenologie noch in der klassischen Ontologie eine angemessene Sprache. So verwundert es nicht wirklich, daß wir bei Edith Stein an verschiedenen Stellen Konzepte finden, die eigentlich relationaler Natur sind (z.B.: Geöffnet-Sein, Liebe, Einfühlung, usw.), in denen sie wesentliche Bestimmungen der Person

---

295 Für den Moment wird diese These unbegründet in den Raum gestellt. In Teil III werde ich sie wieder aufgreifen und zu entfalten suchen.

296 *Potenz*, 246.

297 Sehr deutlich greifbar wird dieses teilweise noch unausgereifte Bemühen in ihrem Exkurs zum transzendentalen Idealismus in *Potenz und Akt* (vgl. *Potenz*, 246-258, bes. 258), eine reifere Gestalt findet es in *Endliches und ewiges Sein*.

erkennt, die sie aber nicht konsequent relational durchdekliniert. Es stellt sich die Aufgabe, die Intuitionen Edith Steins aufzugreifen und zugleich die systembedingten Einschränkungen der Husserlschen Phänomenologie und der klassischen Ontologie zu überwinden.

Zweitens: Eine offene Frage bleibt das Verhältnis von Philosophie und Theologie im Denken Edith Steins. Sie ist deswegen hier besonders bedeutsam, weil ich mich in der vorliegenden Arbeit um eine Integration von Psychologie, Philosophie und Theologie im Horizont der Alteritätsproblematik bemühe, ohne dabei jedoch integralistisch die Glaubensebene mit der des rational-wissenschaftlichen Diskurses vermischen zu wollen. Edith Steins Verhältnisbestimmung von Philosophie und Theologie ist z.B. von Lembeck als unwissenschaftlich[298] abgelehnt worden und auch Heidegger hat die beiden Wissenschaften bekanntlich zu getrennten Bereichen erklärt.[299] Hingegen: Ist es nicht eher so, daß es Edith Stein mit ihrer differenzierten Integration von Philosophie und Theologie gelingt, im Bereich der Alteritätsproblematik Facetten und Tiefendimensionen der Wirklichkeit (anfanghaft) zu beschreiben, deren die Philosophie überhaupt nicht ansichtig werden kann? Integriert nicht eine Phänomenologie, die sich erlaubt, die Wirklichkeit als trinitarische Analogie zu deuten, mehr an Daten der Erfahrung als andere Phänomenologien – und ist deswegen philosophisch und psychologisch relevant?[300]

Drittens: In Edith Steins Denken kommen hermeneutische Fragestellungen kaum zum Tragen. Das mag vor allem an einem veränderten Problembewußtsein liegen, das sich erst in der zweiten Hälfte des 20. Jahrhunderts entwickelt hat.[301] Edith Stein scheint vorauszusetzen, daß die Phänomene auf ihr Wesen hin durchschaut werden können und mithin als solche eindeutig sind. Auch der in der Einfühlung erfaßte Andere wird als verstehbar begriffen und die sich in der intersubjektiven Begegnung zeigende Welt als objektiv. Aber: Phänomene können zwar auf ihr tieferes Wesen hin befragt werden, sind aber keineswegs eindeutig. Wesensanalyse ist immer auch Deutung, Verstehen ist immer auch Interpretation und Objektivität ist nicht schon durch intersubjektive Übereinstimmung konstituiert.[302]

Vor allem Edith Steins Einfühlungs-Analyse böte Ansatzpunkte, die sich in Richtung auf eine hermeneutische Phänomenologie vertiefen ließen: etwa ihre Anknüpfungen an Diltheys Unterscheidung von Erklären und Verstehen; oder

---

298 Vgl. LEMBECK 1990, 1991.
299 Vgl. HEIDEGGER 1928.
300 Vgl. dazu HEMMERLE 1976, 58 und THEUNISSEN 1977, 500-507, auf die ich noch in Teil III zurückkommen werde.
301 In der Tat knüpfen hermeneutische Phänomenologen wie Gadamer und Ricoeur zwar an Husserl und Heidegger an, gehören aber deutlich zur Nachkriegs-Phänomenologie. Vgl. zur hermeneutischen Phänomenologie LEMBECK 1994, 105-117 und CLAEGES 1989.
302 Vgl. MANENTI 1996, 83-100.

ihre Theorie vom *Nullpunkt der Orientierung*, an den jede neue Begegnung mit einer anderen Person führt und die interessante Ähnlichkeiten mit Gadamers und Lonergans Vorstellung des Horizonts der Beobachtung und der Horizontverschmelzung aufweist. Leider führt sie keine dieser Intuitionen konsequent weiter. Es wird deshalb im folgenden auch zu fragen sein, welche hermeneutische Qualität der Beziehung zukommt, die sich zwischen Ich und Anderem entwickelt.

Teil III

Der notwendige Andere

Versuch einer Integration

Je est un autre. – Ich ist ein Anderer.
A. Rimbaud[1]

Kann nicht ein Mensch des anderen auf der Erde
Ganz, wie er möchte, sein? –
In langer Nacht bedacht' ich mir's und mußte sagen, nein!
Mörike[2]

Nah sind wir, Herr,
nahe und greifbar.
Gegriffen schon, Herr,
ineinander verkrallt, als wär
der Leib eines jeden von uns
dein Leib, Herr.
P. Celan[3]

---

1 RIMBAUD 1961, 240.
2 MÖRIKE, *Neue Liebe* (zitiert nach: BINSWANGER 1993, 178).
3 CELAN 1959, 163.

1 Standortbestimmung

1.1 Rückblick und Ausblick

Die Analyse der Bedeutung des Anderen in der Selbstpsychologie und im Denken Edith Steins kann nun als abgeschlossen gelten. Dabei habe ich dem Leser die Mühe zugemutet, sich durch zwei völlig unterschiedliche Theoriekomplexe hindurchzuarbeiten, die zudem noch je verschiedenen Wissenschaften angehören. Und es mag in ihm die Frage aufgekeimt sein, worin denn, abgesehen vom einheitlichen thematischen Fokus (der Frage nach dem Anderen) und der offensichtlichen Zentralität des Einfühlungsbegriffs, ihre Beziehung miteinander besteht. Ich habe, bis auf wenige Ausnahmen, bewußt darauf verzichtet, solcherlei Verbindungen schon im Gang der kritisch-analytischen Lektüre von Kohut und Stein aufzuzeigen – vor allem um eine voreilige, wissenschaftstheoretisch nicht gerechtfertigte Vermischung der beiden Untersuchungs- und Argumentationsebenen zu vermeiden. Das Ziel war hingegen – entsprechend der in der Einleitung skizzierten kumulativ-zirkulären Vorgehensweise –, die Frage nach der Bedeutung des Anderen präziser formulieren und ihren Horizont umfassender bestimmen zu können. Ich habe also zu klären versucht, was aus psychoanalytischer (in diesem Fall: selbstpsychologischer) und aus philosophisch-phänomenologischer Perspektive überhaupt mit der Rede vom Anderen gemeint ist und wie aus der Sicht der jeweiligen Wissenschaften die Alteritätsfrage verantwortlich angegangen werden kann. Zudem sollte die Auseinandersetzung mit Kohut und Stein dem Zweck dienen, die Begriffe zu klären. Der in dieser Untersuchung in Angriff genommene Gegenstand zwingt ja notwendig dazu, auf Allgemeinbegriffe wie Ich, Selbst, Du, Anderer, Beziehung usw. zurückzugreifen. So unmittelbar verständlich und alltäglich sie sind, so vage und undefiniert sind sie aber auch. Je nach Kontext variiert ihre Verwendung und Bestimmung enorm. Teil I und II zielten somit nicht allein darauf ab, das Feld der Untersuchung näher zu bestimmen und in den Blick zu nehmen, sondern auch darauf, das begriffliche Instrumentarium bereitzustellen, um dieses Feld zu bearbeiten.

Die Ergebnisse und offen gebliebenen Fragen, die sich aus den beiden Durchgängen ergaben, wurden jeweils am Ende von Teil I und Teil II zusammengefaßt und müssen hier nicht wiederholt werden.

Wie soll nun in diesem dritten Teil der Untersuchung der angestrebte Dialog zwischen Psychoanalyse, Philosophie und Theologie bewerkstelligt werden? Dazu muß ich zunächst einmal klären, wie uns denn der Andere überhaupt begegnet. Welche *Gegebenheitsweisen des Anderen* hat der bisherige Gang der Untersuchung erschlossen? Wie erfahre ich den Anderen?

Es lassen sich meines Erachtens drei solcher Gegebenheitsweisen des Anderen ausmachen. Ich bezeichne die erste dieser Weisen als *der Andere als das Fremde im Eigenen*. Gemeint ist der Andere, wie er im eigenen psychischen Erleben erfahren wird. Ein Großteil dieses Erlebens ist hineinverwoben in unbewußte Dynamiken, weswegen der oder das Andere hier als der oder das Fremde, Unzugängliche, Entfremdete und zuweilen Bedrohliche wahrgenommen wird. Sachgemäß hat vor allem Kohut die Aufmerksamkeit auf diese Weise der Alteritätserfahrung gelenkt. Eine zweite Weise, in der der Andere dem Ich begegnet, läßt sich definieren als *der Andere als Mitmensch*. Vor allem Stein (aber auch Kohut) beschreibt die Modalitäten, in denen der alltäglich in meinen Leben anwesende Mitmensch mich in der intersubjektiven Beziehung beeinflußt und mein Leben bis in das Innerste meiner personalen Identität hinein bestimmt. Die dritte Erfahrung des Anderen ist die der religiösen Erfahrung, in der *der Andere als der Ganz-Andere* als der transzendente, geheimnisvolle Gott begegnet. Wiederum ist es vor allem Stein, die diese Art der Alteritätserfahrung thematisiert, wenngleich sich auch bei Kohut einige wenige Hinweise darauf finden (freilich im streng psychoanalytischen Kontext).

Drei Weisen der Alteritätserfahrung also: Der Andere als das Fremde im Eigenen – der Andere als Mitmensch – der Andere als der Ganz-Andere. Diese Dreigliederung bildet die formale Struktur des dritten Teils und das inhaltliche Gerüst, anhand dessen Psychoanalyse, Philosophie und Theologie miteinander ins Gespräch gebracht werden sollen.[4] In sie sollen die Erkenntnisse aus den ersten beiden Teilen dieser Untersuchung einfließen und innerhalb dieser dreifachen Struktur miteinander ins Gespräch gebracht werden. Zugleich aber beschränke ich mich in diesem Schlußteil nicht auf Stein und die Selbstpsychologie, sondern versuche, den Gesichtskreis zu erweitern und andere Autoren, soweit sie relevant erscheinen, in das hier angestrebte interdisziplinäre Gespräch einzubeziehen. Ich gehe davon aus, daß die Unterschiedenheit der beteiligten Wissenschaften im bisherigen Gang der Untersuchung immer wieder hinreichend deutlich gemacht worden ist. Wenn ich in diesem dritten Teil die Dialogpartner freier miteinander interagieren lasse als das bisher geschehen ist, so soll dadurch die wechselseitige Bezogenheit der Wissen-

---

4   Erst nachdem ich mich entschlossen hatte, dem Schlußteil der vorliegenden Untersuchung diese Dreiteilung zugrunde zu legen, habe ich mich ausführlicher mit Ricoeurs großem Alteritätsbuch auseinandergesetzt und dabei festgestellt, daß er in dessen letztem Kapitel eine in mancherlei Hinsicht parallele Distinktion einführt (RICOEUR 1990, 384ff). Er unterscheidet drei Formen der Passivität bzw. der Andersheit: (a) die Erfahrung des Eigenleibes, (b) die Andersheit des Anderen, (c) das Gewissen, wobei er als Philosoph offenläßt, ob Gott die Quelle der im Gewissen wahrgenommenen Aufforderung ist oder nicht (426).
Zu verweisen ist in diesem Zusammenhang auch auf die Unterscheidung von de Finance von *innerer* und *äußerer Alterität*; vgl. DE FINANCE 1973, 42-45.

schaften in den Blick kommen, die freilich ihre Unterschiedenheit nicht aufhebt.

Die drei Weisen der Alteritätserfahrung so voneinander zu scheiden, wie es hier geschehen soll, erscheint von der Sache her geboten und ermöglicht mir zugleich, eine logische Ordnung in die vorgelegte Argumentation zu bringen. Dennoch handelt es sich nicht um drei gänzlich voneinander unabhängige Weisen der Erfahrung des Anderen. Das Gegenteil ist der Fall: Sie sind zuinnerst miteinander verwoben und beeinflussen sich wechselseitig. Mein Bemühen richtet sich im folgenden also auch darauf, diese Reziprozität der unterschiedlichen Alteritätserfahrungen ansichtig zu machen.

1.2   Zur Notwendigkeit einer Wesensanalyse und Anthropologie

Bevor ich mich der dreigestaltigen Erfahrung des Anderen zuwenden kann, ist aber noch eine ausführliche Vorbemerkung zu machen. Sie betrifft die Notwendigkeit einer Wesensanalyse und einer integrativen Anthropologie. Ich greife damit teilweise Themen auf, die auch schon in den Hinweisen zur Epistemologie und Hermeneutik in der Einleitung zu dieser Arbeit angeklungen sind. Sie sollen hier nicht noch einmal umfassend diskutiert werden. Hingegen möchte ich die Aufmerksamkeit auf einen Aspekt lenken, der an diesem Punkt der Untersuchung klarer verständlich ist als zuvor und der helfen wird, die Weise zu präzisieren, auf die Psychologie und Philosophie bzw. Theologie in diesem dritten Teil der Arbeit miteinander ins Gespräch gebracht werden sollen.

Der Blick auf eine der Aporien, die sich aus der Analyse der Selbstpsychologie ergeben hat, kann helfen, das Gemeinte schärfer zu fassen. Die Aporie, die sich nicht wirklich auflösen ließ, betrifft das Konzept des Selbstobjektes, dem eine Schlüsselposition zukommt in Kohuts Theorie und besonders auch in der Frage nach der Bedeutung des Anderen in ihr. Kohut hat hinreichend geklärt, was er mit *Selbstobjekt* meint, und es wurde deutlich, daß dieses Konzept eine Art Brückenfunktion einnimmt zwischen innerpsychisch orientierten Ein-Personen-Psychologien und relational-interpersonal angelegten Zwei-Personen-Psychologien. Unklar geblieben ist jedoch, wie umfassend das Selbstobjektkonzept zu verstehen ist. Während zuweilen der Eindruck vorherrscht, als beanspruche Kohut, mit seiner Selbstpsychologie das Gesamt des psychischen Erlebens zu erklären, wird an anderen Stellen sichtbar, daß er neben Selbstobjektbeziehungen auch Objektbeziehungen anerkennt und damit den Geltungsbereich seiner Theorie einschränkt. Was noch schwieriger ist: In der Regel hat es für den Leser den Anschein, daß Kohut als Psychoanalytiker spricht und somit die Gültigkeit seiner Theorie auf den Bereich psychischer und vor allem unbewußter Dynamiken beschränkt. Andernorts aber – etwa dort, wo er seine psychologischen Erkenntnisse mit Wurzelmetaphern verbindet (vgl. I, 3.4) – muß der Eindruck entstehen, als gehe es ihm um eine allgemeine Beschreibung des Menschen in der (Post-) Moderne, die sich nicht auf dessen Psyche beschränkt, sondern ihn in seiner Gesamtheit zu begreifen und zu beschreiben sucht. Diese Unklarheit ist auf ein Versäumnis Kohuts selbst zurückzuführen. Kohut vermeidet mit seiner Kreation einer eigenen selbstpsychologischen Terminologie bewußt Begriffe wie Person, Subjekt und Individuum, da sie seiner Überzeugung nach eher in den Bereich der Sozialpsychologie verweisen.[5] Damit aber umgeht Kohut ein Problem, das sich letztlich nicht nur als ein Problem der Sprache, sondern auch als eines der Sache erweist. Er klärt nicht hinreichend, welchen Bereich des menschlichen Erlebens seine Selbstpsychologie eigentlich beschreibt. Hier liegt wohl auch eine der Ursachen, warum sich die Selbstpsychologie nach Kohuts Tod in so unterschiedliche Richtungen weiterentwickeln konnte.

Diese Aporie ist meiner Überzeugung nach nur aufzulösen, indem man sie in zwei Richtungen weiterdenkt: (a) auf eine phänomenologische Wesensanalyse und (b) auf eine umfassende philosophisch (und theologisch) begründete Anthropologie hin. Beide Denkbewegungen sind eng miteinander verschränkt.

Was *phänomenologische Wesensanalyse* meint und wie sie mit dem Forschungsbereich der Tiefenpsychologie zu tun hat, ist schon mehrfach angeklungen, vor allem in Auseinandersetzung mit Ricoeur und Stein. Heidegger bringt die Notwendigkeit, Phänomene auf ihr Wesen hin zu befragen, prägnant zum Ausdruck:

«Darum kann es nicht verwundern, wenn innerhalb der Psychologie in keiner Weise zur Klarheit kommt, was das ist, wohin die Vorstellungen eingeordnet werden: nämlich der Organismus des Lebendigen, das Bewußtsein, die Seele, das Unbewußte und all die Tiefen und Schichten, in die der Bereich der Psychologie gegliedert wird. Hier bleibt alles fragwürdig; dennoch sind die wissenschaftlichen Ergebnisse richtig.»[6]

Psychologie liefert wissenschaftlich korrekte Ergebnisse; das gilt durchaus auch für die Psychoanalyse als hermeneutisch arbeitende Wissenschaft. Aber der Deutungshorizont der Psychologie allein ist nicht umfassend genug, um die beobachteten Phänomene in ihrer Tiefe zu verstehen.[7] Darauf hatte schon

---

5 Vgl. *Narzißmus*, 14f.
6 HEIDEGGER 1952, 25.
7 Ich möchte hier eine etwas gewagte, aber meines Erachtens zutreffende Parallele ziehen: POLKINGHORNE (2000, 6) macht darauf aufmerksam, daß sich Diltheys Unterscheidung von Erklären und Verstehen seit Heisenbergs Entdeckung der Quantentheorie in den 20er Jahren nicht mehr durchgängig anwenden läßt. «[Quantentheorie] erklärt die Natur chemischer Reaktionen, die Eigenschaften von Materialien und wie die Sonne scheint. Wir wissen, wie wir die Summen ziehen können und sie scheinen immer zu stimmen. Erfunden, um mit Atomen umgehen zu können, erlaubt Quantentheorie nun erfolgreiche Vorhersagen über das Verhalten von Quarks, die mindestens Hundertmillionen mal klei-

Ricoeur hingewiesen, als er deutlich machte, daß unbewußte psychische Phänomene und ihre archäologische Dimension erst dann wirklich hinreichend verstanden werden, wenn auch ihre teleologische Intentionalität in den Blick genommen wird.[8] Er verschärft diese Ansicht in einem für den Kontext dieser Arbeit bedeutsamen Zusammenhang, wenn er in einem Beitrag über Kohut davon ausgeht, daß dessen Konzeption des Selbstobjektes sich in mancherlei Hinsicht mit den philosophischen Intersubjektivitätstheorien von Hegel, Husserl und Lévinas überschneidet und mit diesen in Dialog gebracht werden sollte.[9] Ricoeur vollzieht damit die grundlegende Denkbewegung der Phänomenologie. Diese Denkbewegung besagt: Hinter jedem sich zeigenden *Phänomen* – etwa hinter den Erlebnissen, die der Patient in der Psychotherapie berichtet – kann eine *Wesensebene* zur Abhebung gebracht werden. Das Phänomen verweist auf sein Wesen. In der phänomenologischen Reduktion, in der der betrachtete Gegenstand auf seinen Wesenskern hin untersucht wird, verbirgt sich die Überzeugung, daß das Phänomen letztlich mit *Bedeutung* verknüpft ist. Es geht der phänomenologischen Wesensanalyse, in der ontologischen Sprache Steins und Heideggers gesprochen, um den *Sinn des Seins*, den Sinn von Sein. Auf diese Einheit von Phänomen und Wesen im Zusammenhang der Psychologie machen neben Ricoeur auch Giorgi, Imoda, Manenti und Santner aufmerksam.[10] Manenti nennt die künstlerische Tätigkeit und die intime Kommunikation zwischen zwei Menschen als Beispiele für Phänomene, die sich in ihrer wahren inneren Bedeutung nur von einer Wesensinterpretation her erhellen lassen.[11] Beide Phänomene bleiben in ihrer wesentli-

---

ner sind als Atome. Auf der Ebene des Erklärens und der Vorhersage ist sie vielleicht die erfolgreichste wissenschaftliche Theorie aller Zeiten. Aber wir verstehen sie nicht. Damit meine ich, daß sie uns intellektuell nicht wirklich zufriedenstellt und wir nicht glauben, wirklich zu sehen, wie sie eine befriedigende Verstehensmatrix bildet, deren intrinsische Natur und innere Konsistenz wir verstehen können.» - Läßt sich nicht Ähnliches von der Psychoanalyse und Tiefenpsychologie sagen? Sie vermag unbewußte Dynamiken und ihren Einfluß auf das Handeln und Fühlen eines Menschen zu erklären. Aber hat sie damit diese Person schon wirklich verstanden? Müssen nicht vielmehr – neben den psychischen – andere Dynamiken und Wirklichkeiten der Person in den Blick genommen werden, die erst zu einem umfassenden Verständnis verhelfen?

8 Vgl. RICOEUR 1965.

9 Vgl. RICOEUR 1986.

10 Vgl. GIORGI 1970, 1983, 1985, 1997; IMODA 1993, 17-76; MANENTI 1996; SANTNER 2001.
   Giorgis Entwurf einer phänomenologischen Psychologie ist meines Wissens sowohl in den Vereinigten Staaten wie in Europa leider nur wenig rezipiert worden. Er merkt an: «Der Ansatz einer Psychologie, die als Naturwissenschaft begriffen wird, ist von seinem Wesen her empirisch, positivistisch, reduktionistisch, quantativ, genetisch, deterministisch, vorhersagend und geht aus von der Idee eines unabhängigen Beobachters.» (GIORGI 1970, 61-62). Für ihn hingegen muß die eigentliche Frage der Psychologie nicht lauten, wie Phänomene gemessen werden können, sondern was sie bedeuten (vgl. GIORGI 1985).

11 Vgl. MANENTI 1996, 64-68.

chen Bedeutung unverstanden, wenn sie nur in ihrer äußerlich greifbaren phänomenalen Faktizität gesehen werden.

Freilich – und das hat besonders die hermeneutische Richtung innerhalb der Phänomenologie unterstrichen: Wesensdeutung ist weder eindeutig noch zwingend. Sie bewegt sich in einer doppelten Spannung: (a) Zum einen ist es für jede Humanwissenschaft unvermeidlich, Bedeutungen zuzuschreiben. Selbst dort, wo sich etwa die Psychologie um einen betont neutralen Standpunkt bemüht, schwingt immer schon eine anthropologische Grundüberzeugung darüber mit, was etwa menschliche Würde ausmacht, was psychische Gesundheit ist oder wie optimale Entwicklung aussehen sollte. In diesem Sinne gibt es keine Psychologie, die einfach nur Phänomene beobachtet, ohne ihnen immer auch schon Bedeutung zuzuschreiben. (b) Zum anderen ist die phänomenologische Denkbewegung naturgemäß zugleich eine transzendentale Denkbewegung. Die Bedeutung des Phänomens liegt gleichzeitig im Phänomen selbst und jenseits des Phänomens, auf einer anderen höheren Ebene. Diese Tatsache hat unübertroffen Heidegger zum Ausdruck gebracht:

«Allein die Beziehung der Wissenschaft zum Denken ist nur dann eine echte und fruchtbare, wenn die Kluft, die zwischen den Wissenschaften und dem Denken besteht, sichtbar geworden ist und zwar als eine unüberbrückbare. Es gibt von den Wissenschaften her zum Denken keine Brücke, sondern nur den Sprung. Wohin er uns bringt, dort ist nicht nur die andere Seite, sondern eine völlig andere Ortschaft. Was mit ihr offen wird, läßt sich niemals beweisen, wenn beweisen heißt: Sätze über einen Sachverhalt aus geeigneten Voraussetzungen durch Schlußketten herleiten. Wer das, was offenkundig wird, insofern es von sich her erscheint, indem es sich zugleich verbirgt, wer solches noch beweisen und bewiesen haben will, urteilt keineswegs nach einem höheren und strengeren Maßstab des Wissens. Er *rechnet* lediglich mit einem Maßstab und zwar mit einem ungemäßen. Denn was sich nur so kundgibt, daß es im Sichverbergen erscheint, dem entsprechen wir auch nur dadurch, daß wir darauf hinweisen und hierbei uns selber anweisen, das, was sich zeigt, in die ihm eigene Unverborgenheit erscheinen zu lassen. Dieses einfache Weisen ist ein Grundzug des Denkens, der Weg zu dem, was dem Menschen einsther und einsthin zu denken *gibt*. Beweisen, d.h. aus geeigneten Vorraussetzungen ableiten, läßt sich alles. Aber Weisen, durch ein Hinweisen zur Ankunft freigeben, läßt sich nur Weniges und dieses Wenige überdies noch selten.»[12]

---

12 HEIDEGGER 1954, 128.
An anderer Stelle schreibt Heidegger, den gleichen Gedanken auf den Bereich der Psychologie anwendend: «Zur Rettung des Menschenwesens vermag die Psychologie für sich genommen, auch als Psychotherapie, nichts [...], wenn nicht der Mensch zuvor in ein anderes Grundverhältnis zum Sein gelangt, wenn der Mensch nicht von sich aus, soweit es an ihm liegen darf, sich dahin aufmacht, sein Wesen überhaupt erst einmal offen zu halten in die wesenhaften Bezüge zum Sein, gleichviel, ob dieses sich ihm eigens zuspricht oder den Menschen noch sprachlos, weil schmerzlos sein läßt.» (HEIDEGGER 1952, 52)

Wesensdeutung meint also hier: Zulassen, daß das Phänomen sein Wesen, die in ihm verborgene Bedeutung, kundgibt. Und zugleich: Absprung in eine andere «Ortschaft»; der Sinn, die wahre Bedeutung des Phänomens tut sich nur aus einer völlig anderen Perspektive kund. Wo diese andere «Ortschaft» ausgemacht wird und woraufhin sich die transzendentale Denkbewegung richtet, hat wiederum mit grundlegenden anthropologischen und existentiellen Überzeugungen zu tun.

Ich komme zurück auf meinen Ausgangspunkt, auf die Aporie in Kohuts Denken des Anderen im Zusammenhang seines Selbstobjektkonzeptes. Sie erklärt sich, wie nun einsichtig wird, zum Teil daraus, daß er die beobachteten Phänomene streng im Kontext seiner psychoanalytischen Theorie interpretiert. Dabei ist Kohut durchaus überzeugt, daß seine Theorie eine über den psychoanalytischen Zusammenhang hinausgehende Relevanz hat; gelegentliche Hinweise zu ihrer gesellschaftlichen und kulturellen Bedeutung lassen das erahnen. Er vermeidet es jedoch, diese über das psychoanalytisch beobachtete Phänomen hinausgehende Bedeutung systematisch zu reflektieren, wohl in der Annahme, dadurch den Zuständigkeitsbereich der Psychoanalyse im strengen Sinne zu verlassen. Es mag für den Moment dahin gestellt sein, in welcher Weise eine solche Bedeutungs- oder Wesensreflexion vom Psychoanalytiker überhaupt erwartet werden kann. Man kann aber feststellen: Was Ricoeur für Freud konstatierte, trifft im wesentlichen auch auf Kohut zu. Kohut nimmt nicht wirklich wahr, wie sehr tiefenpsychologischen Phänomenen neben ihrer archäologischen auch eine teleologisch-intentionale Dimension zukommt und daß sie notwendig über den Bereich der Faktizität hinaus in einen transzendenten Bereich der Bedeutung, des Sinns verweisen.

An dieser Stelle läßt sich nun leicht die Brücke schlagen zu jener zweiten Richtung, in die uns die Aporie in Kohuts Selbstpsychologie weiterzudenken zwingt: die *Notwendigkeit einer grundlegenden Anthropologie*. Es war ja bei Kohut unklar geblieben, wie umfassend er seine Selbstpsychologie verstanden wissen will. Beschreibt er rein psychische Phänomene oder beansprucht er, die menschliche Person in ihrer Gesamtheit zu erfassen? Es wurde soeben deutlich, daß sich diese Unklarheit zum einen darauf zurückführen läßt, daß Kohut die beobachteten Phänomene nicht auf ihre Wesensbedeutung hin befragt und sie somit nicht in einen umfassenderen Sinnkontext eingliedert. Zum anderen liegt sie darin begründet, daß Kohut eine neue Terminologie für seine Selbstpsychologie entwickelt und es versäumt, diese anhand bekannter Begriffe (wie etwa Person, Subjekt, Individuum) zu definieren. Wenn Kohut vom Selbst spricht, bleibt mißverständlich, ob damit die gesamte Person gemeint ist oder bestimmte Aspekte oder Funktionen der Person, etwa diejenigen, die auf stützende Selbstobjekterfahrungen angewiesen sind.

Hier nun kann Edith Steins Analyse der Struktur der menschlichen Person ins Spiel gebracht werden (vgl. II, 2.2). Sie hilft, den von Kohut angezielten, aber nicht explizierten Sachverhalt zu klären und genauer zu fassen. Stein greift die klassische Definition der menschlichen Person als Einheit von Leib – Seele – Geist auf, entwickelt sie aber auf dem Hintergrund ihrer Auseinandersetzung mit dem Psychologismus weiter. Dabei bietet sie im wesentlichen drei wichtige Präzisierungen an: (1) Die Unterscheidung des Seelenbegriffs in einen religiös-metaphysischen und einen psychischen Seelenbegriff.[13] (2) Die Untrennbarkeit der Psyche (psychische Seele) vom Leib. (3) Die Einheit von Psyche und Geist anhand des Begriffes der *Geistseele* und zugleich die Unterschiedenheit von psychischer Kausalität und geistiger Motivation.

Angewandt auf Kohuts Selbstpsychologie lassen sich mittels dieser Präzisierungen Edith Steins einige wichtige Klärungen vornehmen:

Erstens: Kohuts Beschreibungen des Selbst scheinen sich zu decken mit dem Bereich, den Stein als den Bereich des Psychischen bzw. Seelischen definiert. Für Stein ist ja das Psychische nicht ein separater Bereich der Personalität, sondern berührt sie als ganze, insofern die Psyche leibgebunden ist und auch die geistigen Prozesse des Menschen nicht losgelöst von den psychischen funktionieren. Eine vergleichbare Auffassung liegt scheinbar auch Kohuts Verständnis von Psyche und der Tragweite seiner Selbstpsychologie zugrunde: Die Selbstpsychologie beschreibt das Funktionieren bzw. Nichtfunktionieren der Psyche als Teil der Einheit von Leib-Psyche-Geist.

Zweitens: Ähnlich wie Stein zwei Seelenbegriffe unterscheidet, scheinen sich auch bei Kohut zwei qualitativ unterschiedliche Aspekte des Psychischen nachweisen zu lassen. Gewiß spricht Kohut nicht von einem religiös-metaphyischen Seelenbegriff im Sinne Steins. Dennoch arbeitet er in seinem Konzept eines *Kernselbst* einen Aspekt des Psychischen heraus, der sich nicht mit der übrigen psychischen Dynamik des Selbst deckt. Das *Kernselbst* enthält für Kohut eine Art ursprüngliches Lebensprogramm, das sich ähnlich wie Steins metaphysische Seele entfaltet, aber nicht entwickelt, d.h. keiner äußeren Veränderung unterworfen ist. Die Entfaltung kann mehr oder weniger vollkommen sein. Vom Kernselbst ist das Selbst zu unterscheiden, das sich mit dem deckt, was Stein als Psyche (oder Seele im psychischen Sinn) bezeichnet.

Drittens: Nur schwierig zu klären ist, ob nach Kohuts Überzeugung die Person als Einheit von Leib-Psyche-Geist durch seine Selbstpsychologie umfassend beschrieben ist, oder ob er, ähnlich wie Stein, einen Bereich des Geistigen unterscheidet, der zwar im Sinne von Steins *Geistseele* von psychischen Dynamiken beeinflußt und beeinträchtigt sein kann, der aber nicht der psychischen Kausalität gehorcht, sondern eigene Gesetze hat. Für Stein begründet das Geistige die Fähigkeit zur Selbsttranszendenz und ist die Möglichkeitsbedingung von Freiheit schlechthin. Kohut motiviert zahlreiche Phänomene, wie etwa Kreativität und Religiosität, die gemeinhin mit dem Be-

---

13 Letzteren hatte sie in ihrer phänomenologischen Phase als *Psyche* bezeichnet (vgl. II, 2.2.3 und 2.2.4).

reich des Geistigen identifiziert werden, im Rahmen seiner Selbstpsychologie. Daß die selbstpsychologische Theorie somit zum (fast) alles erklärenden Deutungsschema wird, liegt aber in gewisser Weise in der Natur psychoanalytischen Argumentierens. Es gibt aber bei Kohut einige, wenngleich rare, Hinweise darauf, daß er einen Bereich des Geistigen anerkennt, der über den des Psychischen hinausgeht. So etwa in seinen verschiedenen Bemerkungen zur Funktion von Musik und Literatur[14] und wenn er sich beklagt, in Freuds Modell der Psyche keinen Platz zu finden für jene «Aktivitäten, die als Wahl, Entscheidung und freier Wille bezeichnet werden».[15] Freilich handelt es sich nur um vereinzelte Hinweise. Ob sich nicht die unzulängliche Vertiefung solcher Fragen wie Entscheidung und freier Wille auch dadurch erklärt, daß sie im Rahmen einer streng psychoanalytischen Argumentation, um die es Kohut ja geht, gar nicht zu klären sind? Das Phänomen Geist weist, wie Stein deutlich gemacht hat, notwendig über den Bereich des Psychischen hinaus.

Welcher Erkenntnisgewinn ergibt sich nun aus diesen langwierigen Überlegungen? Es scheint mir ein dreifacher zu sein:

Erstens: Die kritische Diskussion der Aporie in Kohuts Entwurf bestätigte im Zusammenhang der spezifischen Frage nach dem Anderen noch einmal, was schon Ricoeur in seiner Freud-Analyse festgestellt hatte: Die Erforschung des Psychischen und Unbewußten macht eine teleologische Gerichtetheit der psychischen Phänomene ansichtig; letztere können sinnvoll nur im Horizont einer Wesensdeutung interpretiert werden. Wesensdeutung hat aber immer schon einen transzendentalen Charakter und übersteigt somit den Horizont rein psychischer Kausalität.

Zweitens: Es wurde die Notwendigkeit einer umfassenden Anthropologie sichtbar, mithin einer Definition der Struktur der menschlichen Person. Nur auf dem Hintergrund einer solchen Definition können die Ergebnisse der tiefenpsychologischen Beobachtungen in ihren jeweiligen Geltungsbereich eingeordnet werden und so erst wirklich verständlich werden. Ich halte Edith Steins Definition der Struktur der menschlichen Person als differenzierte Einheit von Leib – Seele/Psyche – Geist für ein hilfreiches Modell, in dem sich die Erträge der Selbstpsychologie sinnvoll aufgreifen und zur Sprache bringen lassen.

Drittens: Auf diesem Hintergrund wird nun auch klarer, wie das Verhältnis und Zueinander von Tiefenpsychologie, Philosophie und Theologie gedacht werden kann: Die Tiefenpsychologie beobachtet Phänomene und versucht sie zu erklären. Dabei greift sie notwendig immer schon auf (zumeist nicht explizierte) anthropologische Grundannahmen zurück, die über den Bereich des Psychischen hinausgehen. Dies liegt auch darin begründet, daß die psychischen Phänomene intentionaler Natur sind und nach einer Wesensdeutung in

---

14 Vgl. *Heilung*, 279-283.
15 *Heilung*, 248; siehe auch *Aufsätze II*, 9-35.

einem umfassenderen Kontext verlangen. Diese Wesensdeutung und die darin notwendigerweise implizierte Anthropologie kann sich die Tiefenpsychologie aber nicht selbst erarbeiten. Sie werden ihr im Gespräch mit der Philosophie und Theologie gegeben. Die Psychologie muß in diesem Sinne in die Schule der Philosophie (und evtl. der Theologie) gehen, um von ihr die Begriffe zu lernen, anhand derer die von ihr beobachteten Phänomene interpretierbar werden. Umgekehrt müssen aber Philosophie und Theologie in die Schule der Psychologie gehen, da andernfalls ihre Begriffe leer und ohne Anschauung bleiben. Die Psychologie hat eine Kenntnis von den unbewußten Tiefen-schichten der menschlichen Person, die bisher kaum die Begriffsbildung von Philosophie und Theologie beeinflußt hat. Das gilt auch für Begriffe wie «der Andere», «Alterität», «Intersubjektivität», «Relationalität», auf die sich der Fokus dieser Untersuchung richtet. In den drei zu Beginn dieses dritten Teils skizzierten Durchgängen durch unterschiedliche Weisen der Alteritätserfah-rung will ich nun versuchen, Tiefenpsychologie, Philosophie und Theologie miteinander ins Gespräch zu bringen.

2   Der Andere als das Fremde im Eigenen

Die erste Weise, in der der/das Andere erfahren wird, kann nun näher in den Blick genommen werden. Gemeint ist das *Gegebensein des Anderen als das Fremde im Eigenen.* Diese Formulierungsweise mag als irreführend empfunden werden, insofern sie suggerieren könnte, es handele sich bei den zwei anderen Erfahrungsweisen des Anderen, von denen noch zu sprechen sein wird (der Andere als Mitmensch und der Andere als Ganz-Anderer), nicht um Weisen, wie der Andere im Eigenen erlebt wird. Das freilich ist nicht gemeint. Jegliche Erfahrung des Anderen ist notwendig subjektive Erfahrung des Anderen. Ich kann des Anderen nur so ansichtig werden, wie er sich in meiner eigenen Wahrnehmungs- und Empfindungswelt manifestiert.

Die Aufmerksamkeit liegt hier hingegen auf einem bestimmten Aspekt der Alteritätserfahrung: Das *Fremde* im Eigenen, oder anders: Das eigene Selbst, insofern es als von sich selbst entfremdet erfahren wird. Daß der Mitmensch und auch das göttliche Gegenüber Erfahrungsweisen des Anderen sind, ist unmittelbar einsehbar und immer schon Gegenstand philosophischer und theologischer Untersuchung gewesen. Die Frage nach dem Fremden im Eigenen hingegen führt recht eigentlich in den Bereich tiefenpsychologischer Forschung. Sie rührt an die Idee des Unbewußten, die ja in Freuds ursprünglicher Konzeption nichts anderes ist als der Versuch, zu erklären, was eine Person mit jenen Impulsen und traumatischen Erfahrungen anstellt, die so beängstigend und fremd erscheinen, daß sie nicht als Teil des eigenen Ich zugelassen werden können.

2.1   Das Unbewußte

Kohuts Verdienst ist es, deutlich gemacht zu haben, wie grundlegend und überlebenswichtig die Präsenz von anderen Menschen für das Selbst ist. Kohut hat das vor allem anhand seines Konzeptes des Selbstobjektes veranschaulicht. Das heranwachsende Kind ist darauf angewiesen, mit anderen idealisierten Personen verschmelzen oder andere als Verlängerung des eigenen Größen-Selbst gebrauchen zu können. Nur wo solche Selbstobjekterfahrungen gewährleistet sind, entwickelt es ein hinreichend kohäsives Selbst. Jedoch handelt es sich nicht um einen Prozeß, der nach den ersten Lebensjahren als abgeschlossen gelten kann. Auch ein kohäsives, stabiles Selbst ist immer in der Gefahr, wieder zu fragmentieren und deswegen lebenslang auf stützende Selbstobjekterfahrungen angewiesen.

Auf Kohuts reduktives Verständnis der Alterität, vor allem die mangelhafte Ausarbeitung des Aspektes der Objektbeziehung, ist schon hingewiesen worden und soll auch im folgenden noch eingegangen werden (vgl. III, 3). Positiv ist aber festzuhalten, daß es Kohut gelungen ist, anhand seiner Selbstpsychologie und vor allem anhand des Selbstobjektkonzeptes deutlich zu machen, wie tief die psychische Struktur der Person durch die Erfahrung des Anderen geprägt ist. Genauer: Kohut ist überzeugt, daß das Selbst gar nicht abgehoben von seinen Selbstobjekten gedacht werden kann. Das Selbst ist zwar nicht hinreichend erklärt durch seine Selbstobjektbeziehungen, insofern Kohut mit der Idee des Kernselbst eine Art ursprüngliche Anlage postuliert, die keiner äußeren Beeinflussung und Veränderung unterworfen ist, aber es kann doch auch nicht ohne seine Selbstobjektbeziehungen gedacht werden. Die Selbstobjekte sind die Konstituenten des Selbst.[16] Es ist nicht zu übersehen, daß diese Vorstellung sich in mancherlei Hinsicht mit einigen Aspekten der Objektbeziehungstheorie überschneidet, etwa Kleins Vorstellung vom «inneren Objekt»[17] (dem Introjekt der guten und bösen Brust) oder Winnicotts Konzept des «Übergangsobjektes» (*transitional object*).[18] Diese Objektbeziehungen sind aber gerade durch ihren transitorischen Zustand charakterisiert. Kohut hingegen kann überzeugend deutlich machen, daß Selbstsein *lebenslange Bezogenheit* auf Selbstobjekte und Abhängigkeit von ihnen meint. Im Zuge seiner Neudefinition des Narzißmus und der anschließenden Entwicklung der Selbstpsychologie entwickelt er ein Verständnis der Angewiesenheit der Person auf den Anderen, das nichts mehr mit Unreife oder archaischem Bedürfnis nach symbiotischer Verschmelzung mit dem primären Objekt zu tun hat, sondern grundsätzlich positiv ist: *Der Andere ist der notwendig anwesend Andere*, der durch seine stützende Präsenz personale Identität ermöglicht und aufrecht erhält. Selbstentwicklung ist vermittelt durch den/die Anderen.

Altmeyer versteht in seinem bemerkenswerten Beitrag Kohuts Narzißmustheorie und Selbstobjektkonzept im Zusammenhang einer umfassenden Neubestimmung des Narzißmus und des Subjekt-Objekt-Verhältnisses.[19] Obgleich es sich um einen der erfolgreichsten psychoanalytischen Begriffe handelt, sei es bis heute, trotz aller definitorischen Bemühungen, nicht wirklich gelungen, die Widersprüche im Narzißmusbegriff aufzuklären. Altmeyer führt das vor allem darauf zurück, daß Narzißmus klassisch durch den Gegensatz zur Objektbeziehung definiert wurde: Die libidinöse Besetzung des Selbst hält das Subjekt in einer objektlosen, monadischen Selbstliebe gefangen. Hingegen ist für Altmeyer der Narzißmus keineswegs objektlos, sondern eher als ein unbewußter «Kampf um Anerkennung»[20] durch das Objekt und mithin nur im Horizont des Intersubjektivitätsparadigmas zu verstehen. Seine Hinweise sind um so bezeichnender als er nachweist, daß sich eine Verschiebung in Rich-

---

16 Vgl. GOLDBERG 1990, 126.

17 Vgl. KLEIN 1945 und 1957.

18 Vgl. WINNICOTT 1953.

19 Vgl. ALTMEYER 2000; siehe auch III, 4.1.

20 «Es ist geradezu die Abhängigkeit vom Anderen, die im Narzißmus verborgen wird und sich gleichzeitig auf eigentümliche Weise enthüllt.» (ALTMEYER 2000, 143)

tung einer intersubjcktiven Theorie des Selbst nicht nur in der Psychoanalyse findet,[21] sondern konvergente Strömungen auch in den Sozialwissenschaften (etwa in Meads intersubjektiver Identitätstheorie, die dann von Habermas in seiner Theorie des kommunikativen Handelns aufgegriffen wurde), der Sozialphilosophie (Honneth, Habermas, Joas) und der neueren Gehirnforschung auszumachen sind.[22] Das Selbst wird nicht mehr in der Trennung vom Objekt gedacht und als autonomes Subjekt begriffen, sondern ist immer schon intersubjektiv konstituiert.

Dieser Hinweis mag genügen, um deutlich zu machen, daß Kohuts Akzentverschiebungen in der Narzißmusdefinition im Kontext einer umfassenderen Verhältnisbestimmung von Subjekt und Objekt zu verstehen sind. Ich werde mich im nächsten Kapitel noch einmal dieser Problematik zuwenden und kritisch anfragen, ob nicht auch Kohut, obwohl gerade von ihm wichtige Impulse zur Neudefinition des klassischen solipsistischen Narzißmusbegriffs ausgegangen sind, letztlich doch noch zu sehr einem monadisch-intrapsychologischen Narzißmusmodell verhaftet bleibt, das noch nicht wirklich intersubjektiv erweitert ist.

Kohut macht mit seinem Konzept des Selbstobjektes deutlich, wie tief die Verwiesenheit auf den Anderen in die unbewußte psychische Struktur der Person eingeschrieben ist. In keinem Augenblick kann das Selbst losgelöst von seinen Selbstobjekten gedacht werden. In philosophischer Diktion: Das personale Subjekt existiert nie unabhängig von anderen Subjekten. Im Gegenteil ist personale Identität bis ins Innerste durch den/die Anderen bestimmt. Zu Recht hat Ricoeur darauf aufmerksam gemacht, daß an diesem Punkt die Philosophie in die Schule der Psychoanalyse zu gehen hat.[23] In der Tat laufen ja die verschiedenen philosophischen Ansätze, die sich die Alteritätsfrage zum Gegenstand gemacht haben, letztlich immer wieder Gefahr, abstrakt und blutleer zu bleiben; das gilt für Hegels und Husserls Bewußtseinsphilosophien, aber ebenso für Heideggers daseinsphilosophische Beschreibung des Mitseins wie für Lévinas' Phänomenologie des Anderen. Sie alle könnten durch den Dialog mit der Psychoanalyse einen Zugewinn an Erfahrungstiefe erhalten und im eigentlichen Sinne Tiefenphänomenologien werden. Neben Ricoeur, dem diesbezüglich wohl die wertvollsten Hinweise zu verdanken sind, hat meines Erachtens auch Edith Stein die Notwendigkeit wahrgenommen, die Philosophie mit dem Tiefenwissen der Psychologie ins Gespräch zu bringen. Sie modifiziert ja Husserls Intersubjektivitätstheorie, in der die Konstitution des Ich und des Anderen letztlich im luftleeren Raum des reinen Be-

---

21 Er verweist hier neben Kohut vor allem auf Winnicott und die Weiterentwicklungen seines Ansatzes durch Ogden und Bollas, sowie Modell.

22 Hinzuzufügen wäre wohl auch die moderne Systemtheorie, die ebenfalls die wechselseitige Beeinflussung von Subjekt und Objekt untersucht und sie nicht als voneinander unabhängige Entitäten denkt.

23 Vgl. RICOEUR 1986.

wußtseins stattfinden, und verlagert den Diskurs auf die Ebene der Leiblichkeit und der konkret-realen Existenz (vgl. II, 3.1.4). Stein gibt damit sehr wichtige Elemente an die Hand, mittels derer die philosophische Intersubjektivitätstheorie und die tiefenpsychologische Frage nach der entwicklungspsychologischen und lebensgeschichtlichen Konstitution des Selbst bzw. der Identität durch den Anderen miteinander verknüpft werden können. Der philosophische Diskurs der intersubjektiven Konstitution der Person erhält in diesem Sinn existentielle Tiefe, wenn nämlich im Anschluß an Kohut ersichtlich wird, daß das Unbewußte in sich relational strukturiert ist. Kohut explifiziert und exemplifiziert in seiner psychoanalytischen Theorie, was Ricoeur am Ende seiner Freud-Analyse als zwar überzeugendes, aber letztlich doch theoretisches Postulat formuliert hatte: «Der Wunsch hat sein Anderes.»[24] Meines Erachtens kann das Selbstobjekt als dieses intentionale Andere des Unbewußten begriffen werden. Ohne diesen Anderen bleibt sowohl der Begriff des Selbst als auch der des Unbewußten letztlich leer und anschauungslos.

2.2   Das Fremde

Ich habe im vorhergehenden Abschnitt versucht, jenen Aspekt noch einmal herauszustellen, den ich für Kohuts wesentlichsten Beitrag zu unserer Frage nach den Bedeutung des Anderen halte: die unbewußte Bezogenheit des Selbst auf den Anderen als Selbstobjekt. Man könnte diese ursprüngliche Relationalität oder Konstitution des Selbst durch die Beziehung zum Anderen auch als primäre Intersubjektivität bezeichnen. Dieser Aspekt der Theorie Kohuts überschneidet sich mit den Ergebnissen der modernen Säuglingsforschung, die davon ausgeht, daß schon viel früher als bisher angenommen im Säugling ein Bedürfnis nach und eine Fähigkeit zu intersubjektiver Bezogenheit besteht.

Ich habe aber im Gang dieser Untersuchung schon gelegentlich darauf hingewiesen, daß Kohut hier zwar einen wesentlichen Aspekt der Alteritätsproblematik unterstreicht und positiv herausarbeitet, aber meines Erachtens einen anderen übersieht. Die moderne Säuglingsforschung macht ja darauf aufmerksam, daß sich in der frühkindlichen Entwicklung sozusagen zwei Erfahrungsstränge parallel miteinander entwickeln: einerseits der Strang der intersubjektiven Bezogenheit und andererseits der Strang des wachsenden Selbstempfindens, des Bewußtseins des Getrenntseins und der Unterschiedenheit vom Anderen. Dieser zweite Strang nun ist bei Kohut kaum im Blick. Dieses Faktum hatte sich auch schon in der Auseinandersetzung mit der Objektbeziehungstheorie gezeigt (vgl. I, 4.1), auf die im nächsten Kapitel (III, 3) noch einmal einzugehen sein wird. Der Andere ist bei Kohut zwar konstitutiv für das

---

24 RICOEUR 1965, 488.

Selbst, aber er ist als Selbstobjekt immer schon ein Teil des Selbstsystems; der Andere als Objekt kommt nur marginal vor. Es gibt keinen wirklichen Raum für die Andersheit des Anderen. Kohuts Denkfigur ist die *Inklusion*: Bewältigung der Andersheit durch ihren Einschluß in das Selbst. Diese Denkfigur aber ist im letzten harmonisierend, sie negiert die radikale Andersheit und Fremdheit des Anderen. Dornes weist zu Recht darauf hin, daß Kohut – anders als Freud, aber ähnlich wie Ferenczi und Winnicott – einem romantischen Menschenbild verhaftet sei, wonach der Mensch grundlegend gut ist und erst durch seine Umwelt verdorben wird.[25] Man wird fragen müssen, ob in einem derart romantischen Menschenbild, das um die Metaphern der Ganzheit und Harmonie kreist,[26] genügend Raum ist für eine Konzeptualisierung des Anderen als fremd, bedrohlich, unterschieden und aggressiv.

Diese Anfrage an die Rolle des Anderen in Kohuts Selbstpsychologie ergibt sich nicht allein von Seiten der Psychologie, sondern stellt sich auch, wenn wir die Selbstpsychologie mit der Philosophie Edith Steins ins Gespräch bringen. Sie begreift sowohl in der phänomenologischen wie in der seinsmetaphysischen Phase ihres Denkens das Verhältnis Ich-Anderer innerhalb einer paradoxen Konfiguration. Sie macht zum einen klar, daß in ihrer geschichtlichen und psychologischen Konkretion das Ich und der Andere nicht unabhängig voneinander zu denken sind. Sie konstituieren und verdanken sich wechselseitig. Zum anderen betont sie aber die wesensmäßige und reale Differenz von Ich und Du – in der Frühphase ihres Denkens, indem sie die qualitative Einmaligkeit der Person auf das reine transzendentale Ich zurückführt, und in ihrem späteren Denken, indem sie den christlichen Personbegriff aufgreift, der es ihr erlaubt, Identität und Relationalität miteinander zu verbinden. Das Ich und der Andere sind nur füreinander bedeutsam, weil sie je für sich in ihrer eigenen Wesenstiefe und personalen Dignität ursprünglich sind; konkret freilich existieren sie immer schon gleichursprünglich miteinander und sind aufeinander verwiesen. Damit gelingt Stein eine phänomenologische Analyse der Identitäts- und Alteritätsfrage, die bedeutend reicher und komplexer ist, als was sich diesbezüglich in Kohuts Selbstpsychologie finden läßt.[27] Nun darf

---

25 Vgl. DORNES 1997, 56
26 Vgl. BROWNING 1987, 236. Ähnlich auch IMODA 1993, 81 (im Anschluß an Kohlberg).
27 Ich verdanke einem Gespräch mit Celia Brickman, die sich in ihren Studien mit anthropologischen und psychologischen Aspekten kultureller Alterität beschäftigt, die sehr interessante Frage, ob nicht die unterschiedliche Weise, in der Kohut und Stein die Alteritätsproblematik behandeln, auch biographische Hintergründe habe könnte. Sie machte mich darauf aufmerksam, daß Kohut zeitlebens seine jüdische Herkunft, d.h. seine kulturell-religiöse Andersheit, nicht akzeptiert und vor anderen verborgen hat (er wurde schließlich Mitglied der Unitarian Church, einer „Kirche“, die Überlieferungen verschiedener Religionen vermischt). Edith Stein hingegen war immer stolz auf ihre jüdische Herkunft und verbarg diese auch als Christin nie, sondern nahm im Gegenteil mit ihrer Mutter weiterhin am jüdischen Gottesdienst teil. – Hier ist nicht der Ort, dieser interessanten Hypothese weiter nachzugehen. Sie erhält aber an Gewicht durch die Hinweise Stroziers in seiner jüngst erschienenen Biographie über Kohuts konfliktbeladenes Ver-

man zweifellos nicht einfach eine philosophische Phänomenologie zum Maßstab für eine tiefenpsychologische Beschreibung des Selbst machen. Dennoch wirft sie die Frage auf, ob nicht wesentliche Aspekte der Alteritätserfahrung übersehen wurden, die hingegen auch tiefenpsychologisch vertieft werden sollten und könnten. Derjenige Aspekt, der meines Erachtens bei Kohut zu kurz kommt, hingegen bei Stein besser entfaltet ist, und den es hier noch etwas in den Blick zu nehmen gilt, heißt *Negativität*. Gemeint ist jener andere Pol der Alteritätserfahrung, der dem der Selbstobjektbeziehung und der harmonisierenden Verschmelzungserfahrung gegenübersteht, in der der Andere immer schon Teil des Ich ist – nämlich der *Pol der Differenz, der Unterbrechung, der Fremdheit*. Hier wird der Andere erfahren als das Gegenüber, als der wirklich andere Andere, als Nicht-Ich und auch als der nichtende Andere. Auf dieses Element des Nichts oder der Negation, das den Anderen gegenüber dem Ich erst zum Anderen macht, hat beispielsweise Sartre aufmerksam gemacht.

> «Am Anfang der Existenz des Anderen gibt es eine fundamentale Voraussetzung: der Andere ist tatsächlich der *andere*, das heißt das Ich, das ich *nicht ist*; wir erfassen hier also eine Negation als konstitutive Struktur des Andererseins. [...] Der Andere ist der, der nicht ich ist und der ich nicht bin. Dieses *nicht* zeigt ein Nichts als *gegebenes* Trennungselement zwischen dem Anderen und mir selbst an.»[28]

Kohut neigt dazu, anhand seines Selbstobjektbegriffs (und auch sein Einfühlungskonzept weist zuweilen ähnliche Tendenzen auf) eben dieses Element der Negation harmonisierend zu glätten, indem er das Objekt von vornherein inklusiv Teil des Selbst sein läßt und damit die Andersheit des Anderen, sein objektives Gegenübersein und damit seine Differenz aufhebt. So sehr Kohut damit einen wesentlichen Aspekt der Alteritätserfahrung herausgearbeitet und eingehend beleuchtet hat, so sehr hat er auch die Kategorien der Fremdheit, des Nichtidentischen und der radikalen Uneinholbarkeit und Unzugänglichkeit des Anderen umgangen.

Imoda hat diese der Alteritätserfahrung immanente Dialektik von Harmonie und Unterbrechung bzw. Identität und Differenz ausführlich untersucht und anhand der Antinomie von *Anwesenheit* (*presenza*) und *Abwesenheit* (*assenza*) theoretisiert.[29] Er macht aus entwicklungspsychologischer Warte deutlich, daß eine Person nur dann wirklich reift, wenn sie andere Menschen auf beiderlei Weise erfährt: als anwesend, d.h. als fürsorglich, schützend, als mögliches Selbstobjekt, *und* als abwesend, d.h. als unterschieden, Freiheit und

---

hältnis zu seiner jüdischen Herkunft (vgl. STROZIER 2001, 38f, 75, 115). Da ganz offensichtlich das Denken Steins und Kohuts sehr stark auch persönliche Erfahrungen verarbeitet, sollte es nicht verwundern, daß derartige Verschränkungen von Theorie und Biographie bestehen.

28 SARTRE 1943, 420 (Kursiv vom Autor).
29 Vgl. IMODA 1992, 132-138, 202f., 226; IMODA 1997a, 164.

Autonomie ermöglichend, mithin als Objekt.[30] In diesem Zusammenhang ist Imodas Hinweis besonders bedeutsam, daß die Erfahrung der Andersheit die Person auf ihre eigene Geheimnishaftigkeit verweist.[31] Für Imoda ist *Geheimnis* (*mistero*) eine Grundmetapher seiner interdisziplinären Anthropologie.[32] Die Person kommt nur dann wirklich zu sich selbst, wenn sie anerkennt, daß sie gar nicht vollständig zu sich selbst kommen kann, in ihrem Personkern also ein Geheimnis gründet, das nicht wirklich einholbar und verstehbar ist, sondern die Person immer wieder transzendental über sich hinaus verweist in ein Geheimnis hinein, das für Imoda Gott ist. Einer der privilegierten Orte, an denen der Mensch mit dem Geheimnis konfrontiert wird, ist die Erfahrung der Alterität. *Geheimnis* hat dabei für Imoda zugleich die Konnotation des Unbewußten wie auch die des Transzendenten. Diese transzendente Dimension wird Gegenstand des letzten Kapitel sein (III, 4). Hier hingegen soll jener Aspekt des Geheimnisses näher untersucht werden, mit dem der Mensch konfrontiert wird, wenn er in sich selbst ein Anderes entdeckt, und den Rimbaud poetisch in seiner berühmten und zugleich enigmatischen Formulierung «*Ich ist ein Anderer*» anspricht. Es gibt im Menschen einen inneren Bereich, der ihm selbst unvertraut und unzugänglich ist. Es ist der dem Ich, dem Bewußtsein entzogene dunkle Bereich des Fremden, Anderen und Unheimlichen, den die Psychoanalyse mit dem Ausdruck *Unbewußtes* umschreibt.

Das Andere und Fremde im Eigenen ist das Thema der Tiefenpsychologie schlechthin und kann als solches im Rahmen dieser Arbeit gar nicht hinreichend untersucht werden. Ich will in diesem Zusammenhang nur zwei Aspekte näher in den Blick nehmen: Zum einen das Phänomen der Scham, das ich mit Seidler hier als jene Grenze auffasse, an der die innerpsychische Vergegenwärtigung des Anderen geschieht und sich eine Wahrnehmung des Ich angesichts des Anderen und des Anderen im eigenen Ich vollzieht (vgl. II, 2.3). Zum anderen möchte ich die psychotherapeutische Beziehung zwischen Patient und Therapeut als eine Beziehung beschreiben, die letztlich nichts anderes zum Ziel hat, als das innere unbewußte Andere, das Entfremdete wieder zugänglich zu machen, indem es eingeborgen wird in die Beziehung mit einem äußeren mitmenschlichen Anderen (vgl. II, 2.4).

2.3   Scham

Im tiefenpsychologisch orientierten Verständnis der Person gilt das Unbewußte als das schlechthin Andere oder Fremde im Eigenen.[33] Hier soll nur ein

---

30   Imoda weist zu Recht kritisch darauf hin (IMODA 1993, 306), daß bei Kohut das Element der *Anwesenheit* deutlich überwiegt, und jenes der *Abwesenheit* allenfalls in Form der *optimalen Frustration* theoretisiert ist.
31   Vgl. IMODA 1997a, 172.
32   Vgl. IMODA 1993, 17-76.
33   Vgl. etwa KRISTEVA 1988, 200f. oder LAPLANCHE 1992a, 16,

Aspekt näher in den Blick genommen werden, der mir im Kontext der Frage nach dem inneren Anderen bedeutsam zu sein scheint: das Phänomen der Scham. Das legt sich aus mehreren Gründen nahe: Das Thema der Scham hat gerade in den vergangen zwei Jahrzehnten verstärkt die Aufmerksamkeit der tiefenpsychologischen Forschung wachgerufen[34]. Es verbindet darüber hinaus die Frage nach der inneren Repräsentation des Anderen mit der Affekttheorie. Schließlich ist das Phänomen Scham genau in jenem Übergangsbereich von Selbst, Differenzierung innerhalb des Selbst, Selbstreflexivität und Vergegenwärtigung des Anderen angesiedelt, den es hier besser zu verstehen gilt.

Scham hat wesentlich mit der Erfahrung eines Anderen zu tun. Ich kann mich nicht vor mir selbst, sondern nur vor einem anderen Menschen schämen. Das hat mit unübertroffener Brillanz Sartre in seiner Phänomenologie des Anderen herausgearbeitet.

«Doch der Andere ist der unentbehrliche Vermittler zwischen mir und mir selbst: ich schäme mich meiner, *wie ich Anderen erscheine*. Und eben durch das Erscheinen Anderer werde ich in die Lage versetzt, über mich selbst ein Urteil wie über ein Objekt zu fällen, denn als Objekt erscheine ich Anderen. Aber trotzdem ist dieses Anderen erschienene Objekt kein müßiges Bild im Geist eines andern. Dieses Bild wäre ja dann vollständig Anderen zuzuschreiben und könnte mich nicht „berühren". Ich könnte ihm gegenüber Ärger oder Wut empfinden wie vor einem schlechten Porträt von mir, das mir einen häßlichen oder gemeinen Ausdruck verleiht, den ich nicht habe; aber ich könnte nicht bis ins Mark getroffen werden: die Scham ist ihrer Natur nach *Anerkennung*. Ich erkenne an, daß ich *bin*, wie Andere mich sehen.»[35]

Sartre formuliert hier das Phänomen innerer Reflexivität: Scham ist, sich seiner vor Anderen zu schämen. «So ist die Scham ein vereinigendes Erfassen dreier Dimensionen: *„Ich* schäme mich über *mich* vor *Anderen".*»[36]

Gerade diese innere *Selbstreflexivität* im Phänomen der Scham hat das Interesse der Tiefenpsychologie wachgerufen, wobei besonders die Frage aufgeworfen wird, inwieweit und wie die Fähigkeit, sich selbst reflexiv wahrzunehmen, durch die Anwesenheit des Anderen (oder in Sartres Terminologie: durch den *Blick* des Anderen) vermittelt ist. Daß die Frage nach dem Anderen als zentrale Komponente des Schamphänomens verstanden wird, signalisiert eine bedeutsame Verschiebung gegenüber dem klassischen psychoanalytischen Verständnis, wonach Scham intrapsychisch als eine Reaktion des Ich auf den Konflikt von Sexualtrieb und Über-Ich interpretiert wurde. Diese Verschiebung im Verständnis der Scham schreiben Rizzuto und Seidler vor allem

---

34 Vgl. WURMSER 1981, NATHANSON 1987, MORRISON 1989, RIZZUTO 1991, SEIDLER 1995 (hier auch umfassende Bibliographie). SUMMERS (1994, 347f.) legt dar, daß für die Mehrzahl der Objektbeziehungstheorien sowie für die Selbstpsychologie nicht Schuld, sondern Scham die Ursache der meisten Pathologien ist.

35 SARTRE 1943, 406 (Kursiv vom Autor).

36 SARTRE 1943, 518 (Kursiv vom Autor); vgl. auch 407.

Kohut und auch Winnicott zu, insofern sie die zentrale Rolle der Spiegelfunktion der Mutter für die Entwicklung eines Selbstgefühls theoretisiert haben.[37]

Ich stütze mich im folgenden im wesentlichen auf Seidler, der meines Wissens die im deutschen Sprachraum derzeit umfassendsten und gründlichsten Studien zur Schamtheorie vorgelegt hat. Sein Ziel ist, anhand der Frage der Scham eine «psychoanalytische Alteritätstheorie»[38] zu entfalten. Er nimmt dabei gegenüber der Objektbeziehungstheorie eine relativ kritische Haltung ein, da er sie für letztlich zu monadisch hält und mithin für nicht fähig, eine echte wechselseitige Wahrnehmung von Subjekt und Objekt zu konzeptualisieren.[39] Hingegen hält er Kohuts Selbstpsychologie eher für geeignet, eine «reflexive Figur der Selbstbezogenheit» auszuarbeiten, wenngleich er zugleich kritisch anmerkt: «Gelegentlich entsteht der Eindruck, daß in diesem [Kohuts] Ansatz liegende Möglichkeiten zum Verständnis des Selbstbezugs und des Außenbezuges konzeptuell nur unvollständig genutzt werden.»[40]

Seidler versteht Scham als einen vermittelnden Affekt zwischen der inneren psychischen Struktur und der interpersonalen Welt. Seine zentrale entwicklungspsychologische These besagt, daß sich in der Erfahrung der Scham eine äußere Schnittstelle auftut zwischen Vertrautem und Nicht-Vertrautem, zwischen Ich und Fremdem. Diese äußere Schnittstelle wird nun vom Subjekt, das sich im Blick des Anderen schämt, sukzessive umgewandelt zu einer *inneren Schnittstelle* zwischen Ich und Selbst. Es konstituiert sich in der Person Selbstbewußtheit.[41] Seidler versucht damit, Scham herauszulösen aus einem Verständnis als ausschließlich negativer Affekt. Er sieht sie eher als Affekt, der an einer Bruch- oder Schnittstelle zwischen Außenwelt und Innenwelt angesiedelt ist und zwischen diesen beiden Welten vermittelt und somit positiv zur psychischen Strukturbildung beiträgt. Er verifiziert seine Behauptung anhand der Ergebnisse, die die jüngere Säuglingsforschung vorgelegt hat. Mit Bezug auf Lichtenberg geht er davon aus, daß sich im zweiten Lebensjahr die Fähigkeit zur *Reflexivität* entwickelt, also ein Wissen darum, wie die eigene Person aus der Außenperspektive wahrgenommen wird. Die wechselseitige Austauschbeziehung im äußeren Raum führt dabei zu einer symbolisch vermittelten Strukturbildung im intrapsychischen Raum[42]. Diese Überlegungen sind nicht neu und schon aus der Auseinandersetzung mit der Säuglingsforschung vertraut (vgl. I, 4.3). Neu ist, daß Seidler gerade im Schamaffekt jenen *Schnittstellenaffekt* sieht, «der als Grenzwächter die Abgegrenztheit und Ob-

---

37 RIZZUTO 1991, 299; SEIDLER 1995, 119-124 (dort auch eine Übersicht über die Entwicklung der psychoanalytischen Schamdiskussion, 102-125).
38 Vgl. SEIDLER 1995, 3.
39 Vgl. SEIDLER 1997, 344.
40 SEIDLER 1995, 124. Seidlers Anmerkung trifft sich mit meiner nun schon mehrfach vorgetragenen Kritik an Kohuts zwar implizit angelegter, aber nicht genügend entfalteter Alteritätstheorie.
41 Vgl. SEIDLER 1995, 51f.
42 Vgl. SEIDLER 1995, 134-142.

jektivität des äußeren Objektes und die sich zunehmend konsolidierende Selbststruktur auseinanderhält und vor einer regressiven Verwischung dieser Grenzen schützt».[43]

Der Schamaffekt schärft also gleichzeitig die Wahrnehmung des Anderen als eines äußeren Gegenüber als auch die Wahrnehmung des Selbst als eines strukturierten Innenraums. Man kann sich diesen Differenzierungsprozeß mit Seidler etwa folgendermaßen vorstellen: Das Kind (und dabei folgt Seidler Kohut) wendet sich an seine primäre Bezugsperson mit einem narzißtisch-grandiosen Bedürfnis nach Anerkennung. Dabei ist es unvermeidlich, daß diese präreflexive Erwartung des Kindes immer wieder auch auf ein «Nein» stößt, also frustriert wird. Das Kind lernt, sich mit dieser Grenze, die ihm ein Halt setzt und seine Erwartung durchbricht, zu identifizieren. Es macht sich, indem es sich urteilend zu sich selbst in Beziehung setzt (und genau dieser Augenblick geht für Seidler mit einem punktuellen Schamaffekt einher) den Blick des Objektes, des Anderen zu eigen. Er wird internalisiert und ermöglicht eine innere urteilende Selbstbeziehung. Es entsteht sozusagen ein innerer Anderer, der aber psychodynamisch Teil der Selbststruktur ist.[44] Seidler faßt diese Dynamik zusammen: «Die Scham manifestiert sich dann, wenn eine Suchbewegung des Subjektes auf Übereinstimmung ausgerichtet ist, Fremdes vorfindet und auf ihren Ursprung zurückverwiesen wird.»[45]

Ich habe Seidlers Analyse der Scham eingebracht in den Zusammenhang der Frage nach dem inneren Anderen bzw. Fremden. An dieser Stelle ist nun zu fragen, was denn genau geschieht, wenn die auf Übereinstimmung und Anerkennung ausgerichtete Suchbewegung des Subjektes auf das äußere Fremde, auf die Grenze des «Nein» stößt. Seidler scheint zwei Konsequenzen für möglich zu halten; sie entsprechen in mancherlei Hinsicht Rizzutos Unterscheidung von *normaler* und *pathologischer Scham.*[46]

Als *normal* kann derjenige Prozeß begriffen werden, bei dem die Erfahrung des äußeren Fremden zu einer wachsenden Selbstreflexivität führt. Der Blick des Anderen, angesichts dessen der Schamaffekt entsteht, ist nicht dermaßen frustrierend oder traumatisch, daß er nicht in eine sich differenzierende Selbststruktur integriert werden könnte. Der Blick des Anderen wird angeeignet und konstituiert die Fähigkeit, sich selbst gegenüber auf innere Distanz zu

---

43 SEIDLER 1995, 138.
44 Diese wenigen Hinweise geben die komplexe Analyse Seidlers nur sehr verkürzt wieder. Vgl. für eine ausführliche Beschreibung der Psychodynamik der Scham SEIDLER 1995, 126-228.
45 SEIDLER 1995, 327.
    Ähnlich, aber noch expliziter relational orientiert, auch MORRISON – STOLOROW 1997, 63: «Wir glauben, daß der archaische Motivationskern des Narzißmus im Verlangen nach absoluter Einzigartigkeit in den Augen eines erwählten, idealisierten „Anderen" besteht, im Verlangen, derjenige zu sein, der für den erwählten „Anderen" am wichtigsten ist.» Scham entsteht, wenn diese narzißtische Erwartung verletzt wird. «[...] Scham ist der Affekt, der den Kern einer fehlgeleiteten narzißtischen Erfahrung bildet.» (65)
46 Vgl. RIZZUTO 1991, 302.

gehen; das Ich differenziert sich in ein erlebendes Ich und ein beobachtendes Ich. Die Wahrnehmung eines äußeren Anderen hat damit eine strukturierende Funktion für das Ich. Es entsteht eine Art innerer Beziehungsraum, der seinerseits wiederum den äußeren Beziehungsraum modifiziert und eine künftig differenziertere Beziehung mit dem äußeren Anderen ermöglicht.[47] Der innere und äußere Beziehungsraum strukturieren und differenzieren sich somit progressiv aneinander.[48] Die frustrierte narzißtische Erwartung provoziert jenen Schamaffekt, in dem die «Blickabwendung vom fremden Gesicht» zu einer «Blickwendung nach innen»[49] wird. Der Innenblick strukturiert sodann einen inneren Alteritätsraum, der schließlich zu einem äußeren wird; der Blick, der nun freier von seiner narzißtischen Erwartung ist, kann neu dem Anderen zugewandt werden und dieser wird immer mehr als wirklich Anderer, als ein reales Gegenüber wahrgenommen. Seidler beschreibt diesen progressiven Differenzierungsprozeß treffend als «Gestaltwandel des Anderen».[50]

Was aber nun, wenn der Blick des Anderen so kränkend, mithin der Schamaffekt so unerträglich ist, daß es nicht zu einer Strukturierung des Selbst kommt, sondern umgekehrt das Subjekt sich als Ganzes radikal entwertet und vernichtet fühlt? Seidler entfaltet diesen zweiten, negativen Aspekt des Schamaffektes leider wenig. Rizzuto macht deutlich, daß eine derartig *pathologisch* beschämte Person sich nicht wahrgenommen und in ihrer Identität in Frage gestellt fühlt; sie hält sich für abstoßend, lächerlich, innerlich leer oder aber voll Dreck.[51] Der urteilende Blick des Anderen und der Schamaffekt werden als so zerstörerisch empfunden, daß das Gegenüber *weg sein* soll.[52] Die Person reagiert auf ihre Beschämung, indem sie den sie beschämenden Anderen entwertet oder psychisch auslöscht.[53] Der Blick des Anderen muß äußerlich bleiben und kann nicht zu einem nach innen gewendeten Blick werden, der das Selbst aufbaut und strukturiert. Der psychische Innenraum bleibt unstrukturiert und entwickelt keine Möglichkeiten, das äußerlich Andere zuzulassen und in eine innere Selbstdifferenzierung zu verwandeln. Damit aber, so glaube ich, wird nicht nur das äußerlich Andere und Fremde ausgeschlossen, sondern es entwickelt sich auch nicht die Möglichkeit, das eigene und innerlich Fremde psychisch zu handhaben. Was in der pathologischen Schamerfahrung als für Andere unakzeptabel an der Person erschien, muß nun auch im eigenen Selbst als unannehmbar und somit als Nicht-Ich erscheinen. Die

---

47 Die Vorstellung eines inneren Beziehungs- oder Alteritätsraumes ähnelt in gewisser Hinsicht dem, was Winnicott unter «innerer Umwelt» versteht (WINNICOTT 1958, 43).

48 Vgl. SEIDLER 1995, 170f.

49 SEIDLER 1995, 151.

50 SEIDLER 1995, 182.

51 Vgl. RIZZUTO 1991, 302.

52 Vgl. SEIDLER 1995, 185.

53 Vgl. die Abwehrmechanismen des pathologisch-psychotischen Spektrums, die die Funktion haben, die unerträglichen Affekte, die ein Gegenüber (eine Situation, ein innerer Impuls) provoziert, auszulöschen; vgl. dazu VAILLANT 1993, KÖNIG 1997.

Person verfügt über keinen innerpsychischen Alteritätsraum.[54] Alles, was fremd ist oder als Alterität und Grenze erlebt wird, kann nicht in seiner positiven Neuheit wertgeschätzt, sondern muß defensiv eliminiert werden.[55]

2.4 Therapie

Die vorhergehenden Überlegungen dienten dazu, näher zu verstehen – in diesem Fall anhand eines ganz bestimmten Erklärungsmodells: dem des Schamaffektes –, wie es zur Bildung eines inneren Alteritätsraumes, einer innerpsy-

---

54 Phänomenologisch ähnelt das in vielerlei Hinsicht dem, was KERNBERG (1980, 8ff) als «Identitätsdiffusion» beschreibt. Psychogenetisch liegen aber meines Erachtens erhebliche Unterschiede vor: Kernberg geht davon aus, daß Subjekt- und Objektrepräsentanzen libidinös oder aggressiv determiniert sind. Das Primäre sind also der Trieb oder (in Weiterentwicklungen seiner Theorie) der Affekt, während die Subjekt- und Objektrepräsentanzen demgegenüber sekundär sind. Für Seidler hingegen, der dabei u.a. auf Kohut und die Säuglingsforschung zurückgreift, ist das Erleben des Anderen und die Beziehung zu ihm primär, während die Affekte sich um die Objekt- und Beziehungserfahrung herumgruppieren.

55 Meines Erachtens gelangen wir damit in Anschluß an Seidlers Untersuchungen zum Schamaffekt zu einer Beschreibung des inneren Anderen (im Fall der nicht gelungenen Integration der Schamerfahrung), die in mancherlei Hinsicht an die Überlegungen erinnert, die Goldberg zum Phänomen der *vertikalen Spaltung* vorgelegt hat (vgl. GOLDBERG 1999). Er knüpft an Kohuts Unterscheidung einer vertikalen und horizontalen Spaltung an. Die horizontale Spaltung entspricht der von Freud beschriebenen Verdrängung, bei der das verdrängte Material unbewußt wird. Goldberg geht nun davon aus, daß eine wachsende Zahl heutige Persönlichkeits- und Verhaltensstörungen sich nicht so sehr auf eine horizontale Spaltung zurückführen lassen, sondern durch eine Art vertikaler Spaltung oder Trennung innerhalb der Person zu erklären sind (was keineswegs mit schizophrenen Phänomenen oder mit der Dissoziativen Identitätsstörung verwechselt werden sollte). Es scheint in der Person einen parallelen und koexistierenden Anderen zu geben. «Der Weg von einem bewußten Gefühl der Ambivalenz zur schmerzhaften Erfahrung von miteinander ringenden inneren Kräften ist keineswegs leicht, und das deutlichste einzelne Element ist das Gefühl der Differenz und Entfremdung, das Gefühl, man sei von einem Fremden abgespalten. Es gibt keinen Frieden für jemanden der sich wie zwei Personen empfindet». (15) Goldberg glaubt, daß eine Person dann eine vertikale Spaltung entwickelt, wenn sie bestimmte Affekte defensiv verleugnet und ausschließt. Dazu kommt es vor allem, wenn narzißtisch besetzte Affekte z.B. von Eltern nicht angenommen, sondern traumatisch frustriert wurden. Die Parallele zu Seidlers Beschreibung des Schamaffekt ist unübersehbar. «Es ist für ein Kind schwer, die Unmenge von Selbst-Interessen in ein stabiles und einheitliches Ganzes zu assimilieren und integrieren, besonders im Fall elterlicher Dissonanz; und ein sehr wichtiges Resultat nicht gelungener Integration ist eine vertikale Spaltung. Sie ermöglicht die Koexistenz von parallelen, aber disparaten Wahrnehmungsweisen der Welt und der persönlichen Beziehungen. Man kann zuweilen mit solch unvorhersehbaren und widersprüchlichen Lektionen leben, die man in der Kindheit von Eltern gelernt hat, deren Botschaften miteinander unvereinbar waren. Meistens aber lassen solche Widersprüche psychologische Schwierigkeiten entstehen.» (78)

chischen Erfahrung des Anderen kommt. Ich habe versucht, dabei zwei Varianten aufzuzeigen: Die gelungene Lösung, in der es zur Ausbildung einer psychischen Struktur kommt, die das Zulassen äußerer und innerer Alterität ermöglicht. Und auf der anderen Seite die pathologische Lösung,[56] in der der Andere nicht als innere Möglichkeit zugelassen werden kann und defensiv in das Unbewußte abgedrängt wird. Diese zweite, negative Lösung, die in Wirklichkeit keine ist, soll nun eingehender betrachtet werden. Ich stütze mich dabei anfangs vor allem auf Laplanche, der sehr wesentliche Theorie-Elemente dazu vorgelegt hat, wie das Verhältnis von äußerem und innerem Anderen zu denken ist und wie es in der Therapie zur Wiederaneignung der eigenen inneren Alterität kommen kann.

Laplanche stellt fest: «*Das Andere* in uns, das ist das Unbewußte.»[57] Er nimmt aber sofort eine wichtige Präzisierung vor. Das unbewußte Andere ist nicht wie bei Freud eine vergessene Erinnerung, d.h. der Verweis auf einen unakzeptablen Teil (einen inzestuösen oder aggressiven Impuls) des eigenen Innenlebens. Es ist vielmehr ein innerer Fremdkörper, eine Reminiszenz, die von außen kommt, ein Fremdes, das «vom Fremden in mich hineingetan»[58] worden ist. Das innere Andere gründet psychogenetisch im äußeren Anderen. «*Das Andere*, das das Unbewußte ist, hat in seiner radikalen Alterität nur durch *den Anderen* Bestand.»[59] Laplanche verwendet in diesem Zusammen-

---

56 Der Ausdruck *pathologisch*, den ich hier in Anlehnung an Rizzuto verwende, ist unglücklich und nicht wirklich zutreffend, suggeriert er doch in gewisser Weise, daß nichtadaptive unbewußte Reaktionen *per se* pathologisch sind (und etwa dem psychotischen oder Borderline-Spektrum angehören). Dabei wird Pathologisierung des Unbewußten durch Freud heute zu Recht zurückgewiesen, weswegen etwa LAPLANCHE (1992a, 32) von einem «normalen Unbewußten» spricht. Rulla, Ridick und Imoda sind diesbezüglich wichtige Untersuchungen zu verdanken, in denen sie deutlich machen konnten, daß es unbewußte psychische Dynamiken gibt, die maßgeblich das Fühlen, Entscheiden und Handeln einer Person beeinflussen können, ohne deswegen pathologisch zu sein (vgl. RULLA 1986 und RULLA – RIDICK – IMODA 1989). – Ich gehe davon aus, daß die hier skizzierte Weise des negativen Umgangs mit der Alteritätserfahrung zwar pathologische Ausprägungen annehmen kann, dies aber nicht unbedingt der Fall sein muß. Vielmehr ist gerade auch die Entstehung des «normalen Unbewußten» auf Erlebnisse des Anderen bzw. Fremden zurückzuführen, die zwar nicht traumatisierend sind und mithin keine Pathologien im strengen Sinn erzeugen, aber doch als so unangenehm oder so herausfordernd empfunden werden, daß sie nicht im Bewußtsein zugelassen werden.
57 LAPLANCHE 1992a, 16 (Kursiv vom Autor); vgl. auch WILSON 1998.
58 LAPLANCHE 1992a, 19.
59 LAPLANCHE 1992a, 25 (Kursiv vom Autor); vgl. auch LAPLANCHE 1997.
Laplanche greift zur Verdeutlichung dieser Behauptung auf die Verführungstheorie zurück. Der Andere ist demnach vorrangig der begehrende Andere, der sich an das Kind richtet, der etwas von ihm will; dabei hat dieses Begehren des erwachsenen Anderen bei Laplanche im Sinne der klassischen Verführungstheorie ausdrücklich sexuelle Konnotationen. Mir ist nicht ganz klar, warum Laplanche seine Theorie an dieser Stelle so engführt, geht es ihm doch letztlich vor allem darum nachzuweisen, daß der Andere in der Bildung des Selbst ursprünglich ist. Meines Erachtens könnte sein Anliegen sinnvoll in einen umfassenderen Zusammenhang gestellt werden, wie ich ihn etwa im vorhergehen-

hang die Metapher der kopernikanischen Wende und skizziert eine zweifache Dezentrierung: Die Erfahrung des inneren Anderen verweist das Subjekt nicht so sehr (ptolemäisch oder freudianisch) auf das eigene unbewußte Fremde, sondern zuallererst (dies ist die erste kopernikanische Dezentrierung) auf den äußeren Fremden, der sozusagen die Fremdheit in das Subjekt implantiert, und sodann (dies ist die zweite Dezentrierung) auf die innere Fremdheit im Anderen selbst. «Die innere Fremdheit wird durch die äußere Fremdheit „gehalten", und die äußere Fremdheit ihrerseits durch das rätselhafte Verhältnis des Anderen zu seinem eigenen inneren Fremden.»[60]

Ich halte Laplanches Theorie in unserem Zusammenhang aus zwei Gründen für bedeutsam und hilfreich.

Erstens: Laplanche stellt sich mit seinen Reflexionen in eine Reihe mit anderen hier schon beschriebenen Autoren (Kohut, Stern, Lichtenberg, Seidler). Sie alle konzeptualisieren aus je unterschiedlicher Warte, aber doch im wesentlichen übereinstimmend die Entstehung des Unbewußten, also des inneren Fremden, nicht triebpsychologisch als Verdrängung eines nicht akzeptablen Impulses, sondern relational. Das innere Andere entsteht am äußeren Anderen. In einer gelungenen, normalen Beziehung mit dem äußeren Anderen entwickelt sich eine kohäsive innere Struktur, in der die äußere und innere Fremdheit anerkannt und ausgehalten werden kann und einen inneren Alteritätsraum entstehen läßt, der wiederum eine normale Beziehung zu äußeren Anderen ermöglicht. In einer nicht gelungenen Beziehung, die durch traumatische Frustration oder affektiven Mißbrauch gekennzeichnet ist, etwa indem das Kind vom Erwachsenen als archaisches Selbstobjekt «verwendet» wird, bleiben der äußere und innere Alteritätsraum unstrukturiert; das innere Fremde ist diffus anwesend, aber gerade deswegen um so beängstigender und einflußreicher, droht es doch ständig, das Selbst zu überschwemmen und seine fragilen Strukturen mit sich fortzureißen.

Zweitens: Laplanche theoretisiert nicht allein das Fremde im Eigenen, sondern verweist ebenfalls auf die rätselhafte innere Fremdheit im Anderen. «Er ist anders als ich, da er anders ist als er selbst ist.»[61] Die äußere Fremdheit des Anderen verweist demnach in einem doppelten Sinn auf die innere Alterität: Der Andere ist nicht nur der/das Andere, den ich in mir, in meinen Unbewußten, vorfinde; er birgt auch in sich selbst eine Fremdheit, die ihm so vertraut oder unvertraut ist, wie mir die meine. In einer Beziehung begegnen sich mithin nicht nur zwei Personen, die einander als je Andere gegenübertreten, son-

---

den Abschnitt über die Scham anskizziert habe. Im größeren Rahmen der Affekttheorie würde demnach jede Begegnung mit einem äußeren Anderen eine innere (manchmal entfremdete) Alterität schaffen, wenn die unreflexive Erwartung des Kindes in eben dieser Begegnung und auf eine frustrierende Fremdheit und verneinende Grenze am Anderen stößt. Das Sexuelle ist nicht das einzige Fremde, dem das Kind im Erwachsenen begegnen kann.

60   LAPLANCHE 1992a, 32.
61   LAPLANCHE 1992c, 184.

dern auch zwei Innenräume, in denen jede der zwei Personen sich selbst noch einmal ein Rätsel, ein Anderer ist. Es begegnen sich im äußeren Alteritätsraum nicht allein zwei Personen, sondern auch zwei innere Alteritätsräume.[62]

Damit aber ist schon die Brücke geschlagen hin zur Dynamik des therapeutischen Prozesses. Laplanche bietet eine provokante Maxime der psychoanalytischen Kur an. Er hält das freudsche Postulat «*Wo Es war, soll Ich werden*» für zu reduktiv und möchte es ergänzen durch «*Wo Es war, wird (soll? muß?) immer noch Anderes sein*».[63] Meines Erachtens begreift Laplanche damit Relationalität als eine fundamentale Konstante der Psyche und mithin der Psychoanalyse. Menschliche Subjektivität und Psyche sind durch die Bezogenheit auf einen Anderen konstituiert.[64] Nun kann aber die innere Dimension der Alterität unstrukturiert sein. Sie ist im Prozeß der psychischen Entwicklung gewissermaßen blockiert worden und konturlos und undifferenziert geblieben. Für Laplanche bietet die Analyse bzw. Therapie «eine Wiedereröffnung der Dimension der Alterität an».[65] Aufgabe des Therapeuten ist es «Hüter des Rätsels und Provokateur der Übertragung zu sein».[66] Er versteht dabei den therapeutischen Prozeß als eine Art zirkulären Prozeß sich aufeinander einlassender und abstimmender Alteritäten, der in Gang kommt, wenn die Übertragung entsteht. Interessanterweise glaubt aber Laplanche, daß sich die Übertragung nur entfalten kann, wenn der Therapeut selbst mit seiner inneren Rätselhaftigkeit vertraut ist und anerkennt, daß auch er zugleich er selbst *und* ein Anderer ist.

«*Analytiker*: Ja, Sie können mich für einen anderen halten, weil ich nicht das bin, was ich zu sein glaube; weil ich das andere in mir respektiere und aufrechterhalte.

---

62 Sehr ähnliche Überlegungen hat jüngst auch SANTNER (2001) vorgelegt. Für ihn ermöglicht gerade die Erfahrung, daß es im Anderen Fremdes und Unvertrautes gibt, das dem Anderen selbst un-heim-lich ist (das kein Heim in ihm hat), im Ich eine Offenheit für die Alterität des Anderen und markiert den Beginn einer wachsenden universalen Offenheit. «Für das psychoanalytische Verständnis von Universalität [...] ist die Möglichkeit des „Wir" und der Gemeinschaftsbezogenheit gegeben aufgrund der Tatsache, daß alles Familiäre im letzten fremd ist und daß auch ich mir selbst in der Tat wesentlich fremd bin.» (6) «Was den Anderen *anders* macht, ist nicht seine oder ihre räumliche Exteriorität mir gegenüber, sondern die Tatsache, daß er oder sie *fremd* ist, *Fremder* ist. Nicht nur mir, sondern auch ihm oder ihr selbst gegenüber, besitzt er eine innere Alterität, eine rätselhafte Dichte des Begehrens, die nach einer Antwort verlangt, die über jede rollendiktierte Reziprozität hinausgeht. Vor diesem Hintergrund verliert jede Opposition zwischen "Nachbar" und "Fremder" ihre Kraft.» (9)
63 LAPLANCHE 1992a, 36.
64 Vgl. dazu auch LAPLANCHE 1992b, 135.
65 LAPLANCHE 1992c, 194.
66 LAPLANCHE 1992c, 192.

Es ist die Aufrechterhaltung der Dimension der inneren Alterität, die die Aufrichtung der Alterität in der Übertragung möglich macht.»[67]

Indem der Therapeut so seine eigene innere Fremdheit sich selbst gegenüber anerkennt und durchhält, bietet er dem Patienten eine Art *Höhlung* an, in der dieser seine ihm unakzeptable Rätselhaftigkeit, das diffus Fremde, das er in sich verspürt, unterbringen kann. Der Patient kann in diesem Raum, der durch die wohlwollende Neutralität des Analytikers gegenüber seinem eigenen Rätsel konstituiert ist, seine eigene Fremdheit und Rätselhaftigkeit einquartieren, sie dort öffnen und analysieren und so letztlich seinen eigenen inneren (und dann auch äußeren) Alteritätsraum ordnen.

Das erinnert in mancherlei Hinsicht an Bions Überlegungen zum *containment*, wonach der Therapeut dem Patienten sozusagen einen Behälter (*container*), einen Hohlraum anbietet, in den der Patient seine ungelösten Fragen und Konflikte, die er in sich selbst nicht zu ertragen vermag, hineinverlegen kann, um sie gewissermaßen in einem gesicherten Raum so lange anzuschauen und zu ordnen, bis er sie auch in sich selbst akzeptieren kann.[68]

Ich möchte aus diesen Überlegungen von Laplanche einige kritische Hinweise ableiten bezüglich eines Verständnisses von Einfühlung, das zwar nicht wirklich dem Einfühlungskonzept Kohuts entspricht und noch weniger demjenigen Edith Steins, aber doch populärpsychologisch Verbreitung gefunden hat und das davon ausgeht, daß der Therapeut, wenn er nur einfühlend genug ist, alle Regungen und Gefühle seines Patienten verstehen und nachempfinden könne. Hingegen: Auch noch so einfühlendes Verstehen muß an der Rätselhaftigkeit des Anderen scheitern. Diese konstituiert eine Grenze, die nicht aufgehoben werden kann. Es bedarf deswegen neben der Einfühlung im Therapeuten jener Fähigkeit, die Bion «negative capability»[69] genannt hat: Die Fähigkeit, sich auf das Unbewußte, das Unbekannte und irritierend Fremde im Patienten einzulassen, weil nur so der Patient lernen kann, das Fremde in sich selbst zu akzeptieren.

Therapeutische Arbeit meint in diesem Sinne, das innere Rätsel des Anderen (des Patienten) zu hüten, um es ihm zugänglich und akzeptabel zu machen. Genau das ist auch von Imoda angezielt, wenn für ihn das Ziel therapeutischer Arbeit heißt: «der Person ihre Geheimnis-Wirklichkeit zurückerstatten».[70] Darin klingt aber auch eine Kritik an einem möglichen Mißverständnis gegenüber tiefenpsychologischer Arbeit am Unbewußten an, das davon ausgeht, durch genügend lange und eingehende Arbeit könne das Unbewußte als solches erhellt und transparent gemacht werden. Tiefenpsychologische Arbeit ist Arbeit an unbewußten Konflikten, die das Leben einer Person negativ be-

---

67 LAPLANCHE 1992c, 193.
68 Vgl. BION 1963 und 1992.
69 BION 1992, 304. Vgl. dazu auch WELLENDORF 1999, 19-23; LOCH 1985, 17f. und IMODA 1993, 363.
70 IMODA 1997b, 159.

einträchtigen und schwierig machen. Sie versucht, soweit sie es kann, adaptive psychische Strukturen aufzubauen und zu stärken. Das bedeutet aber nicht, daß eine Person künftig ohne Konflikte lebt; diese sind bestenfalls dem unbewußten Wiederholungszwang enthoben und können nun freier und kreativer gestaltet werden. Vor allem aber hebt die tiefenpsychologische Arbeit die innere Alterität und immanente Rätselhaftigkeit nicht auf, sondern verstärkt sie in gewisser Weise noch, indem sie sie bewußt und damit zugänglich und annehmbar macht.

Laplanche weist gelegentlich darauf hin, daß er es für notwendig hält, die Begriffe *Rätsel* und *Geheimnis* von einander zu unterscheiden.[71] Ich halte diese Unterscheidung, die er leider nicht weiter ausführt, für hilfreich. Sie erlaubt es, zwei Dimensionen der Alteritätserfahrung auseinander zu halten, die so eng miteinander verwoben sind, daß sie nicht getrennt, aber doch sinnvoll unterschieden werden können. Es lassen sich in der Tat zwei Aspekte in der Erfahrung des Geheimnisses differenzieren: einerseits der eher personalpsychologische Aspekt, den ich mit *Rätsel* umschreiben möchte, und andererseits der religiös-theologische Aspekt, der im spezifischen Sinne als *Geheimnis* bezeichnet werden sollte.[72]
Die Erfahrung des Anderen konfrontiert mit beiden Aspekten. So verweist sie einmal darauf, daß der Andere immer schon im eigenen Leben da ist und es bis ins Innerste des psychischen Erlebens prägt, so daß er als der innerlich Andere und zuweilen als der Fremde anwesend ist. Die Rätselhaftigkeit des eigenen Unbewußten ist durch die Anderen in das Ich hingelegt. Darüber hinaus aber gibt es noch eine Erfahrung des Anderen, die gegenüber der des anderen Mitmenschen ontologisch primär ist. Sie verweist auf eine existenztragende Alterität, die dem Menschen immer schon voraus ist und von der er sich letztlich in seiner Existenz konstituiert und in seinem Innersten angerufen weiß.[73] Wir nennen diesen existenztragenden Anderen: Gott. Dieser radikal Andere und Äußere ist zugleich radikal innerlich und nah.[74] In Kapitel III, 4 wird es darum gehen, eingehender zu verstehen, wie die beiden Erfahrungen der Alterität – Rätsel und Geheimnis – miteinander verwoben und aufeinander bezogen sind.[75] Die Frage, die sich dabei aus den hier angestellten Reflexionen zum Anderen als dem Fremden im Eigenen ergibt, lautet: Ist das Andere

---

71 Vgl. LAPLANCHE 1992b, 134, 141.
72 «Zur Struktur des positiven Begriffes von Geheimnis gehört [...], daß es, wenn man es ergreift, nicht aufhört Geheimnis zu bleiben. Darin unterscheidet sich das Geheimnis vom Rätsel, das dadurch, daß man es begreift, aufhört, rätselhaft zu sein. Geheimnisse hingegen kann man nicht auflösen, nicht ausziehen, nicht entblößen.» (JÜNGEL 1986, 341)
73 Vgl. RICOEUR 1990, 425f.
74 AUGUSTINUS, Confessiones III, 6: «Tu autem eras interior intimo meo et superior summo meo.»
75 Sehr wichtige Überlegungen diesbezüglich finden sich bei IMODA 1992, bes. 17-76 und 339-375.

und Fremde, das ich in der Weise des Unbewußten in mir erfahre und das mich nicht nur mit der Andersheit meiner selbst konfrontiert, sondern auch mit der Andersheit der Anderen, die es in mich hineingelegt haben und deren Spur es ist, ist dieses Andere und Fremde *nur* ein Rätsel, das mich mir selbst entfremdet, oder ist es *auch* Spur eines Geheimnisses, das mich über mich selbst hinausweist?

Doch bevor es um das Geheimnis Gottes als dem Ganz-Anderen gehen kann, gilt es zuerst noch im folgenden Kapitel die Frage nach dem mitmenschlichen Anderen in den Blick zu nehmen. Der Andere als Mitmensch war im Gang dieses Kapitels immer schon präsent. Ich habe jedoch versucht, mich soweit wie möglich darauf zu beschränken, seine Funktion in der Entstehung des inneren Anderen näher zu beschreiben. Dieser innere Andere – das klang nun schon mehrfach an – verdankt sich dem äußeren Anderen, aber er ist zugleich die Möglichkeitsbedingung, daß der andere Andere, der Fremde, der Mitmensch wirklich sein darf[76].

---

76 KRISTEVA (1988) bringt das in ihren vielschichtigen Reflexionen zur Rolle des Fremden wiederholt zum Ausdruck: «Die Psychoanalyse erweist sich damit als eine Reise in die Fremdheit des anderen und meiner selbst, hin zu einer Ethik des Respekts für das Unversöhnliche. Wie könnte man einen Fremden tolerieren, wenn man sich nicht selbst als Fremden erfährt?» (198) «Das Fremde ist in uns selbst. Und wenn wir den Fremden fliehen oder bekämpfen, kämpfen wir gegen unser Unbewußtes – dieses „Uneigene" unseres nicht möglichen „Eigenen". [...] die Fremdheit in uns selbst aufzuspüren. Das ist vielleicht die einzige Art, sie draußen nicht zu verfolgen.» (208f) Ganz ähnlich auch GRUEN 2000.

3   Der Andere als Mitmensch

Es kann nun die zweite Weise der Alteritätserfahrung zur Sprache kommen: Der Andere als der Mitmensch. Es handelt sich dabei um einen Aspekt der Erfahrung des Anderen, der zu einem zentralen Gegenstand der Gegenwartsphilosophie geworden ist. Die Philosophie in phänomenologischer Tradition, der Kommunitarismus, die Sozialphilosophie des amerikanischen Pragmatismus und andere Spielarten moderner Philosophie rücken die Frage nach der Bedeutung des Anderen in das Zentrum ihrer Aufmerksamkeit. Das Spektrum philosophischer Alteritätsreflexion ist so weit, daß sich die vorliegende Darstellung notwendig bescheiden muß, um so mehr als es ihr nicht nur um die philosophische, sondern auch die tiefenpsychologische und theologische Dimension der Alterität geht. Ich beschränke mich deshalb hier auf vier Begriffe, die sich aus den tiefenpsychologischen und philosophischen Durchgängen durch die Alteritätsfrage in den beiden ersten Teilen dieser Arbeit ergeben. Es handelt sich um die Begriffe *Gleichursprünglichkeit, Differenz, Kommunikation* und *Gabe*. Sie sind sozusagen die Koordinaten, die helfen können, den Gegenstand der Untersuchung etwas besser zu verorten und beschreibend zu umkreisen.

3.1   Gleichursprünglichkeit

Ich habe den Begriff *Gleichursprünglichkeit* Michael Theunissens grundlegendem Werk zur Frage des Anderen entnommen[77] und in der vorliegenden Untersuchung erstmals eingeführt, um die paradoxe Spannung zu formulieren, die Edith Stein in ihrer Analyse der Alteritätserfahrung konstruiert (vgl. II, 4.1). Angewandt auf das Verhältnis Ich-Anderer impliziert der Begriff Gleichursprünglichkeit ein Dreifaches und faßt dabei in gewisser Hinsicht die zentralen Erträge der Untersuchung des Denkens Edith Steins synthetisch zusammen:

(1) Daß das Ich und der Andere gleich-*ursprünglich* sind, meint zunächst einmal: Sie verdanken sich *nicht einander*, sondern einem Ursprung. In ihrer phänomenologischen Phase hatte Stein diesen Sachverhalt erklärt, indem sie im Gefolge Husserls in phänomenologischer Reduktion zurückreflektierte auf das reine Ich, das den Anfang bildet, hinter den nicht zurückgegangen werden kann, und das aus sich heraus sozusagen seine Welt erschafft. In ihrer seinsmetaphysischen und religionsphilosophischen Phase versteht sie die Seele als den von Gott in die Person eingestifteten Wesenskern, der ihre innerste Identi-

---

77   Vgl. THEUNISSEN 1977. Auch Edith Stein hatte schon darauf hingewiesen, «daß der Mensch gleich ursprünglich Einzelner und Gemeinschaftswesen ist.» (*Heidegger*, 96f)

tät ausmacht. In dieser Wesensdimension ihres jeweiligen Personseins sind das Ich und der Andere schon konstituiert, bevor sie sich in ihrer konkreten Existenz überhaupt erst begegnen. Nur wenn sie je für sich ursprünglich sind und nicht voneinander her, können das Ich und der Andere überhaupt füreinander bedeutsam werden. Nur so begegnen sich zwei Personen, die einander je anders sind und deswegen einander etwas zu geben haben. Andernfalls wären sie wie zwei Spiegel, die einander ewig nur das hin- und herspiegeln, was sie immer schon vom jeweils anderen empfangen haben.

(2) Das Ich und der Andere sind gleichzeitig miteinander da; es gibt kein Vor- oder Nachher. In der konkreten Alltäglichkeit des Daseins existieren die beiden notwendig immer schon miteinander. Wenngleich sie beide sich in ihrem Wesen nicht voneinander her empfangen, konstituieren sie sich doch existentiell aneinander. Konkret bin ich nie ohne den Anderen und der Andere nie ohne mich. Stein und auch andere Philosophen (wie etwa Sartre, Gadamer oder Theunissen) setzen sich genau in diesem Punkt von Husserl ab, da es ihm, vor allem nach seiner transzendentalen Wende, nicht mehr gelingt, eine real-konkrete Intersubjektivität und leiblich vermittelte Konstitution von Ich und Du zu denken. Das aber ist genau das Anliegen Steins: In konkreter existentieller Gegebenheit ist Subjektivität immer Intersubjektivität bzw. Dasein immer Mitsein, wobei Mitsein bei Stein die Konnotation des Negativen und Entfremdenden verliert, die es bei Heidegger hat.

(3) Gleichursprünglichkeit impliziert schließlich «gleiche Ursprünglichkeit auf Grund der Herkunft aus dem gleichen, besser: selben Ursprung».[78] Theunissen verlegt mit Buber diesen Ursprung in das Zwischen, mithin den intersubjektiven Beziehungsraum. Die Philosophie aber vermag «die absolute Genesis der Subjektivität aus dem Zwischen»[79] nicht zu denken; sie rührt an die Grenze eines der Welt vorausliegenden Anfangs, vermag aber selbst diesen uranfänglichen Ursprung nicht mehr zu erhellen. Für Theunissen verweist der Ursprung im Zwischen letztlich auf eine Ursprünglichkeit, die nur vom Mythos oder von der Theologie formuliert werden können. Wie Theunissen markiert auch Stein deutlich diese Grenze des philosophischen Diskurses, überschreitet sie aber und bewegt sich hinein in den Bereich der Theologie und sieht im göttlichen Du den stiftenden Ursprung des menschlichen Ich und Du (vgl. dazu III, 4).

Der Begriff Gleichursprünglichkeit ist deswegen besonders hilfreich, weil er eine paradoxe Denkfigur mit sich führt. Diese stellt ein streng dialektisches Denken radikal in Frage, das Identität und Differenz, Subjektivität und Intersubjektivität, Ich und Du als einander ausschließende Termini betrachtet. Sie müssen hingegen in dieser Denkfigur verstanden werden als die sich wechselseitig bedingenden Pole einer Spannungseinheit. Jeder Versuch, die grundle-

---

78 THEUNISSEN 1977, 273.
79 THEUNISSEN 1977, 502.

gend paradoxe Konfiguration der Alteritätsfrage aufzulösen, muß zu einseitigen Verzerrungen führen und macht es unmöglich, ihre Komplexität zu fassen.

Ich möchte nun diese paradoxe Denkfigur der Gleichursprünglichkeit anwenden auf eine Frage die uns im bisherigen Gang der Überlegungen schon gelegentlich beschäftigt hat: Kohuts einseitige Fokussierung auf die Selbstobjektbeziehungen und seine fehlende Entfaltung der Objektbeziehungsdimension. In den Kapiteln I, 4.1 und I, 4.2 habe ich dargelegt, daß Kohuts Reduktion der Beziehung zum Anderen auf die Dimension der Selbstobjektbeziehung von zahlreichen Psychoanalytikern als problematisch empfunden wird. Bacal und Newman versuchen darauf zu reagieren, indem sie Kohuts Selbstobjekt objekt-relational erweitern. Sie bestimmen es dabei aber so umfassend neu, daß die ursprüngliche Definition des Selbstobjekt kaum mehr erkennbar ist. Stolorow, Atwood, Brandchaft und Orange hingegen lösen die Schwierigkeit auf, indem sie in ihrer Intersubjektivitätstheorie vor allem die Selbstobjekt*beziehung* betonen. Ihnen geht es nicht mehr um die Funktion, die der Andere als Selbstobjekt intrapsychisch erfüllt, sondern um die unbewußte intersubjektive Beziehungskonfiguration. Beide Auswege scheinen mir problematisch und nicht wirklich gelungen; sie kritisieren zwar zu Recht Kohuts ausschließliche Konzentration auf die Selbstobjektbeziehung, bringen aber in ihren eigenen Neuentwürfen das spezifisch Neue, das Kohut damit formuliert hatte, nicht mehr zur Sprache. Effektiv schütten sie das Kind mit dem Bade aus.

Die Herausforderung lautet meines Erachtens, in der Beschreibung der Alteritätserfahrung die Dimension der Objektbeziehung und die Dimension der Selbstobjektbeziehung gleichermaßen zum Tragen kommen zu lassen, ohne die eine auf die andere zu reduzieren. Gleichursprünglichkeit heißt mithin in diesem Zusammenhang: Objektbeziehung und Selbstobjektbeziehung sind zwei von einander zu unterscheidende Aspekte der Alteritätserfahrung, die eine je eigene Entwicklungsdynamik haben, aber zugleich aufeinander bezogen sind. Ein solches Verständnis legt sich auch von den Ergebnissen der modernen Säuglingsforschung her nahe (vgl. I, 4.3). Von den ersten Augenblicken des Lebens an zeigen sich im Säugling zwei parallele Erlebnismodi des Anderen: Das Kind entwickelt ein Getrenntheitsempfinden und ist fähig, sich von seinem Gegenüber zu unterscheiden; zugleich aber existiert es in einer interaktionalen und interpersonalen Matrix, in der die wechselseitige affektive Abstimmung zwischen Mutter und Kind und ihr harmonisches Zusammensein im Vordergrund stehen. Der erste Erlebnismodus reflektiert eher den der Objektbeziehung, der zweite den der Selbstobjektbeziehung.

Ich behaupte, daß Kohut selbst mit seiner Theorie der zwei getrennten Entwicklungslinien des Narzißmus ein Denkmodell vorgelegt hat, das in die Richtung der Gleichursprünglichkeit von Objekt- und Selbstobjektbeziehung verweist. Gelegentlich ist die Differenzierung von zwei getrennten Entwicklungslinien als ein Zugeständnis Kohuts an die klassische freudsche Theorie aufgefaßt worden, die er aber dann im Laufe der Entwicklung einer eigenständigen selbstpsychologischen Theorie aufgegeben habe. Ich halte das nicht für zutreffend. Kohut hält auch in seinem letzten Buch an der Unterscheidung zweier getrennter Entwicklungslinien fest: Die Erfahrung des Ich mit dem Du kann für ihn am fruchtbarsten in zwei getrennten Bezugsrahmen betrachtet werden, dem der Erfahrung des Du als Selbstobjekt und dem der Erfahrung des Du als Objekt.[80]

Kohut führt den Nachweis für die Existenz zweier getrennter Entwicklungslinien anhand von Daten aus seiner klinischen Praxis. So nimmt er etwa in seinen Klienten – entsprechend dem je dominanten Bezugsrahmen – unterschiedliche Formen von Aggression wahr. Es gibt eine Aggression, die sich entwickelt, wenn der Weg zu einem begehrten Objekt versperrt ist, die sich aber unmittelbar legt, sobald das Hindernis überwunden und das Objekt erreicht worden ist. Davon ist eine narzißtische Wut zu unterscheiden; sie entsteht, wenn ein Bedürfnis nach narzißtischer Anerkennung und Spiegelung im Gegenüber keine oder eine falsche Antwort findet. Die daraus resultierende Wut offenbart eine tiefergehende Verletzung des Selbst und kann deutlich unterschieden werden von der objektbezogenen Aggression.[81] Die zwei parallelen Entwicklungslinien können ebenfalls in der wechselseitigen Abstimmung von Mutter und Kind beobachtet werden. Kohut formuliert hier Einsichten, die in den folgenden Jahren in der Säuglingsforschung umfassend durch empirische Daten belegt worden sind. Mutter und Kind stimmen sich in manchen Momenten so aufeinander ein, daß sie wechselseitig füreinander intrapsychische Funktionen erfüllen, also in gewisser Weise miteinander verschmelzen und füreinander Selbstobjekte sind. In anderen Momenten hingegen verhält sich die Mutter gegenüber ihrem Kind deutlich erkennbar als getrenntes Objekt und wird, so nimmt Kohut an, auch vom Kind so erlebt. Die eigentlich zentrale Behauptung Kohuts ist nun, daß es keine Entwicklungslinie von Verschmelzungserfahrungen bzw. Selbstobjekterfahrungen hin zu Objekterfahrungen oder Objektliebe gibt, sondern daß es sich um zwei getrennte psychische Erfahrungsbereiche handelt, die sich je eigenständig entwickeln und strukturieren. Objektbeziehungen und Selbstobjektbeziehungen entwickeln sich parallel aus primitiven zu immer reiferen Formen.[82]

---

80 Vgl. *Psychoanalyse*, 85.
81 Vgl. *Psychoanalyse*, 85; *Aufsätze I*, 205-251.
82 Vgl. *Narzißmus* 251f; *Lectures* 277-279.
    Eine vergleichbare Unterscheidung zweier Beziehungsmuster nimmt auch WINNICOTT (1963a, 75f) vor, wenn er beim Säugling zwei Arten von Muttererfahrung unterscheidet: *object-mother* und *environment-mother*. Erstere stellt in etwa das bereit, was Kohut als Selbstobjekterfahrung bezeichnet (freilich bei Winnicott mit einigen Triebelementen beladen, die bei Kohut nicht mehr vorkommen), während letztere eher eine Objektbeziehung bietet. Meines Erachtens suggeriert Winnicott ebenfalls – freilich in einem anderen theoretischen Bezugsrahmen als Kohut –, daß neben den Objektbeziehungen auch eine Art von Erfahrungen, in denen der oder das Andere als «me-extension» (mithin als eine

Diese Behauptung ließe sich, einmal abgesehen vom therapeutischen Kontext, auch wohl recht einfach durch eine phänomenologische Analyse der Beziehungen normaler Erwachsener bestätigen. Würde man beispielsweise untersuchen, wie Personen ihren Ehepartner, Kinder oder andere bedeutsame Bezugspersonen erleben, könnte man vermutlich feststellen, daß die jeweiligen Anderen gleichzeitig als eine vom eigenen Ich klar unterschiedene Person gesehen und empfunden werden und zugleich wichtige stützende Selbstobjektfunktionen bereitstellen. Die Trauer beim Tod eines Partners ist ja auch häufig nicht nur die Trauer über den Verlust einer geliebten Person, sondern vermischt sich mit der Angst, nun innerlich zu zerbrechen, weil keine äußere Stütze mehr da ist. Derselbe Andere kann gleichzeitig Objekt und Selbstobjekt sein.

Kohut hat mit seinem Werk die großartige Leistung vollbracht, den Pol der Selbstobjekterfahrung in einer Tiefe und Eindringlichkeit untersucht zu haben, wie wohl niemand vor ihm. Dennoch bleibt sein Ansatz reduktiv. Er bringt nicht das ganze Spektrum der Alteritätserfahrung zur Sprache, das in dieser interdisziplinären Auseinandersetzung mit der Frage nach dem Anderen bisher sichtbar wurde. Ich meine darum, daß Kohuts Theorie objektbeziehungstheoretisch zu erweitern ist – freilich nicht in der von Bacal und Newman empfohlenen Weise, sondern anhand der von Kohut selbst vorgeschlagenen Konzeption zweier getrennter Entwicklungslinien. Die Objektbeziehungstheorien von Fairbain, Guntrip, Winnicott oder Kernberg böten sich dazu an, und sind leichter mit Kohuts Selbstpsychologie zu integrieren, als manche Auseinandersetzung (etwa zwischen Kohut und Kernberg) suggeriert. Kohuts Selbstpsychologie und die meisten Objektbeziehungstheorien sind sich näher, als Kohut selbst zugibt.[83] Ich möchte dennoch an der Unterscheidung zweier getrennter Entwicklungslinien festhalten. Sie hilft meines Erachtens am besten, das spezifisch Neue in Kohuts Entwurf zu wahren: seine Neuinterpretation des Narzißmus, das Selbstobjektkonzept und damit vor allem die Idee des lebenslangen Angewiesenseins auf stützende Selbstobjekterfahrungen (worin ich z.B. einen wichtigen Unterschied zu den meisten Objektbeziehungstheorien sehe). Letztlich wird man sagen können, daß Kohut Aspekte der Alteritäts-

---

Art Selbstobjekt) erlebt werden, lebenslang bedeutsam bleiben. «Die Erfahrungen im potentiellen Raum *zwischen subjektivem Objekt und objektiv wahrgenommenem Objekt*, zwischen Ich [me-extensions] und "Nicht-Ich" sind für das Kind von Anfang an äußerst intensive. Dieser Spannungsbereich entsteht in der Wechselwirkung zwischen dem ausschließlichen Erleben des eigenen Ich („es gibt nichts außer mir") und dem Erleben von Objekten und Phänomenen außerhalb des Selbst und dessen omnipotenter Kontrolle.» (WINNICOTT 1971, 116; Kursiv vom Autor) Winnicott nimmt an, daß so ein psychischer Erfahrungsraum entsteht, der auch im Erwachsenen wirksam bleibt und etwa in Momenten des Spiels oder intensiven kulturellen Erlebens reaktiviert wird (vgl. auch WINNICOTT 1953).

83 SUMMERS (1994, 247-310, 345-379) etwa macht das recht gut deutlich, wenngleich auch er einige Verwischungen nicht vermeidet.

erfahrung, die auch bei Winnicott, Guntrip und Fairbain verstreut vorhanden sind, radikalisiert und in seiner Selbstpsychologie, besonders im Konzept des Selbstobjektes, systematisch theoretisiert. Der andere Pol der Alteritätserfahrung, in der der Andere als inneres und äußeres Objekt erfahren wird, entfällt bei Kohut fast vollständig. Beide Pole sind aufeinander bezogen, und ich möchte vermeiden, sie strikt voneinander zu trennen, halte es aber, um einer größeren Differenziertheit in der Beschreibung der Erfahrung des Anderen willen, für hilfreich, sie klar zu unterscheiden.

Zwei Fragen wären an dieser Stelle nun weiter zu vertiefen, können aber nur angedeutet werden, da sie über den Rahmen dieser Arbeit hinausgehen.

(a) Akzeptiert man einmal das Postulat zweier getrennter Entwicklungslinien, ist zu fragen, *ob* sie aufeinander einwirken. Kann man annehmen, daß eine Person, die ihr lebenslanges Angewiesensein auf stützende Selbstobjekterfahrungen bewußt anerkennt und von archaischen zu immer reiferen Selbstobjekterfahrungen fortschreitet, zugleich auch reifere Objektbeziehungen und echte Objektliebe entwickelt? Ich glaube, daß einiges für eine solche Annahme spricht. Eine Person, die sich selbst gegenüber auf reife Weise einfühlend sein kann und sich deswegen ja auf stützende Selbstobjekte angewiesen weiß, sollte gleichzeitig fähig werden, auch Anderen in ihrer Andersheit und je eigenen Bedürftigkeit liebend-einfühlsam zu begegnen.

(b) Nimmt man aber an, daß es ein solches Verhältnis zwischen den beiden Entwicklungslinien gibt, ist zweitens zu fragen, *wie* sich dieses entwicklungspsychologisch ausgestaltet. Signifikante, aber immer noch anfanghafte Überlegungen in diese Richtung sind meines Wissens bisher allein von Gedo, Goldberg[84] und Gehrie[85] vorgelegt worden.

3.2   Differenz

Der vorhergehende Abschnitt stellte den Versuch dar, anhand des Prinzips der Gleichursprünglichkeit das Verhältnis von Ich und Anderem und von Selbstobjektbeziehung und Objektbeziehung zu bestimmen. Dabei wurde deutlich, daß Kohuts Selbstpsychologie hilfreich ist, um den Pol der Selbstobjektbeziehung zu beschreiben, jedoch der Pol der Objektbeziehung und damit die Alterität des Anderen wenig zu Sprache kommt. Das vorliegende Kapitel bemüht sich, diesem Mangel zu begegnen und anhand des Stichwortes *Differenz* das Moment der radikalen Alterität des Anderen zu formulieren.

---

84 GEDO – GOLDBERG (1973) versuchten Kohuts damals noch im Entstehen begriffene Selbstpsychologie mit Elementen der Objektbeziehungstheorie in entwicklungspsychologischer Perspektive ins Gespräch zu bringen (siehe vor allem 53-69).

85 GEHRIE (2000) hat jüngst einen sehr interessanten Beitrag vorgelegt, in dem er sich bemüht, anhand der Frage nach der *self-preservation* Objektbeziehungstheorie (vor allem mit Bezug auf Fairbain) und Selbstpsychologie zu verbinden.

Der philosophisch etwas geschulte Leser wird an dieser Stelle sofort Ausschau halten, wo denn von der *Identität* die Rede ist und entdecken, daß das nächste Kapitel (III, 3.3) nicht von der Identität, sondern der Kommunikation handelt. Warum ist von der Differenz die Rede, ohne daß gleichzeitig auch der Gegenpol der Identität verhandelt wird? Dafür gibt es zumindest zwei Gründe. So gehe ich erstens einmal davon aus, daß aufgrund der zuvor geleisteten Auseinandersetzung mit Kohut die Frage der Identität, zumindest aus psychologischer Warte, inzwischen als hinreichend geklärt gelten kann. Kohut legt ja dar, worin entwicklungspsychologisch die Requisiten eines kohäsiven Selbst und des Selbstbewußtseins bestehen, dessen also, was in eher philosophischer Diktion «Identität» genannt wird. Zweitens verzichte ich an dieser Stelle darauf, die Frage nach der Identität näher zu behandeln, weil ich es vorziehe, sie im Zusammenhang der Frage nach Gott als dem Ganz-Anderen näher auszuführen (vgl. III, 4.2). Dahinter verbirgt sich die Annahme, die ich in Anschluß an Edith Stein mache, daß Identität fundamental verankert sein muß, wenn man sie nicht nur psychologisch als Kohäsion des Selbst, sondern gemäß philosophischem und theologischem Wortgebrauch im starken personalen Sinn verstehen will. Ich und Du, so machte Stein deutlich, stiften sich ihre Identität nicht gegenseitig; sie ist beiden schon vorgängig zu ihrer Begegnung durch ihren transzendenten Ursprung gestiftet. Die Frage der Differenz hingegen scheint mir eher an die Sphäre der Immanenz und des konkreten weltlichen Miteinanderseins von Ich und Du gebunden.[86]

Ich möchte nun zunächst einige kurze Hinweise zu philosophischen Aspekten der Frage der Differenz geben, um dann vor allem im Anschluß an Winnicott näherhin zu untersuchen, wie das Erleben der Differenz entwicklungspsychologisch begründet ist und welche Bedeutung ihm zukommt.

Philosophisch betrachtet führt die Frage nach dem Bezug von Identität und Differenz in allerschwierigste Fahrwasser. Sie bestimmt, wie der Gegensatz Parmenides-Heraklit deutlich macht, das metaphysische Denken seit seinen Anfängen sehr wesentlich und kann bis heute als eine der philosophischen Grundlagenfragen gelten, die immer wieder neu gestellt wird, nicht zuletzt eben auch in der modernen und postmodernen Philosophie mit ihrem Frage nach der Bedeutung des Anderen.[87] In der jüngeren Philosophie führt das

---

86 Ich bin mir bewußt, daß diese Formulierung nicht unproblematisch ist. Es liegt mir fern, die Pole der Spannungseinheit Identität-Differenz auseinander zu reißen und je verschiedenen Seinsbereichen zuzuordnen (Identität dem transzendentalen und Differenz dem immanent-weltlichen). Das wäre auch sachlich völlig falsch. Eher handelt es sich um den tastenden Versuch, die vielfältigen Aspekte der Alteritätsproblematik sinnvoll zu ordnen und inhaltliche Akzente zu setzen. In mancherlei Hinsicht hätte die Frage nach der Identität auch hier zusammen mit der Differenz betrachtet werden können, dennoch scheint es mir sinnvoller (wie sich hoffentlich zeigen wird), sie in den Kontext der Erfahrung des Ganz-Anderen einzugliedern.

87 Als gründlichste Studie zum Thema Identität-Differenz gilt weiterhin BEIERWALTES 1980.

Stichwort *Differenz* ein weiteres Stichwort mit sich: *Andersheit*. Das wird besonders sichtbar bei den Vertretern der Dialogphilosophie (Buber, Rosenzweig, Ebner), aber in noch radikalerer Weise bei jenen Denkern, die versuchen, Philosophie nach dem Holocaust zu betreiben. Dabei ist an erster Stelle *Emmanuel Lévinas* zu nennen.[88] Es ist kaum möglich, in einer Untersuchung, die sich mit der Frage der Alterität beschäftigt, an seinem Denken vorbeizugehen. Zugleich riskieren aber die kurzen Anmerkungen, auf die ich mich hier beschränken muß, seine komplexe Theorie eher zu verdunkeln als wirklich transparent zu machen.[89]

Lévinas Alteritätsdenken entsteht aus der eingehenden Beschäftigung mit der Philosophie Husserls und dem direkten Erleben des Holocaust, in dem fast seine ganze Familie umgebracht wurde. Die Fragen, die deswegen in Lévinas Philosophie mitgedacht werden müssen, heißen: Hat nicht die neuzeitliche Subjektphilosophie angesichts der Ungeheuerlichkeit des Holocaust versagt? Hat diese Philosophie, die alle Reflexion ihren Ausgang von der Subjektivität nehmen läßt, überhaupt einen Raum für den Anderen? Und hat sie damit nicht sogar indirekt der physischen Vernichtung der *Anderen* den Weg bereitet?

Lévinas läßt seine Philosophie in phänomenologischer Tradition bei der Interiorität des Ich ansetzen. Aber der Versuch, auf diesem Weg zum Sich-Selbst zu gelangen, schlägt fehl. «Die Akte des Wiederfindens des Sich-Selbst durch das Sich-Selbst verfehlen sich. Die Innerlichkeit ist nicht im strengen Sinne innerlich. *Ich ist ein anderer*.»[90] So ist das Ich am Anfang allein und doch unfähig, sich in diesem Alleinsein sich selbst zu erschließen. Die Subjektivität muß sich deswegen notwendig öffnen. Solche Offenheit aber schließt Verwundbarkeit und Leiden ein. In dieser Verwundbarkeit ist das Subjekt durch den anderen besessen, ist der Andere immer schon in einer Weise da, die das Subjekt nie ausdrücklich akzeptiert oder gesucht hat, aber mit der es unausweichlich konfrontiert ist. Die spezifische Anwesenheitsgestalt des Anderen ist die des *Angesichts*. Der Andere zeigt allein sein Antlitz, dem sich aber das Subjekt nicht entziehen kann. Das Antlitz spricht an und fordert zu einer unbedingten Antwort heraus. So ist der Andere im Subjekt immer schon da und stellt es in Frage. «Der Andere-im-Selben der Subjektivität ist die Beunruhigung des Selben durch den Anderen.»[91] Die Frage, die das Antlitz des Anderen im Subjekt aufwirft, heißt: Wirst du mich töten? Oder bist du mein Hüter? Wirst du mein Leben vor dem Tod bewahren?

«Aber dieses Gegenüber des Antlitzes in seinem Ausdruck – in seiner Sterblichkeit – zitiert mich vor Gericht, fordert mich, beansprucht mich: als ob der

---

88 Darüber hinaus wären u.a. wohl auch Th. Adorno mit seiner Theorie des Nicht-Identischen und N. Elias und seine Ethik der Verantwortung zu nennen.

89 Eine gute Einführung in das Denken Lévinas' bieten m.E. PEPERZAK 1993 und STONE 1998. Dem deutschsprachigen Raum ist es vor allem durch verschiedene Beiträge B. Caspers zugänglich gemacht worden.

90 LÉVINAS 1970, 88 (Kursiv vom Autor).

91 LÉVINAS 1978, 69.

unsichtbare Tod, dem das Antlitz des Anderen die Stirn bietet – reine Anderheit, die gewissermaßen von aller Zusammengehörigkeit getrennt ist –, „meine Sache" wäre. Als ob der Tod, den der Andere zwar noch nicht kennt, der ihn aber in der Nacktheit seines Antlitzes bereits betrifft, mich anblickte und anginge [...] Gerade in dieser Erinnerung an meine Verantwortlichkeit durch das Antlitz, das mich vorlädt, das mich fordert, das mich beansprucht – in dieser Infragestellung ist der Andere Nächster.»[92]

Die Beziehung zum Anderen ist deswegen für Lévinas eine ethische; sie nimmt die Modalität der *Verantwortung* an. Das Antlitz des Anderen konfrontiert mit einem unbedingten Anspruch, der zur Verantwortung herausfordert. So ist das Subjekt von allem Anfang an schon Geisel des Anderen. «Das Sich ist von Grund auf Geisel, früher als es Ego ist, schon vor den ersten Ursachen.»[93]

Die Phänomenologie Lévinas' konfrontiert in einer inhaltlichen und sprachlichen Eindringlichkeit, der man sich kaum entziehen kann, mit der radikalen Alterität des Anderen. *Differenz* läßt sich in der Sprache Lévinas übersetzen in die Begriffe *Geheimnis* und *Distanz*.

«Die Beziehung mit dem anderen ist weder eine idyllische und harmonische Beziehung der Gemeinschaft, noch eine Sympathie, durch die wir uns als ihm ähnlich erkennen, indem wir uns an die Stelle des anderen setzen, sondern sie ist uns gegenüber außerhalb; das Verhältnis zum anderen ist ein Verhältnis zu einem Geheimnis.»[94]

Der Andere bleibt bei Lévinas das rätselhafte Gegenüber, das ich nie besitzen und auch nicht wirklich verstehen kann. Alles, was er mir zeigt, ist sein Antlitz, das in mir die Verantwortung für eben dieses Antlitz wachruft. Die Beziehung Ich - Anderer ist somit nicht gekennzeichnet durch die Gleichheit der Partner, sondern durch ihre unüberbrückbare Asymmetrie. Es gibt in der Beziehung eine Distanz, die niemals aufgehoben werden kann. Der Andere ist nie wie ich, unsere Unähnlichkeit ist immer größer als unsere Ähnlichkeit. Indem Lévinas das Faktum der absoluten Andersheit und Differenz des Anderen so in den Vordergrund rückt, gelingt es ihm in der Tat zwei gefährliche Bewältigungsfiguren der Alteritätsfrage zu vermeiden: die der *Inklusion* des Anderen, der in gewisser Hinsicht Kohut zum Opfer fällt, und die der *Exklusion* des Anderen, die Lévinas wohl in der Tragödie des Holocaust vor Augen steht.[95]

Für die Beziehung Ich-Anderer arbeitet Lévinas damit in aller Klarheit heraus: Distanz ist notwendig, damit Nähe überhaupt möglich werden kann. Der Andere ist nur dann wirklich von mir als Person gemeint und in seiner Einmaligkeit und in seinem Anspruch an mich gewahrt, wenn ich einwillige

---

92 LÉVINAS 1982, 251f. Vgl. auch LÉVINAS 1991, 167-193.
93 LÉVINAS 1978, 261.
94 LÉVINAS 1979, 48.
95 Vgl. dazu VOLF 1996.

in den unüberbrückbaren Abstand zwischen uns. Beziehung ist nur dort, wo auch Distanz ist.

Hat damit die Distanz und Differenz das letzte Wort in der Alteritätserfahrung? Es ist zumindest anzumerken, daß Lévinas' Phänomenologie in nicht unwesentlichem Maße aus ihrer Kritik des abendländisch-neuzeitlichen Subjektbegriffs lebt, der für ihn mit Überheblichkeit, Gewalttätigkeit und Egozentrik einherzugehen scheint. Das aber wirft die Frage auf, ob es sich dabei nicht um verzerrendes Feindbild handelt.[96] Meines Erachtens macht etwa Edith Steins Philosophie der Person verständlich, daß echte Anerkennung des Anderen nicht erreicht werden kann, indem man die Subjektivität annulliert, sondern nur, indem man sie in ihrer Tiefe versteht, dort nämlich, wo Subjektivität und Liebe sich nicht voneinander trennen lassen.

Aus tiefenpsychologischer Perspektive hat Winnicott wichtige Überlegungen angestellt, um das Phänomen der Differenz oder der Distanz näher zu ergründen. Er hält die Fähigkeit, allein zu sein, für eine der wichtigsten Aufgaben in der emotionalen Entwicklung des Individuums und ein Zeichen psychischer Reife.[97] In der psychoanalytischen Literatur besteht normalerweise eher die Tendenz, den Wunsch zum Alleinsein als Angst- oder Widerstandsphänomen zu deuten, weswegen Winnicott betont, daß es sich darüber hinaus auch um eine positive Fähigkeit handeln kann. Das Kind entwickelt diese Fähigkeit sehr früh und in einem paradoxen Kontext: Es macht die Erfahrung, allein zu sein in der Gegenwart der Mutter (oder einer anderen wichtigen Bezugsperson). Winnicott bezieht sich auf jene Momente, in denen das Kind weiß, daß die Mutter in der Nähe ist und ihm Sicherheit bietet, in denen es aber zugleich ganz selbstbezogen lebt. In einer solch sicheren Rahmenbedingung kann das Kleinkind die in ihm aufkeimenden Impulse und Gefühle als unbedrohlich und bereichernd erleben und baut sie in die eigene Erfahrungswelt und psychische Struktur ein. Es erfährt sich als wirklich und lebendig.[98] Die sichere Gegenwart der Mutter ermöglicht es dem Kind, sich der Erfahrung, allein zu sein, zu überlassen und sich daran zu erfreuen.

«Auf diese Weise versuche ich, das Paradoxon zu rechtfertigen, daß die Fähigkeit zum Alleinsein auf der Erfahrung beruht, *in Gegenwart eines anderen*

---

96 Vgl. dazu MÜLLER 1998.
97 Vgl. WINNICOTT 1958. Vgl. zum Thema des Alleinsein-Könnens und der Einsamkeit auch die Hinweise von IMODA 1993, 333f.
98 WINNICOTT 1958, 42f: «Der Säugling kann unintegriert werden, herumtasten, in einem Zustand sein, in dem es keine Orientierung gibt; er kann in der Lage sein, eine Zeitlang zu existieren, ohne ein auf äußere Anstöße Reagierender oder ein aktiver Mensch mit gerichtetem Interesse oder gerichteter Bewegung zu sein. Der Schauplatz ist für ein Es-Erlebnis vorbereitet. Mit der Zeit kommt eine Empfindung oder ein Impuls. In diesem Rahmen wird die Empfindung oder der Impuls sich real anfühlen, und wirklich ein personales Erlebnis sein.»

Menschen allein zu sein, und daß ohne ein ausreichendes Maß dieser Erfahrung die Fähigkeit zum Alleinsein sich nicht entwickeln kann.»[99]

Winnicott sieht in der Erfahrung, in der Gegenwart eines Anderen allein zu sein, die Möglichkeitsbedingung für ekstatisches Erleben im Erwachsenen. Ekstase meint dabei die psychische Möglichkeit, sich loszulassen im Wissen, dadurch nicht traumatisch überwältigt zu werden. In der normalen Person ermöglicht die Befähigung zu solchem Außer-sich-sein beglückende Erfahrungen wie den Genuß von Musik und auch von Freundschaft, letztlich kulturelles Schaffen und Genießen überhaupt.[100]

In diesem Kontext ist Winnicotts Behauptung deswegen von so großer Wichtigkeit, weil sie deutlich macht, daß das Moment des Alleinseins, der Distanz von den Anderen, notwendig ist, um ein sicheres affektives Bewußtsein der eigenen Identität zu entwickeln. Die Fähigkeit, in der Gegenwart eines Anderen allein sein zu können, ist entwicklungspsychologisch betrachtet die Möglichkeitsbedingung dafür, daß eine Person Lévinas philosophisch-ethisches Postulat der unbedingten Anerkennung des Anderen überhaupt verwirklichen kann. Für Lévinas ist der Andere ja das absolut entzogene Geheimnis. Er ist immer schon mit mir, aber gehört mir nie. Lévinas unterstreicht damit einen Aspekt, der im bisherigen Gang unserer Untersuchung immer wieder einmal begegnet ist: Der Andere darf nicht als eine Verlängerung der subjektiven Bedürftigkeit, als Erweiterung des Ich-Raumes verstanden werden; zumindest nicht *nur* so, weil er ja, wie wir bei Kohut sahen, auch diese Funktion erfüllt. Sondern er bleibt der Andere, der mir als Gegenüber, als Antlitz, als der Fremde begegnet und mich doch gerade darin ethisch unbedingt anfordert. Winnicott zeigt, daß die Distanz, die Lévinas in der Beziehung Ich-Anderer postuliert, nicht etwa eine abstrakt-künstliche ist, sondern in mancherlei Hinsicht entwicklungspsychologisch grundgelegt ist. Das Kind entwickelt sich, indem es oszilliert zwischen dem Bedürfnis nach der Gegenwart der Bezugsperson und dem Wunsch, allein zu sein. Die Erfahrung des Alleinseins, der Distanz ist notwendig, um ein Gefühl der Identität entfalten zu können. Nur so aber entwickelt sich auch eine Fähigkeit, Getrenntsein und Differenz und damit die Andersheit des Anderen nicht nur zu ertragen, sondern positiv wertschätzen zu können.

---

99 WINNICOTT 1958, 42 (mein Kursiv, A.T.).
    Daraus ergibt sich auch für die therapeutische Gesprächssituation eine Neubewertung der Momente des Schweigens. Das Schweigen das Patienten muß nicht notwendig als ein Zeichen des Widerstand gegenüber dem therapeutischen Prozeß und Indikator für Angst vor unbewußten Inhalten gedeutet werden, sondern kann auch das positive Bedürfnis anzeigen, in der Sicherheit gewährenden Gegenwart eines Anderen allein zu sein.

100 Vgl. WINNICOTT 1971, 111-120.

3.3 Kommunikation

Es drängt sich die Frage auf, ob eine Analyse der Beziehung Ich-Anderer nicht in die Schieflage gerät, wenn sie so ausdrücklich durch das Stichwort *Differenz* bestimmt ist. Es ist notwendig, ihm ein weiteres Stichwort an die Seite zu stellen: *Kommunikation*. Kommunikation beschreibt in mancherlei Hinsicht das Wesen mitmenschlicher Beziehung. Beziehungen mit Anderen sind immer Kommunikationsbeziehungen. Es ist unmöglich, im Zusammensein mit einem Anderem nicht mit ihm zu kommunizieren.

Wiederum verdanken wir Winnicott wichtige tiefenpsychologische Überlegungen zur Kommunikation. In ihnen knüpft er z.T. an seinen Gedanken über die positive Bedeutung des Allein-sein-Könnens an.[101] Seine grundlegende Annahme ist, daß das heranwachsende Kind einerseits Freunde an der Kommunikation mit seiner Außenwelt hat und es genießt, neue Kommunikationsmodi zu erleben, andererseits aber einen Kern des Selbst hat, den es nicht kommuniziert.[102] Hinter dieser Nicht-Kommunikation verbirgt sich die Angst des Kindes, von seinem Gegenüber vollständig besessen und ausgenutzt zu werden. In der freudschen Sprache ist das die Phantasie, vom Anderen verschlungen zu werden. Winnicott hingegen spricht von der Angst, *gefunden* zu werden. Das Kind lebt in einer seltsamen Spannung:

«Hier haben wir das Bild eines Kindes, das ein privates Selbst ausbildet, das sich nicht mitteilt, und zur gleichen Zeit sich mitteilen und gefunden werden möchte. Es ist ein differenziertes Versteckspiel, in dem *es eine Freude ist, verborgen zu sein, aber ein Unglück, wenn man nicht gefunden wird.*»[103]

Winnicott identifiziert diesen Kern des Selbst mit dem *wahren Selbst*, von dem er an anderer Stelle spricht.[104] Er hält es für ein Zeichen gesunder psychischer Entwicklung und Suche nach personaler Identität, daß das Kind einen solchen Persönlichkeitskern ausformen kann und durch Nicht-Kommunikation vor Modifikation durch negativen äußeren Einfluß zu schützen vermag.

«Ich glaube, daß es beim Gesunden einen Kern der Persönlichkeit gibt, der dem wahren Selbst der gespaltenen Persönlichkeit entspricht; ich glaube, daß dieser Kern niemals mit der Welt wahrgenommener Objekte kommuniziert, und daß der Einzelmensch weiß, daß dieser Kern niemals mit der äußeren Realität kommunizieren oder von ihr beeinflußt werden darf. Dies ist mein Hauptpunkt, die gedankliche Anschauung, die das Zentrum einer intellektuellen Welt und meiner Abhandlung ist. Wenn auch gesunde Menschen kommunizieren und es genießen, so ist doch die andere Tatsache ebenso wahr, daß *jedes Individuum ein Isolierter ist, in ständiger Nicht-Kommunikation, ständig un-*

---

101 Vgl. WINNICOTT 1963b.
102 Siehe die Ähnlichkeit mit STERN 1985.
103 WINNICOTT 1963b, 244 (Kursiv vom Autor).
104 Vgl. WINNICOTT 1960 und 1963b, 245.

bekannt, tatsächlich ungefunden. [...] Im Zentrum jeder Person ist ein Element des „incommunicado", das heilig und höchst bewahrenswert ist.»[105]

Das *falsche Selbst* hingegen ist eine sehr zerbrechliche und auf defensiven Identifikationen mit anderen Menschen gründende psychische Struktur. Winnicott führt es auf die mangelnde Erfahrung ausreichend guter mütterlicher Responsivität in der frühesten Lebensphase zurück. Es ist *falsch*, weil das Kind sich selbst und seine Welt als unwirklich, entfremdend und bedrohlich erlebt.[106]

Diese Überlegungen Winnicotts zur Kommunikation im Verhältnis zum psychischen Selbst ermöglichen es nun, das Thema der Kommunikation eingehender zu vertiefen. Dabei habe ich bisher fraglos Winnicotts nicht näher bestimmten Kommunikationsbegriff übernommen. Ich möchte aber nun versuchen, Kommunikation im Zusammenhang unserer Frage nach dem Anderen selbst etwas näher zu definieren, um sodann klären zu können, was Kommunikation im Zusammenhang therapeutischer Beziehung und Kommunikation meint.

Der bisherige Gang der Untersuchung hat deutlich gemacht, daß das Ich existentiell immer schon *mit* dem Anderen ist. Das bedeutet: Ich bin von Beginn meiner Existenz an in Beziehung mit Anderen und kommuniziere mit ihnen. Mit Anderen sein heißt mit ihnen kommunizieren. Ich möchte aber versuchen, anhand von Winnicotts Unterscheidung von falschem und wahrem Selbst diese sehr allgemeine Definition von Kommunikation qualitativ zu differenzieren. Ich halte echte Kommunikation mit einem Anderen dann für gegeben, wenn das Ich sich existentiell öffnet und in sich einen Raum schafft für den Anderen und durch diese Begegnung mit dem Anderen selbst verändert, oder besser: *ver-andert*[107] wird. Zu einer solchen Kommunikation ist eine Person dann fähig, wenn sie ein *wahres Selbst* entwickelt hat: Diese Person vermag sich für Andere zu öffnen und die Kommunikation mit ihnen als bereichernd zu empfinden. Sie läßt sich durch die Kommunikation wirklich ver-andern, d.h. sie tritt aus dem Gespräch als eine andere hervor, und bleibt doch mit sich selbst identisch und erfährt sich in dem, was Winnicott als «*incommunicado element*» oder den Kern der Persönlichkeit bezeichnet, als die-

---

105 WINNICOTT 1963b, 245 (Kursiv vom Autor).
Bemerkenswert ist Winnicotts Hinweis auf ein heiliges Zentrum der Person. Noch deutlicher als Kohuts Kernselbst erhält dieses Zentrum bei Winnicott religiös-metaphysische Konnotationen. Es kann sinnvoll mit Edith Steins Definition der Seele ins Gespräch gebracht werden (ich habe das im Blick auf Kohuts Kernselbst in III, 1.2 versucht).
106 Vgl. für eine ausführlichere Darstellung des Gegensatzes *wahres Selbst* und *falsches Selbst* WINNICOTT 1960 und 1986, 65-70.
107 Ich übernehme den Terminus *Veranderung* von Theunissen, um damit hier jene bewußte, das Ich *ver-andernde* Offenheit für einen Anderen anzuzeigen, die von der passiv-unbewußt erlittenen Veränderung durch Andere zu unterscheiden ist (vgl. THEUNISSEN 1977).

selbe. *Ver-anderung* (im Sinne wirklicher Alteritätserfahrung) *und Identität schließen sich in echter Kommunikation nicht aus, sondern bedingen einander.*

Wo jedoch ein *falsches Selbst* das psychische Erleben der Person dominiert, entwickelt sich eine defizitäre und regressive Kommunikationsstruktur. Auch diese Person steht beständig in Kommunikationsverhältnissen mit Anderen. Ihre Unreife besteht genau darin, daß diese Kommunikationsverhältnisse die psychische Struktur der Person ausmachen, d.h. sie bleibt zur Stützung des eigenen Selbst auf Identifikationen mit Anderen angewiesen, weil sie keinen eigenen Persönlichkeitskern bilden konnte. Es entwickelt sich eine negative Dialektik: Der Einfluß der äußeren Anderen reicht bis ins tiefste Innere der Psyche hinein, sie *ist* gewissermaßen die Anderen und erleidet diesen Einfluß als gewaltsame Veränderung (nicht Ver-anderung), der sie sich nicht wirklich zu entziehen weiß, weil sie ja zugleich auf die stützende Funktion der Anderen angewiesen ist. Sie versucht, durch eine Vielzahl von Abwehrmechanismen ihr fragiles Selbst gegen dieses verletzende Eindringen Anderer zu schützen und bricht die Kommunikation mit ihnen defensiv ab. Dabei bleibt sie letztlich gefangen in einem Teufelskreis negativer Kommunikation, in der sie, weil sie ihr zerbrechliches Selbst verteidigen muß, passiv die Veränderung durch die Anderen erleidet, ohne diese je wirklich in ihrer Andersheit anzutreffen und sich davon ver-andern und bereichern zu lassen.

Lassen sich daraus Schlußfolgerungen für das Verständnis des therapeutischen Prozesses ableiten? Für Imoda besteht die wahre Veränderung, die in der Therapie angezielt wird, in der Aneignung der Fähigkeit zur Veränderung.[108] Heilung bedeutet demnach, die Person zu befähigen, zwanghaft sich wiederholende und defensive Reaktions- und Kommunikationsmuster aufzugeben und frei und offen zu werden für die Wirklichkeit in ihrer Neuheit und Andersheit. In unseren Worten: Das therapeutische Ziel ist, die Person zur Ver-anderung zu befähigen.

Ich glaube, daß sich eine solche Auffassung von Therapie im wesentlichen mit der Sicht von Kohut und Winnicott trifft. Ihr Verständnis der Genese von Psychopathologie stimmt in den wichtigsten Punkten überein und läßt sich vor allem durch zwei Aspekte kennzeichnen: (1) Sie führen Pathologien nicht wie in Freuds Konfliktmodell auf intrapsychische Konflikte (etwa zwischen Triebimpulsen und Über-Ich) zurück, sondern auf das Beziehungsgeschehen in der frühkindlichen Entwicklung. (2) Daraus folgt, daß sie Pathologie als Entwicklungsstillstand begreifen. Das Kind hat in einem bestimmten Ab-

---

108 IMODA 1993, 360: «Die wahre Veränderung besteht in der Aneignung der Fähigkeit, sich zu ändern.» An anderer Stelle schreibt er: «Sich verändern und wachsen bringt es mit sich, sich kognitiv für einen Anderen zu öffnen, die Existenz neuer Wirklichkeiten in sich und in der Umwelt zu entdecken, sich in Frage stellen zu lassen von der Begegnung mit der eigenen leiblichen, sozialen und kulturellen Umgebung, mit Werten, mit einer Offenbarung.» (1993, 373) Vgl. dazu auch TRACY 1987, 1-27.

Entwicklungsstillstand begreifen. Das Kind hat in einem bestimmten Abschnitt seiner Entwicklung in seinen Beziehungen nicht jene Antwort auf seine psychischen Bedürfnisse gefunden, die für eine normale Entwicklung vonnöten gewesen wäre. Die pathologischen Verhaltensweisen, die es entwickelt, sind ein (mißlungener) Versuch, diese Bedürfnisse durch Regression in frühere Stufen psychischer Entwicklung zu befriedigen.

Therapie ist damit im Anschluß an Kohut und Winnicott zu begreifen als ein Versuch, eine Kommunikation zwischen Therapeut und Patient herzustellen, in der das spezifische Beziehungsbedürfnis getroffen wird, das unbeantwortet geblieben ist und den Entwicklungsstillstand ausgelöst hat.[109] Es ist nicht die Kommunikation oder die Beziehung selbst, die Heilung bewirkt, sondern die Tatsache, daß in der Kommunikation zwischen Therapeut und Patient ein in der frühen Entwicklung unbeantwortet gebliebenes Beziehungsbedürfnis wiederbelebt und nun der Interpretation zugänglich wird. Aufgabe der Therapie ist es, einen stehengebliebenen Entwicklungsprozeß wieder zu öffnen und verhärtete und defensiv ausgestaltete Kommunikations- und Beziehungsmuster aufzuweichen.

Ich verstehe Pathogenese somit hier im Kontext von unangemessener oder nicht genügend abgestimmter Kommunikation bzw. Beziehung. Konkret handelt es sich bei psychischen Störungen um eine unklare Ausgestaltung der

---

109 Vgl. zu Kohut *Psychoanalyse*, 123-164 und Kap. I,3.3 dieser Arbeit, sowie WINNICOTT 1960 und SUMMERS 1994, 361-379.
In der gegenwärtigen psychoanalytischen Diskussion wird immer wieder die Frage gestellt nach der Bedeutung, die dem Beziehungsgeschehen innerhalb der Therapie zuzumessen ist. Was bewirkt Veränderung: Einsicht oder Relation? Ändert sich der Patient aufgrund einer neuen Einsicht, die er durch die Interpretation erlangt, die sein Therapeut ihm anbietet, oder aufgrund der veränderten Beziehungsweise, die er in der Therapie erfährt und die es ihm ermöglicht, bisherige Beziehungsmuster aufzugeben? Häufig werden beide Erklärungen als sich wechselseitig ausschließende gegenübergestellt (vgl. PULVER 1992). Dabei gilt der Ansatz bei Interpretation und Einsicht als typisch für die sogenannte Ein-Personen-Psychologie, in der Pathologie und damit auch Heilung durch intrapsychische Vorgänge erklärt werden, während demgegenüber die Zwei-Personen-Psychologie Pathologie auf interpersonale Schwierigkeiten zurückführt und somit auch therapeutisch die Beziehung in das Zentrum der Aufmerksamkeit rückt. Der Vorwurf der Ein-Personen-Psychologie an die Zwei-Personen-Psychologie lautet dabei gemeinhin, daß sie das kennzeichnend Analytische, nämlich die Erforschung des Unbewußten, aufgebe und sich dagegen bemühe, dem Patienten korrektive emotionale Erfahrungen zur Verfügung zu stellen. Inzwischen ist aber wiederholt die «Sorge, daß durch das Ernstnehmen von Interaktion und Interpersonalität die „seelische Realität" zu kurz komme» (THOMÄ 1999, 833; vgl. auch MEISSNER 1991) als unbegründet erwiesen worden. Thomä hält es beispielsweise für «bemerkenswert, daß statt von Objektrepräsentanzen heute mehr und mehr von RIGs gesprochen wird, weil Objekte im Kontext repräsentiert sind und nach Handlungskategorien im Gedächtnis deponiert werden» (THOMÄ 1999, 831). Der Gegensatz Interpretation vs. Beziehung ist damit für ihn obsolet geworden, da, was in der Übertragung lebendig wird und interpretiert werden muß, immer ein Beziehungsgeschehen ist.

Polarität Nähe/Distanz oder Anwesenheit/Abwesenheit. Der Säugling bzw. das Kleinkind kann sich dann normal entwickeln, wenn von Eltern (oder anderen primären Bezugspersonen) sowohl sein Bedürfnis nach Spiegelung oder Idealisierung eines Anderen (also seine Forderung nach Nähe und Anwesenheit) als auch dasjenige nach Alleinsein und Nicht-Kommunikation (mithin nach Distanz und Abwesenheit) genügend gut wahrgenommen und beantwortet wird. Wo hingegen Eltern ihr Kind (miß-)brauchen, um ihr eigenes unsicheres Selbst zu stärken und beispielsweise übermäßig eindringlich sind und dem Kind keinen eigenen Freiraum gewähren, ist es leicht möglich, daß das Kind später Mühe haben wird, die Nähe Anderer zuzulassen, da jede Intimität die unbewußte Erinnerung an die Grenzen verletzenden und sein Selbst gefährdenden Eltern wachruft. Auf der anderen Seite kann es geschehen, daß die primäre Bezugsperson als über das dem Kind erträgliche Maß hinaus abwesend oder destruktiv erlebt wurde. Das kann dazu führen, daß im Laufe der späteren Entwicklung normale Augenblicke des Alleinseins als ungemein gefährdend erscheinen und die betroffene Person sich an Andere klammert, um dieser Bedrohung ihrer psychischen Integrität zu entgehen.

In der therapeutischen Beziehung wird das unbeantwortete Beziehungsbedürfnis (bei Kohut: das archaische Selbstobjektbedürfnis) wiederbelebt in der Gestalt einer intensiven und häufig unrealistischen Beziehungserwartung, die der Patient an den Therapeuten richtet. Solche Wiederbelebung ist unvermeidlich, da auch die therapeutische Beziehung ein Wechselspiel aus Nähe und Distanz, Gratifikation und Frustration ist und der Therapeut nie vollkommen auf das aktuelle Bedürfnis des Patienten eingestimmt sein kann. Die Chance besteht darin, daß durch die Wiederbelebung in der Übertragung das ursprüngliche unbeantwortete Bedürfnis ansichtig wird und nun gemeinsam bearbeitet werden kann.[110] Imoda macht deutlich, daß die therapeutische Beziehung in vielerlei Hinsicht eine Erziehungsfunktion hat. Der Patient muß lernen, das Zueinander von Nähe und Distanz mit anderen Menschen praktisch-handlungsorientiert und affektiv neu zu definieren und zu gestalten.[111]

Ich muß es bei diesen wenigen, zugegebenermaßen sehr allgemein gehaltenen Hinweisen zur Kommunikation im therapeutischen Prozeß belassen. Die erkenntnisleitende Frage dabei war: Was ist echte Kommunikation? Ich habe, vor allem im Anschluß an Winnicotts Unterscheidung von wahren und falschen Selbst, zu erklären versucht, wie defensive Kommunikations- und Beziehungsmuster zustande kommen und sich in späteren Entwicklungsphasen auswirken. Psychische Unreife manifestiert sich dabei in der interpersonalen Kommunikation als die psychische Unfähigkeit, im Ich bewußt und kreativ Raum zu schaffen für Neues und Anderes. Eine psychisch reife Person hingegen ist fähig, sich durch die Begegnung mit dem Anderen verandern zu

---

110 Vgl. dazu die Ausführungen zum Heilungsprozeß in Kap. I ,3.3.
111 Vgl. IMODA 1993, 360-364.

lassen und sich zugleich mit sich selbst identisch (und in ihrer Identität noch gesteigert) zu erfahren.

Ich komme noch einmal auf Winnicotts anfängliche Überlegungen zur Nicht-Kommunikation zurück. Winnicott hält das Bedürfnis nach Nicht-Kommunikation für das Anzeichen eines reifen Selbst, d.h. für das Bewußt-sein eines inneren Personkerns, der letztlich nicht wirklich mitteilbar ist. Auch Kommunikation zwischen psychisch reifen Menschen ist demnach nie grenzenlose, totale Kommunikation. Daraus ergibt sich eine Spannung: Denn zum einen scheint die Sehnsucht nach vollkommener Kommunikation mit einem Anderen, nach umfassendem Verstehen und Verstandenwerden und damit letztlich nach Verschmelzung mit einem Anderen in jedem Menschen leben-dig zu sein.[112] Zum anderen muß diese Sehnsucht aber unvermeidlich an die Grenze jenes *incommunicado* stoßen, von dem Winnicott spricht. Auch in der perfektesten Kommunikation mit dem Anderen gibt es einen Rest des Nicht-Kommunizierten und Nicht-Kommunizierbaren, der mich auf mich selbst und meine grundlegende Einsamkeit zurückwirft.[113] Nur die Anerkennung dieses Nicht-Kommunizierbaren im Anderen und der schmerzhaften Grenze der Al-terität, nur die Akzeptanz der eigenen Unfähigkeit, den Anderen je zu begrei-fen, ermöglicht wirklich Verstehen und Kommunikation. Das Erleben des *Nicht* im Kommunikationsprozeß und das Zurückgeworfensein auf die eigene Einsamkeit ist Teil auch der intimsten Kommunikation.[114]

Ist aber diese Einsamkeit in der Beziehung zum anderen Menschen nur ei-ne Grenze, eine Mangelsituation, oder, wie etwa Imoda suggeriert, zugleich Ansatzpunkt einer neuen Gegenwart?[115] Kommunikation führt an eine Gren-ze, an der die Rätselhaftigkeit des Anderen und des eigenen Ich aufscheint. Ein Rätsel, das wiederum Tor zum Geheimnis wird?

---

112 Vgl. IMODA 1993, 333f.

113 GUREVITCH 1990 hat eine sehr interessante, zugleich psychologische und soziologische Phänomenologie der Nähe und Distanz in menschlichen Beziehungen vorgelegt, in der er z.B. das Phänomen der Umarmung eingehend untersucht. Er stellt fest: «Interaktion ereignet sich im Kontext des Mit-Anderen-Seins, in dem Menschen sich aufeinander be-ziehen in der Weise der Vereinigung und Trennung. Jede Form menschlicher Beziehung enthält in sich das Element der Distanz und der Nicht-Distanz, in einer Mischung, die dynamisch bestimmt wird durch diese zwei Elementarkräfte der Beziehung in ihren ver-schiedenen Gestalten: Anziehung und Abstoßung, Nähe und Distanz, Identität und An-dersheit. Der Kontrast zwischen diesen Kräften wird zuweilen benutzt um Beziehungen als ganze zu charakterisieren, einige als ausdrücklich distanziert, verschlossen und ab-wehrend, andere als nah, offen und intim. Aber keine Beziehung ist nur distanziert oder nur intim. Distanz ist immer schon in Intimität enthalten, und Nähe existiert immer nur in Distanz.» (187)

114 Vgl. GUREVITCH 1989.

115 Vgl. IMODA 1993, 334. Vgl. auch LOCH 1985, 17.

3.4 Gabe

Damit stellt sich nun die Frage: Hat die Nicht-Kommunikation, die Einsamkeit das letzte Wort? Ist das Erleben des Anderen letztlich bestimmt durch die Erfahrung der Grenze? Oder gibt es einen Raum, in dem sich die Pole der Ähnlichkeit und Verschiedenheit, der Identität und Differenz, der Anwesenheit und Abwesenheit berühren? Ich greife diese Fragen anhand der vierten Koordinate auf, die ich *Gabe* nenne.

Welche Art der Alteritätserfahrung versucht diese Koordinate zu beschreiben? Zur Beantwortung dieser Frage ist es hilfreich, noch einmal zu Kohut zurückzugehen. Die Alteritätsproblematik spielt (zumindest implizit) eine sehr zentrale Rolle in seiner psychoanalytischen Theorie. Dennoch scheint es in der Selbstpsychologie nicht wirklich einen Raum für die Erfahrung des Altruismus zu geben. Der Andere kommt in den Blick als derjenige, der stützende Funktionen für das Selbst übernimmt, aber nicht als ein Objekt selbstloser Liebe für das Subjekt. Kohuts Ansatz kreist im wesentlichen um die Neubewertung des Narzißmus. Er nimmt an, daß die klassische Psychoanalyse in ihrer Einschätzung des Narzißmus ein typisch jüdisch-christliches Werturteil übernommen hat, demzufolge Narzißmus gleichbedeutend ist mit Selbstliebe und Egoismus. Da aber Altruismus als die höchste Tugend galt, versuchte sie Narzißmus durch Objektliebe zu überwinden. Das Werturteil lautet – nach Kohut –, daß ein reifer Mensch von Objektliebe erfüllt sein sollte.[116] Kohut dagegen definiert Narzißmus als eine notwendige und *positive* psychische Qualität. Sie besagt für ihn nicht (zumindest nicht automatisch), daß das Subjekt andere Menschen narzißtisch mißbraucht, sondern zuerst einmal, daß es sie *braucht*. Das Subjekt ist nicht das autarke, abgegrenzte Individuum, dessen Beziehungen zu Anderen allenfalls ein sekundäres Anhängsel sind, sondern es wird durch seine Beziehungen lebendig erhalten und verliert seine Integrität ohne sie. Das Selbst *ist* durch seine Beziehungen.

Kohuts Ablehnung einer Interpretation, die Narzißmus ausschließlich im Gegensatz zur Objektliebe begreift und die dabei mitklingenden religionskritischen Untertöne mögen aus der Perspektive einer christlichen Anthropologie problematisch erscheinen. Sie sind es aber meines Erachtens nur in einer oberflächlichen Betrachtungsweise. Was nämlich Kohut mit seiner positiven Neubewertung des Narzißmus wirklich kritisiert und letztlich auch überwindet, ist die Definition der Person durch Begriffe wie Autonomie, Abgrenzung, Konflikt und Selbstbehauptung. Demgegenüber entwickelt er ein Verständnis der Person als Beziehungswesen. Die Person existiert für ihn wesentlich *mit* Anderen. Relationalität ist eine primäre Qualität des Personseins. Die Person empfängt sich durch Andere, braucht sie und ist nur sie selbst, insofern sie mit Anderen sein kann. Damit aber trifft Kohut wesentliche Aspekte christlicher Anthropologie, die ich im Anschluß an Edith Stein als trinitarische Anthropo-

---

116 Vgl. *Seminare*, 21-24.

logie beschrieben habe und auf die ich später noch zurückkomme. Festzuhalten gilt, daß Narzißmus nicht notwendig egoistische Selbstliebe bedeuten muß, sondern Herkünftigkeit von Anderen und Angewiesensein auf die Anderen meint.

Genau das aber ist jene Alteritätserfahrung, die ich hier als *Gabe* bezeichnen möchte. Gabe meint dabei eine Bewegung mit zwei Richtungen. Die erste Bewegung besagt: *Ich bin mir gegeben.* Die zweite Bewegung heißt: *Ich gebe.* Während die erste Bewegung bei Kohut tiefenpsychologisch gut beschrieben ist, kommt die zweite leider kaum in den Blick.

Die erste Bedeutung von Gabe ist *Gegebensein.* In ihrer konkreten Existenz erfährt die Person, daß alle Wirklichkeit – die Welt, die Dinge, die Anderen – ihr immer schon voraus sind. Sie erschafft sie nicht, weder faktisch, noch in der Erkenntnis. Erkenntnis ist immer schon Erkenntnis von Gegebenem.[117] Weil ihr die Welt und die Anderen gegeben sind, ist die Person– *durch* die Welt und die Anderen – sich selbst gegeben. Personsein heißt Sich-Gegebensein oder Sich-Empfangen. Sowohl Casper als auch Hemmerle interpretieren den Satz «*anima est quoddamodo omnia*» - «die Geist-Seele ist gewissermaßen alles» - des Thomas von Aquin genau in diesem Sinn: Alle Wirklichkeit, alle Anderen sind immer schon drinnen in der Person, sie konstituieren sie, sind ihr gegeben.[118]

Das Sich-Gegebensein manifestiert sich vielleicht am deutlichsten im Faktum des Angesprochenseins.

«Ich erkenne mich selbst als *interloqué* lange *bevor* ich ein Bewußtsein des Wissens nicht nur meiner Subjektivität habe, sondern besonders auch dessen, was mich zum *interloqué* macht. Die Ungenauigkeit, die Unentschiedenheit und alle Konfusion der beanspruchenden Instanz bestätigen eher, daß sich am Anfang die reine Form des Anrufes als solche findet. [...] Ich entdecke mich selbst als *interloqué* genau deshalb, weil ich im Augenblick des Anspruches weder Wer noch Was kenne. [...] Die Autarkie des Subjektes entdeckt sich als von Anfang an verwundet durch die Tatsache, daß ein Anruf sie schon getroffen und außer Kraft gesetzt hat. Ohne zu wissen, durch wen oder was, weiß ich *mich selbst* von Beginn an schon *interloqué.*»[119]

---

117 Für Marion bedeutet genau dieses Verständnis den Erkenntnisfortschritt der Husserlschen Phänomenologie gegenüber Kant: «Die Phänomenologie beginnt deswegen in den Jahren 1900-1901 [mit der Veröffentlichung von Husserls *Untersuchungen*; A.T.], weil zum ersten Mal das Denken, das, was erscheint, als Erscheinung erscheinen sieht; das gelingt ihm nur, weil es das Erscheinende selbst nicht länger als etwas „vom Bewußtsein Gegebenes" versteht, sondern als das Gegebensein des Dinges selbst *an* das Bewußtsein (oder sogar *durch* das Bewußtsein), gegeben in der Weise des Erscheinens und in all seinen Dimensionen.» (MARION 1989, 32). Vgl. auch MARION 1997.

118 Vgl. CASPER 1998, 29; HEMMERLE 1995, 125. Der Satz des Thomas von Aquin entstammt den *Quaestiones disputatae de veritate*, q1 a1.

119 MARION 1989, 202 (Kursiv vom Autor); vgl. auch RICOEUR 1990, 55-72.

Der Andere des Gesprächs ist mir immer schon voraus. Ich bin von ihm angesprochen und empfange in der Anrede mich selbst. Sein Wort ist Gabe an mich und im Empfangen der Gabe empfange ich mich selbst. Ich finde meine Identität gerade darin, daß ich sie nicht besitze, sondern sie empfange. Ich bin mir gegeben. Marion und Casper haben in diesem Kontext wiederholt auf den *Sinn von sein als Gabe* aufmerksam gemacht.[120] Und Ricoeur kommt im letzten Kapitel seines großen Alteritätsbuches zur Schlußfolgerung, daß «die Andersheit nicht von außen her zur Selbstheit hinzukommt, gleichsam um deren solipsistische Verirrung zu verhindern, sondern daß sie zum Sinngehalt und zur ontologischen Konstitution der Selbstheit gehört».[121]

Wenn sich aber Sein und der Sinn der Wirklichkeit nur durch und mit dem Anderen und damit als Gabe erschließt, dann muß sich an die erste Bewegung, in der *Personsein als Sich-Gegebensein* verstanden wird, eine zweite Bewegung notwendig anschließen, in der Personsein Sich-Geben bedeutet. Ich glaube, im *Personsein als Sich-Geben* zwei unterschiedliche Momente ausmachen zu können: ein eher ethisches und ein eher personalisierendes.

Mit der ethischen Bedeutung des Sich-Gebens ist gemeint: Die Anerkenntnis meiner eigenen Grundbedürftigkeit und meines immerwährenden Angewiesenseins auf den Anderen lassen mich verstehen, daß auch der Andere, um er selbst und menschlich er selbst sein zu können, meiner und meiner Aufmerksamkeit für ihn bedarf. Die Einwilligung in meine Bedürftigkeit verwandelt sich in einen ethischen Impuls: Ich werde verantwortlich dafür, die Bedürftigkeit des Anderen wahrzunehmen. Ob nicht die Unbedingtheit des ethischen Anspruchs, die für Lévinas im Antlitz des Anderen aufscheint, existentiell doch nur von denen wirklich wahrgenommen wird, die um ihr eigenes Bedürfen des Anderen wissen?

Mit der personalisierenden Bedeutung des Sich-Gebens hingegen versuche ich anzuzeigen, daß Personsein nicht schon in der Bewegung des Sich-Gegebensein zur Erfüllung kommt, sondern erst dann, wenn das Subjekt selbst zur Gabe wird für Andere. Um das zu verdeutlichen, komme ich noch einmal auf Edith Steins Überlegungen zurück.[122] Auch Edith Stein geht, wie wir schon sahen, davon aus, daß die Person sich, um sich selbst zu besitzen, gegeben sein muß. Sie verdankt sich sowohl dem mitmenschlichen als auch dem gött-

---

120 Vgl. MARION 1982, 161-182 und 1989.
    CASPER (1998, 27) schreibt: «Das Wesen des Seins ist in der Überlieferung des abendländischen Denkens durchgängig als Wahr-sein, Gelichtetsein für die weltordnende Vernunft und als Gut-sein, Bejahbarsein für den weltbewältigenden Willen verstanden worden. Aber liegt die Wurzel des Sinnes von Wirklichkeit, noch bevor diese sich in der Korrelation zu Vernunft und Willen zeigt, nicht darin, daß Sein sich als *Gabe* erschließt?»

121 RICOEUR 1990, 382.

122 Vgl. dazu besonders Kap. II, 4.3 dieser Arbeit.

lichen Anderen.[123] Personaler Selbstbesitz verbindet sich für Stein wesentlich mit dem Begriff Freiheit. Allein eine freie Person ist wirklich im Innersten bei sich selbst und hat sich in der Hand. Dann aber formuliert Stein das überraschende Paradox: *Wirkliche Freiheit ist Liebe*; «die Liebe ist das Freieste, was es gibt».[124] Liebe aber ist: Sich-Geben, Beim-Anderen-Sein. Die Person ist dann wirklich frei und bei sich selbst, wenn sie liebt und beim Anderen ist. In Analogie zur innertrinitarischen Liebes- und Freiheitsdynamik begreift Stein Freiheit und Liebe bzw. Identität und Alterität als sich wechselseitig steigernde Pole einer Spannungseinheit.[125] Je mehr eine Person frei und sie selbst ist, desto mehr kann und muß sie lieben und sich an Andere hingeben, und nur indem sie sich hingibt, wird sie wirklich frei und sie selbst. Sich-Gegebensein ohne in die Bewegung des Sich-Gebens einzusteigen, führt zu Verkümmerung und Selbstverlust.[126]

Sein erweist sich somit als Gabe und Gabe als zweigestaltig. Nur wo beide Gestaltwerdungen der Gabe zum Tragen kommen – das Sich-Gegebensein und das Sich-Geben –, erfüllt sich Personsein. Sowenig jemand sich geben kann, ohne sich zuvor gegeben worden zu sein, sowenig kann jemand das ihm Gegebene bewahren, wenn er sich nicht gibt.

Die hier skizzierte Bewegung des Sich-Gebens kann man auch als *Selbsttranszendenz* bezeichnen. Nach Lonergan erlangt der Mensch «Authentizität durch Selbsttranszendenz. Man kann in eben dem Maß in einer Welt leben und einen Horizont haben, in dem man nicht in sich selbst verschlossen ist.»[127] Selbsttranszendenz, das wird verständlich auch im Anschluß an Edith Stein, realisiert sich dann in ihrer Vollgestalt, wenn man zu lieben beginnt.[128]

Versucht man nun, diesen Diskurs zurückzubinden an den Bereich der Tiefenpsychologie, stellt man verwundert fest, daß zumindest im Bereich der psychoanalytischen Theoriebildung ein Ansatz bei der Gabe oder bei der Liebe nie wirkmächtig zum Durchbruch gekommen ist. Man mag Anzeichen eines solchen Ansatzes etwa bei Frankl[129] finden oder in Eriksons Entwick-

---

123 Vgl. vor allem *Person*.

124 *Sein*, 386.

125 Aus psychologischer Perspektive formuliert das auch Fromm: «Sie [die Liebe] ist eine Kraft, welche die Wände niederreißt, die den Menschen von seinen Mitmenschen trennen, eine Kraft, die ihn mit anderen vereinigt. Die Liebe läßt ihn das Gefühl der Isolation und Abgetrenntheit überwinden und erlaubt ihm trotzdem, er selbst zu sein und seine Integrität zu bewahren. In der Liebe kommt es zu dem Paradoxon, daß zwei Wesen eins werden und trotzdem zwei bleiben.» (FROMM 1956, 31)

126 Vgl. *Sein* 384-387.
   Mir scheint, daß auch Ricoeur die notwendige Verschränkung von Sich-Gegebensein und Sich-Geben beschreibt, wenn er versucht das Phänomen der *Bezeugung* mit dem der *Aufforderung* zu verbinden (vgl. RICOEUR 1990, 421).

127 LONERGAN 1971, 112.

128 Vgl. LONERGAN 1971, 113.

129 Vgl. FRANKL 1948.

lungsstadium der Generativität,[130] sie haben aber nie nachhaltig den *main-stream* tiefenpsychologischen Denkens beeinflußt. Über die Ursachen dieses Mangels in der Tiefenpsychologie zu spekulieren würde weit über den Rahmen dieser Arbeit hinausführen.

Rulla hat versucht, auf diesen Mangel zu reagieren und hat den Begriff der *Selbsttranszendenz* in das Zentrum seiner *Anthropologie der christlichen Berufung* gerückt.[131] Selbstverwirklichung vollzieht sich für ihn durch Selbsttranszendenz. Nur diejenige Person wird wirklich in Fülle sie selbst, die bereit ist, sich loszulassen, zu übersteigen und hinzugeben. Rulla unterscheidet dabei Mondin folgend drei Formen der Selbsttranszendenz: egozentrische, sozial-philanthropische und theozentrische.[132] Diese Unterscheidung führt ihn, aus der Warte einer christlichen Anthropologie, zu einer kritischen Bewertung jener psychoanalytischen oder humanistisch-psychologischen Theorien, in denen das Element der Selbsttranszendenz zwar eine Rolle spielt, das Objekt der Selbsttranszendenz aber nicht Gott ist. Rullas Präzisierung scheint sachlich in der Tat geboten: Es besteht ein wesentlicher Unterschied zwischen einem selbsttranszendenten Akt, der Gott zum Gegenstand hat und jenem, der sich auf einen Mitmenschen, die Natur oder ein Kulturobjekt richtet. Aus der Sicht einer christlichen Anthropologie kann man nur feststellen, daß der wahre und letzte Sinn menschlicher Existenz in Gott begründet liegt und der Mensch sich in dem Maße verwirklicht und authentisch wird als er sich auf Gott hin transzendiert.[133]

Ich möchte aber hier die Aufmerksamkeit erst sekundär auf das Objekt und hingegen primär auf den *Akt* der Selbsttranszendenz als solchen richten. Mitmenschlich-soziale und theozentrische Selbsttranszendenz unterscheiden sich von ihrem Objekt her. Dennoch wird man achtgeben müssen, nicht durch eine zu starke Betonung der Unterschiedenheit dieser beiden Formen der Selbsttranszendenz ihre Einheit zu zerreißen, die in der inneren Intentionalität des Aktes der Selbsttranszendenz gründet. Echte Selbsttranszendenz auf einen anderen Menschen hin ist von ihrer Intentionalität her ein offener, unbegrenzter Akt des Überstiegs über sich selbst hinaus, der zumindest implizit offen ist für einen Erfüllungshorizont absoluter Alterität.[134] Ein Akt echter liebender Selbsttranszendenz auf einen anderen Menschen hin, mithin ein Akt authentischen Sich-Gebens, hat die gleiche innere Zielrichtung (wenn auch nicht das gleiche thematische Objekt) wie ein Akt theozentrischer Selbsttranszendenz. Rahner macht das deutlich, wenn er die liebende Hinwendung zu einem ande-

---

130 Vgl. ERIKSON 1959.
131 Vgl. RULLA 1986.
132 Vgl. RULLA 1986, 145-148.
133 Vgl. die hilfreichen Präzisierungen bei HEALY 1997, 110-112.
134 Meines Erachtens ist diese intentionale Offenheit und die Verwiesenheit der mitmenschlichen Alteritätserfahrung auf die des Göttlich-Anderen auch die Argumentationslinie, die Imodas Analyse der Alterität letztlich zugrunde liegt (vgl. IMODA 1993 und 1997c).

ren Menschen als einen umfassenden und allem anderen Sinn und Richtung gebenden *Grundakt* begreift, der zur apriorischen Grundverfassung des Menschen gehört.[135] In diesem Sinne ist für ihn die Selbsttranszendenz auf den Anderen hin der unverzichtbare und wesensnotwendige erste Schritt der Selbsttranszendenz auf Gott hin.

«Die kategorial-explizite Nächstenliebe ist der primäre Akt der Gottesliebe, die in der Nächstenliebe als solcher Gott in übernatürlicher Transzendentalität unthematisch, aber wirklich und immer meint, und auch die explizite Gottesliebe ist noch getragen von jener vertrauend-liebenden Öffnung zur Ganzheit der Wirklichkeit hin, die in der Nächstenliebe geschieht.»[136]

«Der Mensch kommt nur wirklich in echtem Selbstvollzug zu sich selbst, wenn er sich radikal an den anderen wegwagt. Tut er dies, ergreift er (unthematisch oder explizit) das, was mit Gott als Horizont, Garant und Radikalität solcher Liebe gemeint ist, der sich in Selbstmitteilung (existenziell und geschichtlich) zum Raum der Möglichkeit solcher Liebe macht.»[137]

Damit erhellt sich die Frage, die sich aus den vorhergehenden Überlegungen zur Erfahrung des mitmenschlichen Anderen ergab und am Anfang dieses Kapitels stand: Ist der Andere vor allem eine Grenze? Bleibt es letztlich bei der Erfahrung der Differenz und Nicht-Kommunikation, auf die das Ich in seinem Erleben des Anderen auch in der größten Nähe und Intimität immer wieder prallt?

Die Erfahrung der Grenze hat nicht das letzte Wort, aber sie ist notwendig. Sie hält zum einen das Bewußtsein der Geheimnishaftigkeit, der Uneinholbarkeit und damit auch der Unverzweckbarkeit des Anderen wach.[138] Und sie lädt zum anderen ein zum Überstieg, zum Akt der Selbsttranszendenz, der, wenn er wirklich liebende Gabe des Selbst ist, die Grenze überwindet, ohne dabei die Andersheit des Anderen zunichte zu machen.

Es scheint, daß somit im Akt der Gabe an einen anderen Menschen, mithin in der liebenden Selbsttranszendenz, sich eine Art doppelter *Entgrenzung* ereignet. Mit der ersten Entgrenzung ist gemeint: In der liebenden Hingabe an einen Menschen und noch mehr, wo dieser Akt der Gabe wechselseitig wird, wird die Erfahrung der Fremdheit und Differenz, die für das Ich das Erleben des anderen Menschen kennzeichnet, für einen Augenblick aufgehoben. Die Beziehung konstituiert sich auf einer neuen, höheren Ebene, in der jeder der

---

135 Vgl. RAHNER 1965, 288.
136 RAHNER 1965, 295.
137 RAHNER 1976, 437.
138 «Das im Geschehen der Aufmerksamkeit sich zutragende Sich-überschreiten, welches zugleich dazu führt, daß ich mich finde, hat nun aber von sich her keine Grenze. Es führt in eine unauslotbare Tiefe. Insofern berühre ich in jeder Aufmerksamkeit ein unausschöpfliches Geheimnis.» (CASPER 1998, 30)

Partner sich mehr er selbst und zugleich tiefer mit dem Anderen verbunden weiß.[139]

Mit der zweiten Entgrenzung versuche ich ein Phänomen anzuzeigen, das man auch als Horizontentgrenzung bezeichnen könnte. Der Akt liebender Selbsttranszendenz auf einen anderen Menschen hin erweitert bzw. entgrenzt, insofern in ihm thematisch oder unthematisch immer schon ein Ganz-Anderer mitgemeint ist. Zum einen bedeutet das, daß «der Mensch in derjenigen existenziellen Selbsttranszendenz, die im Akt der *Nächstenliebe* geschieht, mindestens implizit eine *Gotteserfahrung* macht».[140] In der Gabe an den Anderen eröffnet sich der unendliche Horizont Gottes als des Ganz-Anderen. Zum anderen aber gilt auch: «Der Mensch ist ein Versprechen, das er nicht halten kann.»[141] Die Hoffnung auf Erfüllung, die eine Person an die andere richtet, übersteigt immer wieder das, was der Andere zu geben vermag. Jede Person hat, oder besser *ist*, eine Frage nach Ganzheit und Fülle, die sie zuerst an den mitmenschlich Anderen richtet. Der Andere beantwortet diese Frage und kann es doch nicht ganz. So ist die Frage, die der Mensch ist, verwiesen auf einen Ganz-Anderen, auf einen unendlich entgrenzten Horizont.

---

139 Das erinnert in mancherlei Hinsicht an die Dynamik, die STERN U.A. (1998) in psycho-analytischen Termini beschreiben als Veränderung des impliziten Beziehungswissens durch signifikante Momente der Begegnung.
140 RAHNER 1976, 437 (Kursiv vom Autor).
141 Maurice Blondel, zitiert nach WERBICK 2000, 140.

4   Der Andere als der Ganz-Andere

Werbick bestimmt in seiner jüngst vorgelegten Fundamentaltheologie Religion als «die Beziehung zum identitätsstiftenden Anderen».[142] Damit ist gut beschrieben, worum es in diesem abschließenden Kapitel unserer Untersuchung gehen soll: Die religiöse Dimension der Alteritätserfahrung oder die Wirklichkeit des göttlichen Anderen. Dieser göttliche Andere wird dabei als identitätsstiftend begriffen, als ein Anderer also, der ein Individuum erst wirklich zum Ich, zur Person werden läßt.

Auch in diesem Abschnitt soll das angezielte Thema anhand von vier Koordinaten zur Sprache gebracht werden: Suche, Identität, Zwischen, Spur.

4.1   Suche

Hier soll nun zunächst ein Zugang zur Erfahrung Gottes als des Ganz-Anderen skizziert werden, der in gewisser Hinsicht noch einmal fundamental ansetzt. Ich greife dazu auf einige Elemente (besonders Kohuts Neuinterpretation des Narzißmus) zurück, die schon gelegentlich Gegenstand unserer Reflexion geworden sind (vgl. z.B. Kap. I, 2.1 und III, 3.4).

Kohuts Neuinterpretation bzw. Erweiterung des klassischen psychoanalytischen Narzißmuskonzepts besagt in ihrem Kern: Der ursprüngliche infantile Narzißmus löst sich nicht einfach auf, indem er epigenetisch in Objektliebe umgewandelt wird. Hingegen bleiben wesentliche Anteile der ursprünglichen narzißtischen Konfiguration des Selbst lebenslang wirksam. Narzißmus meint für Kohut, daß das Selbst, um sich als lebendig und kohäsiv zu erfahren, auf eine stützende und genügend einfühlende Umgebung angewiesen ist; es schafft sich in seiner Umwelt narzißtisch besetzte Selbstobjekte, die diese Funktion wahrnehmen. Verläuft die Entwicklung des Kindes normal, werden die archaischen narzißtischen Selbstobjektbedürfnisse in reife und adaptive umgewandelt. Dennoch bleibt das Angewiesensein auf den Anderen, der diese Selbstobjektfunktionen bereitstellt, lebenslang bestehen. Dieses Angewiesensein und die daraus resultierende fundamentale Bezogenheit sind in die psychische Struktur des Selbst eingeschrieben. Daraus folgt für Kohut, daß das Narzißmuskonzept von seinen pejorativen Konnotationen befreit werden sollte, die es vor allem als Selbstliebe und egoistische Selbstbespiegelung entwerten.

Im Zentrum dessen, was Kohut mit Narzißmus meint, steht mithin nicht die Selbstliebe in der Form der egozentrischen Affirmation: Ich liebe mich

---

142 WERBICK 2000, 81.

selbst! Hingegen steht dort eine Frage. Sie lautet: *Bin ich geliebt? Liebst du mich?* Das ist eine Frage nach Anerkennung, Gesehen- und Wahrgenommen-werden.[143] Während die klassische Narzißmusdefinition eine Fixierung auf das eigene Selbst und einen Ausschluß des Anderen impliziert, verstehe ich Kohuts Narzißmuskonzept genau umgekehrt: Die Frage *Bin ich geliebt?* schließt den Anderen immer schon mit ein. Sie ist im Kern eine *Anrufung des Anderen.* Narzißmus ist demzufolge die Bitte um die Anwesenheit des Anderen, das Bedürfnis wahrgenommen und in der individuellen Eigenheit anerkannt zu werden. *Das Narzißmuskonzept ist ein Beziehungskonzept.* Es macht ansichtig, in welcher existentiellen Tiefe der Andere notwendig ist.

Daraus lassen sich nun zwei Schlußfolgerungen ziehen, die im Zusammenhang der Frage nach der Bedeutung des Anderen signifikant sind.

Erstens: Wenn die Frage *Bin ich geliebt? Liebst du mich?* die Urfrage des Menschen ist, die Anrufung, mit der er dem Anderen begegnet, dann wird nicht allein verständlich, wie existentiell er vom Anderen abhängig ist, sondern auch, wie tief er durch den Anderen verletzt werden kann, der sich dieser Frage verweigert oder sie negativ beantwortet. Der Andere ist ja nicht nur als der ausreichend einfühlende und positiv antwortende Andere da, sondern auch als derjenige, der das Kind (und später den Erwachsenen) empfinden läßt: Ich bin nicht geliebt![144] Der Andere ist in einem solchen Maße notwendig und das Bedürfnis nach Anerkennung und Wahrgenommenwerden durch den Anderen so tief in die Psyche des Menschen eingeschrieben, daß verständlich wird, wie fragil und gefährdet das Gleichgewicht von positiver Responsivität und unumgänglicher Enttäuschung, bzw. von Situationen der Anwesenheit und der Abwesenheit, ist, dessen das Kind gerade in der frühkindlichen Entwicklung bedarf. Sehr leicht können Enttäuschung und Abwesenheit in bestimmten Situationen als so bedrohlich und destruktiv erlebt werden, daß das Kind sie nicht mehr in einen normalen Entwicklungsprozeß zu integrieren vermag, sondern eine narzißtische Verwundbarkeit entwickelt, die es bis ins Erwachsenenalter begleiten kann und die nur durch einen mühsamen, sensiblen therapeutischen Prozeß aus ihrer nicht-adaptiven Rigidität befreit werden kann.

Zweitens: Löst man die Frage *Bin ich geliebt?* noch einmal aus der tiefenpsychologischen Betrachtungsweise heraus und analysiert sie auf ihren Wesenskern hin, dann erscheint sie zunächst als eine anonyme, unspezifische

---

143 Vgl. ALTMEYER 2000.

144 Kohut ist der Vorwurf gemacht worden, seine Selbstpsychologie sei zu harmonisierend. Und auch ich habe mir diese Kritik, vor allem im Blick auf sein Therapieverständnis und seinen Alteritätsbegriff, zu eigen gemacht. Dennoch wird man anerkennen müssen, daß Kohuts Theorie keineswegs die negative Rolle, die der Andere für einen Menschen haben kann, übersieht. Im Gegenteil: Seine Selbstpsychologie erwächst gerade aus der Analyse der tiefen narzißtischen Verwundbarkeit seiner Patienten und mithin der bedrohlichen und zerstörerischen Gegenwart Anderer in ihrem Leben.

Frage.[145] Sie richtet sich erst einmal weder an die Eltern, noch an einen möglichen Lebenspartner, noch an Gott, sondern ist eine unendlich offene Frage, die sich an ein anonymes Anderswo richtet. Von Anfang an lebt der Mensch mit den Annahme, daß es dieses Anderswo gibt. Diese Annahme, daß meine Frage *Bin ich geliebt?* beantwortet werden kann, daß es irgendwo eine Antwort darauf gibt, läßt mich überhaupt nur leben. Ich lebe aus der Möglichkeit der Existenz dieses Anderswo. Diese Suche nach dem Anderswo ist in mein Inneres eingeschrieben. Auch wenn ich das Anderswo, das meine Frage beantwortet, nirgendwo antreffe, bleiben doch die Frage und die Suche danach die innere Struktur des Ich [146].

Die menschliche Psyche und Existenz überhaupt ist wesentlich *Frage*. Der Mensch richtet an seine Welt die Frage *Bin ich geliebt?* und kann nur leben aus der Annahme und Hoffnung, daß es ein Anderswo (einen noch unspezifischen Anderen) gibt, der dieses Frage positiv beantwortet.

Noch einmal: Selbstliebe (zumindest in der Weise, wie ich sie hier im Anschluß an Kohut und Marion begreife) meint nicht die egoistische Affirmation *Ich genüge mir selbst!* oder: *Ich liebe mich selbst!* Es ist hingegen die Bitte *Ich möchte geliebt werden!* Ein Mensch kann diesen Wunsch nicht aufgeben; er liegt begründet in seiner allerelementarsten psychischen Bedürftigkeit. Er kann auch deswegen nicht aufgegeben werden, weil alle unmittelbaren Antworten auf die Frage *Bin ich geliebt?* nie den Fragehorizont wirklich auszufüllen vermögen.[147] Das Anderswo, von dem im letzten eine Antwort erhofft

---

145 Die folgenden eher phänomenologischen Überlegungen gehen zum Teil zurück auf ein Seminar Jean-Luc Marions über *Phenomenology of the Other: Ego and Love* an der University of Chicago, an dem ich im Frühjahr 2001 teilnehmen durfte. Die dabei von Marion entfalteten (und bisher leider noch nicht veröffentlichten) Reflexionen zur Liebe als dem einzigen phänomenologischen Zugang zum Anderen und besonders seine Ausführungen zur Selbstliebe, scheinen mir in sehr interessanter inhaltlicher Nähe zu Kohuts Narzißmuskonzept zu stehen und stellen die in dieser Arbeit vorgelegten Überlegungen über die relationale Struktur des Narzißmus auf eine philosophiegeschichtlich und phänomenologisch breitere und sicherere Grundlage, als es im Rahmen dieser Arbeit und bei meiner beschränkten Kenntnis der Philosophie möglich ist.

146 Meines Erachtens treffen sich diese in Anlehnung an Marion skizzierten Gedanken in mancherlei Hinsicht mir Ricoeurs Analyse der teleologischen Dynamik des Wunsches bzw. des Unbewußten (vgl. RICOEUR 1965).

147 Ich führe diesen Hinweis auf die Unendlichkeit und Unerfüllbarkeit der Bitte, geliebt zu werden, hier ein, um phänomenologisch die Offenheit dieser Frage für einen transzendentalen Überstieg in eine unendliche Erfüllungshorizont deutlich zu machen. In der konkreten therapeutischen Praxis wird man eine solche Bitte wohl kaum unmodifiziert im Raum stehen lassen können, sondern ihr auf eine zweifache Weise begegnen können. Zum einen gilt es, der hilfesuchenden Person zu helfen, das in dem unstillbaren Wunsch nach Liebe implizit Mitgemeinte explizit zu machen. Wo jemand das eigene Leben auch in einem religiösen Deutungshorizont versteht, kann ihn, wie gesagt, diese Sehnsucht im letzten auf Gott als ewige und maßlose Liebe verweisen. Zum anderen aber wäre wichtig – im Sinne des *bonum semper concretum* –, dem Patienten zur Erfahrung zu verhelfen, daß die ersehnte unendliche Liebe nur zugänglich und existentiell erfahrbar wird im Sich-Einlassen auf die konkrete, verletzliche und unvollkommene Liebe ganz realer

wird, ist ein unspezifisches, unendliches und ewiges Anderswo. Meine These ist: Das Anderswo der Frage *Bin ich geliebt?* ist formal und inhaltlich ein entgrenztes Anderswo. Die Frage – wird sie in ihrer letzten Tiefe und existentiellen Dringlichkeit zugelassen – richtet sich auf einen unendlichen Erfüllungs- und Antworthorizont.

Selbstliebe ist damit aber zutiefst offen für das Anderswo; es ist das Bewußtsein, des Anderswo zu bedürfen. Selbstliebe ist von ihrem Wesen her offen für Exteriorität. Sie ist damit paradox strukturiert: Sie ist definitionsgemäß egozentrisch und doch orientiert die Sehnsucht, die die Person in sich trägt (*Ich möchte geliebt werden!*), sie nach außen. Je bewußter sich eine Person ihrer Selbstliebe ist, desto weniger kann sie sich selbst die Liebe geben, nach der sie verlangt, desto weniger kann sie sich in sich verschließen, desto ehrlicher weiß sie um ihrer Bedürftigkeit des Anderswo und desto intensiver leidet sie auch an dessen Andersheit und Anonymität.[148]

4.2 Identität

Das Anderswo, auf das sich die Frage *Bin ich geliebt?* richtet, bleibt für die christliche Offenbarung kein anonymes Anderswo, sondern hat einen Namen: Gott. Gott, der Ganz-Andere, ist der unendliche Antworthorizont, in dem alles menschliche Fragen und Sehnen erfüllt wird. «Denn Du hast uns auf Dich hin geschaffen, und unruhig ist unser Herz bis es Ruhe hat in Dir.»[149]

In einer solchen theologischen Interpretation erfüllt sich die menschliche Suche nach Identität erst dann, wenn sie sich auf Gott hin richtet. Gott ist hier gedacht als der *identitätsstiftende Andere*. Wie aber stiftet Gott Identität? Daß Personwerdung nur durch und am Mitmenschen geschieht, konnte bisher ausführlich dargelegt werden. Aber läßt sich diese Dynamik einfach analog auf die Beziehung des Menschen zu Gott übertragen?

Ich möchte diese Fragen in zwei Durchgängen klären. Der erste ist phänomenologischer Natur. Dabei soll untersucht werden, was mit Gott als dem Ganz-Anderen überhaupt gemeint ist, und wie dieser Andere sich zum Menschen und der Mensch zu ihm verhält. Ich erhoffe mir, daß sich daraus Strukturelemente zum Verständnis des Verhältnisses Gott-Mensch ergeben, anhand

---

Mitmenschen. So sehr also der Wunsch eine positive transzendentale Bewegung bezeichnet, die es ans Licht zu heben gilt, so sehr muß er doch zugleich an konkrete Verwirklichungsweisen zurückgebunden werden.

148 An dieser Stelle verschränken sich potentiell Selbstliebe und Liebe des Anderen, oder (an Kohut anknüpfend) die zwei getrennten Entwicklungslinien des archaischen Narzißmus, diejenige von archaischen zu reifen Selbstobjektbeziehungen und diejenige von archaischem Narzißmus hin zu Objektliebe.

149 AUGUSTINUS, *Confessiones*, I, 1: «[...] quia fecisti nos ad te et inquietum est cor nostrum, donec requiescat in te».

derer in einem zweiten Durchgang dieses Verhältnis auch aus tiefenpsychologischer Perspektive betrachtet werden kann.

Zunächst also einige Überlegungen eher phänomenologischer Art: Ich habe im bisherigen Gang der Darstellung den Ausdruck *der Ganz-Andere* einfach fraglos gebraucht, aber nie definiert. Es klang wohl immer implizit an, daß es sich dabei um eine Umschreibung für Gott handelt. Der Begriff *das Ganz Andere* wird meines Wissens von Rudolf Otto in seinem berühmten Werk *Das Heilige* eingeführt.[150] Er dient dazu, die Erfahrung des *Numinosen*, in der für Otto alle religiöse Erfahrung gründet, näher zu definieren. Die einander ergänzenden Pole im Gewahrwerden des Numinosen sind das Moment des *mysterium tremendum* und dasjenige des *mysterium fascinans*. Besonders das Moment des *tremendum*, des Schauervollen und Abgründigen in der religiösen Erfahrung, führt den Menschen hinein in die Wirklichkeit des Mysterium, des Befremdlichen, Paradoxen und Antinomischen.

> «Dieses selber aber, nämlich das *religiöse* Mysteriöse, das echte Mirum, ist, um es vielleicht am treffendsten auszudrücken, das ‚Ganz andere’, das thäteron, das anyad, das alienum, das aliud valde, das Fremde und Befremdende, das aus dem Bereiche des Gewohnten Verstandenen und Vertrauten und darum ‚Heimlichen’ überhaupt Herausfallende und zu ihm in Gegensatz sich setzende und *darum* das Gemüt mit starrem Staunen Erfüllende.»[151]

Damit aber wird die Bezeichnung Ganz-Anderer zu einer Umschreibung des *Heiligen*. Es meint das zu einem ganz anderen Bereiche Gehörende, das Göttliche im Gegensatz zum Weltlich-Menschlichen, eben das *sacrum*, das Abgesonderte und Heilige[152].

Das Verhältnis des Menschen zum Heiligen als dem Ganz-Anderen ist ein zweifaches und auf den ersten Blick widersprüchliches: Zum einen ist das Heilige *per definitionem* das schlechthin Andere des Menschen; alles Nachdenken und Ergründen bleiben ihm dauerhaft unangemessen. Rahner spricht deswegen von Gott auch als dem «heiligen Geheimnis».[153] Das Denken kann sich des Heiligen nie bemächtigen. Zum anderen muß es aber im Denken eine Offenheit für die Wirklichkeit des Heiligen geben. Das aber ist nur möglich, wenn das Denken immer schon vom Heiligen heimgesucht ist, wenn das Heilige sich ihm zeigt und zu-denkt.[154] Das Heilige zeigt sich dabei dem wachen

---

150 Vgl. OTTO 1917, 28ff.
151 OTTO 1917, 31 (Kursiv vom Autor).
152 Vgl. ELIADE 1957.
153 RAHNER 1976, 73f.
154 Die vielleicht durchdringendste phänomenologische Analyse des Heiligen im Verhältnis zum Denken hat HEMMERLE (1966) vorgelegt. Dort schreibt er: «Nur dann findet das Denken einen Weg zum Heiligen, nur dann kann Heiliges ihm heilig sein, wenn *im* Denken das Heilige dem Denken zuvorkommt, wenn aus dem zuvorkommenden Zukommen des Heiligen zum Denken dieses aufs Heilige zugeht.» (115)

Menschen als jener Grund, dem sich seine gesamte Existenz und sein Denken verdanken. Der denkende Mensch kann nur zu sich selbst kommen, indem er zum Heiligen kommt. «Das Insichsein des Denkens ist das Insichsein seines Übersichhinausseins.»[155]

Anders formuliert: Das Heilige als der Urgrund aller menschlichen Existenz führt den Menschen erst wirklich zu sich. Insofern ist das Heilige immer schon beim Menschen und ihm nicht wirklich fremd.[156] Indem er des Heiligen, des göttlichen Anderen gewahr wird, entdeckt er sich selbst und kommt er recht eigentlich zu sich selbst. Der Ganz-Andere denkt sich dem Menschen zu, spricht ihn an und spricht ihn damit sich selbst zu. So ist hier zum einen die Erfahrung, daß der Mensch, durch seine Begegnung mit dem Heiligen sich selbst gegeben wird; er wird in seinem Selbstsein gestiftet und begründet. Daneben aber steht die andere Grundsituation der Erfahrung des Heiligen, die diese erste nicht negiert, aber doch ergänzt: Die Situation des *Angerufenseins*. Das Heilige ruft den Menschen an, sich loszulassen auf das heilige Geheimnis hin, das gerade in diesem Anruf seine absolute Alterität offenbart.

> «[...] dort, beim Hingerissensein ins Heilige, ist das Ich hingegen nicht eingetaucht ins Eigene, sondern in der eigentlichen Ek-stase, die es von sich wegstellt, indem sie es aus sich herausstellt in sein Anderes, das als Anderes, Angerufenes, Überwältigendes seinen Unterschied gerade in der einenden Hingabe gegenwärtigt.»[157]

Für Hemmerle kommt in dieser Situation des absoluten Gerufenseins über sich selbst hinaus die Erfahrung des Heiligen an eine Grenze. «[...] nicht mehr das Denken und das Heilige, sondern ich selbst vor dem lebendigen Gott, Er selbst, Du allein.»[158] Sich auf diesen Anruf Gottes einlassen bedeutet aber totale Gefährdung. Es ist nicht im Vornherein auszumachen, ob die alles wagende Weggabe seiner selbst wirklich neue Identität, neues Zu-sich-Kommen

---

Während Hemmerle, wohl in Anlehnung an Heidegger, die Erfahrung des Heiligen und den Zugang zu ihm vom Akt des Denkens her erschließt, bemühen sich andere Ansätze, einen phänomenologischen Zugang zur religiösen Erfahrung eher von einer Analyse der religiösen Sprache her zu entwickeln (vgl. u.a. SPLETT 1971, CASPER 1998).

155 HEMMERLE 1966, 118.
Ähnlich begreift auch Stein die Dynamik der über sich selbst hinausgehenden und erst darin wirklich zu sich selbst kommenden Geistigkeit der Person (vgl. *Person* 138, 153).

156 Zurecht macht VON BALTHASAR (1990) auf diese *Verstehbarkeit* Gottes aufmerksam: «Gott ist ja zuletzt nie das dem Menschen schlechthin Äußere und ihm gegenüber Andere, sondern als der Schöpfer und Urgrund je auch das „Nicht-Andere" (Non Aliud, wie Cusanus sagt), so daß Gott, sich dem Menschen auslegend, mit innerer Notwendigkeit auch den Menschen für den Menschen mitauslegt.» (99) In diesem Sinne äußert sich auch VERGOTE 1966, 387f.

157 HEMMERLE 1966, 173.

158 HEMMERLE 1966, 174.

zeitigt. Das angebetete Du bleibt uneinholbar und wirklich heiliges Geheimnis.[159]

Damit bin ich auf dem Weg einer stark verkürzten Phänomenologie des Heiligen[160] zur Beschreibung dessen gelangt, was theologisch *Berufung* genannt wird. In diesem Begriff ist konzentriert, wie sich Gott, der biblischen Offenbarung zufolge, zum Menschen verhält.[161] Berufung ist dabei am ehesten als ein Gespräch zwischen Gott und dem Menschen zu verstehen, in dem Gott den Menschen anruft und der Mensch auf diesen Anruf Gottes antwortet. Der Anruf ist nicht nur Anspruch, sondern zuerst einmal Angebot: Gott offenbart sich als der, der er ist – nämlich dreifaltige Liebe – und lädt den Menschen ein, an diesem göttlichen Leben teilzuhaben. Mit der Einladung verbindet sich die Verheißung an den Menschen, in der Beziehung zu Gott wirklich frei und er selbst zu werden. Gott zeigt sich als der liebende und verläßlich anwesende Andere; die Beziehung zu ihm stiftet Identität und führt den Menschen zu sich selbst (Berufung als *Zuspruch*). Zugleich ist Berufung ein Anruf an den Menschen, sich zu transzendieren und sich unter Einsatz der ganzen Existenz auf Gott hin loszulassen (Berufung als *Anspruch*). Rulla stellt fest: «Beide, Selbsttranszendenz und Selbstverwirklichung, gehören zur christlichen Berufung. Aber die erste ist die Ursache und die zweite die Wirkung, *nicht umgekehrt*, oder genauer: Ich verwirkliche mich selbst, weil ich mich selbst transzendiere, und nicht umgekehrt.»[162]

Rulla legt dann aber dar, daß aus psychologischer Sicht die effektive Fähigkeit zur Selbsttranszendenz, mithin die Freiheit, sich in Liebe an Gott oder einen anderen Menschen zu verschenken, teilweise oder völlig eingeschränkt

---

159 CASPER (1998) macht die hier skizzierte Dynamik von Zu-sich-selbst-Kommen ·und Über-sich-selbst-hinaus-Gerufensein exemplarisch und sehr eindringlich deutlich am Ereignis des Betens.

160 Zu vertiefen wäre an dieser Stelle wohl vor allem die Frage, wie sich *das Heilige* (= das religiös Mysteriöse) und *der Heilige* (= der personale Gott) zueinander verhalten. Die Religionsphänomenologie zeigt ja, daß die Erfahrung des Heiligen als des Mysteriösen (vgl. Schamanismus u.v.a) nicht unbedingt identitätsstiftend sein muß (Angstzustände, Persönlichkeitsveränderung bis hin zu dissoziativen und Trance-Zuständen), während hingegen auch die Begegnung mit dem personalen Heiligen durchaus Schrecken und Bedrohtheitsgefühle zeitigen kann, aber doch normalerweise identitätsstiftend ist (vgl. etwa Jesajas «Weh mir, ich bin verloren» (Jes 6,5) oder Petrus' «Geh weg von mir; ich bin ein Sünder» (Lk 5,8)).
Ich würde mit Hemmerle das unterscheidende Elemente am ehesten in der Tatsache des *Anrufs* sehen. Die Erfahrung des mysteriös Heiligen kann den Menschen vor das Geheimnis, vor den Ganz-Anderen führen, so daß er sich öffnet für eine transzendente Wirklichkeit und sein Leben in diesem allumfassenden Horizont zu deuten beginnt. Die Erfahrung des personalen Heiligen hebt an in dem Augenblick, in dem sich ein Mensch vom Heiligen angesprochen weiß. Das aber ist mit Berufung gemeint. – Für eine gründlichere Vertiefung sei vor allem auf HEMMERLE 1966 und SPLETT 1971 verwiesen.

161 Vgl. dazu RULLA 1986, 236-306 und DESELAERS 1994.

162 RULLA 1986, 267 (Kursiv vom Autor).

sein kann. Unbewußte Konflikte und Bedürfnisse können die Person in einer rudimentären oder archaischen Beziehungsdynamik gefangen halten, aus der sie trotz intensiven Bemühens kaum herauskommt. Eine gewisse grundlegende psychische Stabilität bzw. ein einigermaßen kohäsives Selbst scheint vonnöten zu sein, damit eine Person überhaupt wagen kann, sich loszulassen und auf Gott und die Anderen hin zu transzendieren.[163]

Mit diesen letzten Hinweisen habe ich schon die phänomenologische und theologische Darstellung verlassen. Es sollen nun die hier beschriebenen Aspekte der Beziehung des Menschen zu Gott aus tiefenpsychologischer Perspektive betrachtet werden. Ich greife dazu noch einmal auf Kohuts Unterscheidung der beiden getrennten Entwicklungslinien des Narzißmus zurück. Sie ist meines Erachtens hilfreich, um auch psychologisch zwei Aspekte der Gottesbeziehung zu differenzieren.[164] Ich gehe somit davon aus, daß sich Selbstpsychologie und Objektbeziehungstheorie nicht nur in der Konzeptualisierung der mitmenschlichen Alteritätserfahrung ergänzen, sondern auch, wenn es darum geht, die Erfahrung des Ganz-Anderen zu beschreiben.

Zuerst ein Blick auf die Selbstpsychologie: Kohut selbst hat der religiösen Erfahrung keine größere Aufmerksamkeit zugewandt. Seine gelegentlichen Anmerkungen machen aber deutlich, daß er, im Vergleich etwa zu Freud, eine weniger kritische, ja sogar positive Einschätzung der Religion hat[165]. Religion wird für ihn vor allem bedeutsam im Zusammenhang des lebenslangen Bedürfnisses nach selbstwertstärkenden Selbstobjekten. Religiöse Erfahrung, ähnlich wie intensives kulturelles Erleben, kann eine reife Selbstobjekterfah-

---

163 Vgl. RULLA 1986, 309ff und IMODA 1993, 333f.

164 Mein Bemühen richtet sich im folgenden darauf, die psychologischen Aspekte der Gotteserfahrung näher zu untersuchen. Die Gotteserfahrung ist ein spezifisches Element dessen, was im umfassenderen Sinne als religiöse Erfahrung verstanden wird. Dabei müssen hier zwei Fragen unbearbeitet bleiben, die eine ausführlichere Beachtung verdienten:

(1) Es ist hier kein Raum, um das konfliktbeladene Verhältnisses von Psychoanalyse und Religion zu erwägen. Dieser Arbeit liegt freilich die Annahme zugrunde, daß Freuds Kritik der religiösen Erfahrung in *Totem und Tabu* (1913b) und *Die Zukunft einer Illusion* (1927) inzwischen als im wesentlichen obsolet gelten kann. Religion ist weder, wie Freud annahm, Kennzeichen eines primitiven Stadiums der Entwicklungsgeschichte der Menschheit, noch notwendig neurotisch. Religion kann, je nach der psychischen Reife oder Unreife einer Person, sowohl adaptiv sein als auch defensiv und neurotisch (für eine ausführliche Auseinandersetzung mit Freuds Religionskritik vgl. u.a. MEISSNER 1984, GAY 1987, PALS 1996, 54-87, RIZZUTO 1998).

(2) Darüber hinaus ist der Begriff der Religion und der religiösen Erfahrung als solcher in jüngster Zeit als zunehmend problematisch empfunden worden (vgl. dazu etwa GEERTZ 1973, 87-125; TAYLOR 1998, 1-21, 269-284). Eine Neubestimmung, was mit diesem Begriff eigentlich sinnvoll ausgesagt werden kann, muß notwendig auch zu einer veränderten Verhältnisbestimmung von Psychoanalyse und Religion führen.

165 Vgl. STROZIER 2001, 327-333.

rung darstellen. Der Beitrag der Selbstpsychologie zum Verständnis der Funktion religiöser Erfahrung und besonders der Gotteserfahrung wird deswegen am deutlichsten, wenn man ihn im Kontext der Selbstobjektübertragungen untersucht, wie dies jüngst Lallene J. Rector versucht hat. Sie konzentriert sich dabei besonders auf die Zwillingsübertragung und die idealisierende Übertragung.[166]

Das Alter-ego- oder Zwillingsbedürfnis ist das «Bedürfnis, sich im wesentlichen gleich mit dem Selbstobjekt zu fühlen und durch seine ruhige unterstützende Gegenwart gestärkt zu werden».[167] Es geht hier um das Gefühl der Zugehörigkeit und der Anteilhabe. Rector nimmt an, daß das Bedürfnis nach der sicheren Gegenwart eines ähnlichen Anderen auch auf Gott übertragen wird. «In der Gegenwart eines Gottes zu sein, von dem man denkt, er sei so wie man selbst, ist eine Erfahrung, die im wesentlichen auch die Funktion einer unausgesprochenen Zwillingserfahrung erfüllen könnte.»[168] In diesem Ähnlichkeitsbedürfnis kann durchaus eine im biblisch-christlichen Sinn authentische Gotteserfahrung zum Ausdruck kommen: Die theologische Aussage, daß die Menschen nach Gottes Ebenbild geschaffen sind, begründet das ebenso wie die Überzeugung, daß Jesus Christus in seiner Menschwerdung sich mit jedem menschlichen Wesen identifiziert hat (Phil 2, 6-8; Hebr 4,15).[169]

In der idealisierenden Übertragung versucht das Selbst, sich mit einem vollkommenen Anderen zu verbinden oder mit ihm zu verschmelzen, um an dessen Vollkommenheit teilzuhaben und sich so gegen die Wahrnehmung des eigenen leeren und zerbrechlichen Selbst zu schützen. Rector geht davon aus, daß der Wunsch nach einer Verschmelzung mit einem vollkommenen Anderen die psychologische Grundlage mystischer Verschmelzungserfahrungen bilden kann. Mit Kohut hält sie aber solche Verschmelzungserfahrungen nicht unbedingt für ein Zeichen der Regression in infantile narzißtisch-symbiotische Zustände. Kohuts Kriterien für eine *gesunde Verschmelzungserfahrung*, die Rector auch auf die Gotteserfahrung anwendet, sind: Die Verschmelzungserfahrung muß vom reifen, erwachsenen Persönlichkeitsaspekt initiiert werden; sie darf keine automatische Reaktion auf eine Belastungssituation sein; sie sollte kontrollierbar sein; sie sollte Ausdruck einer Entschei-

---

166 Bei der Zwillings- und der idealisierenden Übertragung kann man wohl davon ausgehen, daß trotz der unterstellten Selbstobjektfunktion der Gottesbeziehung Gott doch als ein reales Gegenüber gewußt wird und in dieser Beziehung typische und wesentliche Elemente biblischer Gotteserfahrung zum Tragen kommen. Es wäre zu klären, ob das auch bei der Spiegelübertragung der Fall ist, die sich ja nach Kohut als erste entwickelt.

167 WOLF 1988, 82.

168 RECTOR 2000, 266.

169 Rector wirft die interessante Frage auf, ob nicht spezifische Theologien, wie etwa die Black Theology, die Befreiungstheologie oder die feministische Theologie unter anderem auch dieses Ähnlichkeitsbedürfnis wiederspiegeln. «[...] da ist der Reiz einer menschlichen Messiasgestalt, die einem selbst in Farbe, Rasse, Erfahrung und/oder Geschlecht ähnlich ist» (RECTOR 2000, 270).

dung sein und Verzögerung ertragen können.[170] Für Rector können Vereinigung und Verschmelzung Aspekte authentischer geistlicher bzw. mystischer Erfahrung sein und müssen nicht automatisch eine pathologische Bedeutung haben.

Es wäre sinnvoll, eingehender die Entwicklungslinien und -stufen von archaischen zu reifen Zwillings- und Idealisierungsbedürfnissen zu untersuchen und zu verstehen, wie sie sich auf die Gotteserfahrung auswirken.[171] Kohuts Bemerkungen zur gesunden Verschmelzungserfahrung können ein erster hilfreicher Hinweis sein. Solange das Bedürfnis nach einem Alter ego oder vollkommenen Anderen noch archaisch ist, legt sich der Verdacht nahe, daß dieses Bedürfnis auch die Gotteserfahrung prägt. Letztere droht dann zur Verlängerung der eigenen Selbstobjektbedürfnisse zu geraten. Reife Selbstobjektbedürfnisse hingegen werden bewußt wahrgenommen, müssen nicht automatisch befriedigt werden und können sich auf bewußt gewählte Selbstobjekte richten. In diesem Sinn kann die Gottesbeziehung zwar durchaus ein Selbstobjektbedürfnis befriedigen und doch zugleich eine authentische Gottesbeziehung sein, in der Gott nicht ausschließlich auf ein subjektives Bedürfnis reduziert wird, sondern auch als der Andere und das Subjekt ansprechende Gegenüber objektiv wahrgenommen wird.[172]

Kohut macht anhand seiner Theorie der Selbstobjektbedürfnisse deutlich, daß eine gewisse Abhängigkeit und eine fundamentale Bezogenheit unvermeidlich sind. Mir scheint, daß sich mittels dieser Theorie recht gelungen das erste Moment jener zweigestaltigen Gotteserfahrung, die sich aus der obigen Phänomenologie des Heiligen ergeben hatte, auch psychologisch konzeptualisieren läßt[173]: Gotteserfahrung als reife Selbstobjekterfahrung ist das Erleben eines verläßlich anwesenden, vollkommenen Anderen, der durch seine Präsenz ein Gefühl der Sicherheit, ein kohäsives Selbst und im letzten Identität vermittelt. Das aber ist ein durchaus zentraler Aspekt biblischer Gotteserfahrung: «Der Herr ist mein Licht und mein Heil: Vor wem sollte ich mich fürchten? [...] Wenn mich auch Vater und Mutter verlassen, der Herr nimmt mich auf.» (Ps 27, 1.10)[174]

Das zweite wesentliche Moment der Gotteserfahrung ist die Bewegung der Selbsttranszendenz auf einen Ganz-Anderen hin. Mir scheint, daß sich dieser

---

170 Vgl. *Seminare* 93; RECTOR 2001; siehe auch ERAZO 1997, 106f.

171 Meissner hat in diesem Sinn das hierarchische Modell psychischer Entwicklung, das Gedo/Goldberg in Anlehnung an Kohut entwickelt haben, auf die religiöse Erfahrung hin vertieft (MEISSNER 1984, 150-159).

172 Daß die Person in einer authentischen Gotteserfahrung zugleich auch subjektive psychische Bedürfnisse verwirklicht, ist zumindest nach katholischem theologischen Verständnis nicht weiter problematisch. In der Verwirklichung religiöser oder moralischer Werte (wie etwa dem Gebet) werden immer auch natürliche Werte mitverwirklicht. Vgl. dazu u.a. MEISSNER 1966, 1969, 1987.

173 So (ebenfalls in Anlehnung an Kohut) auch JONES 1991, 98f, 134f.

174 Vgl. auch: Ps 139; Jes 49, 15; Hos 11,3-4; Mt 28,20.

Aspekt psychologisch am sinnvollsten im Kontext der zweiten Entwicklungslinie des Narzißmus (derjenigen von Primärnarzißmus zu reifer Objektliebe) und somit im Rahmen der Objektbeziehungstheorie vertiefen läßt. Einen Durchbruch in der Anwendung der Objektbeziehungstheorie auf die Gotteserfahrung stellt Ana-Maria Rizzutos psychoanalytische Studie *The Birth of the Living God* dar.[175] Rizzuto kreist um die Frage, wie und wo Gott in der Psyche zu existieren beginnt. Sie beantwortet sie vor allem im Rückgriff auf Winnicotts Konzept des Übergangsobjektes (*transitional object*) und formuliert die These: «Gott ist, psychologisch gesprochen, ein illusorisches Übergangsobjekt.»[176] Gott ist eine spezielle Art der Objektrepräsentanz, die das Kind sich erschafft, und ist, wie alle Übergangsobjekte, zugleich innerhalb und außerhalb des Selbst. Gott als Übergangsobjekt ist aber in zweierlei Hinsicht von anderen Übergangsobjekten zu unterscheiden: (a) Die Gottesrepräsentanz wird geformt aus Material, das auf die Repräsentanzen der primären Bezugspersonen zurückgeht. Das ist für andere Übergangsobjekte nicht der Fall. (b) Andere Übergangsobjekte verlieren im Laufe der Entwicklung des Kindes an Bedeutung und werden häufig vergessen. Die Bedeutung Gottes wird hingegen während der kindlichen Entwicklung immer stärker und nie völlig aufgehoben. In der Tat ist eine der wichtigen Erkenntnisse Rizzutos:

«Der psychische Prozeß, Gott – dieses personalisierte Repräsentanz- und Übergangsobjekt – zu schaffen und zu finden, hört während des ganzes menschlichen Lebens nicht auf. Es ist ein Entwicklungsprozeß, der den gesamten Lebenszyklus von der Geburt bis zum Tod umfaßt.»[177]

Rizzuto versucht, den Entwicklungsprozeß der Gottesrepräsentanz systematisch zu gliedern und unterscheidet dabei fünf Stufen[178].

Die erste Stufe kann als das *Spiegelstadium* bezeichnet werden. Mit Winnicott und Kohut begreift Rizzuto die Erfahrung, von anderen wahrgenommen und gespiegelt zu werden, als eine Kernerfahrung für die menschliche Ent-

---

175 Vgl. RIZZUTO 1979. Neben Rizzuto hat sich auch MEISSNER (1984, 1987) ausführlich mit dem Zusammenhang von Psychoanalyse und religiöser Erfahrung beschäftigt. Ich verzichte hier aber darauf, seine Untersuchungen ausführlich darzustellen, da er selbst umfassend auf Rizzutos Studie zurückgreift. Außerdem scheint Rizzutos Analyse in diesem Kontext deswegen besonders hilfreich, als es ihr nicht – wie Meissner – um die religiöse Erfahrung im umfassenderen Sinn geht, sondern in besonderer Weise um die Gottesrepräsentanz und die durch sie vermittelte Art der Gotteserfahrung (vgl. RIZZUTO 1979, 182).
176 RIZZUTO 1979, 177.
Daß Gott ein Übergangsobjekt ist, macht den Kern von Rizzutos Theorie aus. Es ist wichtig zu bedenken, daß es sich dabei um eine psychoanalytische Sprechweise und nicht um eine theologisch-ontologische Aussage handelt. Rizzutos Frage ist, wie eine *psychische* Repräsentanz Gottes entsteht; sie ist nicht an korrekter theologischer Rede über Gott interessiert. Theologisch kann man Gott freilich nicht auf ein Übergangsobjekt reduzieren.
177 RIZZUTO 1979, 179.
178 Vgl. RIZZUTO 1979, 182-201.

wicklung schlechthin, die zugleich als erstes Element für die Entwicklung einer Gottesrepräsentanz dient. Wenn das Kind in diesem ersten Stadium die Erfahrung macht, genügend gut von anderen gespiegelt worden zu sein, kann sich diese Erfahrung sukzessive auch mit dem Wort «Gott» verbinden. Gott wird Teil dieser sicheren und (ur-) vertrauenswürdigen Umgebung wichtiger Bezugspersonen. Fühlt sich das Kind aber nicht genügend wahrgenommen, wird es defensiv reagieren und z.b. grandiose Phantasien («Ich bin wie Gott») entwickeln.

In der zweiten Stufe lernt das Kind *Selbst- und Objektrepräsentanzen zu differenzieren*. Es bevölkert den Übergangsraum (*transitional space*) mit einer Reihe von Objekten und Phantasiegefährten. Sie helfen, Wut und Frustration zu meistern, und bieten dem Kind ein Gefühl narzißtisch-grandioser Macht. Auch Gott gehört zu diesen Phantasiegefährten. Er nimmt aber zugleich eine außergewöhnliche Stellung ein, da das Kind in dieser Zeit Informationen, die es über Gott erhält («Gott ist groß»; «Gott liebt dich»; «Gott weiß alles und sieht alles»), in seine Gottesrepräsentanz zu integrieren versucht. Bis hierher entwickelt sich die Gottesrepräsentanz in direkter kausaler Abhängigkeit von der Eltern- und Selbstrepräsentanz.

Das ändert sich ein wenig in der dritten Stufe, die mit der Auflösung des *Ödipuskonflikts* einhergeht und in der das Kind Enttäuschungen über seine Eltern und Familie zu bewältigen lernen muß. Die Gottesrepräsentanz dient während dieser Phase auch dazu, Gefühle der Einsamkeit und Trennung zu bewältigen. Rizzuto faßt ihre Überlegungen an dieser Stelle folgendermaßen zusammen:

«Eine zentrale These dieses Buches ist, daß kein Kind in der westlichen Welt, das unter normalen Umständen aufwächst, die ödipale Phase abschließt, ohne zumindest eine rudimentäre Gottesrepräsentanz entwickelt zu haben, die es dann für den Glauben benutzen kann oder auch nicht. Die weitere Entwicklung kann diese Repräsentanz unberührt lassen, obwohl eine Person während ihres ganzen Lebenszyklus elterliche und Selbstrepräsentanzen revidiert. Wenn die Gottesrepräsentanz nicht revidiert wird, um Schritt zu halten mit den Veränderungen in der Selbstrepräsentanz, wird sie bald asynchron und wird als lächerlich oder irrelevant oder, im Gegenteil, als bedrohlich und gefährlich erfahren. Jedes epigenetische Phänomen bietet eine neue Gelegenheit, die Repräsentanz zu revidieren oder sie unverändert zu lassen. Jede neue Lebenskrise oder jeder Meilenstein – Krankheit, Tod, Beförderung, Sich-Verlieben, Geburt von Kindern, Katastrophen, Kriege, usw. – bietet ähnliche Möglichkeiten. Schließlich können auch einfach Ereignisse des alltäglichen Lebens ehemals sehr relevante oder gefürchtete Aspekte der Gottesrepräsentanz in die Erinnerung zurückrufen.»[179]

---

179 RIZZUTO 1979, 200.
   Sehr bedeutsam ist Rizzutos Hinweis, daß die Gottesrepräsentanz fragwürdig wird, wenn sie nicht mit der Weiterentwicklung der Selbstrepräsentanz Hand in Hand geht. Das unterstreicht die Notwendigkeit, auch die kognitive Entwicklung und sukzessive Differen-

Leider skizziert Rizzuto die vierte (Pubertät) und fünfte Stufe (Adoleszenz) nur sehr kurz. Sie geht davon aus, daß in der Pubertät das Kind erstmals fähig ist, Gottesvorstellungen aufzunehmen, die über die eigenen Gottesrepräsentanzen hinausgehen und daß die Entwicklungskrisen der Adoleszenz zu neuen Gottesrepräsentanzen führen können.

Rizzuto legt überzeugend dar, wie sich im Kind in enger Abhängigkeit der Repräsentanzen des Selbst und der primären Bezugspersonen ein Übergangsobjekt *Gott* entwickelt. Strukturell bleibt Gott lebenslang ein Übergangsobjekt, d.h. er ist weder nur inneres noch allein ein äußeres Objekt. Die Informationen, die das Kind im Laufe seiner Entwicklung erhält, fügen seiner Gottesrepräsentanz neue Dimensionen hinzu. Ich halte aber Rizzutos Bemerkung für problematisch, daß neues Wissen über Gott der Gottesrepräsentanz emotional nichts hinzufügt.[180] Sie ist wohl insofern zutreffend, als die kognitiven und emotionalen Aspekte der Gottesrepräsentanz zu unterscheiden und nicht direkt voneinander abhängig sind. Rizzuto selbst macht aber darauf aufmerksam (entwickelt diesen Aspekt aber leider kaum), daß nach der Auflösung des Ödipuskomplexes Gott nicht mehr nur ein Übergangsobjekt ist, sondern auch als Objekt erlebt werden kann.[181] Es ist aber nicht vorstellbar, daß die affektiven Erfahrungen, die ein Mensch mit Gott macht, und die kognitiven Informationen, die er über ihn bekommt, nicht auch die emotionalen Konnotationen der psychischen Gottesrepräsentanz verändern.[182] Ein absoluter Widerstand gegen solche Veränderung könnte dort gegeben sein, wo die Gottesrepräsentanz aufgrund ihrer Genese vor allem defensive Funktionen erfüllen muß. Konnte sich das Kind aber während der ersten Lebensjahre einigermaßen normal entwickeln und die Gottesrepräsentanz sukzessive weiterentwickeln, ist diese meines Erachtens im späteren Leben auch für emotionale Korrekturen offen.

---

zierung der Gottesvorstellung und ihre Wechselwirkung mit der psychischen Entwicklung als gesamter, aber besonders der affektiven Entwicklung, näher zu untersuchen. Hierzu hat FOWLER (1981) eine umfassende Studie vorgelegt, in der er (mit Rückgriff auf Piaget, Erikson und Kohlberg) eine im wesentlichen auf die kognitiven Aspekte konzentrierte Theorie der Entwicklung der Gottesvorstellung und des Glaubens entfaltet. Fowler unterscheidet folgende sechs (bzw. sieben) Stufen der Glaubensentwicklung (vgl. FOWLER 1981, 136-231 und 2000, 37-61): (0.) Säuglingsalter und undifferenzierter Glaube; 1. Intuitiv-projektiver Glaube (Frühe Kindheit); 2. Mythisch-wörtlicher Glaube (Schuljahre); 3. Synthethisch-konventioneller Glaube (Adoleszenz) ; 4. Individuierend-reflektierender Glaube (Junges Erwachsenenalter); 5. Verbindender Glaube (Mittleres Erwachsenenalter und später); 6. Universalisierender Glaube.

180 Vgl. RIZZUTO 1979, 200.
181 Vgl. RIZZUTO 1979, 209.
182 Das gilt um so mehr, wenn man davon ausgeht, daß Repräsentanzen nicht in erster Linie Repräsentanzen von Objekten, sondern von Objekt*beziehungen* und Interaktionen sind. Solche Interaktionsrepräsentanzen (vgl. etwa Sterns RIGs) sind aber scheinbar lebenslang für Modifikationen offen (vgl. z.B. STERN U.A. 1998).

Für Rizzuto ist die Gottesrepräsentanz die Möglichkeitsbedingung für die Entwicklung von religiösem Glauben, zeitigt ihn aber nicht automatisch.

> «Ich meine, daß *Gottesglaube* oder sein Fehlen davon abhängen, ob eine *bewußte "Erfahrungsidentität"* hergestellt werden kann zwischen der Gottesrepräsentanz in einem bestimmten Moment der Entwicklung und der Objekt- und Selbstrepräsentanz, die jemand braucht, um ein Selbstgefühl [sense of self] aufrecht zu erhalten, das zumindest ein Minimum an Bezogenheit und Hoffnung bereitstellt.»[183]

> «Die zentrale These lautet, daß Gott als Übergangsrepräsentanz in jeder Entwicklungskrise neu geschaffen werden muß, wenn sie für einen dauerhaften Glauben relevant sein soll.»[184]

Ich habe mich mit Rizzuto im Zusammenhang der Frage nach der Fähigkeit zur Selbsttranszendenz auf Gott als einen Ganz-Anderen auseinandergesetzt. Es ergeben sich aus dieser kurzen Analyse ihrer Studie folgende Elemente für eine Antwort: Die Möglichkeitsbedingung der Selbsttranszendenz des Subjektes auf Gott hin liegt begründet in der Tatsache, daß das Kind in seiner frühen Entwicklung Gott als ein Übergangsobjekt erschafft und sich damit eine Gottesrepräsentanz bildet. Damit es zu einem Akt des Glaubens (d.h. zu theozentrischer Selbsttranszendenz) kommen kann, muß gewährleistet sein, daß die Gottesrepräsentanz nicht defensiv strukturiert ist, sondern sich adaptiv den epigenetischen Herausforderungen anzupassen vermag. Das aber ist wohl nur möglich, wenn die affektiven Reifungsstadien flankiert werden von angemessenen neuen kognitiven Informationen über Gott. Die Gottesrepräsentanz ist – besonders in Entwicklungskrisen – für Modifikation offen. Ob solche Modifikationen psychologisch adaptiv und im theologischen Sinn progressiv sind, das heißt offen für ein höheres Maß an Selbsttranszendenz, hängt wesentlich davon ab, ob die psychischen Entwicklungskrisen und die Fragen, die sie aufwerfen, durch echte (d.h. nicht-defensive) *Spiritualisierungen* beantwortet werden. Es geht dabei darum, einen Dialog herzustellen (wozu oftmals ein externer geschulter Gesprächspartner vonnöten ist) zwischen den häufig unbewußten Fragen, die die psychologische Entwicklung mit sich bringt, und der Symbolik und Metaphorik religiösen Reifens, wie sie etwa in den biblischen Schriften begegnet.[185] Wo die Fragen nicht beizeiten beantwortet wurden, müssen sie oft im Erwachsenenalter mühsam wieder freigelegt und für die Wiederaufnahme des Entwicklungsprozesses geöffnet werden. Gelingt jedoch dieser Dialogprozeß hinreichend gut, erweitert und entsubjektiviert sich die Gottesrepräsentanz. Sie bleibt wohl lebenslang ein Übergangsobjekt, womit auch gemeint sein könnte, daß Gott gewisse Selbstobjektfunktionen

---

183 RIZZUTO 1979, 202 (Kursiv von Autorin).
184 RIZZUTO 1979, 208.
185 Vgl. dazu die Hinweise von Imoda über das Verhältnis von «psychologischem Kampf» (lotta psicologica) und «religiösem Kampf» (lotta religiosa) (IMODA 1993, 369-372).

erfüllt. Zugleich aber wird Gott mehr und mehr aus der subjektiven Verwendung entbunden und als ein Objekt wahrgenommen. Er ist nun auch der Andere und schließlich auch der geheimnisvolle und heilige Ganz-Andere. Daß Gott für den Menschen wirklich der sein kann, der er ist, nämlich der heilige Ganz-Andere, setzt voraus, daß der Mensch in einem hinreichenden und reifen Maß psychologisch er selbst sein kann. Das Gespräch mit Gott ist hier befreit aus dem inneren Selbstgespräch mit der frühen Gottesrepräsentanz. Der Mensch wird fähig zu hören, was der Ganz-Andere von sich zu sagen hat; er kann sich von ihm ansprechen lassen und sich auf ihn hin transzendieren.

Ich habe nun in einiger Ausführlichkeit dargestellt, wie sich die zwei getrennten Entwicklungslinien des Narzißmus, die Kohut beschrieben hatte, auf die Beziehung des Menschen zu Gott übertragen lassen. Obwohl sie sich an manchen Stellen berühren, scheint mir doch die Unterscheidung dieser zwei getrennten Entwicklungslinien hilfreich. Es lassen sich damit zwei Aspekte der Beziehung zu Gott als dem Ganz-Anderen konzeptualisieren, die dauerhaft koexistent sind: In der Gottesbeziehung gibt es ein Moment der Selbstobjektbeziehung und eines der Objektbeziehung. Ersteres beschreibt die Erfahrung Gottes als eines verläßlich anwesenden ruhigen Anderen. Gott kann dabei kognitiv durchaus als vom Selbst getrenntes Wesen gewußt werden, hat aber affektiv die Funktion, dem Selbst Sicherheit und Kohäsion zu geben und es damit letztlich in seiner Identität zu begründen und zu festigen. Das Moment der Objektbeziehung hingegen ermöglicht, daß Gott als Gegenüber erfahren und der Mensch fähig wird, Gott zunehmend mehr als heiliges Geheimnis und als Ganz-Anderen wahrzunehmen.

Festzuhalten gilt, daß in beiden Entwicklungslinien archaische Konfigurationen zu immer reiferen umgestaltet werden müssen. Was das im Blick auf die Gottesbeziehung konkret bedeutet, konnte nur angedeutet werden. Ich gehe aber davon aus, daß die beiden Entwicklungsprozesse, so wie das auch bei der zwischenmenschlichen Alteritätserfahrung der Fall ist, miteinander verwoben sind. Eine reifere Selbstobjektbeziehung ermöglicht und zeitigt zugleich eine reifere Objektbeziehung und umgekehrt.

4.3 Zwischen

Ich habe soeben zu erheben versucht, was phänomenologisch mit einer Erfahrung Gottes als des Ganz-Anderen gemeint sein könnte und welche psychischen Voraussetzungen gegeben sein müssen, damit Gott intrapsychisch überhaupt als Gott, als das heilige Geheimnis wahrgenommen werden kann. Dabei war in besonderer Weise von *Selbstobjekterfahrungen* und *Gottesrepräsentanzen* die Rede. Sie stellen psychische Vermittlungsinstanzen dar und bestimmen qualitativ, wie das Ankommen und die Gegenwart der Liebe Gottes in der eigenen Person erfahren wird und wie der Versuch des Menschen,

Gott zu lieben, ausgedrückt wird. Die Gottesbeziehung ist immer durch diese psychischen Beziehungskonfigurationen und Erlebnismodi mitbestimmt. Meissner hat diese Dynamik ausführlich untersucht und sich bemüht, sie theologisch und psychologisch durch die Verhältnisbestimmung von Natur und Gnade beschreiben.[186] Dabei beschreibt er verschiedene Möglichkeiten, wie sich Gnade in psychischen Vorgängen manifestieren kann; eine von ihnen, auf die ich hier meine Aufmerksamkeit lenken möchte, nennt er *Gnade als Beziehung*.[187]

Meine Frage lautet: Wenn die Weise, in der die Gottesbeziehung erlebt wird, immer schon mitgeprägt ist von der Weise, wie eine Person überhaupt Beziehungen (also zuerst mitmenschliche) erlebt, wie kann dann überhaupt erfahrungsmäßig eine Gottesbeziehung als solche zur Abhebung gebracht werden? Und könnte nicht gerade die mitmenschliche Beziehung als der Raum verstanden werden, in dem sich eine Gottesbeziehung eröffnet und kundtut?[188] Diese Frage ruft zunächst einmal die Erinnerung wach an eine Feststellung Theunissens, auf die ich schon kurz hingewiesen hatte. Gegen Ende seiner großen Analyse der Alteritätsfrage kommt er zu dem Schluß, daß die Herkunft des Ich aus dem Anderen und des Anderen aus dem Ich philosophisch nicht wirklich zu erhellen ist. Der wahre Ursprung von Ich und Anderem liegt in einem Zwischen, das für die Philosophie nicht mehr zu greifen ist.

«Da das dialogische Selbstwerden trotzdem Rückkehr zum Anfang sein muß, verweist es von sich her auf das Zwischen als einen Anfang, der auch noch dem transzendental zugänglichen Ausgangspunkt, der Konstitution der Welt aus der Subjektivität vorausliegt. Dieser Gedanke ist zwar formal. Aber er wird durch die konkrete Erfahrung derer, die sich gegenseitig zu sich selbst verhelfen, bestätigt. Sein sachliches Fundament ist das lebendige Bewußtsein der Partner, im Sein aus dem Zwischen einen Ursprung wiedergefunden zu haben, der schon verloren war, als sich das Ich in der „Einsamkeit" einrichtete, aus der heraus es Welt als die je seine konstituiert. Der Verlust dieses Ursprungs würde erklären, warum Philosophie die absolute Genesis der Subjektivität aus dem Zwischen nicht zu denken vermag.»[189]

---

186 Vgl. MEISSNER 1966 und 1987.
187 Vgl. dazu MEISSNER 1987, 51ff.
   Indem ich mich auf den Aspekt der Gnade *als Beziehung* konzentriere, möchte ich einen Aspekt entfalten, den ich zwar bei Rulla im Kern schon enthalten sehe (vgl. etwa RULLA 1986, 395ff), den er aber leider kaum entfaltet. So versteht Rulla den interpersonalen Aspekt der Beziehung meines Erachtens vor allem vertikal als Kommunikation zwischen Christus bzw. der göttlichen Gnade und der menschlichen Person (vgl. RULLA 1997, 230, 234, 244). Es wird allerdings nur wenig erkennbar, wie diese vertikal Beziehung in horizontaler Interpersonalität vermittelt ist.
188 Ich beschränke mich im folgenden darauf, dieser Frage im Blick auf die therapeutische Beziehung nachzugehen.
189 THEUNISSEN 1977, 502.

Der verlorene Ursprung, in dem das Ich und der Andere und ihre Beziehung zueinander konstituiert sind und der der Philosophie nicht mehr zugänglich ist, ist für Theunissen nur als Erzählung festgehalten – entweder im Mythos oder in der biblischen Überlieferung über den Verlust des Ursprungs im Buch Genesis. Und dennoch scheint es für ihn einen Erfahrungsraum zu geben, in dem der verlorene Ursprung auch in der Gegenwart wiedergefunden werden kann und von neuem Ich und Du aus sich heraus entläßt: das Reich der Liebe, das Reich Gottes. Theunissen zitiert dazu den katholischen Dialogphilosophen Ferdinand Ebner:

«Das Reich der Liebe ist auch das Reich Gottes. Und das, hat Jesus gesagt, ist inwendig im Menschen. Einige wollen nun das *entos hymon* des Urtextes im Deutschen als ,mitten unter euch' übersetzt und verstanden wissen. Ganz mit Recht. Denn das Reich Gottes ist nicht im Menschen in der inneren Einsamkeit seiner Existenz, in der Einsamkeit seines Ich, sondern darin, daß sich das Ich im Wort und in der Liebe und im Wort und in der Tat der Liebe dem Du erschlossen hat – und dann ist es auch ,mitten unter uns' als die Gemeinschaft unsres geistigen Lebens.»[190]

Theunissen versteht hier (an der äußersten Grenze dessen, was phänomenologisch und philosophisch überhaupt noch sagbar ist) die Beziehung Ich-Anderer, wo sie wirkliche Liebesbeziehung ist, als einen relationalen Raum, in dem sich eine dritte, unerwartete und heilige Gegenwart eröffnet. Der Hinweis auf Jesu Verheißung legt sich nahe: «Wo zwei oder drei in meinem Namen versammelt sind, da bin ich mitten unter ihnen» (Mt 18,20).

Es kann freilich nicht wirklich verwundern, daß sich in der psychoanalytischen Literatur kaum Hinweise finden, die eine vergleichbare Beziehungsdynamik und sich darin eröffnende transzendentale Offenheit auch psychologisch beschreiben. Allenfalls eine interdisziplinäre Grenzgängerin wie Kristeva scheint sich in diese Richtung zu bewegen und etwa in ihrer Analyse der Liebe und besonders der Übertragungsliebe als «offenes System» zu suggerieren, daß der hinter dem *anderen* ersehnte und sich zeigende *Andere* oder *Dritte* mehr ist als nur der Andere der therapeutischen Beziehung.[191] Psychoanalytisch scheint die hier aufgeworfene Frage am ehesten mit der der Triangulation verflochten zu sein, die in jüngster Zeit vor allem im Hinblick darauf dis-

---

190 THEUNISSEN 1977, 506f. (Theunissen zitiert den gesamten hier wiedergegebenen Abschnitt aus Ebners Werk *Das Wort und die geistigen Realitäten*, 183). Als Philosoph macht Theunissen darauf aufmerksam, daß Philosophie und auch Religionsphilosophie «nur Philosophie des Reichs Gottes sein [kann]. Das Reich Gottes aber ist nicht Gott selbst. In ihm erahnt das Denken, das freilich auch damit schon sich selbst übersteigt, bloß den Glanz Gottes oder das Heilige, welches sich im Du offenbart.» (507) Das allerdings ist eine Unterscheidung, vor der die Theologie nicht stehen bleiben muß: Ihr ist das Reich Gottes der Raum, in dem der lebendige Gott sich wahrhaftig dem Menschen zeigt und schenkt.

191 Vgl. KRISTEVA 1983, 9-24, bes. 21f.

kutiert worden ist, was denn eigentlich das Element des *Dritten* in der Triangulation ist. Ogden etwa hat von einem «analytischen Dritten» (*analytic third*)
gesprochen,[192] Cavell von einer «Perspektive der dritten Person».[193] Jedesmal
scheint es um Momente des Neuen, Überraschenden und Wahren zu gehen,
die sich mit einem Mal in der interpersonalen Beziehung eröffnen. Es ist aber
kaum präzise zu begreifen, was in diesen verschiedenen neueren Theorien zur
Triangulation nun das/der *dritte* Andere wirklich ist.

Aus der Perspektive christlicher Theologie legt sich eine Antwort auf diese
Unklarheit nahe, die auch von Imoda suggeriert wird.

> «[...] die geistliche und noch mehr die religiöse und spezifisch christliche Di-
> mension der Beziehung bieten einen „trinitarischen" Hintergrund für die Be-
> ziehung überhaupt. Die theologische Wahrheit und Wirklichkeit bilden eine
> Grundlage für und vollenden jene oft zögerlichen und unvollständigen psycho-
> logischen Beobachtungen, die das Ungenügende und die Grenzen jeder „diadi-
> schen" Beziehung feststellen, die nicht wirklich „trianguär" wird.»[194]

---

192 «Der intersubjektive analytische Dritte wird als ein drittes Subjekt aufgefaßt, das durch
das unbewußte Zusammenspiel von Analytiker und Analysand geschaffen wird; zugleich
werden Analytiker und Analysand qua Analytiker und Analysand im Akt der Erschaf-
fung des analytischen Dritten erzeugt (es gibt keinen Analytiker, keinen Analysanden,
keine Analyse außerhalb des Prozesses, durch den der analytische Dritte geschaffen
wird). Die neue Subjektivität (der analytische Dritte) steht im dialektischen Spannungs-
verhältnis zu den individuellen Subjektivitäten von Analytiker und Analysand.» (OGDEN
1998, 1071) Was Ogden hier wirklich meint, bleibt m.E. eher dunkel (vgl. dazu auch
THOMÄ 1999, 849-852).

193 CAVELL 1993, 38. Interessanterweise nennt sie als Beispiel für diese Perspektive die
Erfahrung der «self-forgiveness» (CAVELL 1998, 460). Man wird freilich fragen müssen,
ob so etwas wie Selbstvergebung überhaupt denkbar ist, ohne daß implizit nicht schon
ein transzendenter Anderer mitgewußt wird, der die Macht hat, Schuld zu vergeben.
Auch der Nachweis der Existenz objektiver Wahrheit, um den es ihr in ihren Untersuchungen geht, und ohne die ihres Erachtens ein sinnvoller therapeutischer Prozeß unmöglich ist, kann ihr nicht wirklich gelingen (vgl. das offene Ende in CAVELL 1998,
465), solange nicht auch eine transzendentale Dimension mitgedacht wird.

194 IMODA 1997b, 207. Man mag sich hier – aus philosophischer Sicht – erinnert fühlen an
Platons berühmten Siebenten Brief:
«Es gibt ja auch von mir darüber keine Schrift und kann auch niemals eine geben; denn
es läßt sich keineswegs in Worte fassen wie andere Lerngegenstände, sondern aus häufiger gemeinsamer Bemühung um die Sache selbst und *aus dem gemeinsamen Leben entsteht es plötzlich – wie ein Feuer*, das von einem übergesprungenen Funken entfacht
wurde – in der Seele und nährt sich dann schon aus sich heraus weiter.» (PLATON, *Sie-
benter Brief*, 341b; Kursiv von mir, A.T.).
Und auch Hölderlin versteht in seinem Gedicht *Friedensfeier* das Gespräch als einen Be-
ziehungs-Ort, in dem sich ein Drittes, das für ihn das *Göttliche* ist, mitteilt (HÖLDERLIN
1970, 365-370, auch: 1064-1070; Kursiv von mir, A.T.):
Des Göttlichen aber empfingen wir
doch viel. Es ward die Flamm uns
In die Hände gegeben, und Ufer und Meersflut.
Viel mehr, denn menschlicher Weise

Hier klingt an: In der mitmenschlichen Gesprächssituation kann mehr da sein als nur die Summe der Gesprächspartner. Das/der dritte Andere, den Tiefenpsychologie und Philosophie nur zaghaft und tastend zur Sprache bringen können, ist für die christliche Theologie der auferstandene Christus (vgl. Lk 24, 13-25). Er ist die Brücke zwischen göttlich-trinitarischer und menschlicher Beziehungswirklichkeit und vermittelt sie zueinander. Wir sind an dieser Stelle zurückverwiesen auf jene Teilhabe menschlicher an göttlicher Beziehungsweise, die wir bei Edith Stein als «trinitarische Anthropologie» bezeichnet hatten (vgl. II, 4.3).

Das innertrinitarische Lebens Gottes ist am dichtesten beschrieben durch das johanneische «Gott ist die Liebe» (1Joh 4,8): Gott ist in sich dreifaltige Liebe, perichoretisches Ineinandersein von Vater, Sohn und Geist.[195] Diese Liebe konstituiert in Gott eine Einheit, wie sie größer nicht gedacht werden kann, und eine Verschiedenheit der Personen, wie sie ebenfalls größer nicht gedacht werden kann. Die immanente Trinität, das innere Leben Gottes, ist ein Beziehungsgeschehen, in dem die drei göttlichen Personen sich aneinander verschenken und einander in Liebe empfangen.[196] Nach dem Verständnis christlicher Theologie ist die Offenbarung eine Selbstmitteilung Gottes, eine Teilgabe an seinem immanenten Leben, in der Gott von sich mitteilt, was er seinem Wesen nach ist. Seine Offenbarung in der Schöpfung und in Jesus Christus sind deswegen Mitteilung seiner dreifaltigen Liebe.[197] Sie begründet schöpfungstheologisch und christologisch, was als *trinitarische Ontologie* und *trinitarische Anthropologie* bezeichnet werden kann. Die Menschwerdung Jesu Christi ist der Ort, an dem die Transzendenz Gottes in unüberbietbarer Weise weltlich immanent wird. Damit wird zugleich in Christus alle innerweltliche Immanenz geöffnet für die Erfahrung und Gegenwart der Transzendenz Gottes. Alle menschliche Wirklichkeit ist in Jesus Christus erlöst und hat schon Anteil am trinitarischen Leben Gottes. In besonderer Weise – und darum geht es mir hier – gilt das für die zwischenmenschliche Relationalität. Die aufrichtige, hingebende Liebe zwischen Menschen wird damit zum Beziehungsort, an dem sich durch die Gegenwart des auferstandenen Christus Teilhabe am dreifaltigen Leben Gottes ereignet.

> «[...] der Ort der Transzendenzerfahrung in Christus ist nicht einfach die Proexistenz, sondern die Proexistenz der Person, die sich in der offenen Wechsel-

---

> Sind jene mit uns, die fremden Kräfte, vertrauet. [...]
> Viel hat erfahren der Mensch. Der Himmlischen viele genannt,
> *Seit ein Gespräch wir sind*
> *Und hören können voneinander.*

195 Die Trinitätstheologie ist in den letzten Jahrzehnten wieder in das Zentrum der theologischen Aufmerksamkeit gerückt und hat eine Fülle an Publikationen hervorgerufen. Einen recht guten Überblick (mit Bibliographie) über den derzeitigen Diskussionsstand gibt GRESHAKE 1997.

196 Vgl. dazu u.a. JÜNGEL 1986, 430-543; CODA 1984; VOLF 1996.

197 Vgl. RAHNER 1967.

seitigkeit der agápe ausdrückt, insofern sie darauf ausgerichtet ist, den gekreuzigten und auferstandenen Christus in der Geschichte, inmitten der in seinem Namen vereinten Menschen, zu erfahren und zu zeigen.»[198]

Christus ist der dritte Andere, der sich im zwischenmenschlichen Beziehungsgeschehen vergegenwärtigt und den trinitarischen Ursprung von Ich und Du, in dem ihre Bezogenheit und Alterität gründet, erschließt und ihre Beziehung zugleich öffnet auf eine transzendentale Erfüllung hin.

Diese zuletzt dargelegten Überlegungen sind freilich theologischer Art und zuerst einmal nur als solche plausibel. Aber auch dort wo diese Plausibilität aus dem Glauben nicht geteilt wird, können sie dennoch hilfreich sein, insofern sie nicht allein Elemente für eine theologische Interpretation der Wirklichkeit bereitstellen, sondern diese Elemente auch eine vertiefte philosophische und tiefenspsychologische Phänomenologie eröffnen. Eine trinitarische Ontologie geht zwar aus von einem Offenbarungswissen über Gott, aber sie ist ein Versuch, weltliche Wirklichkeit zu beschreiben. In einer trinitarischen Ontologie wird *Sein* ansichtig *als Liebe und Gabe*.

«Wenn das *Sein vom Ursprung her Akt der Liebe* ist, dann ist das Sein vom Ursprung her Ereignis, Geschehen der Gabe, Akt der freien Kommunikation des Seins, *actus essendi*: das Sein ist in dem Maße es Gabe ist, Ereignis des Hingabe der Existenz, der Energie und des Lebens.»[199]

Klaus Hemmerle, der mit seinen *Thesen zu einer trinitarischen Ontologie* die vielleicht dichteste Reflexion zu den Fragen, die ich hier behandle, vorgelegt hat, macht deutlich, daß es nicht darum gehen kann, «das Phänomen Liebe, Sich-Geben einzubringen in eine umgreifende Phänomenalität dessen, was ist, sondern umgekehrt die Phänomenalität all das, was ist, aus der Liebe, aus dem Sich-Geben neu und unverkürzt zu lesen».[200] Auf diese Weise kommt er aber zum Schluß, «daß auch im Blick auf die Daten der Erfahrung eine trinitarische Ontologie mehr integriert als andere Ontologien».[201]

Damit aber treffen sich die theologische Auslegung der göttlichen Selbstmitteilung und die phänomenologische und tiefenpsychologische Auslegung des Menschen in den Fragen, um die diese Arbeit kreist: Identität, Alterität und Relationalität. Sein erweist sich als relational strukturiert. Ontologie und Anthropologie sind erst dann wirklich christliche und wirklich humane Ontologie und Anthropologie, wenn sie diese relationale Grundstruktur menschlicher Existenz zu erhellen vermögen. Der Sinn von Sein wird ansichtig als In-Liebe-Sein, als Sich-Geben, als Für-den-Anderen-Sein. Der Mensch verwirklicht sich in dem Maße als Mensch, als er zu lieben und sich an den Anderen zu verschenken vermag.

---

198 CODA 1998, 129.
199 FORTE 1998, 117 (Kursiv vom Autor).
200 HEMMERLE 1976, 39.
201 HEMMERLE 1976, 58. Vgl. hierzu auch die Studie von SIREGAR 1995.

4.4 Spur

Das letzte Stichwort *Spur* bündelt in gewisser Weise den Argumentationsgang im dritten Teil der vorliegenden Untersuchung. Ich habe darin drei Gegebenheitsweisen des Anderen unterschieden: Der Andere als das Fremde im Eigenen, der Andere als Mitmensch und der Andere als der Ganz-Andere. Diese drei Momente der Alteritätserfahrung ließen sich auch durch die Stichworte *Rätsel – Antlitz – Geheimnis* zusammenfassen. Das Andere, Fremde und Unbewußte, dessen der Mensch gewahr wird, wenn er sich ehrlich mit sich selbst auseinandersetzt, führt ihn vor die Tatsache, daß er sich selbst ein *Rätsel* ist und es dauerhaft bleibt. Es gibt Anderes in ihm, das er nicht ergründen kann. Ebenso stößt er im Umgang mit seinen Mitmenschen – selbst in der größten Intimität – an eine Grenze, an der die Differenz des Anderen spürbar wird. In der Erfahrung der Distanz und Unterschiedenheit zeigt sich der andere Mensch als *Antlitz*, das zur Liebe und Verantwortung herausruft, aber dem kontrollierenden Zugriff und Besitzen-Wollen entzogen bleibt. Schließlich gibt es eine Erfahrung des Anderen, in der die Unendlichkeit und weltliche Unerfüllbarkeit jeder Sehnsucht, unbedingt geliebt zu werden, berührt wird, und die sich in ihrer personalen und relationalen Wirklichkeit nur dem Glaubenden eröffnet. Hier führt die Erfahrung des Ganz-Anderen und Heiligen in das *Geheimnis* Gottes hinein.

Ich führe in diesem Zusammenhang das Stichwort *Spur* ein, um aufzuzeigen, daß die drei Weisen der Alteritätserfahrung miteinander verknüpft sind. Gerade die Erfahrung der Rätselhaftigkeit des Anderen und Fremden in der eigenen Person und die Begegnung mit dem Antlitz des anderen Menschen verstehe ich dabei als Spuren der dritten Alteritätserfahrung, derjenigen Gottes als des Ganz-Anderen. Sie sind dies, das sollte aus der hier vorgelegten Darstellung inzwischen deutlich geworden sein, auf eine doppelte und paradoxe Weise. Beide Alteritätserfahrungen machen nämlich sowohl einen *Mangel* als auch eine *Überdeterminiertheit* sichtbar.[202]

Mangel insofern, als die Erfahrung des Anderen (in mir selbst und im anderen Menschen) die Erwartung weckt, das/den Anderen vollständig zu erkennen, mit ihm zu verschmelzen und die Grenze, die mich von ihm trennt, aufzuheben. Das aber ist unmöglich. Kein Mensch wird sich je ganz transparent und verständlich; es bleibt ein unaufhebbares Maß an Fremdem, an Unbewußtem, Unvertrautem. Kein Mensch kann je die Grenze, die ihn vom an-

---

202 Der Ausdruck *Überdeterminiertheit* geht auf Freud zurück. Ricoeur verwendet ihn, um anzuzeigen, daß die Ambiguität des Symbols nicht in einem Mangel an Eindeutigkeit besteht, sondern darin, daß es nach Deutung verlangt und zugleich verschiedene Interpretationen erzeugen und zulassen kann (vgl. RICOEUR 1965, 507-517). In einem ähnlichen Sinn benutze ich den Ausdruck hier, um anzuzeigen, daß bestimmte Erfahrungen (hier: bestimmte Alteritätserfahrungen) mehr enthalten, als was sich in ihrer bloßen phänomenalen Faktizität zeigt. Sie sind sozusagen mit einem Mehr an Bedeutung aufgeladen, das nach Interpretation verlangt.

deren Menschen trennt und unterscheidet, aufheben. So ist das/der Andere eine unerfüllte, weil unmögliche, Verheißung. Aber gerade dieser Mangel wird zur Spur. Er hält die Alteritätserfahrung offen für einen umfassenderen Erfüllungs- und Antworthorizont.

Damit klingt aber schon an, was ich in diesem Zusammenhang mit Überdeterminiertheit meine: Die Erfahrungen des Anderen/Fremden im Eigenen und des Anderen im Mitmenschen verlangen nach Deutung. Die Faktizität der Alteritätserfahrung enthält ein Mehr an Bedeutung, das über die spezifische Alteritätserfahrung hinausverweist. Das Phänomen des Anderen ist nicht einfach stumm, sondern möchte gehört und gedeutet werden. Eine solche Deutung habe ich anzubieten versucht, indem ich in phänomenologischer Betrachtungsweise die Alteritätserfahrungen auf ihr Wesen hin befragt habe.

In diesem Sinne habe ich hier sowohl den Mangel als auch die Überdeterminiertheit, die in den beiden Alteritätserfahrungen (der Andere im Eigenen, der Andere im Mitmenschen) sichtbar wurden, als *Spuren* einer dritten Alteritätserfahrung gedeutet, d.h. als Hinweise auf Gott als des Ganz-Anderen. Ich zeichne diese Argumentationsweise hier noch einmal kurz anhand der mitmenschlichen Alteritätserfahrung nach. Der andere Mensch konfrontiert mich auf mindestens dreierlei Weise mit dem Ganz-Anderen: Erstens gewahre ich in der Begegnung mit dem Anderen eine Grenze, die ich nicht überwinden kann. Der Andere zeigt mir allein sein Antlitz und bleibt im letzten ein Rätsel. Und dennoch kann ich in diesem Antlitz einen Anruf an mich wahrnehmen, der mich unbedingt einfordert. Gerade in dieser Unbedingtheit aber bringt sich eine transzendente Wirklichkeit zu Gehör. Zweitens eröffnet der Andere mir die Erfahrung der Liebe. In der liebenden Begegnung mit einem anderen Menschen lasse ich mich los, übersteige mich selbst und riskiere mich an ihn. Dieser Akt der Selbsttranszendenz aber – und das gilt noch einmal mehr dort, wo er reziproker Transzensus wird – hat die gleiche formale Dynamik wie der Akt, mit dem ich mich auf Gott hin transzendiere, und ist, zumindest unthematisch, schon eine Erfahrung des göttlichen Anderen (vgl. Mt 25, 31-46). Drittens ist die Bitte *Ich möchte geliebt werden!* als die Urfrage schlechthin, die der Mensch an seine Welt richtet, eine Bitte, mit der er sich zuerst einmal an seine Mitmenschen wendet. Der Erwartungshorizont der Bitte aber ist unendlich und kann durch keinen anderen Menschen je vollends beantwortet werden. Die Bitte kann durch andere Menschen immer nur enttäuscht werden. Wo aber diese Enttäuschung in ihrer wahren Bedeutung verstanden wird, ist sie ihrerseits ein Verweis auf den wahren transzendenten Erfüllungshorizont der ursprünglichen Frage.

So sind also alle drei Alteritätserfahrungen miteinander verwoben und verweisen aufeinander. Die vorgelegte Analyse sollte deutlich werden lassen, daß die Erfahrung des Rätsels und die des Antlitzes von ihrem Wesen her unerfüllte und unerfüllbare, aber gerade deswegen entgrenzte und offene Erfahrungen sind. Sie verweisen auf einen Erfüllungshorizont jenseits ihrer selbst. Phänomenologisch können wir feststellen, daß dieser Horizont unbegrenzt sein muß; theologisch nennen wir ihn Gott. Somit können die Erfahrungen des Anderen im Eigenen und im Mitmenschen sinnvoll als *Spuren* eines Ganz-Anderen bezeichnet werden. Sie verweisen im positiv-anzeigenden Sinn auf einen sie selbst Transzendierenden. Sie sind wirklich Spuren Gottes und Zeichen seiner Gegenwart. Sie sind aber Spuren auch im negativ-verbergenden Sinn. Auch eine Phänomenologie des Anderen ist ja mit ihrem Horizont der Alteritätsfrage – eben weil es immer noch ein *Horizont* und mithin etwas Begrenztes und Eingrenzendes ist – nicht in der Lage, zu fassen, wer Gott eigentlich ist.[203] Gott als der Ganz-Andere ist zugleich der Nicht-Andere. Auch die Phänomenologie des Anderen als Ganze kann höchstens eine Spur sein und nicht mehr – sie zerbricht an der Wirklichkeit Gottes und seiner Geheimnishaftigkeit. «Jetzt schauen wir in einen Spiegel und sehen nur rätselhafte Umrisse, dann aber schauen wir von Angesicht zu Angesicht.» (1Kor 13,12)

---

203 «Die Offenbarung setzt sich in einem Horizont nur dann in Szene, wenn sie ihn ausfüllt. Zweifellos bleibt ein Horizont erworben, und jede Sicherheit nimmt gemäß dem Maß seines Rahmes ihren Platz ein – die Offenbarung kann sich auf den Horizont des Seins, des Anderen, des Leibes etc. zurückverweisen lassen. Was sich jedoch so offenbart, füllt in dem Maße die Dimensionen und Möglichkeiten, die dieser Rahmen gewährt, daß das resultierende Phänomen sich selbst in Schwierigkeiten bringt. Die Gewalt und das Ausmaß dessen, was sich in Szene setzen läßt, kann nur so in die Grenzen des phänomenologischen Horizonts treten, daß sie ihn aufhebt.» (MARION 1988, 101f; vgl. auch 1977, 198-253 und 1982).

5 Schluß

Ich bin damit am Ende der hier vorgelegten Untersuchung angelangt. Sie verfolgt das Ziel, in einem interdisziplinären Gespräch zwischen Psychologie, Philosophie und Theologie der Frage nach der Bedeutung des Anderen nachzugehen. Was kann nun als Ertrag dieses Bemühens formuliert werden?

Mein Bemühen in dieser Untersuchung war es, anhand der Alteritätsfrage Tiefenpsychologie, philosophische Phänomenologie und schließlich auch Theologie miteinander ins Gespräch zu bringen. Die eingangs dieser Untersuchung formulierte Hypothese hat sich bestätigt: Ein solcher interdisziplinärer Dialog kann anhand der Frage nach dem Anderen sinnvoll und mit Gewinn für die beteiligten Wissenschaften geführt werden. Es wurde deutlich, daß die Tiefenpsychologie um ihrer selbst willen, d.h. um sich begriffliche und sachliche Klarheit über ihren Gegenstand verschaffen zu können, der Philosophie (und ich wage hinzuzufügen: der Theologie) bedarf. Zugleich aber sind auch Philosophie und Theologie auf die Tiefenpsychologie angewiesen. Sie haben zwar – gerade in den letzten Jahrzehnten – die Alteritätsfrage in das Zentrum ihrer Aufmerksamkeit gerückt. Dennoch stehen sie in der Gefahr, es bei phänomenologisch oberflächlichen Beschreibungen und ethischen Appellen zu belassen. Das Gespräch mit der Tiefenpsychologie hingegen könnte ihnen helfen, die komplexe Vielschichtigkeit und Paradoxalität zu verstehen und begrifflich zu fassen, in der der Andere erlebt wird. Die Auseinandersetzung mit der Tiefenpsychologie bewahrt vor einer Romantik des Anderen, die gelegentlich den philosophischen und theologischen Diskurs der Alterität kennzeichnen. Umgekehrt müssen die tiefenpsychologischen Resultate zurückgebunden werden an die Erkenntnisse der Philosophie (und Theologie), da ihnen sonst die notwendige epistemologische und hermeneutische Grundlage fehlt und ihre anthropologische Relevanz nicht formuliert werden kann.

Die Untersuchung setzt an bei der Analyse der Rolle des Anderen in der *Selbstpsychologie*. Dabei erscheinen folgende drei Elemente besonders wichtig: (a) Kohuts Ansatz ist wesentlich relational. Er überwindet Freuds Betonung der Autonomie und Individualität und unterstreicht, daß das Selbst immer schon in einem Beziehungsgeflecht lebt und lebenslang auf stützende Beziehungen angewiesen ist; andernfalls fragmentiert es und manifestiert psychische Störungen. Diese Relationalität ist dermaßen in das Innerste des Selbst eingeschrieben, daß sie sozusagen das Selbst konstituiert. Deswegen heißen die so als bedeutsam für das Selbst erfahrenen Objekte Selbstobjekte. (b) So sehr sich das Selbst aus seinen Selbstobjektbeziehungen aufbaut, gibt es aber doch einen Kern des Selbst, der eine Art ursprüngliches Lebensprogramm enthält, das im Laufe der psychischen Entwicklung zur Entfaltung kommen soll. (c) Es überkreuzen sich somit dialektisch ursprüngliches Selbstsein und ursprüngliche Relationalität, weswegen ich vorschlage, von *Selbstsein in Bezogenheit* zu sprechen.

Kritisch galt es im Gespräch mit Kohut vor allem festzustellen, daß seine Theorie letztlich zu harmonisierend ist. Das Getrenntsein von Ich und Anderem und die radikale Alterität und Differenz des Anderen werden nicht gewahrt. Der Andere droht durch Inklusion immer schon Teil des Selbst zu sein. Es stellt sich – aus psychologischer Sicht – die Aufgabe, einerseits Kohuts Konzept der fundamentalen Bezogenheit als positive Errungenschaft zu wahren, und andererseits seine Engführung in der Weise der Alteritätswahrnehmung aufzubrechen. Ich habe deswegen vorgeschlagen, die Theorie der zwei getrennten Entwicklungslinien des Narzißmus aufzugreifen, die Kohut selbst einführt, aber leider nicht entfaltet, und so seine Selbstpsychologie objektrelational zu erweitern.

Eines der wichtigsten Resultate der Auseinandersetzung mit Kohuts psychoanalytischem Theorieansatz ist, daß die Notwendigkeit einer *anthropologischen Fundierung* aufgewiesen werden konnte. Es wurde nämlich deutlich, daß auch Kohuts Theorie, wie wohl alle tiefenpsychologischen Theorien, von nicht-psychologischen, anthropologischen Grundannahmen mitbestimmt ist, die gar nicht oder nur unzureichend reflektiert und durchsichtig gemacht sind, und deswegen nicht nur aus der philosophischen Außenperspektive, sondern auch theorieimmanent nach Klärung verlangen. Zudem konnte nicht wirklich geklärt werden, wie umfassend Kohut das *Selbst* (und damit auch die Selbstobjekte) versteht: Beschreiben sie erschöpfend, was die Person und der Andere sind, oder nur bestimmte, eben psychische, Aspekte der personalen Identität?

Der Hinweis auf die Notwendigkeit einer anthropologischen Fundierung will sagen: Die Tiefenpsychologie als Ganze und die einzelne Ergebnisse ihres Forschens werden nur verständlich von einem sie umgreifenden Horizont her, letztlich von einem komplexen Personverständnis her. An dieser Stelle setzt nun die Analyse der Philosophie *Edith Steins* im zweiten Teil dieser Arbeit an. Sie verknüpft sich in mehrfacher Hinsicht mit den vorherigen Fragen.

Edith Steins Psychologismus-Kritik macht deutlich, daß eine Beschreibung der Person, die diese allein im Rahmen der psychischen Kausalität begreift, nicht umfassend genug ist. Das Phänomen des Geistes und damit die darin gründende transzendentale Offenheit gehören zum Wesen der Person und müssen mitbedacht werden. Steins Phänomenologie der Person als Einheit von Leib, Psyche/Seele und Geist erweist sich als tragbare anthropologische Theorie, um sowohl die tiefenpsychologischen Erkenntnisse der Selbstpsychologie sinnvoll zur Sprache zu bringen, als auch ihre Engführungen zu überwinden.

In Steins umfassender Analyse der Fremderfahrung und der Person gelingt es ihr, eine Spannung aufzuzeigen und theoretisch zu formulieren: Sie denkt das Ich und den Anderen als ursprüngliche Identitäten, die sich ihre personale Würde nicht wechselseitig verdanken, weil sie ihnen schon vorgängig zu ihrer Begegnung gegeben ist. Auf diese Weise wahrt sie die radikale Andersheit und Differenz des Anderen, ohne ihn harmonisierend mit dem Ich zu verschmelzen. Zugleich aber sind das Ich und der Andere für Stein immer schon in Beziehung. Sie sind nie unabhängig voneinander, sondern in der Tiefe ihrer Existenz aufeinander verwiesen und füreinander geschaffen. Ich habe diese eigentümliche Spannung *Gleichursprünglichkeit von Identität und Alterität* genannt.

Schließlich macht Edith Stein deutlich, daß es nicht genügt, die im Bereich der Alteritätsfrage analysierten Phänomene einfach nur in ihrer bloßen Faktizität zu beschreiben. Sie müssen phänomenologisch auf ihr Wesen und ihre Bedeutung hin befragt werden. Dann aber zeigt sich, daß sie über sich selbst hinaus verweisen in den Bereich der Ontologie und die Frage nach dem *Sinn des Seins* aufwerfen. Edith Stein beantwortet die Frage, indem sie endliches Sein im Licht ewigen Seins zu verstehen versucht. Dabei bestimmt sie das Verhältnis von Personsein und In-Beziehung-Sein anhand der Begriffe *Freiheit* und *Liebe*: Eine Person ist dann ganz sie selbst, wenn sie sich in Freiheit selbst besitzt. Zum anderen Menschen aber gelangt sie nur wirklich durch einen Akt der Liebe, in dem sich selbst verläßt und auf den Anderen hin wegwagt. Stein löst diese Spannung von Selbstbesitz und Selbsthingabe auf, indem sie Liebe definiert als das Freieste, das es gibt. Das bedeutet: Nur in der Beziehung zum Anderen, in der Hingabe an ihn, verwirklichen sich personales Selbstsein und echte Freiheit; nur in der Selbsttranszendenz ereignet sich Selbstverwirklichung.

Im dritten Teil dieser Arbeit greife ich die zentralen Elemente auf, die sich aus den zwei ersten Teilen bezüglich der Alteritätsfrage ergeben, und versuche sie in einem interdisziplinären Gespräch weiter zu vertiefen. Es erweist sich dabei als sinnvoll, drei verschiedene *Gegebenheitsweisen des Anderen* voneinander zu unterscheiden: Der/das Andere als das Fremde im Eigenen, der Andere als Mitmensch, der Andere als der Ganz-Andere.

Das *Unbewußte* kann beschrieben werden als die rätselhafte Anwesenheit des Anderen im eigenen Inneren. Dabei zeigt sich der Andere sowohl als der Fremde, dessen positiver oder negativer Einfluß sich im Unbewußten abgelagert hat und seitdem Teil meiner selbst ist, als auch als der ersehnte Andere, auf den hin sich die unbewußten Bedürfnisse und Wünsche richten. Von zentraler Bedeutung ist hier der Nachweis, *daß das Unbewußte relational strukturiert ist*; es kommt vom Anderen her und ist intentional auf ihn hin gerichtet.

Auch die Erfahrung des mitmenschlichen Anderen erweist sich letztlich als sehr ähnlich strukturiert: Der Andere ist immer schon bei mir und konstituiert mich. Ich bin ich selbst, insofern ich mir vom Anderen gegeben bin, und werde erst in dem Maße wirklich ganz ich selbst, als ich mich an den Anderen zu geben, d.h. ihn zu lieben vermag. Dabei weist die Beziehung zum Anderen mindestens auf zweierlei Weise über den Anderen hinaus: (a) Der Andere ist das Objekt, an den das Subjekt die grundlegendste aller Fragen richtet: *Bin ich geliebt?* Diese Frage ist aber eine grenzenlose Frage, die von keinem anderen Menschen endgültig und erfüllend beantwortet werden kann. (b) In jeder echten Selbsttranszendenz auf einen anderen Menschen, und noch mehr dort, wo solche liebende Selbsttranszendenz wechselseitig wird, vergegenwärtigt sich ein Ganz-Anderer und ereignet sich implizit Selbsttranszendenz auf Gott hin (vgl. Mt 18,20; Mt 25, 31-46).

Damit erweisen sich beide Alteritätserfahrungen – diejenige des Anderen als das Rätsel im eigenen Inneren, und die des Antlitzes des anderen Menschen – als *offene Erfahrungen* und *offene Fragen*. Sie machen in der Weise der Gegebenheit oder der Erwartung ein Mehr, eine Überdeterminiertheit der Erfahrung des Anderen deutlich, die über sie selbst hinausweist in einen anderen umfassenderen Alteritätshorizont. Die Alteritätsfrage ist somit eine immer offene, unabgeschlossene Frage, die auf einen Ganz-Anderen verweist. Die Frage nach dem Anderen ist – so meine These – im letzten eine Frage nach Gott als dem Ganz-Anderen. Sie läßt den Menschen solange rastlos sein, bis er seine Frage existentiell im unendlichen Antwort- und Erfüllungshorizont Gottes zu positionieren vermag.

In allen drei Gegebenheitsweisen des Anderen erfährt das Ich: *Ich bin mir gegeben.* Sei es nun der/das rätselhafte Andere in mir selbst, der Mensch an meiner Seite oder Gott – immer ist der Andere schon da, bevor ich um mich selber weiß und mich selbst besitze. Und zugleich fordert der Andere mich auf, *mich selbst zu geben.* Ich besitze mich nur in dem Maße wirklich selbst, ich werde nur soweit ganz ich selbst, als ich mich liebend an den Anderen zu schenken vermag. Ich habe diesen doppelten Existenzvollzug (*Ich bin mir gegeben – Ich gebe mich*) als *trinitarische Anthropologie* bezeichnet, weil er eine Analogie darstellt zur Beziehungsweise der drei göttlichen Personen in ihrem ewigen Sich-voneinander-Empfangen und Füreinander-Schenken.[204]

---

204 Noch einmal wird man vor einer Alteritätsromantik warnen müssen, die zuweilen gerade auch manche Entwürfe der Trinitätstheologie kennzeichnet, zumindest dann, wenn die Trinität und ihre zwischenmenschlichen Analogien vorschnell als harmlose und allintegrierende Communio gedacht werden und übersehen wird, daß ja auch für den Sohn die Erfahrung des Vaters bei aller Einheit in der Verlassenheit am Kreuz zur Erfahrung des radikal Anderen und Fernen wird. – In diesem Sinn beschreibt wohl die biblische Erzählung von Jakobs Kampf am Jabbok (Gen 32, 23-33) auf besonders dichte Weise die Ambiguität und transzendentale Offenheit der Alteritätserfahrung, um die es mir hier zu tun war. Jede Begegnung mir dem Anderen (in uns, im Mitmenschen, in Gott) ist nur dann gut, wenn wir mit ihm kämpfen, uns verletzten, aber schließlich auch segnen lassen. Erst am Ende des Kampfes und der Nacht empfängt Jakob schließlich den Segen – oder war

Für eine christliche Anthropologie bedeutet Selbstverwirklichung Einstieg in diese trinitarische Liebe Gottes und ihr existentieller Nachvollzug. Christliche Anthropologie ist eine *Anthropologie der Reziprozität*. Sie verlangt die Anerkenntnis, daß ich mir von Gott und anderen Menschen gegeben bin und nur durch und in der Beziehung mit ihnen Ich sein kann. Und sie meint zugleich die Bereitschaft zur liebenden Hingabe an Gott und den Anderen, durch die die Anderen sich selbst gegeben werden und ich erst wirklich Ich werde. Christliche Anthropologie ist so eine Anthropologie der gegenseitigen Liebe (Joh 13,34). Gerade darin aber erweist sich christliche Anthropologie als wirklich menschliche Anthropologie.

---

gar der Kampf selbst ein Segen geworden? – und darf feststellen «Ich habe Gott von Angesicht zu Angesicht gesehen.»

Literaturverzeichnis

Da ein Großteil der verwandten Literatur fächerübergreifender Natur ist, wurde bewußt darauf verzichtet, die Bibliographie sachlich aufzugliedern. Es werden gesondert nur die Werke Heinz Kohuts (1.) und Edith Steins (2.) aufgeführt. Alle weitere verwandte Literatur findet sich im 3. Teil dieser Bibliographie.

1 Heinz Kohut

Kohut H.: Narzißmus. Eine Theorie der psychoanalytischen Behandlung narzißtischer Persönlichkeitsstörungen, Suhrkamp: Frankfurt a.M. [10]1997 (Orig.: The Analysis of the Self. A Systematic Approach to the Psychoanalytic Treatment of Narcissistic Personality Disorders, International University Press: New York 1971).

Kohut H.: Die Zukunft der Psychoanalyse. Aufsätze zu allgemeinen Themen und zur Psychologie des Selbst, Suhrkamp: Frankfurt a.M. 1975.
- Die Zukunft der Psychoanalyse, 7-27 (Orig.: SfS II, 663-684);
- Psychoanalytiker in der Gemeinschaft der Wissenschaftler, 28-65 (Orig.: SfS II, 685-724);
- Ist das Studium des menschlichen Innenlebens heute noch relevant?, 66-92 (Orig.: SfS II, 511-546);
- Kreativität, Charisma, Gruppenpsychologie, 93-139 (Orig.: SfS II, 793-844);
- Formen und Umformungen des Narzißmus, 140-172 (Orig.: SfS I, 427-460);
- Die psychoanalytische Behandlung narzißtischer Persönlichkeitsstörungen, 173-204 (Orig.: SfS I, 477-510);
- Überlegungen zum Narzißmus und zur narzißtischen Wut, 205-251 (Orig.: SfS II, 615-658);
- Bemerkungen zur Bildung des Selbst, 252-285 (Orig.: SfS II, 737-770).

Kohut H.: Die Heilung des Selbst, Suhrkamp: Frankfurt a.M. [6]1996 (Orig.: The Restoration of the Self, International Universities Press: New York 1977).

Kohut H.: Introspektion, Empathie und Psychoanalyse. Aufsätze zur psycho-analytischen Pädagogik und Forschung und zur Psychologie der Kunst, Suhrkamp: Frankfurt a.M. 1977.

- Introspektion, Empathie und Psychoanalyse. Zur Beziehung zwischen Beobachtungsmethode und Theorie, 9-35 (Orig.: SfS I, 205-232);
- Narzißmus als Widerstand und Antriebskraft in der Psychoanalyse, 36-49 (Orig.: SfS II, 547-562);
- Begriffe und Theorien der Psychoanalyse, 50-85 (Orig.: SfS I, 319-336);
- Die Begutachtung von Bewerbern um die psychoanalytische Ausbildung, 89-102 (Orig.: SfS I, 461-476);
- Die Beendigung der Lehranalyse – ein Vergleich von Standpunkten, 103-115 (Orig.: SfS I, 409-422);
- Forschung in der Amerikanischen Psychoanalytischen Vereinigung – ein Memorandum, 116-142 (Orig.: SfS II, 589-614);
- Jenseits der Grenzen der Grundregel. Einige neuere Beiträge zur ange-wandten Psychoanalyse, 145-172 (Orig.: SfS I, 275-304);
- Thomas Manns ,Tod in Venedig'. Zerfall einer künstlerischen Sublimierung, 173-192 (Orig.: SfS I, 107-130);
- Über den Musikgenuß, 195-217 (Orig.: SfS I, 135-158);
- Betrachtungen über die psychologischen Funktionen der Musik, 218-238 (Orig.: SfS I, 233-254).

Kohut H.: The Search for the Self. Selected Writings of Heinz Kohut: 1950-1978 (Vol. 1-2), 1978-1982 (Vol. 3-4), hg. v. P. H. Ornstein, International Universities Press: Madison 1978, 1990.

Kohut H.: Wie heilt die Psychoanalyse?, Suhrkamp: Frankfurt a.M. [3]1996 (Orig.: How does Analysis cure?, University of Chicago Press: Chicago 1984).

Kohut H.: Self Psychology and Humanities. Reflections on a New Psycho-analytic Approach, hg. v. C. B. Strozier, Norton: New York 1985.

Kohut H.: Auf der Suche nach dem Selbst. Kohuts Seminare zur Selbstpsychologie und Psychotherapie mit jungen Erwachsenen, hg. v. M. Elson, Pfeiffer: München 1993 (Orig.: The Kohut Seminars on Self Psychology and Psychotherapy with Adolescents and Young Adults, W.W. Norton: New York 1987).

Kohut H.: The Curve of Life: Correspondence 1923-1981, hg. v. G. Cocks, University of Chicago Press: Chicago 1994.

Kohut H.: The Chicago Institute Lectures, Analytic Press: Hillsdale, NJ: 1996.

Kohut H. – Seitz, P.F.D.: Kohut's Lectures on Psychoanalytic Psychology (1958-1960), in: Rubovits-Seitz P.F.D.: Kohut's Freudian Vision, The Analytic Press: Hillsdale 1999, 1-112.

2   Edith Stein

2.1   Edith Stein Werke (= ESW)

Stein E.: Kreuzeswissenschaft. Studie über Joannes a Cruce, (ESW I), De Maas: Druten/Herder: Freiburg [3]1983.

Stein E.: Endliches und ewiges Sein. Versuch eines Aufstiegs zum Sinn des Seins, (ESW II), Herder: Freiburg [3]1985.

Stein E.: Die Frau. Ihre Aufgabe nach Natur und Gnade, (ESW V), Nauwelaerts: Louvain/Herder: Freiburg 1959.

Stein E.: Welt und Person. Beiträge zum christlichen Wahrheitsstreben, (ESW VI), Nauwelaerts: Louvain/Herder: Freiburg 1962
- Die weltanschauliche Bedeutung der Phänomenologie, 1-18;
- Natur und Übernatur in Goethes „Faust", 19-32;
- Zwei Betrachtungen zu Edmund Husserl, 33-38;
- Die Seelenburg, 39-68;
- Martin Heideggers Existentialphilosophie, 69-136;
- Die ontische Struktur der Person und ihre erkenntnistheoretische Problematik, 137-197.

Stein E.: Aus dem Leben einer jüdischen Familie. Das Leben Edith Steins: Kindheit und Jugend, (ESW VII), De Maas: Druten/Herder: Freiburg 1985.

Stein E.: Selbstbildnis in Briefen. Erster Teil 1916-1933, (ESW VIII), Herder: Freiburg [2]1998.

Stein E.: Selbstbildnis in Briefen. Zweiter Teil 1934-1942, (ESW IX), Herder: Freiburg 1977.

Stein E.: Verborgenes Leben. Hagiographische Essays, Meditationen, geistliche Texte, (ESW XI), De Maas: Druten/Herder: Freiburg 1987.

Stein E.: Ganzhcitliches Leben. Schriften zur religiösen Bildung, (ESW XII), Herder: Freiburg 1990.

Stein E.: Einführung in die Philosophie, (ESW XIII), Herder: Freiburg 1991.

Stein E.: Briefe an Roman Ingarden 1917-1938, (ESW XIV), Herder: Freiburg 1991.

Stein E.: Erkenntnis und Glaube, (ESW XV), Herder: Freiburg 1993
- Was ist Philosophie? Ein Gespräch zwischen Edmund Husserl und Thomas von Aquin, 19-48;
- Erkenntnis, Wahrheit, Sein, 49-56;
- Aktuelles und ideales Sein – Species – Urbild und Abbild (Fragment), 57-62;
- Entwurf eines Vorwortes zu „Endliches und Ewiges Sein" (Fragment), 63-64;

- Wege der Gotteserkenntnis. Die „symbolische Theologie des Areopagiten" und die sachlichen Voraussetzungen, 65-127.

Stein E.: Der Aufbau der menschlichen Person, (ESW XVI), Herder: Freiburg 1994.

Stein E.: Was ist der Mensch? Eine theologische Anthropologie, (ESW XVII), Herder: Freiburg 1994.

Stein E.: Potenz und Akt. Studien zu einer Philosophie des Seins (ESW XVI-II), Herder: Freiburg 1998.

2.2   Edith Stein Gesamtausgabe (= ESGA) soweit bisher erschienen

Stein E.: Selbstbildnis in Briefen. Erster Teil 1916-1933 (ESGA 2), Herder: Freiburg 2000.

Stein E.: Selbstbildnis in Briefen. Zweiter Teil 1933-1942 (ESGA 3), Herder: Freiburg 2000.

Stein E.: Selbstbildnis in Briefen. Briefe an Roman Ingarden (ESGA 4), Herder: Freiburg 2001.

Stein E.: Die Frau. Fragestellungen und Reflexionen (ESGA 13), Herder: Freiburg 2000.

Stein E.: Bildung und Entfaltung der Individualität. Beiträge zur Pädagogik (ESGA 16), Herder: Freiburg 2001.

Stein E.: Übersetzung von John Henry Newman, Briefe und Texte zur ersten Lebenshälfte (1801-1846) (ESGA 22), Herder: Freiburg 2002.

2.3   Verschiedene

Stein E.: Zum Problem der Einfühlung, Kaffke: München 1980 (1917).

Stein E.: Anhang: Zur Kritik an Theodor Elsenhans und August Messer (1917), in: Husserl E., Aufsätze und Vorträge (1911-1921), hg. von T. Nenon und H.-R. Sepp, (Husserliana XXV), Nijhoff: Den Haag/Dordrecht 1987, 226-248.

Stein E.: Beilage VII: Zu Heinrich Gustav Steinmanns Aufsatz „Zur systematischen Stellung der Phänomenologie", in: Husserl E., Aufsätze und Vorträge (1911-1921), hg. von T. Nenon und H.-R. Sepp, (Husserliana XXV), Nijhoff: Den Haag/Dordrecht 1987, 253-266.

Stein E.: Beiträge zur philosophischen Begründung der Psychologie und der Geisteswissenschaften – I.: Psychische Kausalität, II.: Individuum und Gemeinschaft, Niemeyer: Tübingen 1970 (Nachdruck aus dem Jahrbuch für Philosophie und phänomenologische Forschung Bd. V, 1922), 1-283.

Stein E.: Eine Untersuchung über den Staat, Niemeyer: Tübingen 1970 (Nachdruck aus aus dem Jahrbuch für Philosophie und phänomenologische Forschung Bd. VII, 1925), 285-407.

Stein E.: Husserls Phänomenologie und die Philosophie des hl. Thomas von Aquin. Versuch einer Gegenüberstellung, in: Jahrbuch für Philosophie und phänomenologische Forschung, Ergänzungsband 1929 (Festschrift zum 70. Geburtstag von Edmund Husserl), 315-338.

Stein E.: Wie ich in den Kölner Karmel kam (Mit Erläuterungen und Ergänzungen von M. A. Neyer), Echter: Würzburg 1994.

3   Weitere Literatur

Adamska J. – Florek Z. (1997): Das Werk Edith Steins in Polen. Bibliographische Hinweise, in: Edith-Stein-Jahrbuch 3 (1997), 403-406.

Ales Bello A. (1977): Empathy, a return to reason, in: The Self and the Other (Analecta Husserliana VI), hg. von A.-T. Tymieniecka, Reidel: Dordrecht 1977, 143-149.

Ales Bello A. (1985): Husserl. Sul problema di Dio, Edizioni Studium: Roma 1985.

Ales Bello A. u.a. (1987): Edith Stein e il problema dell'empatia, in: Studium 83 (1987), 101-121.

Ales Bello A. (1989): Il linguaggio della mistica nella 'Scientia Crucis' di Edith Stein, in: Baldini M. – Zucal S. (Hg.): Il silenzio e la parola da Eckhart a Jabès, Morcelliana: Brescia 1989, 173-179.

Ales Bello A. (1992): Edmund Husserl ed Edith Stein. La questione del metodo fenomenologico, in: Acta Philosophica 1 (1992), 166-175.

Ales Bello A. (1993): Introduzione, in: Stein E.: La ricerca della verità. Dalla fenomenologia alla filosofia cristiana, hg. von A. A. Bello, Città Nuova: Roma 1993, 7-52.

Ales Bello A. (1996): Presentazione, in: Stein E.: Psicologia e scienze dello spirito. Contributi per una fondazione filosofica, Città Nuova: Roma 1996, 5-32.

Ales Bello A. (1998): Edith Stein. La passione per la verità, Ediz. Messaggero: Padova 1998.

Ales Bello A. (2000): Fenomenologia e metafisica, in: Corpo e anima. Necessità della metafisica. Annuario di filosofia 2000, Mondadori: Milano 2000, 171-219.

Altmeyer M. (2000): Narzißmus, Intersubjektivität und Anerkennung, in: Psyche 54 (2000), 143-170.

American Psychiatric Association (1994): Diagnostisches und Statistisches Manual Psychischer Störungen, DSM-IV, hg. von Henning Saß, u.a.,

Hogrefe: Göttingen 1996 (Orig.: Diagnostic and Statistical Manual, APA: Washington 1994).

Arnold W. u.a. (Hg.) (1994): Lexikon der Psychologie, Herder: Freiburg [12]1994.

Atwood G.E. – Stolorow R.D. (1984): Structures of Subjectivity. Explorations in Psychoanalytic Phenomenology, The Analytic Press: Hillsdale 1984.

Augustinus: Confessiones - Bekenntnisse, Kösel: München [4]1980 (1955).

Bacal H.A. – Newman K.M. (1990): Objektbeziehungstheorien – Brücken zur Selbstpsychologie, Frommann-Holzboog: Stuttgart 1994 (Orig: Theories of Object Relations: Bridges to Self Psychology, Columbia University Press: New York 1990).

Bacal H.A. (Hg.) (1998): Optimal Responsiveness. How Therapists heal their patients, Aronson: Northvale 1998.

Balthasar H.U. von (1990): Das Ganze im Fragment. Aspekte der Geschichtstheologie, Johannes: Einsiedeln [2]1990.

Bartosch E. (1999a): Wunden der Seele – Chancen der Heilung, Verlag Neue Psychoanalyse: Wien 1999.

Bartosch E. (1999b): Ein neues Verständnis von Psychoanalyse: Die Selbstpsychologie, in: ders.: Wunden der Seele – Chancen der Heilung, Verlag Neue Psychoanalyse: Wien 1999, 5-14.

Basch M.F. (1983): Empathic Understanding: A Review of the Concept and some theoretical Considerations, in: Journal of the American Psychoanalytic Association 31 (1983), 101-126.

Basch M.F. (1984): The Selfobject Theory of Motivation and the History of Psychoanalysis, in: Stepansky P.E. – Goldberg A. (Hg.): Kohut's Legacy. Contributions to Self Psychology, The Analytic Press: Hillsdale NJ 1984, 3-17.

Basch M.F. (1990): Further Thoughts on Empathic Understanding, in: Goldberg A. (Hg.): The Realities of Transference. Progress in Self Psychology, Vol. 6, The Analytic Press: Hillsdale 1990.

Basch M.F. (1998): Psychoanalyse und Entwicklung, in: Hartmann H-P. u.a. (Hg.): Das Selbst im Lebenszyklus, Suhrkamp: Frankfurt 1998, 10-25.

Baumann K. (1996): Das Unbewußte in der Freiheit. Ethische Handlungstheorie im interdisziplinären Gespräch, Editrice Pontificia Università Gregoriana: Roma 1996.

Beckmann B. (1998a): "An der Schwelle der Kirche". Freiheit und Bindung bei Edith Stein und Simone Weil, in: Edith-Stein-Jahrbuch 4 (1998), 531-547.

Beckmann B. (1998b): Phänomenologie des religiösen Erlebnisses im Anschluß an Adolf Reinach und Edith Stein, in: Internationale katholische Zeitschrift Communio 27 (1998), 532-547.

Beebe B. – Lachmann F.M. (1988): Mother-infant mutual influence and precursors of psychic structure, in: Goldberg, A. (Hg.): Frontiers in Self Psychology, The Analytic Press: Hillsdale 1988, 3-25.

Beierwaltes W. (1980): Identität und Differenz, Klostermann: Frankfurt a.M. 1980.

Bejas A. (1987): Edith Stein – Von der Phänomenologie zur Mystik. Eine Biographie der Gnade, Lang: Frankfurt a.M. 1987.

Berger D.M. (1987): Clinical Empathy, Jason Aronson: Northvale 1987.

Bernbeck E. (1967): Individuum und Gemeinschaft bei Edith Stein, in: Carmelus 14 (1967), 3-62.

Bettinelli C. (1989): Il problema dell'Einfühlung, in: Hermeneutica 9 (1989), 291-304.

Binswanger L. (1993): Grundformen und Erkenntnis menschlichen Daseins (Ausgewählte Werke, Bd. 2), Asanger: Heidelberg 1993.

Bion W.R. (1963): Elemente der Psychoanalyse, Suhrkamp: Frankfurt 1992 (Orig.: Elements of Psycho-Analysis, Heinemann: London 1963).

Bion W.R. (1992): Cogitations, Karnac: London 1992.

Boella L. – Buttarelli A. (2000): Per amore di altro. L'empatia a partire da Edith Stein, Raffaello Cortina Editore: Milano 2000.

Bolognini S. (1997): Empathy and ,Empathism', in: International Journal of Psycho-Analysis 78 (1997), 279-293.

Browning D.S. (1987): Religious Thougth and the Modern Psychologies. A Critical Conversation in the Theology of Culture, Fortress Press: Philadelphia 1987.

Buber M. (1962): Das dialogische Prinzip, Schneider: Gerlingen [7]1994 (1962).

Butzer R.J. (1997): Heinz Kohut zur Einführung, Junius: Hamburg 1997.

Caprara G.V. – Gennaro A. (1999): Psicologia della personalità. Storia, indirizzi teorici e temi di ricerca, Mulino: Bologna [2]1999.

Casper B. (1998): Das Ereignis des Betens. Grundlinien einer Hermeneutik des religiösen Geschehens, Alber: Freiburg 1998.

Cavell M. (1993): Freud und die analytische Philosophie des Geistes. Überlegungen zu einer psychoanalytischen Semantik, Klett-Cotta: Stuttgart 1997 (Orig.: The Psychoanalytic Mind. From Freud to Philosophy, Harvard University Press: Cambridge 1993).

Cavell M. (1998): Triangulation, one's own mind and objectivity, in: International Journal of Psycho-Analysis 79 (1998), 449-467.

Celan P. (1959): Sprachgitter, in: ders.: Gesammelte Werke, Bd. 1, Suhrkamp: Frankfurt 1983.

Cicchese G. (1999): I percorsi dell'altro. Antropologia e storia, Città Nuova: Roma 1999.

Claeges U. u.a. (1989): Art. «Phänomenologie», in: Ritter J. – Gründer K. (Hg.): Historisches Wörterbuch der Philosophie, Bd. 7, Schwabe: Basel 1989, Sp. 486-516.

Cocks G. (1994): Introduction, in: Kohut H.: The Curve of Life: Correspondence 1923-1981, hg. von G. Cocks, University of Chicago Press: Chicago 1994, 1-34.

Coda P. (1984): Evento Pasquale. Trinità e Storia, Città Nuova: Roma 1984.

Coda P. (1998): Sul concetto e il luogo di un'antropologia trinitaria, in: Coda P. – Žák L. (Hg.): Abitando la Trinità. Per un rinnovamento dell'ontologia, Città Nuova: Roma 1998, 123-135.

Costantini E. (1981): Einfühlung und Intersubjektivität bei Edith Stein und bei Husserl, in: The great Chain of Being and Italian Phenomenology (Analecta Husserliana XI), hg. von Angela Ales Bello, Reidel: Dordrecht 1981, 335-339.

Costantini E. (1987): Note sull'empatia nell'approccio interpersonale, in: Aquinas 30 (1987), 135-140.

Costantini E. (1990): L'empatia, conoscenza dell'"Io" straniero. Husserl e Edith Stein, in: Studium 86 (1990), 73-91.

Costantini E. – Schulze Costantini E. (1998): Il tema dell'empatia nella trattazione di Husserl e in quella della Edith Stein, in: Stein E.: Il problema dell'empatia, Edizioni Studium: Roma ²1998, 47-53.

Courtine-Denamy S. (1997): Trois femmes dans de sombres temps: Edith Stein, Hannah Arendt, Simone Weil, Éditions Albin Michel 1997.

Crowe F.E. (1989): Appropriating the Lonergan Idea, The Catholic University of America Press: Washington 1989.

de Finance J. (1973): L'affrontement de l'autre. Essai sur l'altérité, Università Gregoriana Editrice: Roma 1973.

Dempf A. (1953): Rezension zu ‚Endliches und ewiges Sein', in: Philosophisches Jahrbuch 62 (1953), 201-204.

Denzinger H. (1991): Kompendium der Glaubensbekenntnisse und kirchlichen Lehrentscheidungen, hg. von P. Hünermann, Herder: Freiburg ³⁷1991.

Deselaers P. (1994): Art. «Berufung», in: Kasper W. (Hg.): Lexikon für Theologie und Kirche, Bd. 2, Herder: Freiburg ³1994, Sp. 302-306.

Dornes M. (1993): Der kompetente Säugling. Die präverbiale Entwicklung des Menschen, Fischer: Frankfurt a.M. 1993.

Dornes M. (1997): Die frühe Kindheit. Entwicklungspsychologie der ersten Lebensjahre, Fischer: Frankfurt a.M. 1997.

Elders L. (Hg.) (1991): Edith Stein. Leben, Philosophie, Vollendung. Abhandlungen des internationalen Edith-Stein-Symposiums Rolduc, Naumann: Würzburg 1991.

Eliade M. (1957): Das Heilige und das Profane, Rowohlt: Hamburg 1957.

Endres E. (1987): Edith Stein. Christliche Philosophin und jüdische Märtyrerin, Piper: München 1998 (1987).

Erazo N. (1997): Entwicklung des Selbstempfindens. Verschmelzung, Identität und Wir-Erleben, Kohlhammer: Stuttgart 1997.

Erikson E.H. (1959): Identität und Lebenszyklus. Drei Aufsätze, Suhrkamp: Frankfurt [16]1997 (Orig.: Identity and the Life Cycle, 1959).

Ewert O. (1972): Art. «Einfühlung». in: Ritter J. (Hg.): Historisches Wörterbuch der Philosophie, Bd.2, Schwabe: Basel 1972, Sp.396-397.

Fetz R.L. u.a. (Hg.) (1993a): Studien zur Philosophie von Edith Stein. Internationales Edith-Stein-Symposium Eichstätt 1991, Alber: Freiburg 1993.

Fetz R.L. (1993b): Ich, Seele, Selbst. Edith Steins Theorie personaler Identität, in: ders. (Hg.): Studien zur Philosophie von Edith Stein. Internationales Edith-Stein-Symposium Eichstätt 1991, Alber: Freiburg 1993, 286-319.

Fidalgo A. (1985): Der Übergang zur objektiven Welt. Eine kritische Erörterung zum Problem der Einfühlung bei Edith Stein, Dissertation, Würzburg 1985.

Fidalgo A. (1993): Edith Stein, Theodor Lipps und die Einfühlungsproblematik, in: Fetz R., u.a. (Hg.): Studien zur Philosophie von Edith Stein. Internationales Edith-Stein-Symposium Eichstätt 1991, Alber: Freiburg 1993, 90-106.

Forte B. (1997): Teologia e psicologia. Resistenza, indifferenza, resa o integrazione?, in: Imoda F. (Hg.): Antropologia interdisciplinare e formazione, EDB: Bologna 1997, 75-95.

Forte B. (1998): La dimora nella Trinità: contributo ad una ontologia trinitaria, in: Coda P. – Žák L. (Hg.): Abitando la Trinità . Per un rinnovamento dell'ontologia, Città Nuova: Roma 1998, 109-122.

Fosshage J.L. (1992): Self Psychology. The Self and its Vicissitudes within a Relational Matrix, in: Skolnick N.J. – Warshaw S.C. (Hg.): Relational Perspectives in Psychoanalysis, Analytic Press: Hillsdale 1992, 21-41.

Fowler J.W. (1981): Stufen des Glaubens. Die Psychologie der menschlichen Entwicklung und die Suche nach Sinn, Mohn: Gütersloh 1991 (Orig.: Stages of Faith. The Psychology of Human Development and the Quest for Meaning, Harper: San Francisco [13]2000 (1981).

Fowler J.W. (2000): Becoming Adult – Becoming Christian. Adult Development and Christian Faith, Jossey-Bass: San Francisco 2000.

Frankl V.E. (1948): Der unbewußte Gott. Psychotherapie und Religion, Kösel: München 1948.

Freud S. (1905): Drei Abhandlungen zur Sexualtheorie, in: ders.: Gesammelte Werke, Bd. 5 (hg. von A. Freud u.a.), Fischer: Frankfurt 1999, 27-145.

Freud S. (1913a): Zur Einleitung der Behandlung, in: ders.: Gesammelte Werke, Bd. 8 (hg. von A. Freud u.a.), Fischer: Frankfurt 1999, 435-478.

Freud S. (1913b): Totem und Tabu. Einige Übereinstimmungen im Seelenleben der Wilden und der Neurotiker, in: ders.: Gesammelte Werke, Bd. 9 (hg. von A. Freud u.a.), Fischer: Frankfurt 1999.

Freud S. (1927): Die Zukunft einer Illusion, in: ders.: Gesammelte Werke, Bd. 14 (hg. von A. Freud u.a.), Fischer: Frankfurt 1999, 323-380.

Fromm E. (1956): Die Kunst des Liebens, DVA: Stuttgart 1980 (Orig.: The Art of Loving, Harper: New York 1956).

Gabbard G. O. (1997): A reconsideration of objectivity in the analyst, in: International Journal of Psycho-Analysis 78 (1997), 15-26.

Gadamer H.-G. (1960): Wahrheit und Methode. Grundzüge einer philosophischen Hermeneutik, (Gesammelte Werke, Bd. 1), Mohr: Tübingen ^{6}1990 (1960).

Gadamer H.-G. (1963): Die phänomenologische Bewegung (1963), in: ders.: Neuere Philosophie I. Hegel-Husserl-Heidegger (Gesammelte Werke, Bd. 3), Mohr: Tübingen 1987, 105-146.

Gadamer H.-G. (1975): Subjektivität und Intersubjektivität, Subjekt und Person (1975), in: ders.: Hermeneutik im Rückblick (Gesammelte Werke, Bd. 10), Mohr: Tübingen 1995, 87-99.

Galatzer-Levy R.M. – Cohler B.J. (1993): The Essential Other. A Developmental Psychology of the Self, Basic Books: New York 1993.

Galimberti U. (1979): Psichiatria e fenomenologia, Feltrinelli: Milano ^{4}1996 (1979).

Gay P. (1987): „Ein gottloser Jude". Sigmund Freuds Atheismus und die Entwicklung der Psychoanalyse, Fischer: Frankfurt 1999 (Orig.: A Godless Jew. Freud, Atheism, and the Making of Psychoanalysis, Yale University Press: New Haven 1987).

Gedo J.E. – Goldberg A. (1973): Models of the Mind. A Psychoanalytic Theory, University of Chicago Press: Chicago 1973.

Geertz C. (1973): Dichte Beschreibung. Beiträge zum Verstehen kultureller Erfahrung, Suhrkamp: Frankfurt a.M ^{7}2001 (Orig.: The Interpretation of Cultures. Selected Essays, Basic Books: New York 1973).

Gehrie M.J. (2000): Forms of Relatedness. Self-Preservation and the Schizoid Continuum, in: Goldberg A. (Hg.): How responsive should we be? Progress in Self Psychology, Vol. 16, Analytic Press: Hillsdale 2000, 17-32.

Gerl H.-B. (1991): Nachwort, in: Stein E.: Einführung in die Philosophie, (ESW XIII), Herder: Freiburg 1991, 263-278.

Gerl H.-B. (1998): Unerbittliches Licht. Edith Stein – Philosophie, Mystik, Leben, Grünewald: Mainz ^{2}1998.

Gerl-Falkovitz H.-B. (1998): Endliches und ewiges Sein. Der Mensch als Abbild der Dreifaltigkeit nach Edith Stein, in: Internationale katholische Zeitschrift "Communio" 27 (1998), 548-562.

Gill, M. (1994): Psychoanalyse im Übergang. Eine persönliche Betrachtung, Verlag Internationale Psychoanalyse: Stuttgart 1997 (Orig.: Psychoanalysis in Transition. A Personal View, The Analytic Press: Hillsdale 1994).

Giorgi A. (1970): Psychology as a human science. A phenomenologically based approach, Harper and Row: New York 1970.

Giorgi A. (1983): Concerning the possibility of phenomenological psychological research, in: Journal of Phenomenological Psychology 14 (1983), 129-169.

Giorgi A. (Hg.) (1985): Phenomenology and Psychological Research, Duquesne University Press: Pittsburgh 1985.

Giorgi A. (1997): The Theory, Practice, and Evaluation of the phenomenological method as a qualitative research procedure, in: Journal of Phenomenological Psychology 28 (1997), 235-260.

Glassman M. (1988): Kernberg and Kohut: A test of competing psychoanalytic models of narcissism, in: Journal of the American Psychoanalytic Association 36 (1988), 597-625.

Goldberg A. (Hg.) (1978): The Psychology of the Self. A Casebook, International Universities Press: Madison [3]1984 (1978).

Goldberg A. (1983): On the Scientific Status of Empathy, in: The Annual of Psychoanalysis 11 (1983, 155-169).

Goldberg A. (1988): A Fresh Look at Psychoanalysis. The View from Self Psychology, The Analytic Press: Hillsdale 1988.

Goldberg A. (1990): The Prisonhouse of Psychoanalysis, Analytic Press: Hillsdale 1990.

Goldberg A. (1998): Self Psychology since Kohut, in: Psychoanalytic Quarterly 67 (1998), 240-255.

Goldberg A. (1999): Being of Two Minds. The Vertical Split in Psychoanalysis and Psychotherapy, Analytic Press: Hillsdale 1999.

Gosebrink H. (1995): Meister Thomas und sein Schüler Husserl. Gedanken zu einem fiktiven Dialog zwischen Thomas von Aquin und Edmund Husserl von Edith Stein, in: Erbe und Auftrag 71 (1995), 463-485.

Gosebrink H. (1998): "Wissenschaft als Gottesdienst". Zur Bedeutung Thomas' von Aquin für Edith Stein in ihrer Speyerer Zeit (1923-1931), in: Edith-Stein-Jahrbuch 4 (1998), 511-530.

Graef H. (1958): Edith Stein. Versuch einer Biographie, Knecht: Frankfurt [3]1958.

Greenberg J.R. – Mitchell S. A. (1983): Object Relations in Psychoanalytic Theory, Harvard University Press: Cambridge – London 1983.

Greshake G. (1997): Der dreieine Gott. Eine trinitarische Theologie, Herder: Freiburg 1997.

Grotstein J. (1983): Some perspectives in self psychology, in: Goldberg A. (Hg.), The future of psychoanalysis, International Universities Press: New York 1983, 165-201.

Gruen A. (2000), Das Fremde in uns, Klett-Cotta: Stuttgart 2000.

Grünbaum A. (1984): Die Grundlagen der Psychoanalyse. Eine philosophische Kritik, Reclam: Stuttgart 1988 (Orig.: The Foundations of Psychoanalysis. A philosophical Critique, Berkeley u.a. 1984).

Grünbaum A. (1987): Psychoanalyse in wissenschaftstheoretischer Sicht. Zum Werk Sigmund Freuds und seiner Rezeption, Universitätsverlag Konstanz: Konstanz 1987.

Guilead R. (1974): De la Phénoménologie à la Science de la Croix. L'itinéraire d'Edith Stein, Nauwelaerts: Louvain 1974.

Gurevitch Z.D. (1989): The Power of Not Understanding. The Meeting of Conflicting Identities, in: Journal of Applied Behavioral Science 25 (1989), 161-173.

Gurevitch Z.D. (1990): The Embrace. On the Element of Non-Distance in Human Relations, in: The Sociological Quarterly 31 (1990), 187-201.

Guss Teicholz J. (1999): Kohut, Loewald and the Postmoderns. A Comparative Study of Self and Relationship, Analytic Press: Hillsdale 1999.

Habermas J. (1968): Erkenntnis und Interesse, Suhrkamp [11]1994 (1968).

Habermas J. (1973): Wahrheitstheorien, in: Fahrenbach H. (Hg.): Wirklichkeit und Reflexion, Neske: Pfullingen, 211-265.

Hamburg P. (1991): Interpretation and Empathy. Reading Lacan with Kohut, in: International Journal of Psycho-Analysis 72 (1991), 347-361.

Hanly C. (1990): The Concept of Truth in Psychoanalysis, in: International Journal of Psycho-Analysis 71 (1990), 375-383.

Hanly C. (1999): On Subjectivity and Objectivity in Psychoanalysis, in: Journal of the American Psychoanalytic Association 47 (1999), 427-444.

Hartmann D. (1998): Philosophische Grundlagen der Psychologie, Wissenschaftliche Buchgesellschaft: Darmstadt 1998.

Hartmann H. (1959): Psychoanalysis as a Scientific Theory (1959), in: ders.: Ego Psychology. Selected Problems in Psychoanalytic Theory, International Universites Press: New York 1964, 38-350.

Hartmann H-P. u.a. (Hg.) (1998): Das Selbst im Lebenszyklus, Suhrkamp: Frankfurt 1998.

Healy T. (1997): La sfida dell'autotrascendenza: Antropologia della vocazione 1 e Bernard Lonergan, in: Imoda F.: Antropologia interdisciplinare e formazione, EDB: Bologna 1997, 97-158.

Hedwig K. (1991): Über den Begriff der Einfühlung in der Dissertationsschrift Edith Steins, in: Elders L. (Hg.): Edith Stein. Leben, Philosophie, Vollendung. Abhandlungen des internationalen Edith-Stein-Symposiums Rolduc, Naumann: Würzburg 1991, 239-251.

Heidegger M. (1927): Sein und Zeit, Niemeyer: Tübingen [17]1993.

Heidegger M. (1928): Phänomenologie und Theologie, in: ders.: Wegmarken, Klostermann: Frankfurt a.M. [3]1996, 45-78.

Heidegger M. (1952): Was heißt Denken? Vorlesung Wintersemester 1951/52, Reclam: Hamburg 1992.

Heidegger M. (1954): Was heißt Denken?, in: ders.: Vorträge und Aufsätze, Neske: Pfullingen [5]1985 (1954), 123-137.

Hemmerle K. (1966): Das Heilige und das Denken. Zur philosophischen Phänomenologie des Heiligen, in: ders.: Auf den göttlichen Gott zudenken. Schriften zur Religionsphilosophie und Fundamentaltheologie 1 (Ausgewählte Schriften, Bd. 1), Herder: Freiburg 1996, 111-175.

Hemmerle K. (1976): Thesen zu einer trinitarischen Ontologie, Johannes: Einsiedeln 1976.

Hemmerle K. (1995): Leben aus der Einheit. Eine theologische Herausforderung, Herder: Freiburg 1995.

Herbstrith W. (Hg.) (1991): Denken im Dialog. Zur Philosophie Edith Steins, Attempto: Tübingen 1991.

Hölderlin F. (1970): Sämtliche Werke und Briefe, 2 Bde., Hanser: München [5]1989 (1970).

Hood R.W. – Spilka B. u.a. (1996): The Psychology of Religion. An Empirical Approach, Guilford Press [2]1996.

Husserl E. (1900): Logische Untersuchungen, Bd. 1: Prolegomena zur reinen Logik, (Husserliana XVIII), Nijhoff: Den Haag/Dordrecht 1975.

Husserl E. (1911): Philosophie als strenge Wissenschaft, in: ders.: Aufsätze und Vorträge (1911-1921), hg. von T. Nenon und H.-R. Sepp, (Husserliana XXV), Nijhoff: Den Haag 1987, 3-62.

Husserl E. (1913): Ideen zu einer reinen Phänomenologie und phänomenologischen Philosophie, Erstes Buch: Allgemeine Einführung in die reine Phänomenologie, hg. von K. Schuhmann, Nijhoff: Den Haag, 1976.

Husserl E. (1931): Cartesianische Meditationen und Pariser Vorträge, hg. von S. Strasser, (Husserliana I), Nijhoff: Den Haag, 1950.

Husserl E. (1952): Ideen zu einer reinen Phänomenologie und phänomenologischen Philosophie, Zweites Buch: Phänomenologische Untersuchungen zur Konstitution, hg. von M. Biemel, (Husserliana IV), Nijhoff: Den Haag 1952.

Husserl E. (1966): Zur Phänomenologie des inneren Zeitbewußtseins (1893-1917), hg. von R. Böhm, (Husserliana X), Nijhoff: Den Haag 1966.

Husserl E. (1973a): Zur Phänomenologie der Intersubjektivität. Texte aus dem Nachlaß. Erster Teil: 1905-1920, hg. von I. Kern, (Husserliana XIII), Nijhoff. Den Haag 1973.

Husserl E. (1973b): Zur Phänomenologie der Intersubjektivität. Texte aus dem Nachlaß. Zweiter Teil: 1921-1928, hg. von I. Kern, (Husserliana XIV), Nijhoff. Den Haag 1973.

Husserl E. (1973c): Zur Phänomenologie der Intersubjektivität. Texte aus dem Nachlaß. Dritter Teil: 1929-1935, hg. von I. Kern, (Husserliana XV), Nijhoff. Den Haag 1973.

Husserl E. (1987): Aufsätze und Vorträge (1911-1921), hg. von T. Nenon und H.-R. Sepp, (Husserliana XXV), Nijhoff: Den Haag/Dordrecht 1987.

Imhof B.W. (1987): Edith Steins philosophische Entwicklung. Leben und Werk (Erster Band), Birkhäuser: Basel 1987.

Imoda F. (1993): Sviluppo umano. Psicologia e mistero, Piemme: Casale Monferrato 1993.

Imoda F. (1994): Aspetti del dialogo tra le scienze umane e pedagogiche e la dimensione teologica, in: Seminarium 34 (1994), 89-108.

Imoda F. (1997a): Antropologia interdisciplinare e formazione, EDB: Bologna 1997.

Imoda F. (1997b): Sviluppo umano, luogo del mistero e i colloqui di crescita, in: ders. (Hg.): Antropologia interdisciplinare e formazione, EDB: Bologna 1997, 159-216.

Imoda F. (1997c): Lo sviluppo della relazione come contributo al discernimento, in: Rulla L.M. (Hg.): Antropologia della vocazione cristiana. Vol. III: Aspetti interpersonali, EDB: Bologna 1997, 111-153.

Ingarden R. (1979): Über die philosophischen Forschungen Edith Steins, in: Freiburger Zeitschrift für Philosophie und Theologie 26 (1979), 456-480.

James W. (1902): Die Vielfalt religiöser Erfahrung. Eine Studie über die menschliche Natur, Insel: Frankfurt 1997 (Orig.: Varieties of Religious Experience. A Study in Human Nature, Random House: New York 1999 (1902)).

Jones J.W. (1991): Contemporary Psychoanalysis and Religion. Transference and Transcendence, Yale University Press: New Haven 1991.

Jones S.L (1994): A Constructive Relationship of Religion with the Science and Profession of Psychology. Perhaps the boldest Model Yet, in: American Psychologist 49 (1994), 184-199.

Jüngel E. (1986): Gott als Geheimnis der Welt. Zur Begründung der Theologie des Gekreuzigten im Streit zwischen Theismus und Atheismus, Mohr: Tübingen ⁵1986.

Kafka F. (1926): Das Schloß, Fischer: Frankfurt 1994 (1926).

Kern I. (1973): Einleitung, in: Husserl E.: Zur Phänomenologie der Intersubjektivität. Texte aus dem Nachlaß. Erster Teil: 1905-1920, hg. von Iso Kern, (Husserliana XIII), Nijhoff. Den Haag 1973, XVII-XLVIII.

Kernberg O.F. (1975): Borderline-Störungen und pathologischer Narzißmus, Suhrkamp: Frankfurt ⁸1995 (Orig.: Borderline-Conditions and Pathological Narcisism, Janson Aronson: New York 1975).

Kernberg O.F. (1980): Innere Welt und äußere Realität. Anwendungen der Objektbeziehungstheorie, Verlag Internationale Psychoanalyse: Stuttgart ²1994 (Orig.: Internal World and External Reality. Object Relations Theory Applied, Jason Aronson: New York: 1980).

Kernberg O.F. (1992): Wut und Haß. Über die Bedeutung von Aggression bei Persönlichkeitsstörungen und sexuellen Perversionen, Klett-Cotta: Stuttgart ²1998 (Orig.: Aggression in Personality Disorders and Perversions, Yale University Press: New Haven 1992).

Kernberg O.F. (1999): Psychoanalysis, Psychoanalytic Psychotherapy and Supportive Psychotherapy. Contemporary Controversies, in: International Journal of Psycho-Analysis 80 (1999), 1075-1091.

Kiely B.M. (1987): Psychology and Moral Theology. Lines of convergence, Gregorian University Press: Rome 1987.

Kiely B.M. (1990): Can there be a Christian Psychology?, in: Studies 79 (1990), 150-158.

Kilian H. (1999): Der geschichtliche Wandel im Denken und Deuten der Psychoanalyse. Ein Beitrag zur historischen Anthropologie der Gegenwart, in: Milch W. – Hartmann H.-P. (Hg.): Die Deutung im therapeutischen Prozeß, Psychosozial-Verlag: Gießen 1999, 19-46.

Klein M. (1945): The Oedipus complex in the light of early anxieties (1945), in: dies.: Love, guilt and reparation and other works 1921-1945, The Free Press: New York 1984, 370-419.

Klein M. (1957): Envy and Gratitude (1957), in: dies.: Envy and gratitude and other works 1946-1963, The Free Press: New York 1975, 176-235.

König K. (1997): Abwehrmechanismen, Vandenhoeck & Ruprecht: Göttingen ²1997.

Koepcke C. (1991): Edith Stein. Ein Leben, Würzburg 1991.

Körner J. (1998): Einfühlung: Über Empathie, in: Forum der Psychoanalyse 14 (1998), 1-17.

Körner R. (1998): "Einfühlung" im Sinne Edith Steins. Ein personaler Grundakt im christlichen Glaubensvollzug, in: Internationale katholische Zeitschrift Communio 27 (1998), 515-531.

Kristeva J. (1983): Geschichten von der Liebe, Suhrkamp: Frankfurt 1989 (Orig.: Histoires d'amour, Editions Denoël 1983).

Kristeva J. (1988): Fremde sind wir uns selbst, Suhrkamp: Frankfurt 1990 (Orig.: Etrangers à nous-mêmes, Librairie Arthème Fayard 1988).

Kühn R. (1989): Leben aus dem Sein. Zur philosophischen Grundintuition Edith Steins, in: Teresianum 40 (1989), 175-188.

Kutter P. u.a. (1995): Der therapeutische Prozeß. Psychoanalytische Theorie und Methode in der Sicht der Selbstpsychologie, Suhrkamp: Frankfurt 1995.

Lachman F.M. (1991): Three Self Psychologie or One?, in: Goldberg A. (Hg.), The Evolution of Self Psychology, Progress in Self Psychology, Vol. 7, The Analytic Press: Hillsdale 1991, 167-174.

Laplanche J. – Pontalis J.-B. (1967): Das Vokabular der Psychoanalyse, Suhrkamp: Frankfurt a.M. ¹³1996 (Orig.: Vocabulaire de la Psychanalyse, Presses Universitaires de France: Paris 1967).

Laplanche J. (1992a): Die unvollendete kopernikanische Revolution, in: ders.: Die unvollendete kopernikanische Revolution in der Psychoanalyse, Fischer: Frankfurt 1996, 7-44 (Orig.: La révolution copernicienne inachevée. Travaux 1967-1992, Éditions Aubier: Paris 1992).

Laplanche J. (1992b): Die Zeit und der Andere, in : ders.: Die unvollendete kopernikanische Revolution in der Psychoanalyse, Fischer: Frankfurt 1996, 114-141 (Orig.: La révolution copernicienne inachevée. Travaux 1967-1992, Éditions Aubier: Paris 1992).

Laplanche J. (1992c): Von der Übertragung und ihrer Provokation durch den Analytiker, in : ders.: Die unvollendete kopernikanische Revolution in der Psychoanalyse, Fischer: Frankfurt 1996, 177-201 (Orig.: La révolution copernicienne inachevée. Travaux 1967-1992, Éditions Aubier: Paris 1992).

Laplanche J. (1997): The Theory of Seduction and the Problem of the Other, in: International Journal of Psycho-Analysis 78 (1997), 653-666.

Lawrence D.H. (1964): The Complete Poems, Penguin: New York 1993 (1964).

Lee R.L. (1999): An Infant's Experience as a Selfobject, in: American Journal of Psychotherapy 53 (1999), 177-187.

Lembeck K.-H. (1988): Die Phänomenologie Husserls und Edith Stein, in: Theologie und Philosophie 63 (1988), 182-202.

Lembeck K.-H. (1990): Zwischen Wissenschaft und Glauben: Die Philosophie Edith Steins, in: Zeitschrift für katholische Theologie 112 (1990), 271-287.

Lembeck K.-H. (1991): Glaube im Wissen? Zur aporetischen Grundstruktur der Spätphilosophie Edith Steins, in: Herbstrith W. (Hg.): Denken im Dialog. Zur Philosophie Edith Steins, Attempto: Tübingen 1991, 156-175.

Lembeck K.-H. (1994): Einführung in die phänomenologische Philosophie, Wissenschaftliche Buchgesellschaft: Darmstadt 1994.

Leuven R. (1983): Heil im Unheil. Das Leben Edith Steins: Reife und Vollendung, (ESW X), De Maas: Druten/Herder: Freiburg 1983.

Lévinas E. (1961): Totalität und Unendlichkeit. Versuch über die Exteriorität, Alber: Freiburg ²1993 (Orig.: Totalité et infini. Essai sur l'exteriorité, Nijhoff: Den Haag 1961).

Lévinas E. (1970): Ohne Identität, in: ders.: Humanismus des anderen Menschen, Hamburg: Meiner 1989, 85-104 (Orig.: Humanisme de l'autre homme, Montpellier 1972).

Lévinas E. (1978): Jenseits des Seins oder anders als Sein geschieht, Alber: Freiburg ²1998 (Orig.: Autremente qu'être ou au-delà de l'essence, Nijhoff: Den Haag 1978).

Lévinas E. (1979): Die Zeit und der Andere, Meiner: Hamburg 1984 (Orig.: Le temps et l'autre, PUF: Paris 1979).

Lévinas E. (1982): Wenn Gott in das Denken einfällt. Diskurse über die Betroffenheit von Transzendenz, Alber: Freiburg ³1999 (Orig.: De Dieu qui vient à l'idée, Librairie philosophique J. Vrin: Paris 1982).

Lévinas E. (1983): Die Spur des Anderen. Untersuchungen zur Phänomenologie und Sozialphilosophie, Alber: Freiburg ⁴1999 (1983).

Lévinas E. (1991): Zwischen uns. Versuche über das Denken an den Anderen, Hanser: München 1995 (Orig.: Entre nous. Essais sur le penser-à-l'autre, Grasset & Fasquelle: Paris 1991).

Levy D. (1996): Freud among the Philosophers. The psychoanalytic Unconscious and its philosophical critics, Yale University Press: New Haven 1996.

Lichtenberg J. D. (1983): Psychoanalyse und Säuglingsforschung, Springer: Berlin 1991 (Orig.: Psychoanalysis and Infant Research, The Analytic Press: Hillsdale 1983).

Lichtenberg J.D. (1989): Modellszenen, Affekte und das Unbewußte, in: Wolf E.S.: Selbstpsychologie. Weiterentwicklungen nach Kohut, Verlag Internationale Psychoanalyse: München 1989, 73-106.

Lichtenberg J.D. – Lachmann F.M. – Fosshage J.L. (1992): Das Selbst und die motivationalen Systeme. Zu einer Theorie psychoanalytischer Technik, Brandes und Apsel 2000 (Orig.: Self and Motivational Systems. Toward a Theory of Psychoanalytic Technique, Hillsdale: Analytic Press 1992).

Lichtenberg J.D. – Lachmann F.M. – Fosshage J.L. (1996): The Clinical Exchange. Technique derived from Self and Motivational Systems, Analytic Press: Hillsdale 1996.

Linssen M. (1999): Das Archivum Carmelitanum Edith Stein, in: Edith-Stein-Jahrbuch 5 (1999), 405-422.

Lipps Th. (1893): Grundzüge der Logik, Voss: Hamburg 1893.

Loch W. (1985): Perspektiven der Psychoanalyse, Hirzel: Stuttgart 1985.

Lonergan B. (1957): Die Einsicht. Eine Untersuchung über den menschlichen Verstand, 2 Bde., (Übersetzung der Second Rivised Edition 1958), Junghans: Cuxhaven 1995 (Orig.: Insight. A study of human understanding, Collected Works of Bernard Lonergan, Vol. 3, University of Toronto Press: Toronto ^{5}1992 (1957)).

Lonergan B. (1971): Methode in der Theologie, Benno-Verlag: Leipzig 1991 (Orig.: Method in Theology, Darton, Longman & Todd: London 1971).

Manenti A. (1996): Il pensare psicologico. Pretese e prospettive, EDB: Bologna 1996.

Marion J.-L. (1977): The Idol and Distance. Five Studies, Fordham University Press: New York 2001 (Orig.: L'idole et la distance, Grasset: Paris 1977).

Marion J.-L. (1982): God without Being, Chicago University Press: Chicago 1991 (Orig.: Dieu sans l'être, Fayard: Paris 1982).

Marion J.-L. (1988): Aspekte der Religionsphilosophie: Grund, Horizont und Offenbarung, in: Halder A. – Kienzler K. – Möller J. (Hg.): Religionsphilosophie heute. Chancen und Bedeutung in Philosophie und Theologie, Patmos: Düsseldorf 1988, 84-103.

Marion J.-L. (1989): Reduction and givenness. Investigations of Husserl, Heidegger, and Phenomenology, Northwestern University Press: Evanston 1998 (Orig.: Réduction e donation. Recherches sur Husserl, Heidegger et la phénoménologie, Paris 1989).

Marion J.-L. (1997): Étant donné. Essai d'une phénoménologie de la donation, P.U.F.: Paris 1997.

Marten R. (1996): Edith Stein und Martin Heidegger, in: Edith-Stein-Jahrbuch 2 (1996), 347-360.

Martini G. (1998): Ermeneutica e narrazione. Un percorso tra psichiatria e psicoanalisi, Bollati Boringhieri: Torino 1998.

Matzker R. (1991): Einfühlung. Edith Stein und die Phänomenologie, Peter Lang: Bern 1991.

Meissner W.W. (1966): Foundations for a Psychology of Grace, Paulist Press: Glen Rock 1966.

Meissner W.W. (1969): Notes on the Psychology of Faith, in: Journal of Religion and Health 8 (1969), 47-75.

Meissner W. W. (1984): Psychoanalysis and Religious Experience, Yale University Press: New Haven 1984.

Meissner W.W. (1987): Life and Faith. Psychological Perspectives on Religious Experience, Georgetown University Press: Washington 1987.

Meissner W.W. (1990): Foundations of Psychoanalysis reconsidered, in: Journal of the American Psychoanalytic Association 38 (1990), 523-557.

Meissner W.W. (1991): What is effective in Psychoanalytic Therapy. The Move from Interpretation to Relation, Jason Aronson: Northvale 1991.

Meissner W.W. (1996): Empathy in the Therapeutic Alliance, in: Psychoanalytic Inquiry 16 (1996), 39-53.

Milch W. (1995): Grundbegriffe der Selbstpsychologie. Teil 2, in: Kutter P.: Der therapeutische Prozeß. Psychoanalytische Theorie und Methode in der Sicht der Selbstpsychologie, Suhrkamp: Frankfurt a.M. [2]1997 (1995), 37-51.

Milch W. – Hartmann H.-P. (Hg.) (1999): Die Deutung im therapeutischen Prozeß, Psychosozial-Verlag: Gießen 1999.

Milch W. (2001): Lehrbuch der Selbstpsychologie, Kohlhammer: Stuttgart 2001.

Mitchell S.A. (1988): Relational Concepts in Psychoanalysis. An Integration, Harvard University Press: Cambridge 1988.

Morrison A.P. (1989): Shame. The underside of narcissism, Analytic Press: Hillsdale 1989.

Morrison A.P. – Stolorow R.D. (1997): Shame, Narcissism and Intersubjectivity, in: Lansky M.R. – Morrison A.P. (Hg.): The widening scope of shame, The Analytic Press: Hillsdale 1997, 63-87.

Müller A.U. (1993): Grundzüge der Religionsphilosophie Edith Steins, Alber: Freiburg 1993.

Müller A.U. (1996): Das Steinsche Werk in Deutschland. Bibliographische Hinweise, in: Edith-Stein-Jahrbuch 2 (1996), 375-391.

Müller A.U. (1997): Emmanuel Levinas und Edith Stein, in: Edith-Stein-Jahrbuch 3 (1997), 367-384.

Müller A.U. – Neyer M.A. (1998): Edith Stein. Das Leben einer ungewöhnlichen Frau, Benziger: Zürich 1998.

Müller K. (1998): Das etwas andere Subjekt. Der blinde Fleck der Postmoderne, in: Zeitschrift für Katholische Theologie 120 (1998), 137-163.

Mura G. (1990): Ermeneutica e verità. Storia e problemi della filosofia dell'interpretazione, Città Nuova: Roma ²1997 (1990).

Nathanson D.L. (Hg.) (1987): The many faces of shame, Guilford: New York 1987.

Neyer M.A. (1991): Edith Steins hinterlassene Schriften. Versuch einer Dokumentation, in: Katholische Bildung 92 (1991), 540-562.

Neyer M.A. (1995): Edith Steins Werk "Endliches und ewiges Sein". Eine Dokumentation, in: Edith-Stein-Jahrbuch 1 (1995), 311-343.

Neyer M.A. (1998): Geschichte des Edith-Stein-Archivs, in: Edith-Stein-Jahrbuch 4 (1998), 549-575.

Nissim-Sabat M. (1989): Kohut and Husserl. The Empathic Bond, in: Detrick A. – Detrick S. (Hg.): Self psychology. Comparisons and contrasts, Analytic Press: Hillsdale 1989, 151-174.

Nota J.H. (1991a): Edith Stein – Max Scheler – Martin Heidegger, in: Elders L. (Hg.): Edith Stein. Leben, Philosophie, Vollendung. Abhandlungen des internationalen Edith-Stein-Symposiums Rolduc, Naumann: Würzburg 1991, 227-237.

Nota J.H. (1991b): Edith Stein und Martin Heidegger, in: Herbstrith W. (Hg.): Denken im Dialog. Zur Philosophie Edith Steins, Attempto: Tübingen 1991, 83-117.

O'Dwyer C. (2000): Imagining one's future. A projective approach to Christian maturity, Editrice Pontificia Università Gregoriana: Roma 2000.

Ogden T.H. (1994): The analytic third. Working with intersubjective facts, in: International Journal of Psycho-Analysis 75 (1994), 3-19.

Ogden T.H. (1998): Zur Analyse von Lebendigem und Totem in Übertragung und Gegenübertragung, in: Psyche 52 (1998), 1067-1092.

Orange D.M. (1992): Subjectivism, Relativism and Realism in Psychoanalysis, in: Goldberg A.: New Therapeutic Visions. Progress in Self Psychology, Vol. 8, The Analytic Press: Hillsdale 1992, 189-197.

Orange D.M. (1995): Emotional Understanding. Studies in Psychoanalytic Epistemology, The Guilford Press: New York-London 1995.

Orange D.M. – Atwood G.E. – Stolorow R.D. (1997): Intersubjektivität in der Psychoanalyse. Kontextualismus in der psychoanalytischen Praxis, Brandes & Apsel: Frankfurt a.M. 2001 (Orig.: Working Intersubjectively. Contextualism in Psychoanalytic Practice, The Analytic Press: Hillsdale 1997).

Ornstein A. (1989): Klinische Darstellung, in: Wolf E.S., u.a.: Selbstpsychologie. Weiterentwicklungen nach Kohut, Verlag Internationale Psychoanalyse: München 1989, 43-72.

Ornstein P.H. (1978): Introduction: The Evolution of Heinz Kohut's Psychoanalytic Psychology of the Self, in: Kohut H.: The Search for the Self. Selected Writings of Heinz Kohut: 1950-1978, Bd. 1, hg. von P.H. Ornstein, International University Press: New York 1978, 1-106.

Ornstein P.H. (1990): Introduction: The Unfolding and Completion of Heinz Kohut's Paradigma of Psychoanalysis, in: Kohut H.: The Search for the Self. Selected Writings of Heinz Kohut: 1978-1981. Bd. 3, hg. von P.H. Ornstein, International University Press: Connecticut 1990, 1-82.

Ornstein P.H. (1991): Why Self Psychology is not an Object Relations Theory: Clinical and Theoretical Considerations, in: Goldberg A. (Hg.): The Evolution of Self Psychology. Progress in Self Psychology, Vol. 7, Analytic Press: Hillsdale 1991, 17-29.

Otto R. (1917): Das Heilige. Über das Irrationale in der Idee des Göttlichen und sein Verhältnis zum Rationalen, Beck: München 1997 (1917).

Pals D.L. (1996): Seven Theories of Religion, Oxford University Press: New York 1996.

Peperzak A. (1993): To the Other: An introduction to the philosophy of Emmanuel Levinas, Purdue University Press: West Lafayette 1993.

Pezzella A.-M. (1995): Edith Stein fenomenologa, Pont. Univ. Lateranense: Roma 1995.

Pezzella A.-M. (1999): Edith-Stein in Italien. Übersetzungen, Studien, Bibliographie, in: Edith-Stein-Jahrbuch 5 (1999), 423-438.

Pigman G.W. (1995): Freud and the history of empathy, in: International Journal of Psycho-Analysis 76 (1995), 237-256.

Platon: Werke, Wissenschaftliche Buchgesellschaft: Darmstadt: [2]1990.

Pohlen M. – Bautz-Holzherr M. (1995): Psychoanalyse – Das Ende einer Deutungsmacht, Rowohlt: Hamburg 1995.

Pohlmann W. (1993): Der Andere und das Fremde in uns. Zum Begriff der Einfühlung, in, Streeck U. (Hg.): Das Fremde in der Psychoanalyse. Erkundungen über das „Andere" in Seele, Körper und Kultur, Pfeiffer: München 1993.

Polkinghorne J. (2000): Faith, Science and Understanding, Yale University Press: New Haven 2000.

Pongratz L.J. (1994): Art. «Stern, William Louis», in: Arnold W., u.a. (Hg.): Lexikon der Psychologie, Herder: Freiburg [12]1994, Sp. 2214-2215.

Prechtl P. (1991): Edmund Husserl zur Einführung, Junius: Hamburg [2]1998.

Przywara E. (1956): E. Stein et Simone Weil. Essentialisme, esistentialisme, analogie, in: Les Etudes Philosophiques 11 (1956), 458-472.

Pulver S.E. (1992): Psychic Change: Insight or Relationship? in: International Journal of Psycho-Analysis 73 (1992), 199-208.

Puntel L.B. (1978): Wahrheitstheorien in der neueren Philosophie. Eine kritisch-systematische Darstellung, Wissenschaftliche Buchgesellschaft: Darmstadt ³1993 (1978).

Rahner K. (1941): Hörer des Wortes. Zur Grundlegung der Religionsphilosophie (neu bearbeitet von J.B. Metz), Freiburg: Herder 1971 (1941).

Rahner K. (1965): Über die Einheit von Nächsten- und Gottesliebe, in: ders.: Schriften zur Theologie, Bd. 6, Benziger: Einsiedeln 1965, 277-298.

Rahner K. (1967): Der dreifaltige Gott als transzendenter Urgrund der Heilsgeschichte, in: Feiner J. – Löhrer M.: Mysterium Salutis. Grundriß heilsgeschichtlicher Dogmatik, Bd. 2, Benziger: Einsiedeln 1967.

Rahner K. (1972a): Zum heutigen Verhältnis von Philosophie und Theologie, in: ders.: Schriften zur Theologie, Bd. 10, Benziger: Einsiedeln 1972, 70-88.

Rahner K. (1972b): Die Theologie im interdisziplinären Gespräch der Wissenschaften, in: ders.: Schriften zur Theologie, Bd. 10, Benziger: Einsiedeln 1972, 89-103.

Rahner K. (1972c): Zum Verhältnis von Theologie und heutigen Wissenschaften, in: ders.: Schriften zur Theologie, Bd. 10, Benziger: Einsiedeln 1972, 104-112.

Rahner K. (1976): Grundkurs des Glaubens. Einführung in den Begriff des Christentums, Herder: Freiburg ¹²1982 (1976).

Rahner K. (1980): Zum Verhältnis von Naturwissenschaft und Theologie, in: ders.: Schriften zur Theologie, Bd. 14, Benziger: Einsiedeln 1980, 63-74.

Rahner K. (1983): Naturwissenschaft und vernünftiger Glaube, in: ders.: Schriften zur Theologie, Bd. 15, Benziger: Einsiedeln 1983, 24-62.

Rath M. (1993): Die Stellung Edith Steins im Psychologismusstreit, in: Fetz R., u.a. (Hg.): Studien zur Philosophie von Edith Stein. Internationales Edith-Stein-Symposium Eichstätt 1991, Alber: Freiburg 1993, 197-225.

Rector L.J. (2000): Developmental Aspects of the Twinship Selfobject Need and Religious Experience, in: Goldberg A. (Hg.): How responsive should we be? Progress in Self Psychology, Vol. 16, Analytic Press: Hillsdale 2000, 257-275.

Rector L.J. (2001): Mystical Experience as an Expression of the Idealizing Selfobject Need, unveröffentlichtes Manuskript (vorgestellt im Institute for Psychoanalysis of Chicago im Februar 2001).

Renik O. (1998): The analyst's subjectivity and the analyst's objectivity, in: International Journal of Psycho-Analysis 79 (1998), 487-497.

Ricoeur P. (1965): Die Interpretation. Ein Versuch über Freud, Suhrkamp: Frankfurt [4]1993 (Orig.: De l'interprétation. Essai sur Freud, Editions du Seuil: Paris 1965).

Ricoeur P. (1969a): Hermeneutik und Strukturalismus. Der Konflikt der Interpretationen I, Kösel: München 1973 (Orig.: Le conflit des interprétations. Essais d'hermeneutique, Editions du Seuil: Paris 1969).

Ricoeur P. (1969b): Hermeneutik und Psychoanalyse. Der Konflikt der Interpretationen II, Kösel: München 1974 (Orig.: Le conflit des interprétations. Essais d'hermeneutique, Editions du Seuil: Paris 1969).

Ricoeur P. (1986): The Self in Psychoanalysis and Phenomenological Philosophy, in: Psychoanalytic Inquiry 6 (1986), 437-458.

Ricoeur P. (1990): Das Selbst als ein Anderer, Fink: München 1996 (Orig.: Soi-même comme un autre, Éditions du Seuil: Paris 1990).

Riker J.H. (1996): The Philosophical Importance of Kohut's Bipolar Theory of the Self, in: Goldberg A.: Basic Ideas Reconsidered. Progress in Self Psychology, Vol. 12, The Analytic Press: Hillsdale 1996, 67-83.

Rizzacasa A. (1996): Continuità e discontinuità tra Husserl e Heidegger: Genesi e sviluppo di una polemica filosofica, in: ders.: Fenomenologia ed esistenza. Itinerario nel pensiero contemporaneo, Edizioni Scientifiche Italiane: Napoli 1996, 105-129.

Rizzuto A.-M. (1979): The Birth of the Living God. A Psychoanalytic Study, University of Chicago Press: Chicago [8]2000 (1979).

Rizzuto A.-M. (1991): Shame in Psychoanalysis: The function of unconscious fantasies, in: International Journal of Psycho-Analysis 72 (1991), 297-312.

Rizzuto A.-M. (1998): Why did Freud reject God? A psychodynamic interpretation, Yale University Press: Yale 1998.

Rizzuto A.-M. (2001): Trasformazioni delle rappresentazioni del Sé, dell'oggetto e di Dio in Psicoanalisi, in: Aletti, M. – Rossi, G., L'illusione religiosa. Rive e derive, Centro Scientifico Editore: Torino 2001, 27-55.

Rombach H. (1950): Edith Stein. Christliche Philosophin unserer Zeit, in: Anzeiger für die Geistlichkeit 1950, 81-82.

Rubovits-Seitz P. (1988): Kohut's Method of Interpretation. A Critique, in: Journal of the American Psychoanalytic Association 36 (1988), 933-959.

Rubovits-Seitz P. (1999): Kohut's Freudian Vision, The Analytic Press: Hillsdale 1999.

Rulla L.M. (1986): Anthropology of the Christian Vocation, Vol. I: Interdisciplinary bases, Gregorian University Press: Rome 1986.

Rulla L.M. (1997): Antropologia della vocazione cristiana, Vol. III: Aspetti interpersonali, EDB: Bologna 1997.

Rulla L.M. – Ridick J. – Imoda F. (1989): Anthropology of the Christian vocation, Vol. II: Existential confirmation, Rome 1989.

Safranski R. (1994): Ein Meister aus Deutschland. Heidegger und seine Zeit, Hanser: München 1994.

Salmen J. (1973): Personverständnis bei Edith Stein, Dissertation Pont. Univ. Gregoriana, Missionsdruckerei St. Gabriel: Mödling 1973.

Sancho F.J. (1995): Das Steinsche Werk in Spanien, in: Edith-Stein-Jahrbuch 1 (1995), 344-350.

Santner E.L. (2001): On the Psychotheology of Everyday Life. Reflections on Freud and Rosenzweig, University of Chicago Press: Chicago 2001.

Sartre J.-P. (1943): Das Sein und das Nichts. Versuch einer phänomenologischen Ontologie, Rowohlt: Reinbek b. Hamburg 1993 (Orig.: 'être et le néant. Essai d'ontologie phénoménologique, Gallimard: Paris 1943).

Sass L.A. (1992): Das Selbst und seine Schicksale. Eine „archäologische" Untersuchung der psychoanalytischen Avantgarde, in: Psyche 46 (1992), 53-90 u. 627-641.

Schafer R. (1959): Generative Empathy in the Treatment Situation, in: The Psychoanalytic Quarterly 28 (1959), 342-373.

Schafer R. (2000): Reflections on ‚Thinking in the presence of the Other', in: International Journal of Psycho-Analysis, 81 (2000), 85-96.

Schmidt N.D. (1995): Philosophie und Psychologie. Trennungsgeschichte, Dogmen und Perspektiven, Rowohlt: Hamburg 1995.

Schulz P. (1993): Die Schrift „Einführung in die Philosophie", in: Fetz R., u.a (Hg.): Studien zur Philosophie von Edith Stein. Internationales Edith-Stein-Symposium Eichstätt 1991, Alber: Freiburg 1993, 228–255.

Schulz P. (1994): Edith Steins Theorie der Person. Von der Bewußtseinsphilosophie zur Geistmetaphysik, Alber: Freiburg 1994.

Secretan P. (1976): Personne, individu et responsabilité chez Edith Stein, in: The Crisis of Culture. Steps to the Phenomenological Investigation of Man, hg. von A.–T. Tymieniecka, (Analecta Husserliana V), Reidel Publishing Company: Dordrecht–Boston 1976, 247–258.

Secretan P. (1977): The Self and the Other in the Thought of Edith Stein, in: The Self and the Other (Analecta Husserliana VI), hg. von A.-T. Tymieniecka, Reidel: Dordrecht 1977, 87-98.

Secretan P. (1992): Erkenntnis und Aufstieg. Einführung in die Philosophie von Edith Stein, Tyrolia: Innsbruck 1992.

Secretan P. (1993): Individuum, Individualität und Individuation nach Edith Stein und Wilhelm Dilthey, in: Fetz R., u.a. (Hg.): Studien zur Philosophie von Edith Stein. Internationales Edith-Stein-Symposium Eichstätt 1991, Alber: Freiburg 1993, 149-169.

Seidl H. (1999): Sul tentativo di Edith Stein di conciliare Husserl con s. Tommaso d'Aquino, in: Angelicum 76 (1999), 47-72.

Seidler G.H. (1995): Der Blick des Anderen. Eine Analyse der Scham, Verlag Internationale Psychoanalyse: Stuttgart 1995.

Seidler G.H. (1997): From Object-Relations Theory to the Theory of Alterity. Shame as Intermediary between the Interpersonal World and the Inner World of Psychic Structure, in: American Journal of Psychotherapy 51 (1997), 343-356.

Sepp H.R. (Hg.) (1988): Edmund Husserl und die phänomenologische Bewegung. Zeugnisse in Text und Bild, Alber: Freiburg 1988.

Sepp H.R. (1998): Edith Steins Stellung in der Phänomenologischen Bewegung, in: Edith-Stein-Jahrbuch 4 (1998), 495-509.

Shane M. – Shane E. (1993): Self Psychology after Kohut: One Theory or many?, in: Journal of the American Psychoanalytic Association 41 (1993), 777-797.

Shaughnessy P. (1995): Empathy and the Working Alliance: The Mistranslations of Freud's Einfühlung, in: Psychoanalytic Psychology 12 (1995), 221-231

Siegel A.M. (1996): Einführung in die Selbstpsychologie. Das psychoanalytische Konzept von Heinz Kohut, Kohlhammer: Stuttgart 2000 (Orig.: Heinz Kohut and the Psychology of the Self, Routledge: London 1996).

Siregar E. (1995): Sittlich handeln in Beziehung. Geschichtliches und personales Denken im Gespräch mit trinitarischer Ontologie, Herder: Freiburg 1995.

Spence D.P. (1982): Narrative Truth and Historical Truth. Meaning and Interpretation in Psychoanalysis, Norton: New York 1982.

Spilka B. – McIntosh D.N. (Hg.) (1997): The Psychology of Religion. Theoretical Approaches, Westview Press: Oxford 1997.

Splett J. (1971): Die Rede vom Heiligen. Über ein religionsphilosophisches Grundwort, Alber: Freiburg 1971.

Stepansky P.E. – Goldberg A. (Hg.) (1984): Kohut's Legacy. Contributions to Self Psychology, The Analytic Press: Hillsdale NJ 1984.

Stern D.N. (1983): The early development of schemas of self, other, and „self with other", in: Lichtenberg, J. – Kaplan, S. (Hg.): Reflections on Self Psychoanalysis, The Analytic Press: Hillsdale 1983, 49-84.

Stern D.N. (1985): Die Lebenserfahrung des Säuglings, Klett-Cotta: Stuttgart ^{6}1998 (Orig.: The Interpersonal World of the Infant, Basic Books: New York 1985).

Stern D.N. (1995): Die Mutterschaftskonstellation. Eine vergleichende Darstellung verschiedener Formen der Mutter-Kind-Psychotherapie, Klett-Cotta: Stuttgart 1998 (Orig.: The Motherhood Constellation, Basic Books: New York 1995).

Stern D.N. u.a. (1998): Non-interpretive mechanisms in psychoanalytic therapy: the „something more" than interpretation, in: International Journal of Psycho-Analysis 78 (1998), 903-921.

Stolorow R.D. – Brandchaft B. – Atwood G.E. (1987): Psychoanalytische Behandlung. Ein intersubjektiver Ansatz, Fischer TB: Frankfurt 1996

(Orig.: Psychoanalytic Treatment. An Intersubjective Approach, The Analytic Press: Hillsdale 1987).

Stolorow R.D. – Atwood G.E. (1992): Contexts of Being. The Intersubjective Foundations of Psychological Life, The Analytic Press: Hillsdale 1992.

Stolorow R.D. – Atwood G.E. – Brandchaft B. (1994): The Intersubjective Perspective, Jason Aronson: Northvale 1994.

Stolorow R.D. (1995): Tensions between Loyalism and Expansionism in Self Psychology, in: Goldberg A.: The Impact of New Ideas, Progress in Self Psychology, Vol. 11, The Analytic Press: Hillsdale 1995, XI-XVII.

Stone I.F. (1998): Reading Lévinas/Reading Talmud. An Introduction, The Jewish Publication Society: Philadelphia 1998.

Strozier C.B. (2001): Heinz Kohut. The Making of a Psychoanalyst, Farrar, Straus and Giroux: New York 2001.

Sullivan H. S. (1953): The Interpersonal Theory of Psychiatry, Norton: New York 1953.

Sullivan J. (2000): Englischsprachige Bibliographie von und über Edith Stein, in: Edith-Stein-Jahrbuch 6 (2000), 437-446.

Summers F. (1994): Object Relations Theories and Psychopathology. A comprehensive Textbook, Analytic Press: Hillsdale 1994.

Tapken A. (2002): Credere e pensare in Edith Stein, in: Cicchese G. – Zak L. (Hg.): Dio e il suo avvento, Città Nuova: Roma 2002.

Taylor M.C. (Hg.) (1998): Critical Terms for Religious Studies, The University of Chicago Press: Chicago 1998.

Teresia Renata de Spiritu Sancto (1948): Edith Stein – Eine große Frau unseres Jahrhunderts – Lebensbild einer Philosophin und Karmelitin, Glock und Lutz: Nürnberg [7]1954 (1948).

Theunissen M. (1977): Der Andere. Studien zur Sozialontologie der Gegenwart, de Gruyter: Berlin [2]1977.

Thomä H. (1999): Zur Theorie und Praxis von Übertragung und Gegenübertragung im psychoanalytischen Pluralismus, in: Psyche 53 (1999), 820-904.

Thomas von Aquin (1952): Untersuchungen über die Wahrheit (Questiones Disputatae de Veritate), übersetzt von Edith Stein, (ESW III und IV), 2 Bde., Nauwelaerts: Louvain/Herder: Freiburg 1952 u. 1955.

Toulmin S. (1986): Self Psychology as a „Postmodern" Science, in: Psychoanalytic Inquiry 6 (1986), 459-477.

Tracy D. (1987): Plurality and Ambiguity. Hermeneutics, Religion, Hope, Chicago University Press: Chicago 1987.

Treuerniet N. (1980): On the relation between the concepts of Self and Ego in Kohut's Psychology of the Self, in: International Journal of Psycho-Analysis 61 (1980), 325-333.

Tuch R.H. (1997): Beyond Empathy. Confronting certain Complexities in Self Psychology Theory, in: Psychoanalytic Quarterly 66 (1997), 259-282.

Utsch M. (1998): Religionspsychologie. Voraussetzungen, Grundlagen, Forschungsüberblick, Kohlhammer: Stuttgart 1998.

Vaillant G.E. (1993): The Wisdom of the Ego, Harvard University Press: Cambridge 1993.

Vergote A. (1966): Religionspsychologie, Walter: Olten 1970 (Orig.: Psychologie Religieuse, Dessart: Bruxelles 1966).

Vergote A. (1998): Psychoanalysis, Phenomenological Anthropology and Religion, Leuven University Press: Leuven 1998.

Vigone L. (1973): Introduzione al pensiero filosofico di Edith Stein, Città Nuova: Roma ²1991.

Volek P. (1998): Erkenntnistheorie bei Edith Stein. Metaphysische Grundlagen der Erkenntnis bei Edith Stein im Vergleich zu Husserl und Thomas von Aquin, Peter Lang: Frankfurt 1998.

Volf M. (1996): Exclusion and Embrace. A Theological Exploration of Identity, Otherness and Reconciliation, Abingdon Press: Nashville 1996.

Wallace E.R. (1988): What Is „Truth"? Some Philosophical Contributions to Psychiatric Issues, in: The American Journal of Psychiatry 145 (1988), 137-147.

Wellendorf F. (1999): Jenseits der Empathie, in: Forum der Psychoanalyse 15 (1999), 9-24.

Werbick J. (2000): Den Glauben verantworten. Eine Fundamentaltheologie, Herder: Freiburg 2000.

Wilson M. (1998): Otherness within. Aspects of insight in Psychoanalysis, in: Psychoanalytic Quarterly 67 (1998), 54-77.

Wimmer R. (1996): Vier jüdische Philosophinnen. Rosa Luxemburg, Simone Weil, Edith Stein, Hannah Arendt, Reclam: Leipzig 1996.

Winnicott D.W. (1953): Transitional objects and transitional phenomena. A study of the first not-me possession, in: International Journal of Psycho-Analysis 34 (1953), 89-97.

Winnicott D.W. (1958): Die Fähigkeit zum Alleinsein, in: ders.: Reifungsprozesse und fördernde Umwelt, Kindler: München 1974, 36-46 (Orig.: The capacity to be alone, in: ders.: The Maturational Processes and the facilitating Environment. Studies in the Theory of Emotional Development, International Universities Press: New York 1965, 29-36).

Winnicott D.W. (1960): Ich-Verzerrung in Form des Wahren und des Falschen Selbst, in: ders.: Reifungsprozesse und fördernde Umwelt, Kindler: München 1974, 182-199 (Orig.: Ego Distortions in terms of True and False Self, in: ders.: The Maturational Processes and the facilitating Environment, International Universities Press: New York 1965, 140-152).

Winnicott D.W. (1963a): Die Fähigkeit der Entwicklung zur Besorgnis, in: ders.: Reifungsprozesse und fördernde Umwelt, Kindler: München 1974, 93-105 (Orig.: The Development of the Capacity for Concern, in: ders.: The Maturational Processes and the facilitating Environment, International Universities Press: New York 1965,73-82.

Winnicott D.W. (1963b): Die Frage des Mitteilens und des Nicht-Mitteilens führt zu einer Untersuchung gewisser Gegensätze, in: ders.: Reifungsprozesse und fördernde Umwelt, Kindler: München 1974, 234-252 (Orig.: Communicating and not communicating leading to a study of certain opposites, in: ders.: The Maturational Processes and the facilitating Environment, International Universities Press: New York 1965, 179-192.

Winnicott D.W. (1971): Vom Spiel zur Kreativität, Klett-Cotta: Stuttgart [8]1995 (Orig.: Playing and Reality. Basic Books: New York 1971).

Winnicott D.W. (1986): Home is where we start from. Essays by a Psychoanalyst, Norton: New York 1986.

Wintels A. (2000): Individualismus und Narzißmus. Analysen zur Zerstörung der Innenwelt, Grünewald: Mainz 2000.

Wolf E.S. (1988): Theorie und Praxis der psychoanalytischen Selbstpsychologie, Suhrkamp: Frankfurt 1998 (Orig.: Treating the Self. Elements of Clinical Self Psychology, Guilford Press: New York 1988).

Wolf E.S. u.a. (1989a): Selbstpsychologie. Weiterentwicklungen nach Heinz Kohut, Verlag Internationale Psychoanalyse: München – Wien 1989.

Wolf E.S. (1989b): Das Selbst in der Psychoanalyse. Grundsätzliche Aspekte, in: ders., u.a.: Selbstpsychologie. Weiterentwicklungen nach Heinz Kohut, Verlag Internationale Psychoanalyse: München – Wien 1989, 1-25.

Wolf E.S. (1989c): Anmerkungen zum therapeutischen Prozeß in der Psychoanalyse, in: ders., u.a.: Selbstpsychologie. Weiterentwicklungen nach Heinz Kohut, Verlag Internationale Psychoanalyse: München – Wien 1989, 107-124.

Wolf E.S. (1994): Selfobject Experiences: Development, Psychopathology, Treatment, in: Kramer S. – Akhtar S. (Hg.): Mahler and Kohut. Perspectives on Development, Psychopathology and Technique, Jason Aronson: Northvale N.J. 1994, 65-96.

Wolf E.S. (1998): Interview mit Ernest S. Wolf (von V. Hunter), in: Hartmann H.-P. u.a. (Hg.): Das Selbst im Lebenszyklus, Suhrkamp: Frankfurt 1998, 125-175.

Wolf E.S. (1999): Deutung und Unterbrechung, in: Milch W. – Hartmann H.-P.: Die Deutung im therapeutischen Prozeß, Psychosozial-Verlag: Gießen 1999, 71-87.

Wolf E.S. (2000): Von Wien nach Chicago, in: Siegel A.M., Einführung in die Selbstpsychologie. Das psychoanalytische Konzept von Heinz Kohut, Kohlhammer: Stuttgart 2000, 15-25.

Wulff D.M. (1997): Psychology of Religion. Classic and contemporary, Wiley: New York [2]1997.

Wurmser L. (1981): Die Maske der Scham, Springer: Berlin [2]1993 (Orig.: The mask of shame, John Hopkins University Press: Baltimore 1981).

Wyss D. (1973): Beziehung und Gestalt. Entwurf einer anthropologischen Psychologie und Psychopathologie, Vandenhoeck & Ruprecht: Göttingen 1973.

Wyss D. (1976): Mitteilung und Antwort. Untersuchungen zur Biologie, Psychologie und Psychopathologie von Kommunikation, Vandenhoeck & Ruprecht: Göttingen 1976.

Personenregister